媒介融合概论

（第三版）

◎ 宫承波 主编

中国广播影视出版社

代总序

拥抱创意时代

在传媒业界,所谓"媒体创意"现象早已是司空见惯的客观现实,但若要问什么是媒体创意,人们却大多说不清楚。作为一种新生事物,人们对其语焉不详,甚至有些疑惑,都是正常现象。由于我们创办了一个媒体创意专业,所以也就时常有人向我询问,作为该专业的负责人,当然是回避不了的。

从逻辑学的角度说,一个事物的概念可以分为内涵性的概念和外延性的概念,内涵性的概念是对所指事物的特征和本质属性的概括,外延性的概念则是对所指事物的集合的概括。关于媒体创意,我们不妨把两者结合起来做一个界定:即创新性、创造性思维在传媒领域的运用,其要旨在于因势而变、不断推陈出新,它是市场化时代媒介生存与发展的必要手段,是传媒发展的第一生产力;其基本内涵,指现代传媒面向市场需求和变化,在信息建构与传播和媒介经营与管理的各个领域、各个层面、各个环节所采取的具有创新性或创造性的策略和构思——其视野开阔,内涵丰富,涉及传媒运作的方方面面,对此,可简要地概括为创意传播、创意经营和创意管理三大领域和范畴。

为什么要进行媒体创意呢?有人说是媒介竞争的产物,这当然没有错,但仅仅认识至此还是粗浅的。其更为深层的原因,是随着经济发展和物质生活水平的提高,广大受众的精神文化需求提高了,这当然也包括对大众传媒的需求——正是广大受众这种不断增长的精神文化需求引发了媒介竞争,由媒介竞争进而催生了媒体创意。事实上,这是媒体创意热兴的根本原因,也是近年来媒体创意产业以至整个文化创意产业迅速崛起的根本原因。

创意产业的发展呼唤创意产业人才,呼唤创意产业教育。笔者认为,文化创意产业的发展大体上可以说需要三方面的人才,即创意方面的人才、创意经营方面的人才和创意管理方面的人才,这也就决定了创意产业教育的三大领域,即创意教育、创意经营教育和创意管理教育。媒体创意专业正是应媒体创意产业发展需求,由中国传媒大学创办的一个面向传媒领域的属于创意教育方面的专业,可以说是回应业界需求、拥抱创意时代的产物。本专业自2003年起开始招生,经过几年来的努力和探索,如今专业定位已经明确,办学模式已基本成型,专业培养方案和教学计划已基本稳定。

我们的媒体创意专业是如何定位的呢?

笔者认为,所谓媒体创意教育,从整体上说,其终极目标应当是培养面向传媒市场需求和变化,能够为大众传媒的信息建构与传播和媒介经营与管理等不断地提供创新性、创造性策略和构思的专业的职业化的媒体"创意人",也即人们常说的所谓"媒介军师"。从人才规格上说,这是一种以创新性、创造性思维为核心,集人文艺术素养、传播智慧以及媒介经营策略、管理策略等于一体,面向现代传媒整体运营的素质高、能力强的现代复合型人才。这是我们媒体创意专业的教育理想。然而,教育是循序渐进的、是分层次的,作为本科层次的媒体创意专业,其教育目标的设定还应当实事求是、从实际出发,目标过高、过大,不仅不能够顺利实现,而且实施起来容易失去重点和方位感,容易在办学上流于宽泛。

正是因此,我们采取了适当收拢、收缩培养口径,同时与一定的职业岗位相结合的思路。根据业界需求和本校、本专业优势,目前我们将媒体创意专业教育的重点定位在"创意传播"领域。所谓创意传播,根据笔者的理解和界定,它既包括信息传播与媒介运用的策略和智慧,也应当包括媒介信息建构的技能、技巧,即我手达我心,想到了就能做到——比如,为了强化视觉冲击力,利用现代电子技术、数字技术创造新潮的视觉语言,进行超现实、跨媒体的艺术表现、特技表现,等等。这样的专业定位,意在与当前传媒业界兴起的所谓创意策划职业相结合,同时兼顾到多数本科生毕业后要从操作层面的具体工作做起的现实。这样的专业定位,无疑也蕴含了抓创意产业教育"牛鼻子"的意图。根据上文所述创意产业教育的三大范畴,所谓创意传播,无疑属于创意教育范畴——创意教育是以培养创意人才为目标的,应当说是整个文化创意产业教育的基础和核心。因为,如果没有创意人才、没有创意,那么所谓创意经营、创意管理也就成了一句空话。

总之,媒体创意专业是一个以培养专业的媒体"创意人"为目标的专业,是一个创意智慧与创意的技术、技能相融合、相交叉的专业,其培养目标可以做这样的简要概括和表述:培养现代大众传媒创新发展所需要的传播"创意人"(也可以称作初级媒体"创意人")。从人才规格上说,这是一种以创造性、创新性思维为核心,集人文艺术素养、传播策略和智慧以及现代传播的技能、技巧于一体的面向现代传媒传播业务的现代复合型人才。

从上述培养目标出发,本专业秉持中国传媒大学新闻传播学科多年来积淀而成的"宽口径、厚基础、高素质、强能力"的教育理念,同时结合本专业的内在要求,在办学模式上也就自然地体现出以下几方面的特色:

其一是综合性、交叉性。

智慧源于心胸,心胸源于眼界。创意不是从天上掉下来的,靠所谓天分,靠小聪明、小火花或许能竞一时之秀,但却不能长久。没有开阔的知识视野和理论视野,智慧往往就会陷于黔驴技穷的困境,创意就会成为无源之水、无本之木。只有在丰富的信息交流与碰撞中,在多学科知识、多维理论的交叉与融合中,智慧之树才能常青,创意活水才会"汩汩"而来。

为贯彻上述思想,我们认为,必须倡导学生广开视野、广取思维、广泛接触社会人生,即"读万卷书,行万里路"。在培养方式上,我们一直强调和重视基础知识与基本理论教学:一方面,以创新、创意能力的培养为核心、为旨归,打破现有的专业壁垒,强调多学科知识、多学科理论的交叉与融合;另一方面,则引导学生对大众传媒的信息建构与传播以及媒介经营与管理等现代传媒运作的主体领域及其前沿动态进行全面、深入的了解,对现代传媒运营有一个整体性、综合性把握。总之,我们要求学生应具有相对开阔的知识视野,较为扎实的理论功底,对现代传媒及其运营的全面了解和把握,并掌握创新思维原理,这是从事创意传播的必要前提。只有具备这样的前提和基础,才能进一步将创新思维原理成功地应用到现代传媒领域,形成相关领域的创意策划能力。

其二是艺术性。

我们知道,大众传媒的一个重要功能是消遣、娱乐,文艺、艺术传播是其中的重要组成部分,不懂艺术何谈创意?著名美学家王朝闻先生就曾经指出:"不通一艺莫谈艺。"更为重要的是,想象力是创意之母,而艺术与美学教育则是培养想象力的重要手段。大家都知道英国是发展创意产业的先驱,在那里,作为创意教育的手段,文学艺术教育受到高度重视。1998年英国国会的一个报告就曾指出:"想象力主要源于文学熏陶。文艺可以使数学、科学与技术更加多彩……"

因此我们认为,艺术与美学教育是媒体创意教育不可或缺的重要组成部分,并坚持从以下两个方面予以保证:其一,在生源选拔方面按艺术类招生,从选才上把好艺术素养关;其二,从培养措施上对艺术素养和美学教育予以着重加强,设置一大批文学、艺术和美学类课程,从而使学生通晓文学艺术以及大众文化领域的基础知识、基本观念,并掌握有关必要的技能、技巧。

其三是实践性。

不言而喻,媒体创意专业是一个实践性较强的专业,加强实践教学本是专业教学的题中应有之义。所以,本专业教育的一个重点,就是要面向传媒业界实践,开展强有力的职业化的模拟训练,强调高素质教育和强职业技能教育的互补与互助,从而有效地促进学生由知识向能力的转化。尤其对于本科生来说,将来一般都要从具体工作做起,为了有利于就业,操作层面的技能、技巧教育就更是必不可少的。

因此,我们充分发扬中国传媒大学的传统优势,重视媒介信息建构与传播的具体操作能力的培养,重视案例教学,通过一系列实践教学和职业化的模拟训练,努力使学生具备较强的传媒文本读解能力,熟练掌握对色彩、声音、画面、图形、文字等传播符号的操控技术,并能够在创造性、创新性思维指导下灵活运用媒介信息建构与传播的技能、技巧。另外,我们还通过"请进来""送出去"等措施,密切跟踪业界前沿,同时与业界展开必要的互动。几年来,我们曾聘请大量业界专家、校友走进校园授课或举办讲座,带来业界前沿的动态信息;同时,还借助于多年来中国传媒大学与传媒业界所结成的良好的业务联系,利用每年暑假时间成建制地安排学生到业界实习。经过几年来的实践,学生们普遍反映,摸一摸真刀真枪,感觉就是不一样!

其四是个性化。

所谓个性化,也即教育"产品"多向出口。现代传媒运营是一个庞大的系统,面对这样一个庞大、复杂的系统,作为本科教育,笔者认为,其教育目标还应当实事求是,有放有收。因此,在广播、电视、网络、报刊等多种媒体中,在信息建构与传播的多个领域,我们提倡学生既有专业共性,又有个性专长,倡导学生根据个人兴趣,自主选择主攻方向,发展创新思维,努力形成个人的业务专长和优势。

为支持和促进学生的个性化成长与发展,本专业在一、二年级主要学习公共基础课和有关现代传媒教育的平台性课程,从三年级开始则多向开设选修课,并全面实行导师制。几年来的实践证明,这些做法都是务实的、有效的,受到学生、家长的欢迎,得到传媒业界的肯定。

上述这些认识,已经成为我们建设媒体创意专业的指导思想。2005年上半年以来,在学校的支持下，我们承担了校级教改立项"媒体创意专业建设研究"项目。在该项目推动下，笔者与同事们一道，在研究、探索的基础上，经过群策群力，已连续推出三个不断完善的培养方案版本以及相应的教学计划。

但是，我们也应当看到，对于一个新专业建设来说，有了成型的培养方案，还只能说是迈出了第一步，是起码的一步。如果说培养方案相当于一个人的躯干，那么它还需要两条强健的腿，才能成为一个健全的人，才能立起来、走起来，以至跑起来——这"两条腿"，笔者认为，也即当前贯彻实施该专业培养方案、确保培养目标实现的两大当务之急：其一是教材建设；其二是实践教学机制建设。

关于教材建设。

自成体系的知识构架和核心课程是一个新专业得以确立和运行的基本支撑，因此，要想使该专业真正得以确立，就必须构建一个具有本专业特点的核心课程体系，同时还必须编撰一套相应的适应本专业教学需要的教材。

由于媒体创意专业具有交叉性、综合性特点，所以该专业教材编写的重点，也是难点在于，要以创意传播能力的培养为核心、为旨归，解决好多学科知识、多学科理论的交叉与融合问题。在深入研讨的基础上，我们通过组织、整合有关师资力量，关于"媒体创意专业核心课程系列教材"的出版已经启动。根据我们的计划，两年内将至少推出15部具有本专业特点的核心课程教材。但目前面临的困难还相当大、相当多，最为核心和关键的是人的问题，也即师资问题。

关于实践教学机制建设。

如上所述，媒体创意专业是一个实践性较强的专业，所以实践教学必须置于重要地位，贯穿于教学工作的全过程。这不仅仅是几种措施的简单相加，还应当是一整套的有机体系。为了使实践教学切实有效，就必须保证这一体系的科学化和规范化。所以，对这一体系的构成及其运行机制做出全面探索，将本专业实践教学科学化并进一步制度化，是本专业教学基本建设中重要的一维。目前，虽然已经建立了几个实践教学基地，但还远远满足不了本专业全面开展实践教学工作的需要。

以上两个方面既是当前我们贯彻实施媒体创意专业培养方案、确保培养目标实现的两大当务之急，也可以说是媒体创意专业建设的"两条腿"。笔者认为，只有这"两条腿"强健起来了，该专业建设才能够获得实质性、突破性进展。

综上所述，媒体创意专业是适应创意时代需要而创办的一个崭新的专业，是一个新型、特色的专业，我们的办学模式和教学建设的方方面面都是既具探索性，又具示范性的。正是基于这样的认识和责任感，我们一直坚持既小心翼翼、深入研究，又实事求是、大胆实践、大胆探索,坚持在实践中探索、在探索中创新、在创新中发展的原则。在校方的领导和支持下,经过几年来的群策群力,目前该专业已基本创立成型。可以这样说,媒体创意专业抓住了创意时代大众传媒的本质,适应了市场经济条件下传媒竞争与发展的需要,是一个有时代感、有活力的专业,它有效地利用、整合了中国传媒大学的资源优势——如良好的传媒教育基础和丰厚的业界资源等,体现了中国传媒大学的办学特色。

当然也应当看到,我们的探索还是初步的,同任何新生事物一样,目前该专业还是幼小的、稚嫩的,它目前需要的是理解和呵护。我们殷切地希望学界、业界同仁能够从事业大局出发,都来浇水施肥,遮风挡雨。我们相信,在传媒事业发展和文化创意产业大潮的双重促动下,这样一个新型、特色专业一定会尽快成长起来,我们也一定能够探索出一套既适应传媒市场需要,又符合教育规律且切合我校实际的专业办学模式,从而使它成为我校教学改革的一个亮点,成为中国传媒大学的一个品牌,成为我国传媒教育的一道新的风景,同时,也为专业扩张提供规范和标杆。

宫承波

2006 年 9 月 30 日初稿

2007 年 5 月 10 日修订

于中国传媒大学

目 录

上 篇

第一章 媒介融合概说 ... 003
  第一节 媒介融合的基本概念 ... 004
    一、媒介的相关概念 ... 004
    二、媒介融合的定义 ... 006
    三、媒介融合的不同分类 ... 010
    四、媒介融合的四个层面 ... 012
    五、媒介融合的基本特征 ... 014
  第二节 媒介融合的多维诱因 ... 017
    一、媒介融合的技术诱因 ... 018
    二、媒介融合的政治诱因 ... 022
    三、媒介融合的经济诱因 ... 023
    四、媒介融合的受众诱因 ... 025
    五、媒介融合的文化诱因 ... 026
  第三节 媒介融合形成的一般路径 ... 027
    一、媒介融合形成的纵向视角 ... 027
    二、媒介融合形成的横向视角 ... 028
  第四节 媒介融合的地位 ... 030
    一、媒体实践战略 ... 030
    二、国家发展战略 ... 031

第二章 媒介融合功能论 ... 036
  第一节 媒介融合与信息传播 ... 036

一、信息传播主体和信源结构的改变 ·· 037
　　二、传播内容规模和结构的改变 ·· 037
　　三、媒介组织结构和生产流程的变化 ·· 039
　第二节　媒介融合与国家治理 ·· 040
　　一、媒介融合与政治治理 ·· 040
　　二、媒介融合与文化治理 ·· 042
　　三、媒介融合与经济治理 ·· 044
　　四、媒介融合与社会治理 ·· 046
　第三节　融合新闻：媒介融合对新闻传播的影响 ·· 047
　　一、"融合新闻"的概念界定 ·· 047
　　二、融合新闻的产生 ·· 049
　　三、融合新闻的发展 ·· 050
　　四、融合新闻的主要形态 ·· 051
　　五、融合新闻的基本特征 ·· 053

第三章　媒介融合层次论 ·· 056
　第一节　内容融合 ·· 056
　　一、内容融合的含义 ·· 056
　　二、内容融合的成因 ·· 057
　　三、内容融合的形态 ·· 062
　　四、内容融合对媒体行业的影响 ·· 063
　　五、内容融合的问题和发展趋势 ·· 066
　第二节　技术融合 ·· 068
　　一、技术融合的含义 ·· 068
　　二、技术融合的成因 ·· 070
　　三、技术融合的形态 ·· 075
　　四、技术融合对相关产业的影响 ·· 080
　　五、技术融合的问题和发展趋势 ·· 082
　第三节　组织融合 ·· 087
　　一、组织融合的含义 ·· 087
　　二、组织融合的成因 ·· 088
　　三、组织融合的形态 ·· 090
　　四、组织融合产生的影响 ·· 091
　　五、组织融合的问题和发展趋势 ·· 093

第四节　主体融合 ·· 094
　　一、主体融合的含义 ·· 095
　　二、主体融合的成因 ·· 095
　　三、主体融合的形态 ·· 096
　　四、主体融合产生的影响 ·· 098
　　五、主体融合的问题和发展趋势 ································· 099

下　篇

第四章　国内外媒介融合发展概况 ······································ 105
第一节　媒介融合在世界的发展 ·· 105
　　一、美国 ·· 105
　　二、欧洲 ·· 109
　　三、日本 ·· 113
　　四、韩国 ·· 116
　　五、澳大利亚 ··· 118

第二节　媒介融合在中国的发展 ·· 120
　　一、组合与博弈 ·· 120
　　二、改造与转型 ·· 123
　　三、共融与深融 ·· 126

第三节　"中央厨房"：中国特色的媒介融合发展模式 ········ 127
　　一、媒体"中央厨房"的概念 ·· 127
　　二、"中央厨房"的发展历程 ·· 128
　　三、"中央厨房"的类型和典型案例 ······························ 129
　　四、"中央厨房"出现的问题 ·· 131

第五章　传统媒体与媒介融合 ··· 133
第一节　媒介融合视阈下传统媒体的发展嬗变 ·················· 134
　　一、传统媒体的发展概况 ·· 134
　　二、传统媒体的数字化发展 ··· 138
　　三、从传统媒体到新型主流媒体 ·································· 139

第二节　传统平面媒体与媒介融合 ···································· 140
　　一、网络报纸 ··· 141
　　二、手机报纸 ··· 144

三、移动阅读平台 ……………………………………………… 147
第三节　广播与媒介融合 ………………………………………… 149
　　一、网络广播 ……………………………………………………… 149
　　二、手机广播 ……………………………………………………… 154
　　三、音频客户端 …………………………………………………… 159
第四节　电视与媒介融合 ………………………………………… 161
　　一、网络电视 ……………………………………………………… 161
　　二、手机电视 ……………………………………………………… 164
　　三、IPTV ………………………………………………………… 167
　　四、互联网电视 …………………………………………………… 170
第五节　传统媒体"四全化"发展 ………………………………… 172
　　一、传统媒体"四全化"发展概况 ………………………………… 172
　　二、移动直播 ……………………………………………………… 176
　　三、数据新闻 ……………………………………………………… 179
　　四、沉浸视频 ……………………………………………………… 181
　　五、构建平台型全员化融合形态 ………………………………… 184
　　六、入驻平台型全员化融合形态 ………………………………… 185

第六章　新媒体与媒介融合 189
第一节　新媒体与媒介融合的互构 ……………………………… 189
　　一、新媒体的融合特质 …………………………………………… 189
　　二、新媒体技术作为融合支撑 …………………………………… 190
　　三、媒介融合与新媒体产业模式的联系 ………………………… 192
第二节　新媒体社交化融合 ……………………………………… 194
　　一、微博 …………………………………………………………… 194
　　二、微信 …………………………………………………………… 196
　　三、视频社交平台 ………………………………………………… 200
第三节　新媒体个性化融合 ……………………………………… 203
　　一、新闻聚合客户端 ……………………………………………… 203
　　二、移动搜索 ……………………………………………………… 206
　　三、智能音频 ……………………………………………………… 208
　　四、可穿戴设备 …………………………………………………… 210
第四节　新媒体互动性融合 ……………………………………… 212
　　一、H5页面 ………………………………………………………… 212

二、互动影视 ·· 214

第七章　媒介融合生态下的传媒发展 ·································· 217

第一节　媒介融合生态下的传媒发展战略 ···························· 217
　　一、媒介融合生态下传统媒体产业发展战略 ···················· 217
　　二、媒介融合生态下新媒体产业发展战略 ······················ 222

第二节　媒介融合生态下的传媒失范与治理 ·························· 226
　　一、媒介融合与传媒规制的互构 ································ 227
　　二、媒介融合带来的媒介失范问题 ······························ 229
　　三、媒介融合生态下应坚持的传媒治理原则 ···················· 231

第三节　媒介融合发展新趋势 ·· 232
　　一、移动化融合 ·· 232
　　二、视频化融合 ·· 233
　　三、平台化融合 ·· 234
　　四、从智能化融合到全智慧融合 ································ 234
　　五、从场景化融合到全场景融合 ································ 235
　　六、人机融合 ·· 236

主要参考文献 ·· 238

上篇

第一章　媒介融合概说

内容提要：

随着人类社会不断向前发展，传媒技术在不断进步，各种新的媒介形态不断出现，这一发展进程就蕴含着各种媒介形态之间的相互融合。

本章主要对"媒介融合"的相关概念、形成诱因和一般路径作简要阐述，包括"媒介融合的基本概念""媒介融合的多维诱因""媒介融合形成的一般路径"和"媒介融合的地位"四个小节。

本章在第一节将讨论媒介融合的概念界定和基本特征。媒介融合是一个较宽泛的概念，不同的专家学者从不同的研究视野提出了各自关于媒介融合的定义，从不同角度讨论了对媒介融合的理解，概括出对媒介融合的基本界定。媒介融合的基本特征主要包括技术先导性、媒介内容的多媒体化、系统性和选择性。

在第二节，主要讨论了哪些因素导致了媒介融合现象的产生。媒介融合的诱因主要包括技术诱因、政治诱因、经济诱因、受众诱因和文化诱因。其中，技术的提高和更新不断推动媒介形态的发展，大量的技术创新影响着媒介的变革，新兴的媒介形态不断出现，这些都成为媒介融合的技术诱因；市场竞争的压力和对经济效益的追求，是媒介融合的经济诱因；有利的政治环境和媒介融合所蕴含的政治属性，是媒介融合的政治诱因；受众对信息的密集化、个性化、多样化、便捷化等需求，是推动媒介融合的受众诱因；当今时代的后现代主义特征，则是媒介融合的文化诱因。

针对媒介融合形成的一般路径，本章第三节从多个视角讨论了媒介融合形成的过程。概括来说，媒介融合的形成过程主要包括传统媒体之间的融合渗透、新媒体与传统媒体之间的融合、新媒体之间的融合以及媒体与其他行业的融合等几个前后相继但又相互交织的阶段。

第四节从媒体实践战略和媒体国家发展战略两个方面讨论了媒介融合的地位。作为媒体实践战略，媒介融合从单一媒体的试点探索发展成为媒体普遍采用的发展战略，媒介融合实践战略也根据媒体市场发展环境不断做出调整。作为国家发展战略，其渊源是"群众路线"；随着习近平总书记对媒介融合相关工作的重视，媒介融合发展战略成为面向国家战略布局的顶层设计。

第一节　媒介融合的基本概念

在目前以数字技术和网络技术为基础的现代传播活动中,原来相对独立的传统媒体——平面媒体、广播电视媒体等,新兴的传播媒体——网络媒体、社交媒体、智能媒体等都可以通过"比特"这一特殊形式有机地结合起来,以一种全新的方式呈现在广大受众面前,为各种独立的媒介融合在一起提供了先决条件。

一、媒介的相关概念

(一)媒介的定义

"媒介"一词来自拉丁语中的"medius",意为"中心""中间""居于中间";英文为"medium",意为"媒介""媒介物",指事物之间的沟通桥梁。在18—19世纪的招魂术中,媒介(medium)是一个中间人,能够同鬼魂打交道。英文中,人们熟知的"media"系"medium"的复数形式,大约出现于19世纪末20世纪初,意指使事物之间发生关系的介质或工具。

实际上,媒介作为一个基本概念,目前还没有一个完全明确的、公认的定义。在不同的研究领域,媒介具有不同的形式和作用。从广义上说,媒介就是一种承载信息的中间载体,在信息交换中起着上传下达的中介传输作用。媒介无时不在,无处不在。凡是能使人与人、人与事物或事物与事物之间产生联系或发生关系的物质都是媒介。从狭义上说,媒介作为传播学中最基本的概念主要有两层含义:一是指具有承载信息传播功能的物质,如报刊、广播、电视、互联网等;二是指从事信息采集、加工、制作和传播的社会组织,即传媒机构,如电视台、报社、互联网内容提供商等。

平时我们所谓的"媒体",是媒介载体的简称,几乎与媒介的概念等同,只是媒介的内涵要比媒体宽广。在没有特别说明时,"媒介"一词既可指语言、文字、印刷、声音、影像等内容信息,也可指承载这些信息的技术和物质;而媒体则特指报刊、广播、电视、网络等载体及其发行、运营机构。媒体实际上是媒介在传播学领域中的具体解释,也就是从传播学范畴去定义媒介。传播学中的"媒介",指的是人类传播过程中运载和传递信息的物质,是连接传受双方的中介物。它可以是自然物,也可以是人造物,可以是单一的物体,也可以是一系列物体的组合。

通过上述定义可以看出,作为传播学范畴内的媒介具有多种不同的存在形式,如报纸、广播、电视、网络等;但是不管其有多少种形式,媒介大体都由三部分构成,即实体、符号和信息。第一,传播媒介的形式可以多种多样,但必须是物质的,这种物质我们的感官可能无法直接感觉,但一定是可以通过相应的技术手段加以控制和利用的,实体是媒介存在的先决条件。第二,符号是构成传播媒介的另一要素,是传播媒介与其他普通的物质实体相区别的一个重要标志。第三,信息传播是传播媒介的基本功能,任何有序、完整的符号都蕴含着特定的信息,信息也是媒介用户与其他用户、环境等发生关系、形成互动的理由和前提。这三部分也不断发展进步,进而推动了传播媒介的发展变化。

(二)传播媒介的特点

传播媒介不同,其传播活动的表现形式也就有所不同,如平面媒介、广播媒介、电视媒介、网络媒介和智能媒介等都有各自不同的特点,但作为传播媒介其都具有实体性、中介性、承载性、真实性和放大性等共同特点。

实体性。传播媒介的第一个构成要件就是物质性,是一种可以感知和控制的真实物质存在。例如,平面媒体中的书刊、报纸,广播媒介中的收音机,电视媒介中的电视机,网络媒介中的计算机,智能媒介中的智能音箱、可穿戴设备等,都是用于传播的实体。

中介性。第一,其在传播活动中的位置居于中间,或者说居于传播者和受众之间;第二,其在传播者和受众之间起着联系纽带的作用,传播活动的参与者之间通过它建立联系,产生信息的交换,从而完成信息的传播。

承载性。传播活动主要是进行信息的传递和交换,但信息是不能够独立存在的,必须通过实体的承载才能实现。

真实性。第一,媒介要客观地承载信息并传递信息,要防止在传播的过程中有意或无意地改变信息;第二,传播媒介应该只负责传送和交换信息,而不应在未经许可的情况下凭空编造、扭曲或嫁接信息。

放大性。传播媒介在传播活动中对所传递信息的影响力具有空前的放大作用,它可以使信息的传递和交换由点对点放大为点对面,甚至是点对体。

(三)传统媒体与新媒体

传统媒体是相对于近些年兴起的网络媒体、社交媒体、智能媒体等而言的,其以传统的大众传播方式,即通过某种机械装置,定期向社会公众发布信息或提供教育娱乐信息,主要包括报刊、广播和电视三种。

传统媒体经过多年的发展已经形成了一整套科学、严谨的传播机制,具有很多优点。例如,拥有畅通的传播渠道、成熟专业的从业团队、数量庞大的受众人群,特别是拥有目前还难以替代的公信力。总之,传统媒体具有传播速度快、覆盖范围广、影响力强的优越性。

新媒体本身是一个宽泛的概念。主要是利用数字技术、网络技术、移动通信技术和智能技术,通过互联网、宽带局域网、无线通信网、卫星等渠道,以及电视、电脑和各种移动(智能)终端为主要输出终端,向用户提供信息和服务的传播形态。新媒体是信息科技与媒体产品紧密结合的产物。目前比较热门的新媒体不下数十种,如移动电视、交互式网络电视(IPTV)、微博、微信、手机游戏、搜索引擎、新闻客户端、智能音箱、可穿戴设备等。作为全新的传播媒介,新媒体能够在与传统媒体的激烈竞争中脱颖而出,并且给传统媒体带来巨大冲击,得益于其个性化、社交化、智能化、移动化、交互性、即时性、容量大、多媒体化、易于检索等突出的特点。

传统媒体在漫长的发展过程中形成了一整套相对完善的工作流程、一批素质较高的专业从业队伍和广大受众群,在大众传播领域依然占据主体地位。新媒体是在传统媒体的基础上基于现代科学技术发展起来的新兴传播媒介,它以崭新的传播技术和传播理念正不断对传统媒体产生着巨大冲击,但这并不意味着新媒体将替代传统媒体,传统媒体也不会因此退出历史舞台,它们将在很长的一段时间内共同存在,并且相互依存、相互促进,共同发展。

在整个媒介发展的历程中,随着传播技术的发展和受众对信息的更高要求,总有新的媒介形式应运而生。每当有一种新媒体形式出现,总有类似的论调产生,即"新的媒介会取代旧的媒介,旧媒介将会退出历史舞台"。可是这么多年来,技术一直在进步,新的媒介形式也越来越多,我们却不仅没有看到传统媒体消失,反而看到新的媒介更多地与传统媒体合作,形成一种新型的"竞合"关系。例如,电视的出现曾经使平面媒体的从业人员人人自危,以为文字和影像结合的手段会带来纯粹图文的平面媒体的末日。但事实证明,电视、包括卫星电视的发展只是丰富了人们的生活,也培养了更多读者,从而在另一方面促进了平面媒体的发展,并且促使了新纸媒(如当时各地的广播电视报、声屏报)的出现和高速发展。网络的出现再一次使传统媒体出现了"狼来了"的呼声,但是事实再次证明,互联网媒体很多时候还是需要依靠传统媒体提供内容,互联网有时也成为平面媒体扩大影响和传播效果的一种手段。各种各样的网络小说变着法儿地出版实体图书,以求得被社会真正认可和获得真正的收益,更是体现了这一点。

二、媒介融合的定义

(一)关于媒介融合的早期认识

1978年,美国麻省理工学院媒体实验室的尼古拉斯·尼葛洛庞帝(Nicholas Negroponte)用三个重叠的圆圈来描述计算机、印刷和广播三者的技术边界,认为三个圆圈的交叉处将成为成长最快、创新最多的领域。而通信技术的进一步发展和个人电脑普及所带来的互联网的广泛应用,又推进了出版、电影、音乐、广告、教育等行业卷入合并的浪潮,这表明了信息通信业正作为巨大的产业不断融合。

尼葛洛庞帝通过这段话为我们描述了各媒介相互交叉、相互渗透的发展趋势,由此也提出了一个崭新的概念——媒介融合。但是,对媒介融合的具体定义是什么,目前还没有一个统一的描述,很多专家都根据各自的研究领域提出了自己的认识。

"媒介融合"一词是由尼葛洛庞帝首先提出的。他指出:媒介融合是在计算机技术和网络技术二者融合的基础上用一种终端和网络来传输数字形态的信息,由此带来不同媒体之间的互换性和互联性。[①] 他以预言的形式提出了融合的方向,对人们开始以融合的角度来关注传播形态的发展起到先驱的作用。

2000年,托马斯·鲍德温(Thomas Baldwin)、史蒂文森·麦克沃依(D. Stevens McVoy)、查尔斯·斯坦菲尔德(Charles Steinfield)三位学者在其合著《大汇流——整合媒介信息与传播》(Integrating Media, information and Communication)中提出:以前电信业、有线电视业、广播

---

① 王菲:《媒介大融合》,南方日报出版社,2007,第4页。

业和计算机业各自为政,现在在宽带技术和政策的指引下汇流到一起,产生了"整合宽带系统"。因此,媒介融合有了更好的技术支持,并将在更宽泛的领域内进行。①

美国学者凯文·曼尼(Kevin Maney)在其1996年的著作《大媒体潮》(*Megamedia Shakeout*)中提出"大媒体"(mega-media)的概念。提出传媒业将不分领域全面竞争,且传统大众传媒业、电信业、信息(网络)业都将统合到"大媒体业"这种新产业之下。他预言,大媒体业不仅会呈爆炸性成长,也会造成向内"崩陷"的效果,即所有的企业都会投入同一个市场,不是与他人结盟,就是要和过去从未竞争过的对象竞争。其理论明晰了媒介融合的三个行为个体:大众传播业、电信业和信息网络业。②

以上三种认识的共同点是充分强调了技术的作用。第一种认识是起源,主要讨论了媒介融合是传播领域的发展趋势;第二种认识主要讨论媒介融合的发展要靠政策和技术,并具体阐述融合要素的各自特点;第三种认识主要讨论媒介融合的最终结果,并提出了一种融合后的新产业形态。

(二)媒介融合的两种定义

西方学者关于媒介融合的研究呈现出多样化的视角,有从技术融合角度展开的研究、从媒介所有权融合角度展开的研究、从媒介文化融合角度展开的研究、从媒介组织结构融合角度展开的研究、从新闻采编技能融合角度展开的研究,等等。这些研究包括了与媒介相关的所有方面,涉及媒介经营与新闻传播的各个方面。也正是因为内涵过于宽泛,"媒介融合"似乎并没有一个准确的定义。

1. 伊契尔·索勒·普尔(Ithiel De Sola Pool)对媒介融合的定义

"媒介融合"(Media Convergence)这一概念最早由美国麻省理工学院教授伊契尔·索勒·普尔在其著作《自由的科技》(*The Technologies of Freedom*)中提出。他认为,过去一种媒体所提供的服务,如今可由不同的媒体提供。③ 这种定义是基于多功能、数字化的产业融合视角来阐述媒介融合现象,本意是指各种媒介呈现出多功能一体化的趋势,这种对媒介融合的理解更多地集中于将电视、报刊等传统媒体融合在一起。④

2. 安德鲁·纳齐森(Andrew Nachison)对媒介融合的定义

美国新闻学会媒介研究中心主任安德鲁·纳齐森将"融合媒介"定义为"印刷的、音频的、视频的、互动性数字媒体组织之间的战略的、操作的、文化的联盟",他强调的"媒介融合"更多是指各个媒介之间的合作和联盟。⑤ 这是基于多媒介经营方式的角度来定义的。它强调的是:"融合媒介"最值得关注的并不是集中了各种媒介的操作平台,而是媒介之间的

---

① 杨海军:《媒介融合:缘起与终极目标》,《传媒》2009年第4期。
② 王菲:《媒介大融合》,南方日报出版社,2007,第5页。
③ 乔新玉:《媒介融合:数字时代的必然趋势》,《青年记者》2010年第35期。
④ 陈浩文:《再论"媒介融合"》,紫金网,2008年1月11日。
⑤ 刘宗慧:《媒介融合背景下的图书品牌营销策略》,《中国新闻出版报》2009年9月4日。

合作模式。

(三) 对媒介融合的不同理解

从以上不同角度的定义可以看出,媒介融合是一个连续统一的过程,包括技术、平台、产品、经营等几个不同层次:第一层次是媒介互动,即媒体战术性融合;第二层次是媒介整合,即媒体组织结构性融合;第三层次是媒介大融合,即不同媒介形态集中到一个媒体平台上。

由此可见,媒介融合包括技术融合、产业融合、生产形态融合、消费形态融合等多个范畴,从不同的范畴可以对媒介融合作出不同的理解。

1. 从传播技术范畴理解媒介融合

媒介融合中最为明显的就是传播技术的融合。传播技术的融合既是媒介融合形成的基础,也是媒介融合最为鲜明的特点。这些技术主要包括数字技术、网络技术、移动通信技术和智能技术等,它们的产生和使用极大地改变了信息传播的观念和状态。过去报刊、广播、电视等几种传统媒体无论在形式和运作上都是泾渭分明的,但随着现代传播技术的广泛应用与发展,各种媒介形式之间的壁垒已经被打破,形成了互相联系、互相渗透的局面。在当今的多媒体时代,任何形态的信息,无论是文字、图片,还是多媒体的音视频内容,通过数字技术的处理,都可以整合为统一的数字化信息,传媒一体化的趋势日趋明显,媒体之间的融合得到了可靠的技术保证。同时,传播新技术的使用还催生出许多新兴的传媒产品,如网络报、网络广播、手机广播、网络电视、手机电视等,这些新兴、复合的传媒形态无法简单地归结为任何一种传统媒体形态,而是媒介融合成的传播形态。

2. 从信息生产范畴理解媒介融合

"媒介融合"导致传媒产业在内容生产形式、传播形式、产业范围、市场占有等方面产生巨大变化,主要包括信息产品形态的融合、传播渠道的融合、业务范围的融合等。

3. 从国家治理范畴理解媒介融合

媒介融合不仅是一个传播命题、技术命题,更是一个治理命题。媒体是党和人民的喉舌,党管媒体是党始终坚持的媒介治理原则。从这个角度而言,媒介融合是巩固和壮大主流宣传思想文化阵地,维护国家意识形态安全,对外传递中国声音、塑造中国形象、讲好中国故事的需要。党的十八大以来,习近平总书记多次就推动媒介融合发展做出深刻阐述,国家从顶层设计的角度出台相关文件,使推动媒介融合发展成为推进国家治理体系和治理能力现代化、满足人民日益增长的美好生活需要和提升国家文化软实力的重要组成部分。

4. 从媒介产业范畴理解媒介融合

媒介融合的最早表现形式就是产业融合。当前各媒介之间的竞争已经到了白热化的程度,既有传统媒体、新兴媒体内部的竞争,也有传统媒体与新兴媒体之间的竞争。要在激烈的竞争中立于不败之地,只有互相联合、互相借鉴、互相补充、做大做强,这就推动了各传播媒介之间产业融合的步伐。这既包括传统媒体之间的融合,也包括传统媒体产业与电信产业、互联网产业、物质生产产业等的融合。

从传媒产业链的角度来看,媒介融合将渗透到整个产业链中的各个部分,主要包括横向融合、纵向融合和交叉融合。

(1)横向融合

横向融合是指同类型的传媒企业或非传媒企业之间的融合。由于处于供应链的相同阶段,比如同处于内容制作环节、包装环节、传输环节、操作环节或终端环节,企业为了扩大共同的市场份额、合理利用资源,就会发生"横向"融合。

(2)纵向融合

纵向融合是指在传媒产业内部子产业的重组过程中,传媒上游企业(如内容制作企业)和下游企业(如传播渠道企业)之间的融合。纵向联盟的经营业务上至媒体产品的创造,包括:新闻、视听节目、书籍等,下至各种形式的产品分销和零售。

(3)交叉融合

交叉融合是指不同类型的传媒企业以及相关企业之间的融合。在媒体和相关产业之间存在着大量混合扩张的可能性。这种战略的一大优点是有助于分散风险。

(四)媒介融合的概念界定

"媒介融合"的英文为"Media Convergence",英文单词"Convergence",根据《牛津高阶英汉双解词典》,有两层含义:一是"线条、运动物体会于一点,向一点汇合、聚集";二是"用于比喻义,表示两种事物相似或者相同"。基于此,媒介融合也可以从两个层次去理解,第一层意思是"汇聚""结合",第二层意思才是融合。两者的区别在于:"汇聚"或"结合"虽然有一些"融合"的意思,但却是低层次的"融合",是物理意义上的,是在做"加法",将同种的媒介或者不同种类的媒介结合为一个共同体,如中国很多的报业集团、广电集团等;而"融合"则是通过流程优化、平台再造,实现各种媒介资源、生产要素有效整合,实现信息内容、技术应用、平台终端、管理手段共融互通,催化融合质变,放大一体效能,这才是"媒介融合"的核心,也是未来媒介发展的主要趋势。

由此来看,媒介融合发生在社会信息传播过程中,描述了一种包含媒介形态及相关要素在内的界限模糊状态。"媒介融合"的概念应该包括狭义和广义两种。狭义的概念是指将不同的媒介形态"融合"在一起,产生"质变",形成或趋近一种新的媒介形态,如互联网电视、H5新闻等;而广义的"媒介融合"则范围要广得多,既包括一切媒介及其有关要素的结合、汇聚甚至融合,也包括媒介形态的融合,还包括信息内容、媒介功能、技术应用、平台终端、管理手段、体制机制、组织结构、人才队伍等要素的融合。广义的"媒介融合"是一种大尺度范围内的聚合,其初级阶段可以用媒介组合来代替,是一种由物理变化向化学变化、从相加阶段向相融阶段逐渐发展的过程,狭义的"媒介融合"使媒介产生化学变化,变成"你就是我、我就是你",是我们真正要实现的目标,是媒介融合发展的高级阶段。①

---

① 陈浩文:《再论"媒介融合"》,紫金网,2008年1月11日;丁柏铨:《媒介融合:概念、动因及利弊》,《南京社会科学》2011年第11期;韦路:《媒体融合的定义、层面与研究议题》,《新闻记者》2019年第3期。

三、媒介融合的不同分类

"媒介融合"现象在形成的过程中也被划分为不同的类别,依据不同的分类标准,存在着多种不同的分类方法。按照媒介融合的定义,广义的"媒介融合"包括一切媒介及其有关要素的组合、汇聚甚至融合,不仅包括媒介形态的融合,还包括信息内容、媒介功能、技术应用、平台终端、管理手段、体制机制、组织结构、人才队伍等要素的融合;而与此同时,媒介融合又是一个不断发展的过程,因此也可以按照媒介融合的发展过程进行分类。

(一) 李奇·戈登(Rich Gorden)的分类模式[①]

2003年,美国西北大学教授戈登归纳了美国当时存在的五种"媒介融合"类型,主要包括所有权融合(Ownership convergence)、策略性融合(Tactical convergence)、结构性融合(Structural convergence)、信息采集融合(Information-gathering convergence)以及新闻表达融合(Storytelling or presentation convergence)。

1. 所有权融合

大型的传媒集团拥有不同类型的媒介,因此能够实现这些媒介之间内容的相互推销和资源共享。如美国佛罗尼达坦帕市的媒介综合集团(the Media General Company)和美国俄亥俄州的新闻电讯集团(Dispatch Media Group),都是将各自在同一地区所拥有的报纸、广播电台、电视台和网站进行了融合。

2. 策略性融合

所谓策略性融合,是指所有权不同的媒介之间在内容上共享,如分属不同媒介集团的报社与电视台之间进行合作,相互推介内容与共享一些新闻资源。

3. 结构性融合

结构性融合与新闻采集、分配方式有关,如美国《奥兰多哨兵报》决定雇用一个团队做多媒体的新闻产品,使报纸新闻能够加工打包后出售给电视台。在这种合作模式中,报纸的编辑记者可能作为专家到合作方电视台去做节目,对新闻进行深入报道与解释。

4. 信息采集融合

所谓信息采集融合,主要指在新闻报道层面,一部分新闻从业者需要以多媒体融合的新闻技能完成新闻信息采集。"超级记者"的工作便属此类。

5. 新闻表达融合

所谓新闻表达融合,主要指记者和编辑需要综合运用多媒体的、与公众互动的工具与技能完成对新闻事实的表达。

综上所述,戈登教授的分类是根据当时美国传媒业客观存在的媒介融合现象得出的,尽管能够比较全面地概括特定时期内出现的媒介融合类型,但是这种分类形式并不健全,其根

[①] 蔡雯:《从超级记者到超级团队——西方媒体的融合新闻》,《中国记者》2007年第1期。

本问题在于分类标准不够统一,前三种是"媒介组织行为"的划分,后两种则是以从业人员的角度进行划分。

(二)洛里·戴默(Lori Demo)的分类模式①

2004年,戴默等几位在美国鲍尔州立大学任教的学者向美国新闻与大众传播学教育学会提交了一篇论文,题为:《融合连续统一体:媒介新闻编辑部合作研究的一种模式》,提出了"融合连续统一体"这一概念。他们根据自己所掌握的美国及其他国家的媒介当时的实际情况,界定了"融合新闻"的几种模式以及每一种模式的具体含义。在这里,戴默等人将媒介融合划分为:交互推广(Cross-promotion)、克隆(Cloning)、合竞(Coopetition)、内容分享(Content Sharing)以及融合(Convergence)五种类型。

1. 交互推广

所谓交互推广,是指作为合作伙伴的媒介相互利用对方推广自己的内容。例如,电视读报节目通过固定的栏目对当天报纸中的主要新闻信息进行相关介绍,这种方式既拓展了自身的信息量,同时也对合作伙伴进行了推广,相互合作,获得双赢。

2. 克隆

所谓克隆,是指作为合作伙伴的媒介不加改动地刊播对方的内容。如合作伙伴之间互相直接利用对方制作的信息内容进行传播,极大地扩充了信息传播的时间和范围。

3. 合竞

所谓合竞,是指作为合作伙伴的媒介之间既有合作也有竞争,如一家报社的记者编辑在某电视台的节目中对新闻进行解释和评论,某一媒介为自己的合作伙伴提供部分新闻内容等。不过,合作的媒介之间依然存在着相互戒备,在电视上露面的报纸记者不会愿意透露那些构成报纸独家新闻报道的关键信息。

4. 内容分享

所谓内容分享,是指作为合作伙伴的媒介定期相互交换线索和新闻信息,并在一些报道领域中进行合作,如选举报道、调查性报道等,彼此分享信息资源,甚至共同设计报道方案,但各媒介的新闻产品仍然是由各自的采编人员独立制作的。

5. 融合

所谓融合,是指作为合作伙伴的媒介在新闻采集与新闻播发两个方面进行全方位的合作,他们的共同目标是利用不同媒介的优势最有效地报道新闻。多个媒介的记者编辑组成一个共同的报道小组,策划新闻报道并完成采编制作,并决定哪一部分内容最适合在哪个媒介上播发。

最能代表"融合"的是论坛公司(The Tribune Company)和媒介综合集团(Media General Inc)。这两家公司都以自己所拥有的同在一个地区的报社、电视台和网站为基础,构造了不

---

① 蔡雯:《从超级记者到超级团队——西方媒体的融合新闻》,《中国记者》2007年第1期。

同类型的"融合新闻"平台,并取得引人瞩目的成果。

针对以上两种对"媒介融合"的分类方式,我们可以看出,戴默教授等人的划分方式明显比戈登教授的方式合理,五种模式的融合程度依次由弱到强、由简单到复杂。在现实中都存在着这几种"媒介融合"的例子,如报业集团、媒体联盟以及平面媒体数字化等现象。

国内的很多学者也对"媒介融合"进行过划分,但大都不会脱离这两种划分方法。

四、媒介融合的四个层面

媒介融合不仅包括传统的传媒产业,还包括与其融合的电信产业、IT产业、电子产业等非传统媒体产业,也就是所谓的大传媒。按照媒介融合的定义和发展趋势,媒介融合应按照发展程度和融合维度进行分类,其融合形式主要有内容融合、技术融合、组织融合和主体融合。媒介融合的各层面并不是各自分立的,而是紧密联系、不可分割的。

(一)内容融合

所谓内容融合,就是将不同媒介形态的生产依托数字技术形成跨平台、跨媒体的使用,利用数字化终端,形成多层次、多类型的内容融合产品,我们可以从内容生产和内容形态两个角度认识内容融合。

从内容生产角度来看,现阶段的内容融合集中体现在内容来源的融合上,融合内容来源包括报刊、广播、电视、互联网等,来自不同媒介的信息内容既可以被自身利用,也可以供其他媒介使用。内容来源融合描述的是媒体内容来源的多样化给媒体带来的发展。例如,2000年,美国佛罗尼达坦帕市的媒介综合集团(Media General Inc)"坦帕新闻中心"将集团30多个媒体放在了同一个大平台里运作,尝试了一次多家媒体的融合:《TAMPA先驱报》、电视台WFLA-TV和网站Tampa Bay Online的编辑部门集中运行,设立"多媒体新闻总编辑",统管三类媒介的新闻报道,在同一个写字楼的同一平台上办公,网站上有电子版报纸,电视台也会与报纸联合采访,共同工作,三类媒介在新闻采编方面实现了联动。[①] 又由于媒介主体层面的融合,媒体内容的来源既有专业生产者,又有用户,且用户生产的内容日益成为媒体生态不可缺少的部分;此外,传感器、智能写作机器人采集和编辑的信息成为媒体内容的新来源。需要指出的是,同一媒体内容的来源可能出现交叉融合的情况,在一篇专业化生产的新闻中可能附有用户提供的内容,甚至包含传感器和智能写作机器人提供的相关内容。

在内容形态方面,内容融合体现在不同形态内容间的融合,即同一种信息可以被制作成各种不同的媒介形式加以使用和传播,这是媒体内容创新的重要手段。而这些都要以新的传播技术为前提,所以新兴的传播技术是内容融合实现的关键。媒介内容可以划分为文本、图片、影像、声音、数据等,当前的内容形态已经突破了文字、图片、音频、视频等单一化的表达,而是向多种形态组合的方向发展,如数据新闻、H5新闻、VR新闻、动画新闻。

---

① 蔡雯:《媒介融合背景下的新闻传播变革与新闻教育改革》,《今传媒》2009年第1期。

(二) 技术融合

技术推动了媒介融合的发展,同时也是媒介融合发展的重要层面。技术层面的媒介融合主要包括网络融合(network convergence)、设备融合(device convergence)和应用融合(application convergence)。[1]

网络融合是不同类别传播网络之间的融合,在中国一般指的是三网融合。三网融合是电信网、广电网和计算机通信网之间的融合。三网融合是为了打破由于三网不同的业务种类,在构成和应用技术上相互独立的状态。需要说明的是,三网融合并不是专注于三网物理上的合并,而是业务上的融合。在我国,电信网和计算机通信网实质上已经实现了融合,当前三网融合的关键是电信网和广电网的融合。虽然三网融合的推进比较艰难,但近几年已经有了较大的突破。设备融合主要是指不同的终端设备之间可以进行信息传输、共享和互动,且这种信息交流应是便捷、快速和无障碍的。应用融合则是基于统一应用平台上的服务的融合。用户通过各自的终端设备连接到统一的服务平台之上,以平台为依托获取所需的内容和服务,这是应用融合的主要形式。

(三) 组织融合

媒介融合涉及投资、金融、经营、广告、产业等不同层次的经济活动,组织层面的融合也是媒体融合不可忽视的方面,它关系着媒体的可持续发展。组织融合主要包括机构融合(institution convergence)和产业融合(industry convergence)。

机构融合是同一媒体内部的融合,通过对媒体内部各类生产要素的调配,以提高媒体机构的活力和生产效率。就与媒体内容生产相关的部门来说,筹备部门、信息采集部门、编辑部门、审核部门、分发部门等部门之间的融合,如县级融媒体中心的建设,就能带来媒体业务层面的融合,以提高稿件的生产和传播效率。如果将媒体内容生产相关的部门看成一个整体,与推广、经营相关的部门与其融合,又有可能激发新的业务。

产业融合则是不同媒体之间的融合,它分为以下几种情况:一是相同类型媒体的融合,比如同为报刊媒体的融合,这种融合一般可以放大媒体的影响力,提高其在媒介产业中的竞争力。二是不同类型媒体之间的融合,优势是能延长产业链条,打通各种壁垒,降低生产成本,包括按媒体业务链条的融合,如报刊媒体与发行企业、媒体调查企业融合;也包括多元媒体经营的融合,如整合出版、广电、影视、音乐、游戏和网络等类型的媒体,形成大型媒体集团。三是跨行业融合,传媒产业与非传媒产业的联合,其目的是为了发现新的产业增长点或实现某种公益目的,实现长远发展,如网易2011年便投入养猪场的建设。

(四) 主体融合

我们这里说的主体,主要是指以人为主的传播主体,媒介融合的落脚点始终在于人。主

---

[1] 韦路:《媒体融合的定义、层面与研究议题》,《新闻记者》2019年第3期。

体融合主要包括专业生产者融合和用户融合。

在过去,一条新闻往往要经历多个媒体从业人员之手才能够最终发布,送达受众的身边。随着移动通信技术的进步、采编设备的便携化和智能化,"全能记者(超级记者)"开始出现,一个或少量的记者就能进行新闻直播活动,或在短时间内完成文字、图文或视频的新闻采写、上传和互动工作。这便是新闻领域的专业生产者融合,其他媒体领域类似的情况也在发生。

用户融合通常以个人为单位,发生在普通媒体用户层面,它包含三个层次:第一层次是不同媒体用户的融合,使用终端内应用多开技术的成熟、多个媒介使用场景的叠加,造就用户在一个时期内可能同时是不同媒体用户的情况。第二层次是针对同一媒体的用户融合,随着媒体资源的丰富、社交属性的融入、个性化推荐机制的广泛应用,媒体越来越具有兼收所有用户并提供个性化内容的能力,这实现了另一种意义上的用户融合。第三层次的用户融合是最深刻的变化——用户角色的融合,现在的用户已不只是单纯的受众,而是集信息生产者、信息接收者、信息交互者于一体的用户;这同时也意味着用户与专业生产者的界线日益模糊,很多用户虽然不是名义上的专业生产者,但已具备了专业生产者的基本能力。

总体而言,内容融合、技术融合、组织融合和主体融合这四种媒介融合的主要层面之间是彼此关联、相互影响的。其中,内容融合是媒介融合的核心,媒介内容来源、形态等的变革是媒介融合实现的物质基础;技术融合是媒介融合的支撑,只有实现了技术融合,才能使内容融合催生的内容产业所生产的规模化内容获得广泛的传播渠道,进一步丰富媒介传播、呈现交互样态,广大受众才可以自由地选择获取信息的方式;组织融合是媒介融合的关键,只有不断优化媒介组织结构,才能提高媒介资源的生产和分配效率,激发媒体创新活力;主体融合是媒介融合的落脚点,是当下调动媒介融合参与主体积极性的重要维度。

五、媒介融合的基本特征

在新技术尤其是新媒体技术的推动下,媒介融合的趋向日益显现。媒介融合不仅在技术和形态层面影响着媒介发展,更在深层次上改变着整个媒介生态环境,并由此影响着人类的经济结构、社会生活和文化形态。与此同时,媒介融合也在逐步向更深层次发展的过程中表现出鲜明的传播学特征。

(一)技术先导性

科技是第一生产力,也是媒介融合的直接促动因素。随着数字技术、卫星技术、互联网技术、多媒体技术、智能技术的进步,这些技术在传媒领域的应用日益成熟,而以数字技术为代表的新技术的高度渗透性和无边界性使得相同技术可以应用于不同媒体终端,从而导致不同媒体之间的界限日益模糊,新的媒体形态不断出现。无论是早期传统媒体与新媒体之间的融合,还是不同新媒体之间的融合,媒介融合的过程都表现出明显的技术先导性,技术在媒介融合的兴起和发展中起到导向性的作用。

传媒发展是技术进步直接推动的结果,正因如此,媒介融合所产生的媒介新形态也必然建立在技术发展的基础之上。网络技术、移动通信技术、数字技术、智能技术则不仅直接创造出网络媒体、手机媒体、智能媒体等新兴媒体形态,更进一步将各种既有媒介连接贯通,造就出具备融合特性的新媒体。网络报、网络杂志、网络广播电视、手机广播电视等新兴媒介形态,无一不是在新技术的支持下诞生和发展的。

伴随着移动通信、大数据、云计算、区块链、物联网、人工智能、虚拟现实等技术被广泛应用,原有的内容生产方式、媒介组织运营模式和信息传播手段都发生了相应的变化。例如,大数据技术的应用,使越来越多的媒体内容可以以可视化的形式呈现,并拓展与用户互动的维度;机器写作相关技术的应用,使媒体信息的采集、加工和分发速度都得到了前所未有的提升。从正在媒体行业推广和逐步应用的 5G 技术来看,我们也能明显看到技术对媒介融合的先导性。2019 年"两会"中,人民日报社应用"5G+VR 全景"技术,用户只需通过人民日报"两微两端"打开专题页面,就仿佛置身"两会"现场,感受更鲜活、生动的场景。①

(二) 媒介内容的多媒体化

所谓媒介内容的多媒体化,是指在媒介融合的背景下,媒介制作、生产的内容资源能够且必须适应多种不同媒体的传播特点或发布要求。媒介内容的多媒体化既是媒介融合的基本特征,也是媒介融合对媒介内容的基本要求。

媒介融合过程中的技术创新为媒介内容的多媒体化提供了技术支撑和硬件支持。在媒介融合的大背景下,以数字技术为核心的新媒体技术不断创新,催生出新的数字媒体平台,从而能够将所有内容资源都集纳到这一平台之上,进行统一整合、加工,为媒介融合提供内容资源基础。以报纸为例,数字技术、网络技术的融合创新催生出网络报制作与发布平台,让传统的报纸内容有了网络媒体发布渠道;移动通信技术和数字技术等的融汇则催生出智能手机上的新闻客户端,由此也使得传统报纸内容可以通过手机媒体得到广泛传播;此外,随着数字技术、算法技术等新的发展进步,形态更加多样化的内容呈现形式不断涌现,这又给传统报纸内容提供了新的传播平台。

除了技术融合所提供的拉动作用,媒介内容的多媒体化在很大程度上还是媒介融合给媒体带来的市场竞争压力的产物。随着媒介融合的不断深入,各种新的媒介形态和媒介实体不断出现并迅速发展。"优质内容"作为传媒业的稀缺资源,在媒介融合的时代背景下更具稀缺性。在媒介融合的过程中,优质内容资源的稀缺性不仅体现在多个(种)媒介瓜分有限数量的内容资源,更体现在同一内容资源需要被发布到不同的媒介平台。如此一来,内容资源的制作主体需要在对信息进行编码时就考虑不同媒介平台的传播特点,使内容产品能够适应多媒体传播的要求。例如,2017 年"两会"时,人民日报社的新媒体部门就对"两会"内容在社交媒体的传播做了专门的策划:通过《两会喊你加入群聊》H5 页面进行传播,将相关内容呈现在微信群聊、朋友圈场景中,与社交媒体阅读环境适配,互动性和趣味性因此大大提升。

---

① 《人民日报两会报道"上新了":5G 客户终端设备派上用场》,《人民日报》百家号,2019 年 3 月 5 日,https://baijiahao.baidu.com/s?id=1627035534942108527&wfr=spider&for=pc。

媒介融合所带来的媒介内容的多媒体化，造成内容生产分工的精细化；而内容融合所带来的各内容生产环节之间的高度关联性，又增加了每一个参与主体在产业链中所扮演的角色。可以说，在媒介融合背景下的媒介生产活动就是一个不断平衡细分化的角色分工与高度关联的生产环节之间关系的过程。在这一背景下，媒介内容的专业生产者必须具备较高的职业素养，才能适应媒介融合所催生的精细、复杂的媒介生产流程。

(三) 系统性

所谓系统性，是指媒介融合并不是单向度的，而是一个多维度、逐渐拓宽和纵深的系统化过程。媒介融合的系统性主要表现在三个方面：

首先，媒介融合是多维度的，且各维度之间具有紧密的联系。媒介融合是随着媒介技术的发展而不断向纵深发展的。在传统媒体时代，媒介融合仅指不同媒体内容之间的相互借鉴、相互融汇，这只能看作是媒介融合的初级阶段，甚至不能算作真正的内容融合。随着媒介技术的进步，尤其是以数字技术为代表的新媒体技术出现，媒介融合才开始向纵深发展，除了在内容层面的融合之外，在技术融合的促动之下，内容接收终端也不断融合出新，新的媒介形态不断涌现，由此也进一步带来电信网、互联网、广电网的相互融合。内容融合是媒介融合的核心，技术融合是媒介融合的先导，组织融合则在宏观上将媒介融合提升到产业化高度，主体融合是媒介融合的落脚点——内容融合、技术融合、组织融合、主体融合相互作用、相互激荡，共同构成了媒介融合的多维度系统。

其次，媒介融合还是一个由弱到强、由表及里的历史性过程。无论是传统媒体时代初级阶段的媒介内容融合，还是新媒体兴起之后真正意义上的媒介大融合，其过程都不是一蹴而就，而是循序渐进的。首先是技术的融合与创新，以及初级阶段的内容移植；在此基础上催生出各种新的媒介形态，为了适应不同媒介形态的传播特点，内容融合也开始由初级阶段简单的剪切和移植向更高水平的内容创新转型；随着技术融合的进一步发展，不同的媒介形态又将成熟、裂变、融合，技术融合中的设备融合、应用融合随之而来；而技术融合的保障和支持以及内容融合所造成的巨大信息传输压力，势必会将不同网络的互联互通提上议程，网络融合便成为技术融合的又一重要维度；主体融合又进一步对技术、终端和内容提出了更高层次的融合要求，如此循环向前，媒介融合也就组成了其不断纵深发展的生态链条。

最后，媒介融合的系统性还表现在其多层次、立体化的影响力上。媒介融合不仅对媒介形态、媒介内容等能造成直接的改变，还由此影响着整个媒介生态环境和新闻舆论环境；媒介融合不仅影响媒介的传播学表征，还通过整合价值链和产业链在经济层面影响传媒产业的发展；媒介融合不仅对媒介形态、传播内容、传媒产业有着深刻影响，还能改变受众或用户的媒介使用行为；此外，媒介融合除了能影响媒介及其传播过程和产业结构，还有其独特的社会功能，通过其正在构建的全媒体传播体系影响国家发展和社会建设。

(四) 选择性

媒介融合具有选择性，是指媒介融合的发生和发展是在特定的媒介之间进行的，并不是任何媒介都能够成功地融合，也并不是所有的媒介融合都是按照一条路径、一种模式进行的,这关涉不同媒介的固有特征、传播特点、产业价值链等诸多因素。

当今,媒介融合已然是整个媒介生态的发展趋势,也成为媒介研究不可忽视的时代背景。然而,媒介融合并不是一股完全不可控的媒介发展潮流,而是有其规律性,这种规律性就显著地体现在不同媒介融合的选择性上。因此,媒介融合所应有的选择性不可忽视,这种选择性根植于不同媒介的特性之中,是决定媒介融合顺利与否的关键因素。例如,部分媒体在利用新闻客户端的形式开拓媒介融合的路径上取得了成功,一些媒体不顾自身实际跟风而上,纷纷搭建自己的新闻客户端,这种为了"融"而"融",非但不会提升媒介融合的成效,反而会造成资源浪费、融合挫败的局面。因此,在推进媒介融合发展的进程中,媒体应在谨慎思考的基础上做出符合自身发展实际的选择。

"中央厨房"已成为媒介融合的"标配"与"龙头工程",各大媒体纷纷发力建设。虽然"新旧融合、一次采集、多种生成、多元发布、全天滚动、多元覆盖"是"中央厨房"建设的基本共识,但各地的"中央厨房"发展模式不尽相同,形成了带有各自媒体基因的"中央厨房"特色模式,如人民日报"中央厨房"、央视"融媒体编辑部"、光明日报融媒体中心、中国青年报"融媒小厨"、湖北广电集团"长江云"等。

第二节 媒介融合的多维诱因

莫顿(Morton)曾探究了媒介融合的起源。他发现,"在非媒体行业,融合的趋势在很久以前就出现了"。以美国汽车制造商为例,莫顿指出,他们常常销售日本竞争对手制造的轿车,只是打上自己的商标品牌而已。在某些情况下,一些美国公司拥有日本企业相当大的股份。因此,"当同样的事情发生在媒体行业的时候,我们不必感到诧异"。[①] 正如莫顿所言,随着社会的发展,相关产业之间针对相关产品的设计、制造、销售以及管理、经营等方面的联系越来越紧密,互相融合的趋势也越来越明显。但是为什么对非媒体行业的这种融合现象没有像媒介融合那样被广泛关注和研究呢? 这主要是由于非媒体行业的产品是具体的,各企业的产品虽然具有相似性,但毕竟有所不同。而对媒体行业的产品来说,无论是平面媒体还是后来的广电媒体以及今天的新媒体,其产品都主要以信息的形式呈现。信息这种产品对各种媒体来说只是各自的形式不同,其本身的内容都是相同的。这也就是媒介融合与其他产业融合不同的地方。换句话说,信息产品的这种特殊之处,正是媒介融合得以产生和发展的先天条件和优势。

随着计算机技术、网络通信技术的发展,网络常常被用来传输种类各异的信息,而这些信息又是由各自独立、互不相同的组织生产的。拥有自身专业特征和独立特许经营权的媒体在纸质媒体或广播电视这些独立的领域里传播新闻和各种信息。直到 20 世纪 80 年代早

[①] 章于炎、乔治·肯尼迪、弗里兹·克罗普:《媒介融合:从优质新闻业务、规模经济到竞争优势的发展轨迹》,《中国传媒报告》2006 年第 3 期。

期,媒介融合才伴随着公司合并以及参股控股的浪潮而逐渐成为一种趋势。这是因为数字技术的出现使之成为可能,"各种形式的信息——声音、数据和视频,可以在不同的网络之间被处理。因此,不同网络之间的差异也会逐步消失"。而随着美国《1996年电信法案》的通过,1997年欧盟《电信、媒体、信息科技融合以及管制执行中的绿皮书》的发布以及其他许多国家旨在废除对媒体或科技融合方面的限制性规定的一系列法律法规的颁布,这种差异的消失又被进一步强化了。到2005年12月底,北美的1500多家和全世界5000家日报推出了自己的网站。由美国全国广播公司协会(National Association of Broadcasters)于1999年进行的一项调查显示,绝大多数的电视台(70%)掌控着自己网站的运行。在电台方面,1998年,全世界已有6100多家电台拥有自己的网址。① 随着科技和法律方面障碍的消除,传统媒体充分利用了新的媒介形式——互联网实现了融合。

媒介融合形成的诱因主要有五个:技术诱因、政治诱因、经济诱因、受众诱因和文化诱因。其中技术诱因是最根本、最直接的诱因,也是媒介融合的必要条件,如果没有现代网络传播技术的支持,各媒体之间在内容制作、信息传播和受众获取信息的方式依然处于相互隔绝的情况,根本无法实现媒介融合;政治诱因对媒介融合的影响作用是巨大的,良好的政治环境能够保障媒介融合的有序发展;而经济诱因和受众诱因是媒介融合的动力所在,是产生媒介融合的驱动力和主观条件,各媒介在发展过程中为了获得相应利益的最大化,必须采取融合的措施,只有融合才能获得最大的利益;文化诱因是媒介融合的深层诱因,当我们对媒介融合探究到一定层次的时候,文化是我们无法回避的因素。

一、媒介融合的技术诱因

技术被认为是媒介融合的最根本动因,是媒体融合发展核心驱动力。最早提出融合概念的美国学者普尔认为,媒介融合指的是各种媒介呈现出多功能一体化的趋势,即在传媒产业领域,随着网络带宽化和文件压缩等技术的发展,传媒产业界限不断被突破的现象。② 可以说,他对媒介融合的敏锐嗅觉,正是首先源自技术层面。信息传播技术的发展总是在推动媒介的发展变化,每一次新的传播技术的产生都会催生出传播媒介的新变化,并且使传播媒介之间的联系更为紧密。2016年8月22日,人民日报媒体技术股份有限公司联合腾讯云共同发布我国首个媒体融合云服务平台——中国媒体融合云,正是意在为媒介融合发展消除技术瓶颈。③

传播技术之所以能够成为媒介融合的直接诱因,主要表现在两个方面:一是传播技术的提高和更新可以推动媒介形态的发展,二是传播技术的提高和更新可以产生新的媒介形态。

---

① 章于炎、乔治·肯尼迪、弗里兹·克罗普:《媒介融合:从优质新闻业务、规模经济到竞争优势的发展轨迹》,《中国传媒报告》2006年第3期。
② 黄金:《媒介融合的动因模式》,中国书籍出版社,2011,第27页。
③ 中国媒体融合云将为所有合作媒体提供各类新型内容生产、大数据运营、人工智能等应用,一站式解决融合发展技术难题,从选题策划、采编生产、分发传播、盈利分成全流程突破融合瓶颈。

(一) 技术的提高和更新推动媒介形态的发展

在漫长的人类历史中,人们一直在想方设法超越空间进行信息传播,超越时间保存传播的内容。这种长期的努力终于催生了各种各样的传播媒介。同时,传播媒介也始终处于不断变化发展之中,而技术创新则是媒介变革的根本推动力。

迄今,人类已经历了五次信息传播技术的革命:第一次是形成了语言,第二次是出现了文字,第三次是发明了印刷术,第四次是电子通信的普及,第五次就是现在正在经历的信息传播技术革命。

1. 信息处理技术

信息处理技术最大的发展就是计算机的出现。计算机已经成为媒介变革的主要动因。从1946年美国制造出第一台电子计算机至今,在半个多世纪中,电子计算机经历了巨大的变化,从电子管计算机、晶体管计算机,到小面积集成电路计算机、大规模集成电路计算机以及大集成电路计算机和光计算机。通过以计算机系统为主体的信息处理技术,所有的信息都可以以数字化形式存储、传播,都可以通过计算机进行处理,通过网络进行传输,在整个处理和传输过程中都可以转换为"0"和"1"两个符号,不用管它到底是文字、声音还是图像。这就使原本在形式上完全不同的信息得到了统一,这种统一使信息内容制作和处理可以实现融合。当前社会信息化有几大层次:产品信息化、企业信息化、产业信息化、国民经济信息化、社会生活信息化,这几个层次无不与信息处理技术联系在一起。

2. 信息传输技术

信息传输技术的发展主要源自通信技术的进步,光纤通信技术、卫星通信技术和无线移动通信技术是目前最重要的三种信息传输技术。光纤通信以其高带宽和高可靠性成为信息高速公路的主干传输手段;卫星通信覆盖区域大,通信距离远,是目前远距离越洋电话和电视广播的主要手段;移动通信则以其高度的灵活性和机动性成为信息社会人们普遍采用的通信形式。

光纤通信是利用光作为信息载体、以光纤作为传输的通信方式。在光纤通信系统中,作为载波的光波频率比电波的频率高得多,而作为传输介质的光纤又比同轴电缆或导波管的损耗低得多,所以说光纤通信的容量要比微波通信大几十倍。光纤是用玻璃材料构造的,它是电气绝缘体,因而不需要担心接地回路,光纤之间的串绕非常小;光波在光纤中传输,不会因为光信号泄漏而担心传输的信息被人窃听;光纤的芯很细,由多芯组成光缆的直径也很小,所以用光缆作为传输信道,使传输系统所占空间小,解决了地下管道拥挤的问题。[①] 光纤通信技术的应用极大地提高了网络传输的带宽,使各种多媒体内容的实时传输成为可能,为网络融合解决了传输介质的问题。

卫星通信技术是信息传输技术变革中最重要的一种技术。20世纪60年代以后,卫星通信技术的出现使人们可以利用太空通信卫星进行通信和电视远距离传播。1962年,美国"电

---

① 雷晓霁:《浅论光纤通信技术的特点与应用》,《科教创新》2008年第12期。

星一号"(Telstarl)发射成功,将美国发射的节目传送至欧洲,又将欧洲发射的节目传送至美国。1965年4月,"国际电讯卫星公司"将第一枚商用通信卫星"晨鸟"(EarlyBird)送入大西洋上空的轨道,从此世界各国均纷纷利用通信卫星传播电视节目。使电视传播手段由过去的地面微波传送、局部覆盖,发展到利用同步卫星转播电视节目、进行全球传播。

无线移动通信技术是在20世纪80年代开始发展起来的,目前已得到相当的普及。移动通信技术的出现和发展满足了人们在任何时间、任何地点与任何个人进行通信的愿望。移动通信以其智能化、个性化、宽带化成为实现社会通信服务的必由之路。

这些新兴的通信技术不仅使信息的传播在时间和空间上得到较大改善,也使信息的传输通路得到统一。原先的报纸、广播、电视都通过各自独立的传输渠道与广大受众进行信息交流,不仅在信息传播的时间上存在滞后性,在信息传播的覆盖范围上也受到很大的局限性。通过现代通信技术的发展和应用,网络媒体、社交媒体、智能媒体等新型的传播媒体可以通过统一的传输网络在第一时间内面向全球的用户进行信息传送,这种变化使媒介的传输渠道实现融合。

3. 网络技术

网络技术是计算机技术和通信技术结合的产物,具有跨媒体、跨平台、超链接、交互性、多终端等特性。网络技术在使信息的传播速度大大提高的同时,使信息接收也变得更加快捷、简便。过去人们针对各种不同的媒体采用不同的方式获取其传递的信息,如通过购买阅读报刊获取报刊上登载的信息,通过收听广播获取广播音频信息,通过观看电视获得电视音视频信息。现在我们可以仅通过网络这个公共平台,同时获取各种媒体所发布的信息,而且这些信息具有比以往更高的时效性和交互性。网络技术使信息的传播无限量增加,使信息接收方式变得更加快捷、简便。同时,网络技术也为人们获取信息提供了多种不同的渠道和平台,使信息可以轻松实现全球性覆盖,突破时间和空间的限制。

(1)互联网传播将各种传播媒介融合为一体

网络传播是以多媒体、网络化、数字化的国际互联网络为平台进行的信息传播形式,是现代信息革命的产物。网络凭借技术优势,集文字、数据、图像和声音于一体,弥补了传统媒体的技术鸿沟,是传播史上迄今为止最先进的传播工具,对人类的传播方式带来了巨大的冲击和影响。

(2)移动互联网助力媒介融合进一步升级

如果说互联网开启了媒介融合的大门,那么发展到移动互联阶段的互联网使这扇大门敞开得更大了。移动互联网的发展空间体现在凭借技术融合促进媒介多层次的融合,进而实现媒介融合的纵深化,最终满足用户对信息内容的需求和对社会关系的需求。在移动通信技术在媒体领域广泛应用之前的时期,媒介融合的主要呈现形态为网站;而在移动互联网时代,媒介融合的形态有了更多的可能。一些媒介融合形态是在原有融合形态的基础上演变而来的,如移动音频、手机电视等;还有一些媒介融合形态是由网络媒体迁移发展而来,如移动搜索引擎;更有一些由移动互联网发展来的全新媒体形态,如新闻聚合客户端、微信等。此外,对传统媒体来说,开设各种自媒体账号、入驻各类移动互联网平台成为常态,媒介融合的门槛也因移动互联网大大降低。总之,自移动互联网发展以来,媒介融合进入了快速发展的阶段,这对各类媒体既是机遇,也是巨大的挑战。

4. 人工智能技术

人工智能指由机器等人造物展现出的智能,即人造物对环境、信息等进行感知并在此基础上采取相应的符合其设计目标的行动。近年来,人工智能技术开始进入媒体领域。人工智能技术改造着原有媒体,传统媒体和新媒体都带上了智能化的特征。智能技术还催生新的媒体形态——智能媒体,以智能音频、可穿戴设备、写作机器人、社交机器人为代表的智能媒体进一步丰富了新媒体形态。2010年,美国《洛杉矶时报》率先在其关于城市犯罪的博客报道(Homicide Report)中采用计算机程序自动生成稿件;2014年,美联社开始使用WordSmith平台自动写作公司季度财报,成为第一个采用人工智能写作的世界级新闻媒体。目前,不少全球重要新闻机构,如福布斯、纽约时报、新华社等——也都纷纷尝试将人工智能技术应用于新闻生产。人工智能技术让各种媒体向智能化融合方向发展。

(二)传播技术的提高和更新产生新的媒介形态

信息处理的硬件由计算机和信息存储装置构成;媒体传输技术是指传递声音和图像的装置,如电视、收音机和电话。过去,这两种技术是各自独立的,相互之间有明确的界限。计算机用于管理和处理信息、数字和文本;而电视、收音机和电话被用于传递图像和声音。现在,随着技术的不断发展,这两种技术之间的界限正在迅速变得模糊起来,而且将有消失的可能。

1. IPTV

IPTV是Internet Protocol Television的缩写,即交互式网络电视,是一种利用宽带有线电视网,集互联网、多媒体、通信等多种技术于一体,向家庭用户提供包括数字电视在内的多种交互式服务的崭新技术。它具有以下特点:用户不仅可以得到高质量数字媒体服务,还极为广泛的自由来选择节目,实现媒体提供者和媒体消费者的实质性互动。

目前,IPTV系统技术已陆续开始被世界各大电信运营商大规模采用和部署。在国外,美国的VERIZON、SBC和QUEST电话公司,加拿大的贝尔公司、MANITOBA电话公司和SASKTEL电话公司,欧洲的法国电信、意大利电信、SWISSCOM和TELEFONICA等都已开展了IPTV的商业和技术试验或商业运营。在国内,我国IPTV用户数呈现快速上升趋势,IPTV行业已经步入快速发展期。根据数据显示,截至2017年12月底,我国IPTV用户数达到了1.2218亿户。[①]

2. 网站

网站是指在因特网上根据一定的规则,使用HTML(标准通用标记语言)等工具制作的用

---

① 《2018年我国IPTV行业用户数呈现较快增长趋势》,中国报告网,2018年9月17日,http://tuozi.chinabaogao.com/chuanmei/091IB4522018.html。

于展示特定内容相关网页的集合。简单地说,网站是一种传播工具,人们可以通过网站来发布自己想要公开的信息,或者利用网站来获取相关的网络服务。在媒介融合发展初期,传统媒体的网络化主要就是开设媒体网站,例如创办于1997年的人民日报社网站"人民网"的前身就叫作"人民日报网络版"。随后,各种类型的网站都成为传统媒体竞相融合的对象,如门户网站、视频网站、社区网站、社交网站等。如今,网站依然是各类媒体进行媒介融合的基础形态之一。

3. 移动客户端

移动客户端,又称手机客户端、手机软件(App,Application的缩写),主要指安装在智能手机上的软件,以完善原始系统的不足,是为用户提供更丰富、个性化使用体验的主要手段。随着智能手机等移动终端的普及,媒体也进驻到移动客户端领域,开办媒体客户端,使新闻客户端成为重要的媒介融合形态之一。功能、风格各异的新闻客户端使媒介融合的自由度大大提升。此外,媒体也通过入驻到微博、微信、抖音等具有社交平台属性的移动客户端,开办微博号、公众号、短视频号等账号,从而实现更具特色的融合。

4. 新一代智能终端

智能音频、可穿戴设备等新一代智能终端正在成为媒体的新入口,拓展未来媒介融合的可能性。

智能音频为媒体开拓了新的产品。亚马逊Echo音箱搭载了人工智能应用程序Alexa,它可以让用户询问简单问题,或者通过声音来控制室内其他智能设备。媒体组织利用Alexa智能语音系统,可以通过两种方式来报道新闻:一种是"新闻简报"(Flash Briefing),另一种是"技能"(skills)应用程序。由于开发"技能"应用程序比较复杂,许多新闻组织选择直接利用Echo音箱的"新闻简报"功能。此外,像《华盛顿邮报》《卫报》《每日邮报》等媒体都已经开发了"技能"应用程序。[①]

可穿戴设备是能够穿戴于体表,具备强大的信息搜集与分析功能的微型智能终端。可穿戴设备多以具备部分计算功能、可连接手机及各类终端的便携式配件形式存在,主流的产品形态包括手环(表)类、眼镜类、服装类,以及智能书包、拐杖、配饰等各类非主流产品形态。从信息传播的角度看,可穿戴设备具有极强的个体伴随性,将显著降低用户获取信息的成本,做到智能化理解用户需求,在此基础之上实现推送信息的高度定制化。

二、媒介融合的政治诱因

处于社会环境中的媒介难以脱离政治因素的影响,媒介融合发展也不例外。政治因素对媒介融合的影响并不全是积极的,在高度紧绷的政治环境下媒介融合发展必然受到较大的限制;如果政府对媒介融合发展形势有错误的认识,实施了错误的政策规范引导,对媒介融合发展还有可能造成一定的危害。但是,我们也不能因此忽略政治力量对媒介融合的正面作用。比如,政府可以给予媒介融合发展强有力的政策支持,政府的积极引导能规范媒介

---

① 张建中:《声音作为下一个平台:智能语音新闻报道的创新与实践》,《现代传播》2018年第1期。

融合的发展秩序,保证媒介融合在正确的轨道进行。在我国,政治诱因是媒介融合得以蓬勃发展的不可或缺的条件。

(一) 媒介融合发展是政治工作的重要组成部分

媒介融合发展是一项重大而深刻的变革,事关中国共产党能否牢牢掌握意识形态工作的主动权与话语权。从舆论生态变化看,由于全球化浪潮与中国社会的转型,中国的舆论场域聚集了相当复杂的利益群体。而随着移动互联网的发展,基于地理位置、App 应用等形成的社会群体分化更加复杂,这种社交形态和信息获取特征,显著强化了互联网用户的群体化特征。不仅如此,因互联网的赋权,这些多元化的主体迅速具有了强烈的参与意识,特别在广受关注的突发事件中,围绕议程设置主导权形成了激烈的竞争态势,传统媒体的舆论引导能力面临严峻挑战。[1] 此外,我国治理体系和治理能力现代化工作、国际传播能力的建设也与媒介融合工作密切相关。可以看出,当前的政治工作要求推进媒介融合发展,媒介融合发展是政治工作的重要组成部分。

(二) 有利的政策环境推动媒介融合向纵深发展

传媒转型不能没有制度设计与法律规范,制度设计与法律规范也应符合传媒发展的规律。一方面,传媒管理模式与管理思维决定传媒是否能够顺利转型。传媒主管部门如果按照传媒发展规律,以互联网思维进行管理,传媒转型就可以较为顺利地进行;如果完全以传统媒体的管理模式与管理思维进行管理,就会阻碍传媒转型。另一方面,传媒制度改革是传媒转型的推动性因素。当下,我国传媒转型已得到制度层面的支持。改革开放以来相对宽松的政治环境是媒介融合获得广阔发展空间的重要保障;2014 年,中央对"媒介融合"作了专门部署,这意味着"媒介融合"已成为顶层设计,推动着传媒转型加快步伐。[2]

三、媒介融合的经济诱因

传播技术的发展是促成媒介融合的直接推动因素,也是媒介融合得以实现的先决条件。如果没有传播技术的保证,所有关于媒介融合的设想只能是镜中花水中月;但仅有技术的保障而没有效益的驱动,传统媒体依然没有改变的动力。所以市场竞争的压力和对经济效益的追求是促使传统媒体相互联合进而促进媒介融合的诱导因素之一。

在现代传播的大背景下,各传统媒体既要面对行业内部的竞争,更要面对新媒体的冲击,在这种情况下,如何做到"人无我有、人有我优"就成为各个媒体所面对的首要问题。面对竞争的压力,最好的解决之道就是做大做强,即形成规模化生产;而要做到业内领先就要不断创新,走专业化道路是大势所趋。

---

[1] 林如鹏、汤景泰:《政治逻辑、技术逻辑与市场逻辑:论习近平的媒体融合发展思想》,《新闻与传播研究》2016 年第 11 期。

[2] 叶俊:《媒体融合的战略逻辑、基本路径与关键要素》,《采写编》2017 年第 1 期。

(一) 规模化生产促进内部整合,降低经营成本

经营成本是任何生产企业都必须面对的一个重要问题,传媒企业也不例外。传媒企业由于自身的特点,在经营成本上又具有相较于其他类型企业的独特之处。

第一,传媒企业的资产运营是跨行业的,可以包括报社、杂志社、电台、电视台以及网站等,这些企业的运作和经营方式各不相同,向受众所提供的信息的形式也各不相同,但它们都是向受众提供信息服务的,在这一点上各类媒体在经营和管理形式上具有融合的可能性。

第二,传媒企业的特色产品是信息,而信息具有共享的特性,报刊的信息可以被电台、电视台利用,而电台、电视台的信息反过来也可以被平面媒体所使用。在信息资源共享方面,各类媒体具有内容生产和信息传播平台融合的可能性。

第三,专业化的人才资源是传媒企业的重要资本。当今传媒企业的竞争在一定程度上取决于技术的竞争和知识的竞争,而这些竞争归根结底是人才的竞争。面对各种新媒体的各种不同功能,过去单一型的人才已经不能适应当前的传媒工作,现在要求媒体从业人员应具有一专多能的能力。平面媒体的从业人员要掌握处理多媒体信息的能力,而广电媒体的从业人员也应能够掌握处理平面媒体信息的能力。这种"多面手"式的复合型媒体从业人员使各类媒体实现人员的整合使用成为可能。

在这方面的成功范例之一就是美国佛罗里达州的坦帕新闻中心,它由《坦帕论坛报》、坦帕电视8频道和www.TBO.com新闻网站组成,这三家媒体同属于Media General公司,在同一写字楼同一平台上办公,有各自独立的人员、办公区域和运作机制,但实行资源共享。它设有"多媒体新闻总编室",统管三类媒介的新闻报道,这样同一新闻信息就可能通过不同形式被包装成适合不同媒体的产品,从而使三种新闻媒介在新闻采编方面实现了联动。[①]

由此我们看到,各种大众媒介从独立经营转向联合运作,形成规模化生产的报业集团、广电集团,甚至是结合平面媒体和广电媒体的综合信息传播中心。这样在信息的采集、制作、发布等方面能够实现产品规格的统一和标准化。资源的共享可以最大限度地减少人力、资金和设备的重复投入,最大限度地降低生产成本,从而在激烈的行业竞争中立于不败之地。

(二) 开拓媒体生存空间,寻求新盈利点

媒介融合可以看作是传统媒体乃至新媒体在生存危机中的一场"自救"运动。许多传统媒体在体制机制、技术手段、内容创新等方面已难以适应新形势下的媒体发展需要,同时又面临新兴媒体的冲击,传统媒体在媒体竞争格局中的生存空间日趋狭窄。对传统媒体来说,媒介融合可以开拓传统媒体的生存空间,寻求新的盈利方式,激发传统媒体的活力。因此,传统媒体开展一轮又一轮的媒介融合从本质上都是在拓展自己的生存空间。2016年年末到2017年年初,《东方早报》休刊的消息给传统媒体巨大的冲击,虽然纸媒遭受新媒体冲击已有

[①] 蔡雯:《"融合新闻":应用新闻学研究的新视野》,《淮海工学院学报(社会科学版)》2007年第3期。

一段时间,但报纸的休刊还是给媒体行业带来思考。作为传统媒体,《东方早报》曾积极参与到媒介融合的大潮中。2014年7月,《东方早报》正式上线澎湃新闻网站,作为纸媒转型和融合的新媒体产品,取得了巨大成功,澎湃新闻作为《东方早报》一种新的生存形式保留了下来。财新传媒所属财新网启动付费阅读时,推出了以财新通为主的一系列产品。上线以来,得到了广大用户的支持,在收入和影响力方面均取得了不俗的成绩,"付费阅读"已成为其主要的盈利手段。对新媒体来说,此时"新"不代表将来"新",新媒体同样面临着巨大的竞争压力,通过融合不断创新也是保证其生存空间的重要方式。

综上所述,过去单一的传媒企业通过规模化的方式形成传媒集团,降低了自己的生产经营成本,合理地利用了人力资源和信息资源,极大地提高了自身的经济效益;通过媒介融合也能够开拓传统媒体和新媒体的生存空间,寻求新的盈利增长点。这些都促使各传媒企业为了自身的经济利益不断地与业内或业外的其他企业进行渗透与融合。

四、媒介融合的受众诱因

传媒企业要获得最大的社会效益和经济效益,不断使自身向前发展,就必须要满足广大受众对传媒产品的需求。抓住了受众就等于抓住了市场,也就把握了企业自身发展的方向。

随着传播技术的发展,各种多媒体形式的信息大量地呈现在广大受众面前,现在的受众已经不满足于过去那种单一的信息表现形式,而是希望获得集文字、图形、声音、影像等多种媒体形式于一体、具有较强交互性和实时性的信息形式。这些变化归纳起来主要有四个方面,即信息密集化需求、个性化需求、多样化需求和便捷化需求。传媒企业只有把握住受众需求的这些变化,才能获得受众的认可,从而使自身得到发展。

(一) 受众的信息密集化需求促动规模化生产

当前全球已经进入信息爆炸的时代,受众获取信息的渠道是多种多样的,特别是网络传播的产生,使受众可以在事件发生的第一时间就获得大量相关信息。美国的"9·11"事件发生时,在国内最先报道的媒体都是网络媒体。而这种信息报道具有较强的时效性和密集性,如新浪网在事件发生大约1小时后就以快速更新的形式在网页上大量传递事件发生的情况,且更新的频率非常高,这样密集的信息提供可以大量吸引用户的注意力。反观传统媒体,无论是在时效性还是在信息的密集度上都存在一定差距。由此可见,如何吸引受众的视听、凝聚起足够的社会注意力资源是提升媒介影响力的前提。具有规模化优势的传媒在定位相同、内容同质的情况下,总是要比没有规模优势的传媒具有更大的社会影响力。因此,在等质等效的同类竞争中,传媒比拼的是各自的规模。此外,数字技术和网络技术带来的媒介终端设备的丰富和信息含量及信息表现形式的丰富,也都要求传媒企业进行规模化生产。

(二) 受众的信息个性化需求激发特色信息服务

受众个性化的需求,就是受众对传媒产品特色的要求,如果与众不同的特色能够满足人们的需要,这种特色就能够产生很大的市场价值和社会价值。因此,以特色取胜是传媒在吸引社会关注的竞争中经常采取的另外一种手法。特色竞争主要依赖于资源的独特、定位的精准和内容的不可替代性。而特色的形成更多地源自传媒独特的生产方式、传媒资源的优化配置和价值链条的有机支持。为什么新兴媒体一出现就受到广大用户的欢迎,而对传统媒体产生了如此巨大的冲击呢?最主要的原因就在于新兴媒体本身具有其他传统媒体所不具备的传播特点,即信息传播的交互性。受众通过新媒体获取信息,可以根据自己的需求来安排获取信息的时间、内容、形式和方法。传统媒体正是看到这一点,才纷纷与网络媒体结合,利用新媒体来扩展自己的传播渠道,为广大受众提供各种特色信息服务。

(三) 受众的信息多样化需求拉动全媒体信息服务

数字化技术使各种信息产品有了共同的物质基础,这给信息产品的整合带来了便利。各个媒体的内容可以更加方便地实现相互嵌入,并根据各个媒体的传播特点和受众的需求进行重组和分装,由此市场中将出现更为多样化的版本和更为丰富的内容,以满足受众多样化的需求。例如,过去的平面媒体仅能通过图片、文字等单一形式来进行信息传播,而现在的短视频等信息形式声画并茂,大大提高了受众阅读的趣味性。这就要求传媒企业既要提供信息内容,又要为内容赋予各种为受众喜闻乐见的形式。为此,传媒企业就需要与新媒体企业和相关技术公司合作,利用全新的传媒技术来更好地包装信息产品。

(四) 受众的信息便捷化需求催生即时即地的信息服务

随着信息技术的不断发展,受众在获取传媒产品和参与传媒活动时更希望摆脱时间、空间的限制。因此随时随地获取信息、服务日益成为信息消费形态的主要诉求,而媒介融合恰恰能满足这一诉求。例如,目前被用户广泛接受的微信订阅号和视频号,就是传媒企业通过与即时通讯服务应用相结合而产生的一种新型信息传播方式。

五、媒介融合的文化诱因

后现代文化特征是媒介融合的深层诱因。美国著名后现代理论家弗雷德里克·詹姆逊(Fredric Jameson)认为,二战后的现代社会已经进入后现代时期,其文化准则就是后现代主义。詹姆逊指出,现代主义的病状是隔离、孤独、疯狂和自我毁灭,而后现代主义的病状则是零散化、碎片化和缺乏自我;后现代主义时期的文化呈现出多民族、无中心、反权威、叙述化、零散化和无深度的特征。

后现代主义的文化渗透让新媒体及其用户也具备了碎片化、零散化、无中心的特点,从而共同建构了适于媒介融合发展的媒介文化和媒介环境。正如另一位后现代理论家让·鲍德里亚(Jean Baudrillard)所指出的那样,在后现代的社会文化中,高雅文化与低俗文化、现象与本质等一切传统的二元对立的边界都被消除,传媒所生产的拟象铺天盖地,形成一个比现实更现实的超现实独立领域,这意味着现实反过来已经成为表征和媒介的一个分支。在这种媒介文化背景下,大众传播时代向分众传播时代转变,传统媒体时代处于被动接受地位的"受众"向具有个性化需求和互动参与特性的媒介"用户"转变,从而为媒介融合提供了重要的生产指向。

第三节　媒介融合形成的一般路径

一、媒介融合形成的纵向视角

最初，人们对媒介融合的研究集中于报刊、广播、电视等传统媒体。近年来，随着新媒体的异军突起，人们在研究传统媒体如何应对新媒体挑战的同时，更多地把关注的目光投向传统媒体与新媒体的融合。随着新媒体产业的迅速发展，媒介融合已经不仅局限于传统媒体之间以及新媒体与传统媒体之间，各种新媒体之间也日益显现出明显的融合趋势。尤其是随着新媒体之间的技术界限被打破，新媒体融合式发展的速度将数倍于之前的替代式发展。在新媒体的带动下，媒介融合已经成为当今传媒产业发展的时代背景，任何对传媒产业，尤其是对新媒体产业的考察，都不得不关注媒介融合这一背景。

（一）传统媒体之间的融合渗透

媒介融合最早表现为传统媒体间的融合渗透。麦克卢汉早在20世纪六七十年代就已经认识到，新的媒介形态的出现并不能完全取代旧有媒介，而是新旧媒介相互协调、重新构建新的媒介生态环境，从而实现新旧媒介共存共融的过程。电视媒介的出现不会使旧有的报纸、期刊、广播等媒介消失，反而促使这些既有媒介重新定位，谋求新的媒介生态环境中的新地位。在这一过程中，各种媒介相互借鉴，在发展优势业务的同时取长补短。电视会借鉴报纸、杂志、广播的新闻线索，报纸、杂志、广播也会针对电视节目内容进行深度报道和后续报道，在媒介融合的过程中各取所需。可以看出，传统媒体间的融合主要表现为内容融合，很少甚至根本不存在技术、网络、价值链环节的深度融合。因此，在某种程度上，传统媒体之间的融合并不是真正意义上的"媒介融合"，而仅仅是媒介融合的前奏。

（二）新媒体与传统媒体的融合共生

新媒体与传统媒体的融合是媒介融合的核心内涵。确切地说，媒介融合是由于新媒体的出现才具备了完整的内涵。在诸种新媒体中，网络媒体最先发展普及，它对媒介融合的贡献也最大。网络媒体的迅速兴起让数字技术和网络技术快速向其他传统媒体渗透，带动了许多新型媒体形态的出现和发展。网络媒体同报纸、期刊结合，出现了网络报纸、电子报纸等新媒体形态，在内容上则促成网络媒体与报纸、期刊的相互借鉴，网络媒体编辑、复制报纸、期刊的内容资源，报纸、期刊也逐渐学会从网络媒体中发掘线索、汲取营养。网络媒体同广播电视结合，一方面促成了以网络为基础平台的网络广播、网络电视，另一方面也催生出以电视机为接收终端和服务平台的数字电视、IPTV等互动性电视媒介，这两种不同的媒介融合路径所附带的内容融合与服务融合自不待言。与网络媒体同传统媒体的融合类似，手机媒体与报纸、期刊、广播、电视等传统媒体也出现了程度不一的融合现象，并带来相应的媒介形态及媒介内容的改观或颠覆。互动性电视媒体本身作为网络媒体与电视媒体融合的产物,又反过来同报纸、期刊、广播、电视进一步融合,在报刊的阅读方式、广播电视的视听方式、节目内容的互动性和分众化等方面迎合新媒体的传播特点和产业发展要求。

(三) 新媒体之间的融合互构

新媒体之间的相互融合是媒介融合的最新发展。随着新媒体技术的不断进步以及新媒体产业的发展壮大,媒介融合已经不仅局限于传统媒体之间以及传统媒体和新媒体之间,而是扩展到不同的新媒体类型。这一现象是媒介融合的新发展,也是媒介融合的必然趋势。目前来看,至少在网络媒体和手机媒体这两种新兴媒体之间,媒介融合已经表现得相当明显。其中,移动互联网结合了网络媒体的媒介形态和手机媒体的移动性,代表了新媒体发展和媒介融合的成果。在当下及未来的媒介融合进程中,新媒体都将扮演着重要的角色。

(四) 媒体与其他行业的融合跨界

随着媒介融合深度发展,为了进一步激发媒介融合的活力,传统媒体和新媒体开始主动寻求与过去未曾合作、与传媒业相关度不高的其他行业进行融合,非传媒行业也从不同角度介入媒介融合,形成媒体与其他行业的跨界融合局面。媒体的跨界融合,一方面使媒体向其他行业延伸,融合出新的媒介产业类型,使媒介融合呈现多种可能,是极具活力和自由度的融合方式;另一方面有利于改善媒体在媒介融合中在资本、技术、人才等方面的困境,提高媒体经营和管理能力,提供媒体更多垂直化发展的机会。

二、媒介融合形成的横向视角

媒介融合的演变是一个分层次、分阶段进行的动态过程。第一阶段是相加阶段,融合方式主要为媒介互动,即媒体间在战术策略上实现融合;第二阶段是整合阶段,即媒体间在组织结构方面进行整合;第三阶段是相融阶段,媒介大融合,即不同媒介形态都集中到统一的多媒体数字平台上。当然,媒介融合各阶段并非泾渭分明、界限清晰,而是先后承接、共同演进、各自推进。

(一) 相加阶段:媒介互动

相加阶段的融合方式主要是媒介互动。媒介互动一般指传统媒体(报纸、杂志、广播、电视等)与新媒体(网络、手机等)在内容和经营领域的互动合作,这属于媒介融合的初级阶段,因此也称为媒体战术性融合(Convergence of Media Tactics)。

"媒介互动"最早发生在平面媒体和广电媒体之间,比如早期的中央人民广播电台"新闻和报纸摘要节目",以及后来凤凰卫视的"有报天天读"等。接着是传统媒体与新媒体间的互动,从最初新媒体大量转载使用传统媒体原创的海量信息,转变到传统媒体逐渐以新媒体作为主要新闻来源。现在的微博、微信和论坛等逐渐成为传统媒体的新闻来源。很多新闻都是先在网络上发布,然后通过传统媒体信息传播功能的放大,以及传统媒体与新媒体的互动,达到传播效果的最大化。

在这一阶段,新媒体之间的互动主要在网络媒体和手机媒体之间展开。因为网络与手机都具有新媒体的开放性特点,所以其与用户之间的互动形式更加多元化,网络增值服务也大多与手机业务相关联。传统媒体的内容可以通过网络下载进入手机,供用户阅读,手机的便携、实时特性与网络的海量、互动特性形成优势互补。

(二)整合阶段:媒介整合

一个传媒集团同时拥有报纸、电视、广播、网络等多种媒体形式,各种媒体类型在统一目标下最大限度地实现新闻资源共享、开发与整合,各媒体平台协同运作、优势互补,产生"1+1>2"的传播效果,这就是媒介融合的整合层次。这个层次实现了媒介所有权的组织结构性融合,是同一组织结构内部各个媒介平台间的整合,使原有传媒组织结构成为全球化、24小时运转的媒介组织。

媒介整合大致有两种发展趋势:一是新媒体并购传统媒体,使传统媒体成为其内容生产部门;二是一些传统媒体继续做大做强,延伸到新媒体领域,实现跨媒体整合经营。目前来看,一些新媒体已纷纷开始借助传统媒体的新闻生产力,通过商业门户网站或功能强大的搜索引擎,汇聚整合新闻信息,微信等即时通讯工具的新闻传播功能也越来越引人注意。除此之外,传统媒体通过计算机辅助新闻报道,通过社交媒体获取新闻线索,利用手机和网站搭建受众参与平台,将微博、微信的内容转载到传统媒体上,甚至通过数字技术和网络传播,直接衍生出电子报、手机报、电子杂志、网络广播、网络电视等新媒体。

在我国,《广州日报》率先在国内成立第一家滚动新闻部,以"报纸+网络+手机"组合的方式播报新闻;《南方日报》报业集团全力打造新媒体发展部;凤凰卫视《网罗天下》节目内容全部取材于当前网络最热话题和最新新闻。2006年和2007年,腾讯公司分别先后与《重庆商报》和《天府早报》合作开通大渝网、大成网,基于QQ的互动品牌价值,依托报纸的本土内容,开通网络新闻报料平台,使双方信息资源实现高度共享。2007年8月,成都商报"社区金版"推出中国首个报网互动平台,使两大即时数字通道实现24小时与当地数百万社区居民和楼盘业主互动。

(三)相融阶段:媒介大融合

在经历了"相加"和"整合"这两个发展阶段以后,由多种信息传播技术,将为媒介大融合打造出全新的、集多种媒体形式于一体的融合媒体平台。当发展到媒介大融合阶段时,传统媒体与新媒体的界限就已被数字技术与网络技术消融,各种传媒形态都汇聚到统一的容量巨大、形式多样的信息传输平台中。此时,各种新闻资源信息不再受传统新闻传播的时空限制,不仅降低了信息存储成本,还可通过多种终端呈现信息产品,并实时更新信息内容,多向传输反馈。受众完全可以通过计算机、手机、电视、可穿戴设备等数字终端自主地决定信息的主题内容、互动形式、分发顺序和时间。

媒介大融合并不只是不同媒介形式之间的合作,更是各媒体组织之间战略的、操作的、文化的联盟,是一种独立运行、流程完整、操作规范的信息生产模式。有学者认为,媒介融合之前,无论传统媒体还是新兴媒体,都采用单一流程:一种信息采集形式,一种信息制作加工形式,形成一种信息产品,通过一种形式进行传播,因此可称为"一"型媒介;而媒介融合则是

"一"型媒介相互交错,向"X"型媒介转变,形成多种信息采集形式,多种信息制作加工形式,多种信息产品,通过多种形式进行传播,并且交错贯穿于每个阶段。

第四节 媒介融合的地位

如今,媒介融合已成为国内外媒体领域的发展共识,国内外很多媒体集团都把媒介融合作为自身发展的重要战略。在中国,媒介融合除了是媒体实践层面的发展战略,更是一种面向国家战略布局的顶层设计。

一、媒体实践战略

从媒体实践来看,媒介融合是一种重要的媒体实践战略。在激烈的媒介市场竞争当中,媒体要根据环境变化,依据媒体发展资源和实力,选择适合的发展路径,以形成自身的核心竞争力。

人民日报社的媒介融合发展步伐走在国内前列,在媒介融合战略层面的探索可圈可点。《人民日报》在媒介融合上取得的成就,和管理层较早制定切实可行的战略方针并大力贯彻实施分不开。《人民日报》很早提出要"构建舆论引导新格局和现代传播体系",并制订了"报网融合、资源整合、人才聚合、内外结合"的媒介融合方针,推动《人民日报》《人民日报·海外版》和人民网新闻资源的统一管理、协调配置、立体开发,形成目前囊括报纸、新闻网站、官方微博、官方微信、手机报、电子阅报栏、客户端的全媒体产品服务体系。

1997年1月1日,《人民日报》创办人民网,开始全媒体转型。最初,人民网以《人民日报》网络版身份亮相。1997年6月18日,国务院新闻办批准《人民日报》及其所属六报四刊进入国际互联网,此时新浪、搜狐和网易等门户网站还未介入网络新闻。以人民网成立为标志,《人民日报》开启了近20年的媒介融合发展之路,[①]并在不同阶段采取了不同的媒介融合发展战略:1997—2005年,报刊网络化发展战略;2005—2012年,报网融合发展战略;2012年至今,新型主流媒体发展战略。

在国外,《纽约时报》是实施媒介融合战略较早的媒体之一。1996年1月,纽约时报公司建立了自己的报纸网站,提供纽约时报的在线阅读。1999年纽约时报公司整合了网络方面的业务,成立了独立核算的数字纽约时报部门,负责纽约时报网站和波士顿环球网在内40余个网站的业务,并设有各种类型的数据库以供读者查阅。2012年《纽约时报》订阅收入首次超过广告收入。经营巅峰的2000年,纽约时报公司年收入近35亿美元,营业利润超过6亿美元;而接下来,则经历了12年的发展停滞与下滑。为应对行业环境变化,纽约时报公司在2000年之前处在战略性发展阶段,表现为在全媒体领域多平台、多方向的全面出击;而在2000年后则逐渐进入战略性收缩阶段,对核心领域进行防御与有限探索,在非核心领域则收

---

① 万小广、程征:《人民日报媒体融合发展战略与启示》,《中国记者》2016年第10期。

缩与退出。①

作为一种媒体实践战略,媒介融合并不是一种固定化的战略,它在不同国家和地区、不同媒体集团、不同发展阶段都会发生一定的变化。媒体只有根据具体发展情境进行调整,才能作出正确的战略选择,助力自身发展。

二、国家发展战略

(一) 媒介融合发展战略的渊源

中国从国家层面推动媒介融合发展,将媒介融合纳入顶层设计体系当中,中国的媒介融合发展因此拥有了更为鲜明的特色。而中国形成媒介融合发展战略,与党和国家对媒体的管理、重视密切相关。

在中国共产党成立之初,宣传工作是最为核心的任务,媒体传播被要求为整个革命事业的一个重要组成部分来看待。此时,党的宣传事业整体规模十分有限,政治家所办的报纸,目标和职能都十分清晰,思想和舆论的统合力基本算不上一个问题。相比之下,如何了解基层、发动群众、塑造共产主义理念中的革命主体,才是宣传工作最重要、最明确的目的。在传播实践中,从事新闻工作的知识分子面向劳工、走向基层、服务大众,与社会底层相结合,由此形成的"群众路线"传统是党办媒体中最重要的政治特色。

在抗日战争时期的延安,"群众路线"凭借组织工作的完善而得到进一步发展。编辑和记者不但被要求走向基层去采访,还被要求到基层参加生产劳动,并加强自己的"思想改造"。更引人注目的是,当时共产党报刊普遍实行通讯员制度,数以万计遍布基层的报纸通讯员为党办的这些新闻媒体提供了大量群众新闻,打破了新闻职业的分工边界,推动了新闻的大众化。这种所谓"群众办报"的理念,"把专业的新闻工作者与非专业的新闻工作者结合起来",相比新闻专业主义,显然更具有民主进步色彩。

在抗战时期的解放区,一种以党的组织系统为依托,并接受党的领导的宣传管理体系逐步建立起来。共产党的各级党委一般都设有党报委员会,统管一定范围内的传播活动。同级党委的宣传部负责人对党报负直接领导责任,并要经常向上级有关部门汇报情况。当时报纸、杂志必须送上级党的宣传部审查。新闻工作者"一切要依照党的意志办事,一言一动,一字一句,都要顾及对党的影响;要忠实于党的总路线、总方向,而且要与党的领导机关的意志息息相通;要与整个党的集体呼吸相关"。这种以"党性原则"为核心的宣传管理体系一直延续到新中国成立之后,甚至在媒体市场化、职业化高度发达的今天,仍然是新闻宣传领域中不可动摇的政治要求。②

如表1-1所示,媒体组织管理方面继续坚持党性原则,党和国家对作为意识形态工具的新闻媒体保持规制。

---

① 方兴东、潘斐斐、李树波:《新媒体之道与媒体融合战略选择》,《新闻记者》2016年第1期。
② 王维佳:《"党管媒体"理念的历史生成与现实挑战》,《经济导刊》2016年第4期。

表1-1 中国新闻体制发展简表①

年份	功能定位	经营管理	媒介结构	组织管理
1978年以前	宣传媒体（耳目喉舌）	统一财政拨款；由上级调派发行。	资产国有，全面建立党报（刊、台）宣传体系。	坚持党性原则，"党管媒体"的核心不动摇。
1978—1992	宣传媒体（耳目喉舌）+资讯媒体（服务社会）	恢复广告经营；开始自办发行；报纸扩版，广电扩台。	资产国有，建立以党报（刊、台）为核心的多元化新闻传播结构。	坚持党性原则，"党管媒体"的核心不动摇。
1992—2002	媒介具有双重属性：上层建筑+经济基础	媒体内部实行产事业分离；媒体间合并重组推动集团化发展。	媒介市场主体多元化；出现市场化媒体，打破"媒体国有"局面。	坚持党性原则，"党管媒体"的核心不动摇，强化对新闻媒体的管制。
2002—2013	文化产业核心，新闻改革是文化体制改革的核心问题	拆分传媒集体内公益性部门和经营性部门；整体转制传媒集团内部的"经营性资产"，单独运作。	允许民间资本和外资入股国有媒体；形成以公有制为主体，多种所有制共同发展的媒体结构。	坚持党性原则，"党管媒体"的核心不动摇，强化对新闻媒体的管制。

（二）媒介融合发展战略的形成

当前，我国媒体迎来了一个快速发展的重要战略机遇。在媒体发展的关键时刻、重要节点，围绕重点工作、难点问题，习近平总书记亲自谋篇布局、着力推进，坚持立破并举，指明方向、指引路径、指导发展，为新闻舆论工作提供了根本遵循。② 2013年的习近平总书记"8·19"重要讲话是指引我国宣传思想工作的强大武器和行动纲领。在这次讲话中，习近平总书记首次在正式场合提及媒体融合发展问题："加快传统媒体和新兴媒体融合发展，充分运用新技术新应用创新媒体传播方式，占领信息传播制高点"。③ 2013年11月12日，十八届三中全会审议通过了《中共中央关于全面深化改革若干重大问题的决定》，重点是进行制度性变革和体制方面的创新，破除阻碍转变发展方式上的障碍，全面深化改革，推动国家发展转型。在这样一份重要的决定文件中，明确指出要在整合新闻媒体资源的基础上，推动传统

---

① 陈欢、张昆：《1978—2013：中国新闻体制的规制与发展》，《编辑之友》2015年第6期。
② 殷陆君：《切实把握媒体融合发展的战略机遇》，中国共产党新闻网，2019年3月21日，http://theory.people.com.cn/n1/2019/0321/c40531-30987045.html。
③ 中共中央文献研究室：《习近平关于全面深化改革论述摘编》，中央文献出版社，2014，第83-85页。

媒体和新兴媒体融合发展,重视新媒介手段的使用和传播秩序的规范化管理。2014年8月18日,《关于推动传统媒体和新兴媒体融合发展的指导意见》审议通过,这是我国媒体融合政策体系中的首个框架性、专门性指导文件。与此同时,习近平总书记发表针对这一媒体融合发展指导意见的重要讲话,宏观论述了媒体融合的程度、方式和目标等问题,极具指导性和操作性。"8·18"讲话为后续全面铺开的媒体融合发展实践指明了方向。至此,媒体融合正式上升到国家战略、国家行动层面,成为党中央在全面深化改革的背景下,为适应媒介技术的深刻变革、巩固宣传思想文化阵地、壮大主流思想舆论、确保意识形态安全做出的重大战略部署。在这之后,中国媒介融合发展战略不断完善,以下列出了一些关键节点。

表1-2 中国媒介融合发展战略关键节点(2014年以后)[①]

时间	场合	形式	主要内容
2015年12月25日	解放军报社	习近平总书记的讲话	把握现代新闻传播规律和新兴媒体发展规律,强化互联网思维和一体化发展理念
2016年2月19日	党的新闻舆论工作座谈会	习近平总书记的讲话	融合发展关键在融为一体、合而为一
2016年12月31日	中国国际电视台(中国环球电视网)开播	习近平总书记的贺信	实施融合传播
2018年6月15日	《人民日报》创刊70周年	习近平总书记的贺信	构建全媒体传播格局
2018年8月21日至22日	全国宣传思想工作会议	习近平总书记的讲话	要扎实抓好县级融媒体中心建设
2019年1月25日	人民日报社	习近平总书记的讲话	《加快推动媒体融合发展 构建全媒体传播格局》
2019年10月31日	十九届四中全会	《中共中央关于坚持和完善中国特色社会主义制度、推进国家治理体系和治理能力现代化若干重大问题的决定》	建立以内容建设为根本、先进技术为支撑、创新管理为保障的全媒体传播体系
2020年6月30日	中央全面深化改革委员会第十四次会议	《关于加快推进媒体深度融合发展的指导意见》	深化体制机制改革,加大全媒体人才培养力度,打造一批具有强大影响力和竞争力的新型主流媒体

① 依据网络公开资料整理。

(三) 媒介融合发展战略关键词

在中国推进媒介融合发展战略的进程中,形成一些具有中国特色的媒介融合发展战略关键词,需要我们关注和学习。

1. 新型主流媒体

"新型主流媒体"出自习近平总书记2014年8月18日在中央全面深化改革领导小组第四次会议上的讲话:"着力打造一批形态多样、手段先进、具有竞争力的新型主流媒体,建成几家拥有强大实力和传播力、公信力、影响力的新型媒体集团,形成立体多样、融合发展的现代传播体系。"①

新型主流媒体首先应是主流媒体,即具有领先于大多数媒体的传播规模和可靠的传播内容,反映主流人群思想的现代传媒组织。在主流媒体的基础上,推动传统主流媒体革新,凸显主流媒体核心价值,适应时代发展需求,形成新型主流媒体。有学者认为,新型主流媒体应具备以下的特征:"公共性"的核心特征,即打通官方舆论场与民间舆论场,消除隔阂,达成共识;双向互动的沟通能力,即新型主流媒体需要从"自我赞美的独白"转型为"理性公平的对话",服务于当前"国家治理体系和治理能力现代化"的总体战略。②

2. 一体化发展理念

一体化战略原本是指企业充分利用自己在产品、技术、市场上的优势,根据物资流动的方向,使企业不断向深度和广度发展的一种战略。一体化发展理念则是习近平总书记针对推动媒介融合发展提出的指导理念。2015年12月25日,习近平总书记视察解放军报社时指出:"要研究把握现代新闻传播规律和新兴媒体发展规律,强化互联网思维和一体化发展理念,推动各种媒介资源、生产要素有效整合,推动信息内容、技术应用、平台终端、人才队伍共享融通。"③2016年2月19日,习近平总书记在党的新闻舆论工作座谈会上进一步指出:"融合发展关键在融为一体、合而为一。要尽快从相'加'阶段迈向相'融'阶段,从'你是你、我是我'变成'你中有我、我中有你',进而变成'你就是我、我就是你',着力打造一批新型主流媒体。"④

3. 四全媒体

四全媒体是一种合称,其现有内涵包括"全程媒体、全息媒体、全员媒体、全效媒体"。四全媒体最早出自习近平总书记2019年1月25日在十九届中央政治局第十二次集体学习时发表的重要讲话。习近平总书记指出:"全媒体不断发展,出现了全程媒体、全息媒体、全员

---

① 《共同为改革想招一起为改革发力 群策群力把各项改革工作抓到位》,《人民日报》2014年8月19日。
② 朱春阳、刘心怡、杨海:《如何塑造媒体融合时代的新型主流媒体与现代传播体系?》,《新闻大学》2014年第6期。
③ 曹智、栾建强、李宣良:《坚持军报姓党坚持强军为本坚持创新为要 为实现中国梦强军梦提供思想舆论支持》,《人民日报》2015年12月27日。
④ 中共中央文献研究室:《习近平关于社会主义文化建设论述汇编》,中央文献出版社,2017,第45-46页。

媒体、全效媒体,信息无处不在、无所不及、无人不用,导致舆论生态、媒体格局、传播方式发生深刻变化,新闻舆论工作面临新的挑战。"①从这段讲话,我们可以看出四全媒体是当下全媒体的发展方向。

具体来说,"全程媒体"的内涵主要包括两个方面:一是指媒体应全程关注和报道大众关心、关注的新闻事件;二是指媒体所有的工作流程都应协调一致地参与到新闻报道之中。"全息媒体"是指新闻以文字、图片、声音、画面、动漫、图表等多形式、多维度、多侧面进行立体化呈现、沉浸式传播,让媒体成为一个多功能的信息载体。"全员媒体"主要是指所有的受众都自觉地参与到新闻的生产与传播工作中,联合作业,协同创新,成为媒体的操盘手、新闻传播的参与者。"全效媒体"是指媒体的传播致效功能已达到最大限度的发挥,信息的饱和度和满意度得到空前的彰显和满足,受众对信息的需求已基本实现各取所需。②

4. 全媒体传播体系

习近平总书记曾多次提及全媒体传播体系相关内容,如:"构建全媒体传播格局,不断提升传播力、引导力、影响力、公信力"③,"要形成资源集约、结构合理、差异发展、协同高效的全媒体传播体系"④和"建立以内容建设为根本、先进技术为支撑、创新管理为保障的全媒体传播体系"。⑤

全媒体传播体系内涵可以分两个部分:一是需要构建四组关系均衡协调的全媒体传播格局,即统筹处理好传统媒体和新兴媒体、中央媒体和地方媒体、主流媒体和商业平台、大众化媒体和专业性媒体的关系;二是需要构建四个功能强大有效的全媒体传播能力,即上面提到的"资源集约、结构合理、差异发展、协同高效"。⑥

本章思考题

1. 请简述不同研究领域或范畴对"媒介融合"的不同理解。
2. 试阐述媒介融合的多维诱因。
3. 试举例说明媒介融合形成的一般路径。
4. 请分析媒介融合作为国家战略的发展历程。

---

① 习近平:《加快推动媒体融合发展 构建全媒体传播格局》,《求是》2019年第6期。
② 沈正赋:《"四全媒体"框架下新闻生产与传播机制的重构》,《现代传播》2019年第3期。
③ 《习近平致人民日报创刊70周年的贺信》,新华网,2018年6月15日,http://www.xinhuanet.com/politics/2018-06/15/c_1122991111.htm。
④ 习近平:《加快推动媒体融合发展 构建全媒体传播格局》,《求是》2019年第6期。
⑤ 《中共中央关于坚持和完善中国特色社会主义制度 推进国家治理体系和治理能力现代化若干重大问题的决定》,人民出版社,2019,第24页。
⑥ 胡正荣:《构建全媒体传播体系:内涵与层次》,《新闻与写作》2019年第8期。

第二章　媒介融合功能论

内容提要：

作为媒介发展的大趋势，媒介融合具有强大而深刻的影响力，它对媒介乃至整个社会的发展都有不可小觑的功能和影响。本章将从信息传播、国家治理和融合新闻三个方面论述媒介融合功能论的基本内容。

首先，媒介融合通过整合与重构媒介生态要素，对整个媒介信息传播过程产生直接而有力的影响。在媒介融合的作用下，信息传播主体变得多元而复杂。媒介融合也使得信息传播系统中的信息量迅速增加，无限增殖的信息内容又反过来促动了媒介融合继续向前推进。同时，媒介融合所带来的传播主体结构的变化和用户地位的提高，也在很大程度上影响整个信息结构体系，并造成传播内容结构的改变。此外，媒介融合也带来媒介组织结构及其内容生产流程的变革，媒介组织在细分与统合之间寻求平衡，媒介生产流程也变得更加专业和多元。

其次，媒介融合在国家治理体系中起着非常重要的作用。在政治治理方面，媒介融合能巩固和壮大主流宣传思想文化阵地，维护国家意识形态安全。在文化治理方面，媒介融合不仅能促进优秀传统文化传播和文化产业健康发展，还能促进中国文化的国际传播。在经济治理方面，媒介融合改善和优化了传媒产业的经营模式，为传媒企业创造了积极的竞争环境；在媒介融合的促动下，传媒产业价值链和产业链得到延伸和重构，传媒产业由此实现了由"媒介融合"向"产业融合"的升级，这些都能促进社会经济系统的良好运行。在社会治理方面，媒介融合成为社会治理的新空间，在升级传统社会的治理方式的同时，提升了社会治理的实际效果。

最后，媒介融合也深刻影响了新闻传播的业务和实践，"融合新闻"便是媒介融合理念内化于新闻传播实践的产物。从传播渠道到传播流程，从内容生产到组织管理，"融合新闻"都充分体现出媒介融合给新闻传播实践所带来的革命性变化。

第一节　媒介融合与信息传播

在信息化和数字化时代，以新技术促动的媒介融合，对信息传播具有直接而有力的影响。媒介融合不仅是媒介形态和信息接收终端的融合，更是信息传播网络的大融合。无论是信息、内容的生产、制作，还是信息的流动与传输，都将在媒介融合的背景和趋势下发生革命性的改变。

一、信息传播主体和信源结构的改变

媒介融合对信息传播的影响,首先表现在对信息传播主体的改变上。

在传统媒体时代,无论是报刊还是广播、电视,其信息来源往往是政府机构、企业实体、社团组织以及有一定社会地位或权力的个人,信息发布权主要掌握在媒介机构及其记者、编辑手中。相比之下,普罗大众的信息传播权力极为有限,即使受众可以通过信件、热线电话等渠道参与信息反馈,但由于信息处理速度慢、采用率低等原因,受众仍处于被动接受信息的地位。在这种情况下,传受双方的地位相当不平衡,信息的发布权和主导权完全被媒介、政府和社会团体所控制,信息传播呈现出一种线性的结构体系。

随着数字技术和网络技术的出现,尤其是网络媒体的迅速崛起,TCP/IP协议得到了广泛的开发应用,由此导致的媒介融合在各种新媒体的风起云涌中快速向前推进,线性的传播结构被互动的、网状的传播体系所取代,并直接导致信息传播主体和信源结构的改变。一方面,传统媒体与新媒体的融合使得受众(用户)的信息反馈渠道更加畅通,原来被动接受信息的"受众"转变为可以主动使用信息的"用户"。在媒介融合的背景下,用户不仅能够随时随地获取网络报纸、网络广播和网络电视的信息,还能随时随地接收传统媒体在公众平台、短视频账号和新闻客户端上发布的信息,用户对信息的接收和选择不再受时空的限制,而取决于用户的个性化需求。另一方面,新媒体的发展及其与各种媒体相融合产生的联动效应,使得用户可以通过论坛、微博、微信、短视频应用等新兴媒体或应用发布信息、表达观点,并成为左右当今信息环境的重要力量;同时,在这种情况下,用户在新兴媒体中发布的信息往往成为报刊、广播电视等传统媒体的议程设置依据和重要信息来源,用户(受众)在整个媒介生态环境中的地位和作用日显突出。因此,媒介融合的加速发展使得信息传播主体和信息来源日趋多元化,并大大提升了用户(受众)在传播体系中的地位和作用。

从这个角度来说,信息传播主体的改变也意味着受众结构的改变,原来被动的受众成为主动使用信息和制造信息的传者,传统意义上的"受众"在媒介融合的背景下减少甚至消失,取而代之的是更具主动性和参与性的"用户"。规模庞大的新媒体用户几乎每分每秒都在通过微博、微信等网络应用生产各种各样的信息,其数量之巨、传播速度之快,是以往任何传统媒体都无法企及的。新媒体,尤其是互联网所产生的海量信息,极大地丰富了整个传播体系的信息资源,并赋予媒介用户以更主动和重要的信息传播权力。同时,用户创造的海量信息也成为传统媒体争相开发利用的资源。从某种意义上说,传统媒体对新媒体内容的重视和开发利用,进一步巩固和加强了用户(受众)在信息传播格局中的作用,受众(用户)被置于同其他传播者(政府、媒介记者编辑、社会团体、企业等)等量齐观的位置。

二、传播内容规模和结构的改变

媒介融合对信息传播的影响是多方面的,除了影响信息传播主体之外,还深刻地改变着信息传播体系中的传播内容。这主要体现在两个方面:一是对传播内容数量的改变,二是对传播内容结构的改变。

随着经济、技术水平的提高以及媒介普及率的提升，传统媒体所创造的信息内容已经极大丰富。然而，尽管如此，传统媒体所制造和生产的信息量仍然受到传统媒体自身特征等因素的种种限制，在增长到一定水平后便遭遇瓶颈。报刊的信息量受每期版面的制约；广播电视的线性传播特点决定其信息量也必须受每天播出时间的限制，任何一个频道每天的播出时长都不可能超过24小时；此外，报刊的刊号审批、广播的频率管制以及电视的播出垄断、频道限制等政策性因素也制约了传统媒体信息量的增长。

与传统媒体不同，以网络媒体和手机媒体为代表的新媒体，不但拥有海量的信息内容，而且其信息量可以无限增殖。新媒体技术所促成的媒介融合无疑给正在进入信息增量瓶颈的传统媒体注入了一剂强心针。在数字技术和网络技术的促动下，报刊的数字化浪潮催生了网络报纸、网络杂志、手机报纸、手机杂志等新兴数字化报刊媒体，这使得传统的报刊媒介不仅可以将纸质媒介的内容发布到网络空间中，扩大报刊品牌的美誉度和影响力，还可以充分利用网络空间中的海量信息进行内容制作，增加了信息来源和信息量。在广播电视方面，数字电视、IPTV除了传统的广播电视节目之外，还增加了各种付费节目和互动应用，在很大程度上突破了频率和频道对广播电视信息量的限制。媒介融合不仅通过新技术为传统媒体带来更大的信息生产量，同时也为各种新兴媒体增加了内容规模。一方面，新媒体中的很多内容资源直接或者间接地来自传统媒体，比如目前我国绝大多数网络新闻就来源于传统媒体；另一方面，各种不同新媒体之间的互联互通在增加信息流动的同时，也进一步加快了信息增值，尤其是随着移动互联网的发展，网络容量也势必进一步增加。

媒介融合除了能够增加传播内容的数量，它所带来的传播主体结构的变化和用户地位的提高也在很大程度上影响着整个信息结构体系，并造成传播内容结构的改变。在过去的媒介信息结构体系中，其传播内容多是大众化的，且带有较强的媒介本体特征。比如，报纸一般包括新闻、副刊、专刊、广告等内容版块，依照版面不同和编辑风格呈现出明显的条块分割特点；广播具有稍纵即逝的线性传播特点，其内容包括新闻播报、音乐、访谈等，多具备一定的互动性；电视节目内容同广播一样，也是按照时间顺序进行线性传播，节目内容稍纵即逝，人们只能在固定的时间收看固定的节目内容，毫无主动权可言。新媒体出现以来的媒介融合给这一陈旧的信息内容结构以巨大冲击，分众化、专业化、互动性的内容形态急速扩张，成为整个信息结构体系的重要组成部分。实际上，媒介融合对传播内容的改变，其作用因素主要来自新媒体。新媒体将其交互性和个性化、分众化特征赋予传统媒体的内容生产，使得原本线性、单向、大众化的传统媒体内容变得非线性、双向互动以及分众化和个性化。以电视媒体为例，数字化后的电视媒体包括数字电视、IPTV、视频客户端等新媒体，它们无一不带有媒介融合的典型特征。相对于传统电视而言，已经数字化的电视节目的最大特点便是交互性。无论是数字电视、IPTV还是视频客户端，其节目资源都可以实现非线性传播，用户可以根据自己的喜好在任何时间、地点主动点播节目内容；这种非线性传播模式也改变了传统的单向传播特点，用户可以通过网络与节目制作者或其他用户交流互动。此外，数字化的电视媒体由于同网络相融合，可以传播海量的节目内容和信息资源，但这并不意味着电视节目就可以不加取舍地将内容抛给用户，反之，媒介融合以及信息、频道的增多意味着媒介之间竞争更加激烈，这必然会导致电视节目的分众化、个性化和专业化，这也是媒介吸引和留住更多用户的法宝。

三、媒介组织结构和生产流程的变化

世界范围内的媒介大融合不仅将受众革命性地推到信息生产的前台,更深刻地影响着媒介自身的内容生产流程和组织结构。

在媒介融合的背景下,不同媒介制作的信息产品将被整合在一起,在同一个网络平台中流通、交换或共享,这就要求媒介从业者在进行信息内容制作时应该照顾不同媒介的传播特点以及不同终端用户的个性化需求,也就是说,信息生产将不再局限于单一媒介和少数环节,而将转变为一个贯穿不同媒介属性的融合性、系统性生产过程。这种多媒体、跨平台的内容生产,将随着媒介融合的一步步深入而变得日益明显。

在媒介融合的初期阶段,由于各媒介之间并没有完成网络、终端、平台等各环节的无缝对接,加上内容资源不甚丰富,因此,内容生产尽管也表现出一定的融合特征,但仍然仅停留在同一内容向不同媒介打包分发的阶段。比如,传统电视台制作的电视节目分别在传统电视、数字电视、IPTV、手机电视等不同终端上播出。这种初级阶段的融合性内容生产看似增加了同一内容的受众规模、为节目制作商增加了收益,但它并不能算作真正的内容融合,而仅仅是同一内容在不同终端的机械复制。这不但不能满足不同媒介终端用户的个性化需求,而且由于各媒介平台的内容趋于同质化,导致媒介盈利模式单一、无法开展付费增值业务。

随着媒介融合的深入,内容制作商也认识到内容机械复制不是长久之计,开始寻求改变,于是便出现了根据不同终端媒介特点进行内容加工的生产流程。内容制作商根据不同媒介的传播特点将相同的内容资源进行一定程度的整合、加工、包装,使之在不同的媒介平台发布。比如将在传统电视上播出的新闻内容进行剪辑,制作成几十秒的短视频,再投放到手机平台播出,部分短视频还从横屏改为竖屏播放,适合手机传播。这种内容生产流程相对于对内容进行简单的机械复制和分发更进了一步,却仍然不是媒介融合真正的题中之义。

当媒介融合进行到一定程度后,媒介内容的制作生产就不应仅停留在内容加工、包装和分发等生产环节的末端,而应扩展到包括内容创意和策划在内的内容生产的全部环节。在媒介融合背景下的内容生产,应该从头至尾贯穿媒介融合的精神内涵,从内容的创意策划到制作加工,从内容编辑包装到分发传播,内容制作者都应该充分挖掘和利用跨媒介的平台优势,从而生产出能够在不同媒介终端和发布平台顺畅传播的内容产品。实际上,这种带有深度融合特性的内容生产已经在很多媒介实践中得以实现。例如,2019年"两会"前夕,《人民日报》在其微信公众号推送了一款互动视频H5产品《点击!你将随机和一位陌生人视频通话》。这一H5由人民日报客户端和快手短视频联合出品,通过模拟打电话的互动形式,让用户随机与一名陌生人"视频通话"。用户连线的另一端可能是医生、教师,也可能是一位可爱的小朋友;你可能看到繁华的首都北京,也可能看到四川藏区、内蒙古的草原。发布24小时后,该H5点击互动量就超过了360万。可以看出,这一作品已经超出了单纯的内容加工范畴,需要策划团队、内容团队、技术团队和运营团队间的密切配合。

与内容生产流程的改变相伴而生的,是媒介组织结构的相应变化。传统的媒介组织机

构往往是部门与部门之间各自分立,报社中分设采访部、编辑部、专刊部、要闻部、市场部网络部等,电视台下设新闻中心、社教部、文体部、广告中心、技术中心、网络传播中心、播出部、制作部等。在传统的媒介运行环境下,不同媒介都有其各自的核心生产环节,不同的部门都围绕核心生产环节进行业务运营;然而,在媒介融合的背景下,内容生产流程被整合成一个由多种媒介共同参与、多核心的系统化过程,原来各自分立的媒介组织机构显然不能适应生产流程的新发展,各机构的相互整合与重组便成为必然。在我国,随着媒介融合进程的深入,媒介机构之间的融合重组大多以媒介集团改革重组的形式出现,虽然表面上看是将各种内容生产部门整合在了一起,但多数并没有实现生产环节的无缝对接,各媒介组织之间仍然是貌合神离,这在很大程度上阻碍了媒介融合的推进,也给媒介内容生产带来重重障碍。

第二节　媒介融合与国家治理

推进国家治理体系和治理能力现代化是全面深化改革的总目标,这一总目标是在适应不断变化的经济社会发展形势下,对新中国成立以来治国理政基本经验的科学总结的基础上提出来的。从内容上看,国家治理体系的基本结构应该采取横向的划分方法,即分为经济治理、政治治理、文化治理、社会治理和生态治理并表征为这五个方面治理在体制机制方面的综合。①

2019年10月28日至31日,中国共产党第十九届中央委员会第四次全体会议在北京举行。2019年11月5日,此次会议通过的《中共中央关于坚持和完善中国特色社会主义制度推进国家治理体系和治理能力现代化若干重大问题的决定》全文公布。其中将建立"全媒体传播体系"作为推进国家治理体系和治理能力现代化的重要举措,这意味着媒介融合发展成为国家治理体系的重要内容。本节主要从政治治理、文化治理、经济治理和社会治理四个方面探析媒介融合在国家治理体系中所起的作用。

一、媒介融合与政治治理

正如本书前文提到的,媒介融合发展作为一项国家战略被提出,其目的就是为了巩固和壮大主流宣传思想文化阵地,维护国家意识形态安全,对外传递中国声音、塑造中国形象、讲好中国故事,媒介融合自然被赋予了与政治治理相关的重要使命。

(一) 掌握舆论主导权,占领传播制高点

互联网的发展提供给人们一个广阔自由的表达场所,人们在这里也可以接触到各种各样的思想、观点,各种形式的内容,网络空间成为人们日常生活的新空间。然而,网络空间和现实空间一样并不是完美无缺的,网络谣言、网络欺诈、网络黄赌毒和负能量内容等信息侵

---

① 郑吉峰:《国家治理体系的基本结构与层次》,《重庆社会科学》2014年第4期。

扰着网络空间。当群众持续暴露在这种网络空间时,加之一些用户媒介素养较低,受这种负面信息的误导影响较大,这明显不利于主旋律和正能量的网络传播。此外,多元的表达场域也在很大程度上稀释了主流媒体的表达权重,主流媒体的舆论引导力因此受到影响。

主流舆论在哪里,当下媒介变革的路就应该通向哪里。各类新媒体已经成为社会生活中表达民意、畅通民情、汇聚民智的重要渠道,因此要善于运用全媒体多样化的传播平台,用好微博、微信、短视频、手机客户端等载体及分众化平台,丰富传播形态和传播样式,巩固宣传思想文化的新媒体阵地,构建宣传思想文化工作"微时代",扩大宣传思想文化工作的覆盖面。① 媒介融合可以加强主流媒体在网络空间的覆盖度和影响力,进而提升主流媒体的舆论引导力,有利于掌握意识形态话语权、壮大主流思想舆论。

(二) 满足新形势下人民群众对信息内容的需要

习近平总书记指出,"要树立以人民为中心的工作导向,把服务群众同教育引导群众结合起来,把满足需求同提高素养结合起来,多宣传报道人民群众的伟大奋斗和火热生活,多宣传报道人民群众中涌现出来的先进典型和感人事迹,丰富人民精神世界,增强人民精神力量,满足人民精神需求。"② 这一论述是做好新时代党的新闻舆论工作的必然要求,同时也是媒介融合的发展方向。

媒介融合要在积极适应融媒体发展新常态的同时,紧紧抓住内容建设这一根本,主动满足新形势下人民群众对信息内容的接受习惯和多样需要。媒介融合发展要以先进技术为支撑、内容建设为根本。这就要求在媒介融合实践中,要明确每个阶段的工作重心,真正用人民群众所喜闻乐见的形式,将主流价值观念传播到群众心中,充分践行以人民为中心的发展思想。一方面要明确群众所需,转变话语体系,创立与用户连接更紧密的媒体形态,提升融合新闻的生产能力,满足群众多元化的信息需求。另一方面要注重时政、民生类新闻的报道,扎根群众,站在百姓立场,采取平民化表达,表现亲民特质,反映人民的希望和要求。此外,还要按照全方位开展"媒体服务、党建服务、政务服务、公共服务、增值服务"等业务要求,建立融合传播矩阵,打造融合产品,积极探索"新闻+政治+服务+文化"的业务,全方位、多层次地满足人民群众的信息需要。③

(三) 不断提高党政机构的执政水平

党和政府均坚持"执政为民"的执政理念,科学有效的执政方式能够加强党和政府与人民的联系,更好地为人民服务,加强党和政府的执政能力建设。从这个视角来看,媒体在提高执政水平方面主要起着两方面的作用:一方面,媒体是提高党和政府执政水平的工具;另

---

① 林如鹏、汤景泰:《政治逻辑、技术逻辑与市场逻辑:论习近平的媒体融合发展思想》,《新闻与传播研究》2016年第11期。
② 倪光辉:《胸怀大局把握大势着眼大事 努力把宣传思想工作做得更好》,《人民日报》2013年8月21日。
③ 郑保卫、张喆喆:《推进媒体融合要坚持以人民为中心的价值取向》,《中国新闻出版广电报》2020年7月9日。

一方面,媒体作为社会传播体系的组成部分,是不可忽略的政治治理领域。

县级融媒体中心,不是一个个分散的、功能单一的媒体机构,而是基于互联网的现代传播体系的基础,是这一体系的有机组成部分。它依托党的执政优势,整合各种执政资源,通过提供政务服务及其他公共服务这一"刚需",将人民群众聚合在主流媒体自主可控的新型媒体平台上,从而提升其网络传播能力;它导入各项政务服务,成为网上政务服务端口的运营主体,从而成为党和政府的重要执政手段;更重要的是,它根植于基层,是基于互联网的县域综合服务平台和社区信息枢纽,将发挥把互联网业务下沉到县域基层的作用,从而推动"互联网+"战略落地。综合这些功能,我们对县级融媒体中心建设这一基础性战略举措的判断是,通过县级融媒体中心建设,党和政府将会把以主流媒体自主可控的新型互联网传播平台为核心的现代传播体系,打造成为新时代治国理政新平台。①

二、媒介融合与文化治理

媒体本身就是文化的生产者和传播者,媒介融合的发展对文化治理也具有直接或间接的影响。文化本身具有多层次的丰富内涵,很难从某一角度进行量化评价,也正是因为如此,文化治理内容也十分广泛。广义的文化在于人类生存发展实践过程中形成的一切精神与物质财富的综合,其内容之广泛体现在多样化的文化载体、多层次的文化影响、多元化的文化表现。在文化载体方面,如文化设施、文化场所等;在文化影响方面,如综合国力、国民幸福感等;在文化表现方面,如道德、知识、信仰、风俗等,都属于我国文化治理的主要内容。②本部分将重点选取优秀传统文化传播、文化产业发展、国际传播三个角度进行分析。

(一)媒介融合促进优秀传统文化传播

中华优秀传统文化为我国国家制度和国家治理体系发展提供了丰富思想资源,也能丰富和提升人们的精神生活。在新媒体时代,仅仅依赖传统媒体渠道传播优秀传统文化,将会丧失许多受众群体,不利于优秀传统文化的传承与发展。优秀传统文化借由媒介融合形成的各种新兴传播方式,不仅能够触及更多的受众,还能创新传统文化的传播形态,更好地契合新一代受众的文化品位,促进优秀传统文化的传承和传播。

2019年5月至8月,中央网信办移动局、文化和旅游部艺术司联合指导光明网组织12家商业直播和短视频平台,开展"为人民抒情——第十二届中国艺术节戏曲展演暨地方戏曲传承主题直播活动",走进第十二届中国艺术节戏曲展演参演院团和21个地方戏曲曲种优秀演艺团体,对戏曲舞台演出、化妆服饰、主创人员、传承渊源等方面进行移动直播,并组织商业短视频平台剪辑制作适合移动端二次传播的短视频和图文产品,相关直播和短视频产品总观看量近2亿人次,主题直播总赞量超过千万。通过移动直播和短视频传播中华优秀传统文化,彰显了中华民族的文化自信,让网民充分体会到以戏曲为代表的传统文化的魅力,

---

① 宋建武、乔羽:《建设县级融媒体中心 打造治国理政新平台》,《新闻战线》2018年第23期。
② 潘雁:《文化治理,关键在"治"》,《人民论坛》2018年第30期。

促进了中华优秀传统文化在新时代的传承和发扬。

(二) 媒介融合赋予文化产业发展新活力

媒介是文化的重要载体,文化产业的发展也与媒介紧密结合在一起,新兴的媒介形态也会带给文化产业新的发展机遇,赋予文化产业新的发展活力。互联网文化新业态是媒介融合发展战略中培育和成长起来的产业范畴,是现代市场体系和现代文化产业结构中的重要组成部分。互联网文化新业态在具体的产业实践中,紧紧依托互联网这一媒体形式,着力促进文化与科技的融合,发挥着改造传统产业和推动产业升级的重要作用。以文学小说内容呈现为代表的数字阅读行业借助互联网产业的东风,通过不断探索形成了一套成熟的商业模式。在此过程中完成了由单一内容向多元化内容,由 PC 网络文学平台阅读向移动端阅读发展的飞跃,产业链运作模式不断深化,向下游跨界延伸,推动数字阅读走向泛娱乐时代。在现今政策引导下,网络文学与传统文学融合的趋势显现,数字阅读行业开始迈入融合期。2018 年,我国成年国民图书阅读率为 59.0%,数字化阅读方式的接触率为 76.2%;网络文学市场规模总计达 153.5 亿元,同比增长 20.3%,保持稳步增长状态。①

此外,伴随着互联网文化新业态的迅猛发展,各种产业乱象频出,严重扰乱了正常的产业发展秩序。② 因此,促进媒介融合的有序发展,能够加强对互联网文化新业态秩序的监管、治理与规范,推动互联网文化新业态步入健康、有序的轨道,进而规范文化产业发展秩序,促进文化产业的健康发展。

(三) 媒介融合促进中国故事的国际传播

媒介融合发展将促进中国国际传播能力的提升,从而在国际社会讲好中国故事。习近平总书记曾指出:"我们要把握国际传播领域移动化、社交化、可视化的趋势,在构建对外传播话语体系上下功夫,在乐于接受和易于理解上下功夫,让更多国外受众听得懂、听得进、听得明白,不断提升对外传播效果。"③移动互联网时代实现了传播工具的革命,重构了传播格局,地球村的公民都成为中国故事的讲述者和读者。从对外传播视角看,通过各类媒介融合产品,讲好中国故事不仅是一种提高中国国际传播能力的"传播术",更是提升中国国际话语权和文化软实力的"巧战略"。推动媒介融合发展,讲好中国故事是中国国际话语权和文化软实力的连接体和居间者,具有整合中国软实力和硬实力的"巧实力"特征:一方面,可以为提升中国国际话语权提供接地气的话语内容;另一方面,又可以为中国文化软实力提供共享性的国际价值观话语。④

---

① 艾媒咨询:《2019 年中国数字阅读行业年度报告》,艾媒网,2019 年 6 月 24 日,http://report.iresearch.cn/report/201906/3390.shtml。
② 王林生、高宏存:《媒体融合视域下互联网文化产业的秩序失范与行业治理——以 50 个全国首案为分析对象》,《行政管理改革》2019 年第 12 期。
③ 习近平:《加快推动媒体融合发展 构建全媒体传播格局》,《求是》2019 年第 6 期。
④ 陈先红、宋发枝:《"讲好中国故事":国家立场、话语策略与传播战略》,《现代传播》2020 年第 1 期。

三、媒介融合与经济治理

媒介组织、传媒产业作为国家经济运行体系中的一员,其经济运行状况必然影响着社会经济体系的运行。随着媒介融合的兴起和不断深入,传媒产业的价值链和产业链各环节也不断融合与裂变,并呈现出诸多显著的融合特征。媒介融合给传媒市场带来的发展,将促进社会经济治理体系的优化和发展。

媒介融合促进经济治理现代化主要体现在以下几个维度:第一,媒介融合能够激发媒体生产要素的活力,加强传媒产业在国家经济体系中的竞争力,促进传媒产业可持续发展,有利于国家经济体系的平稳运行。第二,媒介融合能够促进传媒产业融合,重新整合媒体内外部资源,淘汰落后媒体产能,促进传媒产业资源的优化配置,通过媒体供给侧改革改善整体供给侧改革环境。第三,媒介融合使媒体行业有机会与非媒体行业融合,促进非媒体行业的信息化发展,提升企业的信息化和现代化水平。第四,媒介融合能够使媒体更方便快速地为政府、企业和个人等社会主体提供经济信息和服务,通过报道各类经济信息、经济改革新闻、解读经济政策,为各行各业开展经济活动提供有效的指导,促进社会经济改革。总之,媒介融合将加强媒体参与国家经济建设与发展的能力,从而促进经济治理体系的发展。

(一)媒介融合带来规模经济和范围经济效应

媒介融合在产业层面给传媒业带来的最明显变化便是传媒产业集群,即传媒并购。美国管理学大师迈克尔·波特(Michael E. Porter)最早从竞争经济学的角度研究产业集群现象,他认为,所谓产业集群,是指在某一特定领域中(通常以一个主导产业为核心),大量产业联系密切的企业以及相关支撑机构在空间上集聚,并形成强劲、持续竞争优势的现象。[①]

在特定区域中,具有竞争与合作关系,且在地理上集中、有交互关联性的企业,专业化供应商,服务供应商,金融机构,相关产业的厂商及其他相关机构等组成具有结构特性的群体,不同产业集群的纵深程度和复杂性各不相同,代表着介于市场和等级制之间的一种新的空间经济组织形式。这种新的组织形式是适应经济全球化和产品生产方式变化而逐渐兴起的,它能带来的两种最明显的好处:一是规模经济,二是范围经济。

规模经济(economics of scale)又称为"规模利益"(scale merit),指在一定科技水平下生产能力的扩大使长期平均成本下降的趋势,即长期费用曲线呈下降趋势。第一个研究产业集群现象的经济学家阿尔弗雷德·马歇尔(Alfred Marshall)把规模经济分为两类:一类是内部规模经济,另一类是外部规模经济。内部规模经济是指在一定的技术条件或生产要素投入价格比不变的情况下,单个企业在生产或经营单一产品的过程中,由于企业规模的增加,导致产品生产或经营成本不断降低而产生的收益递增现象。外部规模经济是指相关及支持性企业结成紧密的生产网络,通过专业化协作和不断创新,导致网络内企业产品生产的长期平均成本大幅度降低,实现规模基础上的收益递增。马歇尔认为,外部规模经济与产业集群

---

① 曹彩杰、臧良运:《产业集群理论及其效应研究》,《商业经济》2005年第6期。

关系密切,外部规模经济导致产业集群。当产业持续增长,尤其是集中在特定地区时,会出现熟练劳工的市场和先进的附属产业,或产生专业化的服务性行业。① 实际上,不仅规模经济能促进产业集群,产业集群对实现规模经济效应也有能动作用。一方面,产业集群内部企业通过激烈竞争,不断发展壮大自身,获取内部规模经济;另一方面,集群内企业间又结成紧密的生产经营网络,进行细致密切的分工协作,这种合作不仅包括发包商和承包商之间为了及时、定量地生产高质量的产品而进行的互补行为,还包括竞争对手之间通过合资、合作或建立联盟等方式共同进行研究开发或生产销售等价值创造活动,实现外部规模经济的行为。②

除了规模经济,产业集群所能带来的另一个好处就是范围经济。范围经济(economics of scope)指由企业生产经营的领域范畴而非规模带来的经济效应,即一个企业同时生产两种或两种以上的产品所消耗的成本,低于两个或两个以上企业分别生产等量的一种产品所消耗的总成本。产业集群内部由于存在严密的分工与协作体系,企业往往更集中于生产某一专门的产品或从事价值活动的一部分,同时利用自身的技能与别的企业紧密合作,协同参与价值链的全部增值活动。这样,一方面专门化生产有助于企业专有技术的开发和核心竞争优势的形成,从而提高企业生产率,降低产品单位成本;另一方面大量企业集中于一地,便于企业发挥自身技术专长,结合其他企业资源进行同心多样化生产。这些专门化的企业联合起来进行多样化产品的生产,便实现了企业的范围经济。③

(二)媒介融合改变传媒产业经营模式

媒介融合导致产业集群,产业集群通过传媒产业成本的递减特性带来规模经济和范围经济效应,而无论是规模经济还是范围经济,都与传媒产业经营模式密切相关。

一方面,经营模式在很大程度上决定了规模经济和范围经济的实现程度。一个产业内部各企业之间的分工协作关系是产业结构的构成关键,也是产业运行模式的重要方面。产业结构是否合理,对不同企业之间提高协作效率、降低生产成本至关重要;合理的产业结构意味着产业内部各企业间形成了有机、紧密的分工协作关系,也就为企业之间实现最大限度的外部规模经济和范围经济提供了条件。此外,合理的产业结构和产业运行模式也可以为单个企业内部提高生产经营效率、最大限度地争取内部规模经济奠定基础。

另一方面,对规模经济和范围经济效应的追求也可以刺激和推动传媒产业经营模式的优化。产业集群能够产生规模经济和范围经济,但并不是任何集群都能够实现规模经济和范围经济,集群所造成的合作—竞争效应使得产业内部各企业之间以及产业之间形成竞合关系,只有不断重构产业结构、实现产业模式优化,才能保证这种合作竞争关系的持续性,从而实现规模经济和范围经济的最大化,从根本上避免规模不经济和范围不经济现象的出现。在这种背景下,处于集群之中的各企业不断进行知识学习与创新,不断磨合和改善与其他企

---

① 曹彩杰、臧良运:《产业集群理论及其效应研究》,《商业经济》2005 年第 6 期。
② 罗文章:《产业集群竞争优势形成机理的经济学分析》,《求索》2004 年第 8 期。
③ 罗文章:《产业集群竞争优势形成机理的经济学分析》,《求索》2004 年第 8 期。

业之间的合作竞争关系,从本质上实现产业经营模式的改善和优化。

四、媒介融合与社会治理

作为国家治理体系的重要组成部分,社会治理是协调社会关系、建构社会秩序并由此推动社会进步的关键所在。① 在媒介融合深度发展时期,媒体已经成为人类社会赖以生存和发展的"基础设施",是构造我们社会现实的"操作系统",也是实现社会治理的新场景。媒体深度融合的过程,实际上也是智能传播场景的建构过程。技术的飞速发展,信息"高速公路"的铺设,以及各种虚拟场景的实现,使媒体深度融合成为一种必然趋势,很大程度上改变了整个人类社会的运行态势。

从宏观层面看,社会舆论、公共决策、民主政治、社会安全等方面的治理都需要互联网、大数据、云计算、移动传播、人工智能的支撑,从党的十六届四中全会起,历次党的中央全会均提及互联网与社会治理。从中观层面看,各类媒体在融合进程中共同形成"资源集约、结构合理、差异发展、协同高效"的全媒体传播格局,"政府—媒体—公众—市场"四者关系也因此产生相应变革与调整。从微观层面看,平台型媒体兴起以后,成为人们社会生活的重要工具和场域,承载了社会转型期多种社会主体在生产、生活等多方面的需求;各级党政机关也纷纷入驻平台型媒体提供政务服务、接受问政监督,并定期发布新信息和新政策,解决群众的各类现实问题,媒介融合发展成为新时代社会治理所依托的新场景。如果我们再对这一场景进行展望,智慧社会将成为未来社会的生存架构,媒体融合则成为智慧社会的平台应用,为智慧社会的运行提供所需的信息、数据和服务,既是居民生活的联络中枢和连接器,也是社会治理的底层场景。②

(一) 媒介融合升级传统社会治理方式

媒介融合将助力社会治理的信息化和智能化,升级传统社会治理方式。一方面,随着云计算、大数据、物联网等新兴技术的日趋成熟和在全媒体传播体系中的广泛应用,全媒体传播体系将不断进阶升级,形成强大的信息采集、分析、应用能力,在提高社会公共服务信息化水平方面发挥重要作用。另一方面,随着人工智能等技术的发展,智能化时代正变得触手可及,"智慧社会""智慧城市"等理念应运而生,智能化将使社会治理体制机制发生新的变化;智能化是媒介融合发展的重要趋向,将在进一步加强和创新社会治理中发挥重要作用。③

政务新媒体就是社会治理能力提升的重要抓手,例如,国务院办公厅主办的"中国政府网"微信公众号不仅第一时间权威发布国务院重大决策部署和重要政策文件等政务信息,还开办"国务院客户端"小程序,公众可在这里使用全国社会组织查询等便民服务、开展投诉与建议等政民互动。又如,"吉事办"是由省政务服务和数字化建设管理局打造的政务服务移动端入口,提供政务服务、便民服务、业务咨询等多项功能。进入"吉事办"小程序,首页的

---

① 张虎祥、仇立平:《社会治理辨析:一个多元的概念》,《江苏行政学院学报》2015年第1期。
② 曾润喜、张军兴:《媒体融合发展与我国社会治理的关系》,《青年记者》2020年第1期。
③ 高晓虹等:《以媒体融合发展助力社会治理》,《人民日报》2019年12月25日。

"高频专区"可进行高频事项查询办理,"我的证照"可查询医保、社保信息,"主题服务"按照主题包含 5 类 12 项高频查询服务;点击"服务"进入服务查询办理页面,可按照"个人服务"和"法人服务"对各部门政务服务事项进行检索查看办理;点击"问答"进入智能客服页面,会有智能客服解答各项问题;点击"我的"进入个人中心页面,可查询办件进度,评价办件结果及管理个人信息等多项功能。

(二)打造共建共治共享新格局

在国家治理现代化目标的实现过程中,治理是多元、协同的共治形态,党和政府的责任之外,社会组织、企业、社群、个体都应在治理的环节中扮演一定的角色。而主流媒体对这一共建共治共享新格局的打造有着十分重要的作用。[1] 共建即多主体一起参与社会建设,从媒介融合促进"共建"来看,社会各主体能通过更多渠道表达自身意见,为社会建设贡献自身的力量。共治即多主体一起参与社会治理,从媒介融合促进"共治"来看,社会治理不仅仅是政府的事情,社会各主体都能贡献自己的智慧,促进问题的解决,同时降低社会治理成本。共享即多主体共享社会治理成效,从媒介融合促进"共享"来看,社会各主体能够更加便捷地获取各类信息,参与到社会治理的过程中来,保障了多方面的权利。作为媒介融合的重要场景,当下的社交媒体就在一定程度起到了社会治理平台的作用,政务部门、社会组织、企业、媒体和个人都能在其中发布信息、表达观点,在一定程度上促进了共建共治共享社会治理新格局的形成。

第三节 融合新闻:媒介融合对新闻传播的影响

"融合新闻"这一概念是媒介融合理念内化于新闻传播实践的产物。从传播渠道到传播流程,从内容生产到组织管理,"融合新闻"都充分体现出媒介融合给新闻传播实践所带来的深刻变化。

一、"融合新闻"的概念界定

"融合新闻"(Convergence Journalism),有时也被称作多样化新闻(Multiple Journalism),主要是指在媒介融合的环境下,新闻从业者综合利用多媒体手段进行新闻传播活动。不同的媒体,例如,报纸、电台、电视台和网络媒体等,集中在一个信息操作平台上,统一策划、相互协调,取长补短,根据各自的媒体和受众特点对信息进行分类加工,发挥各自的传播优势,有针对性地传播给特定受众。"融合新闻"的理念最早由美国的芝加哥论坛公司和媒体综合集团两家媒体公司率先实践,并创造出不同的融合新闻模式。融合新闻的精髓是"新闻报道突破传统的载体樊篱,将传统新闻报道范式进行整合重构,制作适合不同对象的多媒体的新

---

[1] 张虹:《主流媒体参与国家治理:历史分期和逻辑演进》,《青年记者》2020 年第 10 期。

闻产品"①。

(一)状态与过程的统一

从本质上说,"融合新闻"是从新闻传播实践或应用新闻学的角度对媒介融合发展进行的探索和研究。它既可以理解为一种状态,也可以理解为一个过程。

作为一种状态的"融合新闻",指的是具有"融合"理念和特点的新闻产品——这实际上是对"融合新闻"的狭义界定。"融合新闻"作为一种新型的新闻产品,意味着新闻产品由传统媒体时代的单一特性向媒介融合时代的多媒体、数字化特征转变。随着新媒体的崛起以及媒介融合的发展,当今媒体所生产制作的新闻产品已不能仅限于满足单一媒介的本体需求,而应该具有多媒体性和互动性,使其适应跨媒介传播的特点和要求。需要指出的是,"融合新闻"并不是简单地将不同媒介的信息进行合并,而是需要针对不同媒介的传播特点对信息资源进行创造性地整合和加工,最终的新闻产品应具有不同媒介本体的个性特点,形式更加多样,实现了多种媒体信息的聚合、重组和充分开发与利用,为受众进行个性化的新闻信息选择提供了更广阔的空间。

作为一个过程的"融合新闻"则是对这一概念的广义界定,也是学界较为认可的界定。具体来说,"融合新闻"指的是在媒介融合的环境中,内化了"融合"理念的新闻产品从选题、采访、编辑、制作、发布、传播的整个过程。"融合新闻"突破了各媒介之间固有的边界限制,整合多种媒介平台,共享新闻信息资源,建立起适应多媒体传播和媒介融合特征的新的新闻采编制作流程。

(二)"融合新闻"与"融合媒介"

提到"融合新闻",就不能不提及"融合媒介"。"融合媒介"被看作是"融合新闻"的前提和基础,这两个概念常常是被捆绑在一起的。所谓"融合媒介"(Convergence Media),顾名思义,就是由多种媒介融合成为一种新型的媒介,即大众媒介由各自独立运营转向多种媒介联合运作。美国新闻学会媒介研究中心主任安德鲁·纳齐森(Andrew Nachison)将"融合媒介"定义为"印刷的、音频的、视频的、互动性数字媒体组织之间的战略的、操作的、文化的联盟",他强调,融合媒介最值得关注的并不是集中了各种媒介的操作平台,而是媒介之间的合作模式。②

实际上,"融合媒介"就是从媒介的角度对媒介融合进行探索和研究,它涉及的领域非常宽广,包括从媒介技术的角度进行的研究,从产业经济学的角度进行的研究,从跨文化传播的角度进行的研究,还有从媒介组织管理的角度进行的研究,等等。正是因为学界对"融合媒介"的研究视角和切入领域各不相同,所以至今尚未对"融合媒介"这一概念做出一个能够获得共识的准确界定。

"融合新闻"是从新闻传播实践的角度对"融合媒介"所做的探索与研究。与"融合媒

---

① 冯艳丹:《媒介融合背景下的融合新闻》,《科技信息》2009 年第 19 期。
② 蔡雯:《媒介大汇流下的"融合新闻"》,《传媒观察》2006 年第 5 期。

介"不同,学界对"融合新闻"的研究已日臻成熟,其"实践探索与理论研究脉络更为清晰,成果也比较集中"①。通过"融合新闻","融合媒介"的理念在新闻传播领域和传媒实践领域得到实现与阐发。

二、融合新闻的产生

融合新闻的产生与媒介融合有直接关系,甚至可以说,正是媒介融合催生出融合新闻。技术、经济、受众、文化等多方面的诱因促动了媒介融合的兴起和发展,同样地,融合新闻的产生也需要从这几个层面寻找诱因。

(一) 技术诱因

技术是媒介变革的先导力量,也是新闻传播业务变革的根本动力。数字技术、多媒体技术、网络技术、智能技术等新媒体技术的发展普及,不但改变了媒介终端的外在形态,更深刻地改变了媒介信息生产的理念与流程。

一方面,数字技术、网络技术等新媒体技术将各种媒介整合为一个统一的信息流通平台,并将传统的、各媒介相互独立的新闻制作生产流程置于媒介融合的环境之下,使新闻生产不得不针对新的融合环境做出调整和变革,于是,"融合新闻"便应运而生。

另一方面,新媒体技术大大提高了各媒介的信息传播能力,同时也提升了新闻媒介及其从业人员的新闻采编能力和新闻生产效率,这就为新闻从业者或新闻媒介进行多媒体化的新闻生产提供了技术支持,实际上就是为"融合新闻"的生产制作奠定了技术基础。

(二) 经济诱因

媒介融合要求各媒体加强整合与合作,以追求规模经济效应。具体到信息产品的生产来说,这就要求不同的媒体在采集、制作、传播新闻资讯时,实现平台互通和资源共享,这也正是"融合新闻"的题中之义。融合新闻的生产制作能在很大程度上实现媒介资源的充分利用,减小新闻产品的生产成本,最终增大边际效益,实现规模经济效应。

另外,作为媒介融合主导的互联网、移动媒体等新媒体,"互动"和"海量信息"成为当今媒介时代的关键词。面对受众日益增强的信息互动要求和海量的媒介信息资源,传统媒体时代的"大众传播"模式已经不能吸引受众,也就无法实现市场规模的扩张和信息价值的增值。在这一背景下,"融合媒介"必须改变传统的"大众传播"模式,转而对受众市场进行细分,并进行分众化的信息传播。由此,建立在"融合媒介"基础之上的"融合新闻"也被要求进行分众化生产和传播。实际上,在媒介融合的背景下,新闻媒介只有遵循"融合"的理念,针对不同受众制作个性化的新闻产品,才能广开销路,提高市场竞争力。

(三) 受众诱因

融合新闻的出现和发展与受众结构及需求密切相关。一方面,新媒体的兴起和普及不

---

① 蔡雯:《从"超级记者"到"超级团队"——西方媒体"融合新闻"的实践和理论》,《中国记者》2007年第1期。

仅让媒介受众的规模变得日益庞大,更使受众结构发生根本变革。传统媒体时代的"受众"转变为新媒体时代的"用户",普遍拥有了更多的选择权和自主权,个性化特征愈加凸显。另一方面,媒介融合造就了越来越多的新兴媒介,面对纷繁复杂的媒介形态,受众对信息的需求已经从传统媒体时代对信息数量的需求转向对信息质量的需求,即受众日益需要符合自己个性特征的高质量信息。"融合新闻"正是基于以上两个方面应运而生的。

(四) 文化诱因

后现代主义文化是当今社会的主导文化形态之一。以互联网、移动媒体为代表的新媒体,其信息传播所具有的零散化、碎片化特征,正是后现代主义文化的题中之义。如今,被新媒体所主导着的媒介环境早已沾染了后现代主义的理念与特征,无论是信息的传播流程还是受众对信息的接收环节,都具有零散化、碎片化的特点。例如:现代受众越来越不习惯于长篇累牍的阅读,而更倾向于随时随地地阅读微博信息、收发微信消息;受众通常希望能够通过不同的媒介或渠道获得信息,而不是将自己的信息来源局限于单一的媒介。

"融合新闻"的出现使得不同媒介的新闻生产体系整合为一个统一的系统或平台,原始的新闻信息资源在这一个统一的平台中被整合、加工,制作成适合不同媒介传播特点和不同受众个性需求的新闻产品,恰恰迎合了媒介环境及其受众的这种后现代主义需求。

三、融合新闻的发展

(一) 专业生产领域:由个体向组织的发展

融合新闻在最初是新闻从业者,尤其是新闻记者的个体化行为。在新媒体兴起之后,媒介融合逐步升级、深入,新闻载体日益多元化,新闻采编和传播技术也越来越发达。一方面,新闻源的有限性与新闻媒介的多元化的矛盾使得"融合新闻"的出现成为必要;另一方面,媒介技术的进步以及新闻记者素质的提高也让"融合新闻"有了出现和发展的必需条件。在这种情况下,"融合新闻"应运而生。这时的融合新闻通常是由那些掌握了多种媒介技能的"超级记者"(Super reporter)来担当完成的。这些人"掌握了全面的多媒体技能,能够同时承担文字、图片、视频等报道任务,为多种不同的媒体提供新闻作品"[①]。

然而,早期由个人承担的"融合新闻"虽然在一定程度上满足了媒介融合对新闻传播业务变革的新要求,但是,由于这种个人化的新闻生产方式具有诸多劣势,如不能保证按时交稿、新闻作品的个人主观色彩过于明显、新闻报道形式和角度过于单一等,仍不能充分迎合媒介融合的大趋势,也不能算作真正成熟的"融合新闻"。随着媒介融合的深入发展,单打独斗的"超级记者"的不足也逐渐暴露出来,许多媒体在进行新闻传播时开始转向媒介团队之间的合作,通过不同媒介各环节之间的整合与合作完成新闻产品的跨媒体生产。在我国,跨媒体的媒介集团的建立和涌现,为"融合新闻"由个体化向团队化、集团化发展提供了优势条

---

① 蔡雯:《从"超级记者"到"超级团队"——西方媒体"融合新闻"的实践和理论》,《中国记者》2007 年第 1 期。

件。例如,在 2020 年新冠肺炎疫情期间,中国新闻社迅速启动应急报道机制,进入应急战时状态,组建了以湖北分社采编骨干为主、总社部门和其他分社支援的中新社湖北前方报道团队,制作图文报道、视频报道及短视频等类型的新媒体报道,努力讲好中国抗疫的故事。

(二) 新闻表现形式:多媒融合的样态创新

不同于传统的新闻样式,融合新闻意味着一种新的新闻形态,即一种多媒融合的新闻形态。技术不断发展,新闻信息分发的平台越来越多,平台新的功能被挖掘和开发,融合新闻的呈现形式也越来越多元。人们对文字、图片、视频、音频等旧有的媒介元素习以为常之际,新的技术又催生出多种新颖的整合形式,给人们带来新鲜感的同时,增强了新闻报道的表现力、传播力和影响力。从具体的新闻形态来说,融合新闻主要是指基于新兴媒体平台或新技术手段制作的新闻形式,如 H5 新闻、VR 新闻、短视频新闻、数据新闻、动画新闻、新媒体音频新闻、移动直播新闻等新兴的新闻形态。① 在 2018 年全国"两会"召开之际,《人民日报》与网易新闻联合推出 H5 新闻《重返这五年》,将五年来人民共同见证的"八项规定""打虎拍蝇""精准扶贫""致敬老兵"等 15 个重要事件进行了生动的呈现。整支 H5 以时间为脉络,通过"长图滑动+一镜到底"的交互逻辑,流畅地叙述了五年多时间内发生的关乎国计民生的事件,无间断地勾起国人的记忆,引发国人情绪共鸣。

四、融合新闻的主要形态

本部分将介绍几种主要的融合新闻形态,部分融合新闻形态之间会有一定交叉,但这恰恰反映出融合新闻的融合特质。

(一) 虚拟现实新闻

"虚拟现实"(Virtual Reality 简称 VR)是一种依靠计算机创建并生成虚拟环境的仿真技术,用户通过佩戴传感设备,可与虚拟环境进行互动。虚拟现实技术作为一门前景广阔的前沿科技,其发展速度不容小觑。现阶段,虚拟现实技术已经在航空航天、工业设计、游戏娱乐等领域表现出的优势,受到了全社会的广泛关注。在新闻传播领域,虚拟现实技术的发展则催生出新闻报道新形态。2015 年 11 月,美国《纽约时报》正式发布 VR 新闻客户端"NYT VR",标志着虚拟现实技术在新闻传播领域走上专业化发展之路。随后,国内外各大新闻媒体纷纷尝试将虚拟现实技术应用于新闻报道中。相比于传统的新闻报道,VR 新闻报道在调动受众情感、提升传播效果、展现场景细节等方面具有突出优势。然而,当前 VR 新闻在发展中受到了题材限制、新闻伦理以及客观的技术条件等问题制约。②

(二) 短视频新闻

短视频新闻通常是指长度以秒计算,总时长一般不超过五分钟,利用智能终端进行美

---

① 刘涛:《融合新闻策划:从形态创新到渠道对话》,《教育传媒研究》2019 年第 5 期。
② 宫承波、王凡:《虚拟现实新闻的传播特点及未来走向》,《新闻论坛》2017 年第 4 期。

化、编辑,并可在多种社交平台上实时分享的一种新型视频新闻产品。短视频新闻在形态上往往融合语音、视频、文字、音乐等元素,表达形式直观、立体,满足互联网移动化、碎片化的表达情境。① 与传统电视新闻相比,短视频除了在时长上呈现差异,还呈现更多新的特征。从短视频新闻的视觉呈现来看,短视频新闻一般以竖屏播放,字幕较大、色彩鲜明,有的还采用动画、漫画、动态相册等形式,利用独到创意的视角呈现新闻主题。从短视频新闻的听觉呈现来看,短视频新闻大部分采用"同期声+配乐"相结合的方式,部分还加入了后期音效,在还原真实新闻场景的同时,能迅速烘托新闻气氛,增强新闻内容感染力。

(三) Vlog 新闻

Vlog 是指视频博客(Video weblog 或 Video blog,简称 Vlog),是"blog"的变体,也被称为"视频网络日志"。Vlog 早期被用来代替文字记录心情、感悟等,发布在微博、抖音等网站上,是网民进行社交的一种手段。由于 Vlog 往往采用第一视角的方式进行内容记录,可以打造良好的沉浸式体验,容易引发受众的共鸣感。由于它兼具新闻的直播效应和新媒体的社交效应,被引入到新闻传播领域,一种新型的新闻报道模式随即产生,即"Vlog 新闻"。

"Vlog 新闻"本质上还是利用短视频的形式进行新闻传播,属于短视频新闻的分支。但与传统新闻和短视频新闻相比,"Vlog 新闻"具有自己独特而鲜明的特点,而且这些特点和网生代群体的社交习惯、网络使用习性高度契合。其主要特点包括:打破了传统新闻的刻板属性,报道模式生活化、灵活化,消除了和受众之间的距离感;采用第一视角的模式进行新闻报道,使"Vlog 新闻"兼具纪录片、新闻直播和社交互动的多重属性;播报的方式灵活机动,可长可短,满足受众的多样化需求。②

(四) 无人机新闻

无人机新闻,从本质上讲即为一种以无人机航拍技术为依托的新闻素材采集方式,无疑是人类科技进步的产物。近年来,无人机航拍技术逐步成熟,轻小型无人机以其机动灵活、分辨率高、成本低廉等优势,在新闻报道领域的使用已越来越广泛,其特有的优势为新闻生产带来新的景观。在我国,无人机新闻的发展紧随世界潮流。2015 年 6 月 15 日,新华网宣布国内首个无人机新闻项目——"新闻无人机编队"成立,以此进行全天候、多地形、全媒体的新闻航拍工作,生产高附加值的独家全媒体资讯产品。同年 6 月末,搜狐新闻无人机频道在搜狐网和搜狐新闻客户端同步上线,我国门户网站第一个无人机频道成立。此后,《深圳晚报》等多家媒体也相继组建了自己的无人机新闻采访团队。③

---

① 常江、徐帅:《短视频新闻:从事实导向到体验导向》,《青年记者》2017 年第 21 期。
② 胡志刚、夏梦迪:《"Vlog 新闻"对 5G 时代新闻报道的影响探析》,《出版广角》2020 年第 4 期。
③ 宫承波、王凡:《无人机新闻:新闻航拍新纪元》,《新闻论坛》2017 年第 2 期。

(五) 动画新闻

用动画模拟、重现新闻事件的过程或阐释新闻要素,甚至完全用动画形式来表现新闻事件,在现在的电视、网络等媒体中已不鲜见。所谓"动画新闻",就是指在报道中使用人工制作的非实拍动态影像以展现新闻要素或过程的新闻。简言之,就是在报道中部分或全部使用了动画手段的新闻。在没有任何现场影像资料的时候,"动画新闻"的确具有其他手段无可比拟的优势。近年来,"动画新闻"在科技、教育、卫生等领域的报道中较为常见,如"神七太空行走模拟动画"。此外,事故及灾害报道也越来越多地应用动画手段展现新闻事件,包括模拟交通事故发生过程、灾害发生演变过程等。①

除了上述几种融合新闻形态,还有移动直播新闻、数据新闻、H5新闻等形态。移动直播新闻、数据新闻请参见本书"第五章第五节传统媒体'四全化'发展";H5新闻请参见本书"第六章第四节新媒体互动性融合"。

五、融合新闻的基本特征

(一) 多元化的信源结构

融合新闻的首要特点便是其信源结构的多元化。

在传统媒体时代,传统新闻的编辑加工通常都是由专业记者编辑来完成的,为大众媒介提供新闻信息的主要是政府机构、社会团体和企业组织等。然而,在媒介融合的背景下,新媒体与传统媒体不断融合,各媒介之间的信息交互愈加频繁和深入,这一方面导致整个社会的信息量骤然增加,另一方面也为新闻信息来源的多元化提供了土壤。新媒体的兴起带来了媒介融合,也改变了整个媒介生态环境,被动的"受众"变成了主动的"用户",被称为"草根"的普通民众也有了参与新闻传播的手段和能力。通过微博、微信、短视频等新兴的信息传播手段,任何人都可以成为新闻信息的提供者和传播者。随着新媒体的发展,大众媒介的新闻信息越来越多地来源于互联网、移动媒体等新媒体,来自草根阶层的新闻信息在整个媒介信息环境中所占的比重越来越大。建立在媒介融合以及新兴媒介技术基础之上的"融合新闻",其信息来源必然向普通民众倾斜,由此其信源结构也必然变得更加多元化。

(二) 高素质的传播主体

融合新闻对传播主体的职业素质提出了更高的要求。

一方面,对融合新闻的直接制作者——编辑记者来说,他们必须具备采访、编辑、摄影、写作、摄像、制作等多种媒介技能,成为掌握多种媒介技术工具的"全能型编辑记者"。2007年,美国弗吉尼亚州的一份地方报纸《The Roanoke Times》在报道弗吉尼亚理工大学枪击事件

---

① 赵勋:《试析"动画式新闻"应用中的问题及规范》,《电视研究》2011年第5期。

时,其编辑不但收集了学生拍摄的视频资料,将其在该报的官方网站上发布,还将枪击事件的校园和教学楼地图在网站上做成互动的图片集,同时发布了结合照片的大量音频报道,这种多媒体、立体化的灵活的新闻报道方式让该报在这次枪击事件的信息传播中取得了极好的效果。据悉,这次成功的报道得益于该报长期以来对工作人员的严格训练和要求,为了使报纸的新闻报道适应网络传播,该报要求记者从原来的"印刷思维"向"多媒体思维"转变,训练自己在突发事件中担当摄影、摄像、录音、记录"多面手"的职业素质,从而实现突发事件信息的多媒体化采集与制作。①

另一方面,融合新闻及融合媒介也给媒体管理者的素质提出了更高要求。媒介融合时代的媒体管理者必须是精通各种媒介特点及经营规律的专家,"必须具备信息内容生产、高新技术应用、发展战略策划等各种素质要求,用高屋建瓴的视角统筹集团内部多媒体对媒介产品生产、发布、营销过程中所用资源的整合共享和交叉互动"②。

(三) 整合协同的业务流程

融合新闻的采编、制作与发布流程突破了单一媒介的边界限制,将多种媒介整合在一起,实现不同媒介之间资源共享与协同合作。从新闻采集到新闻制作,再到新闻信息的发布和传播,融合新闻建立起不同于传统媒体时代的、多媒体整合协同的崭新新闻业务流程。

在新闻采集阶段,各媒体的记者、编辑首先对新闻采访活动进行统一的组织和策划,并商讨能够进行融合采编的新闻题材。在这一环节,新闻记者的"融合新闻"理念至关重要,它能帮助记者迅速找到适合进行"融合"的新闻题材,并确定新闻报道的角度和方式。具备"融合新闻"理念的记者,当他们面对新闻线索或题材时,能够快速做出判断和选择,规划出用多媒体手段进行报道的方案,并迅速找到自己的位置。③

在新闻编辑制作阶段,各媒体协调一致,商讨确定融合新闻的编辑方案。在这一阶段,各媒体之间以数字化技术为依托、以新媒体为载体,构建起信息共享与服务平台。在这一平台中,各媒介的新闻编辑人员可以共享和取用所有相关的新闻信息资源,包括文字、图片、录音、视频等各种新闻素材。不同的媒介根据各自的本体特征,取用适合自己的新闻资源,然后进行深度加工,成为各种不同形式的新闻产品。当然,除了智能化的信息共享平台之外,在新闻编辑制作环节,还需要有一个统一的"融合新闻编辑部",负责进行创造性的内容生产。这个编辑部既可以"确保资源共享与合理调度",又可以"发挥组织策划职能,实现信息的层级开发与差异化表达"。④

最后,在新闻发布与传播阶段,各媒介会按照新闻传播规律进行差异化、有层次的信息发布,以实现多媒体信息传播的协同效应。在媒介融合的背景下,各种媒介构成了一个系统的整体,每一种媒介都有其不同的本体特征、传播特点和目标受众。因此融合新闻在进行传

---

① 方洁:《美国报纸编辑报道突发事件的新趋势研究》,《新闻与写作》2008 年第 2 期。
② 周堃:《媒介融合背景下的"融合新闻"发展探微》,大连理工大学 2008 年硕士学位论文。
③ 周洋:《媒介融合语境下的新闻业务流程再造》,《南京政治学院学报》2011 年第 1 期。
④ 周洋:《媒介融合语境下的新闻业务流程再造》,《南京政治学院学报》2011 年第 1 期。

播时,只有联合各种不同的媒介,发挥协同效应,才能起到最好的信息传播效果。

本章思考题
1. 试阐述媒介融合对媒介生态环境的改变或影响。
2. 试从传媒产业角度简述媒介融合与经济治理的关系。
3. 请举例说明融合新闻的主要形态。

第三章　媒介融合层次论

内容提要：

媒介融合是一个涉及传媒产业各领域的复杂的传媒现象,包括内容融合、技术融合和组织融合和主体融合四个层次。媒介融合的四个基本层次囊括了整个传媒产业链中各单位的多种融合现象,为全方位了解媒介融合现象提供了理论基础。本章即主要对这四个基本层次进行详细分析。

内容融合主要包括内容生产融合和内容形态融合。导致内容融合产生的因素主要包括技术的推动、市场的引导、竞争的压力和政策的促进。内容融合的基本形态又包括内容形态融合、媒介载体融合和技术属性融合。内容融合的产生促动了内容产业的出现,改变了传媒产业链的结构,对传统媒体产生巨大影响。

针对技术融合,本章主要探讨技术融合的基本概念、成因、基本形态、对相关产业的影响及其存在问题和前景。其中,技术融合的成因可以从技术、市场、竞争和政策等层面去考量;技术融合的基本形态包括网络融合、设备融合和应用融合。此外,由于技术融合带来的深刻影响,相关产业都发生了巨大变革。

对组织融合,本章主要探讨组织融合的成因(包括技术动因、市场动因、竞争动因和政策动因)、组织融合的基本形态(包括机构融合和产业融合)以及组织融合面临的问题及发展方向。

主体融合主要包括专业生产者融合和用户融合,用户融合是本节关注的重点。主体融合的形成因素主要包括技术因素、市场因素、平台因素和用户因素。主体融合的具体形态又可以划分为:用户生产内容、专业生产内容、专业用户生产内容、职业生产内容和人机协作生产内容。主体融合对网络生态产生巨大影响,同时也带来了一些问题。

第一节　内容融合

一、内容融合的含义

由于消费者对内容消费的规模化、多样化、个性化、便利化、智能化等需求,同时数字化技术提供了大规模、个性化内容生产的可能,由此产生了以内容产业作为生产形态的融合性生产,从而形成了内容融合。① 内容融合主要是指在媒体内容生产、分发和呈现方面,遵循互联网传播规律,根据用户的动态需求,创新生产流程和技术配置,以实现高效率生产、分发和传播媒体内容产品的融合层次。② 我们可以从内容生产、内容形态两个角度认识内容融合。

(一) 内容生产角度

在数字技术和网络技术日趋成熟的条件下,信息内容的制作和传播可以在一个共同的平台——互联网络平台上进行,所有的信息内容可以实现全天候、全方位的完全共享。原来各传播实体单独加工生产信息内容的情况将不复存在,取而代之的是信息内容的集成生产。独立的内容生产使信息内容生产更具专业性和规模性,这极大地改变了传统传媒产业链的结构,从而导致独立的内容产业的形成。

从内容角度来看,内容融合集中体现在内容来源的融合上,融合内容来源包括报刊、广播、电视、互联网等,来自不同媒介的信息内容既可以被自身利用,也可以供其他媒介使用。又由于媒介主体层面的融合,媒体内容的来源既有专业生产者,又有用户,且用户生产的内容日益成为新媒体生态不可缺少的部分;此外,传感器、智能写作机器人采集和编辑的信息成为媒体内容的新来源。

(二) 内容形态角度

在传统传媒产业中,信息内容由于是各个传媒实体单独生产的,所以具有各自的独立形态,如广播媒体主要是以声音为主的广播节目,而电视媒体主要是包含音视频的电视节目。他们之间互相独立,彼此似乎没有任何联系。但如果我们剥开这些独立的信息内容形态的外衣,就可以看到其实质内容都是信息本身。数字技术使原来具有独立形态的各种信息内容都可以变成"0"和"1",原来的文本、图片、图像、动画和声音都可以转化为统一的数字形态,并且可以方便地进行转换。这使信息内容的形态得到了统一,为原先分属于不同传播实体的内容形态的融合提供了先决条件。

随着数字技术、网络传播技术的不断发展,人们获取信息的方式也发生了巨大变化。首先,现代化的传播技术使信息的种类、数量、形式都迥异于前,内容产业的出现也使信息内容越来越丰富,信息内容的形式也越来越多样化,信息的形态、数量都以几何方式迅速增长。当前已经进入信息爆炸的时代,单一形式的信息内容已经无法满足人们日益增长的对信息内容的要求。其次,各种多功能一体化的数字终端出现在人们身边,这种数字化终端的出现可以使广大受众在任何时间、任何地点以任意方式获取和使用信息,从而满足受众对信息内容规模化的要求。这些都极大地促进了信息内容在使用上的广泛融合。

二、内容融合的成因

内容融合的形成主要取决于四个方面的因素:其一,数字技术和网络技术的不断发展成

---

① 邓瑜:《媒介融合与表达自由》,中国传媒大学出版社,2011,第63页。
② 人民日报社编:《深度融合——中国媒体融合发展年度报告(2017-2018)》,人民日报出版社,2018,第7页。

熟,使原先由各种媒体单独生产的文字、图片、音频、视频和互动性媒体内容等各自独立的信息内容形式都可以实现数字化表达;其二,数字技术和网络技术打破了原来平面媒体、广电媒体和网络媒体之间在内容生产上的巨大鸿沟,使内容的生产可以在一个共同的信息平台上进行;其三,数字技术和网络技术在信息采集、内容共享等方面的应用使原始信息素材具有了广泛的通用性,从一种媒体获取的信息可以加工成另一种媒体的内容,形成内容生产的流水线,进行信息内容的规模化生产;其四,数字技术和网络技术的应用,既使信息的数量和种类大幅增加,让我们进入了信息爆炸的时代,也使广大受众对信息内容产品的期望更高,人们更希望能够获得满足自己特定需求的个性化信息,这也从另一个侧面促进了内容融合的产生。

基于以上四个方面的变化,在以数字技术为基础的现代信息技术的推动下,内容的形态可以得到"统一",规模化的信息内容生产应运而生。内容生产有可能独立于传统的各种传媒机构之外而形成独立、规模化、专业化的内容生产,满足广大受众日益高涨的信息内容需求,从而形成内容融合。

现代信息技术使信息内容的表述通过数字化技术得以统一,使内容融合成为可能,这是内容融合产生的决定性因素和必要条件。此外,激烈的市场竞争、广大受众的要求和政府相关政策的转变都对内容融合的产生起到了巨大的推动作用。

(一) 现代信息技术的推动

现代信息技术的产生使传媒活动发生巨大变化,其中最为重要的就是数字化技术的出现。数字化技术将过去不同形式的信息统一成由"0"和"1"构成的数字化信息,打破了过去各传统媒体之间互无联系的局面。因此,以数字技术为核心的现代信息技术一直是内容融合的形成基础,同时也对内容融合产生着巨大的影响力。

1. 信息内容的数字化处理

当今时代是信息化时代,而信息内容的数字化处理也越来越为人们所重视。所谓信息内容的数字化,就是现实世界中的文字、图片、音频、视频、互动性媒体内容等各种形态的信息,都可通过计算机的处理,以"0"和"1"来表示,因此用数字媒体就可以代表原先的各种媒体,就可以描述千差万别的现实世界。

人类自从进入文明社会以来就一直在进行信息内容的生产和处理,每一次技术的进步都使人类在信息加工处理方面发生巨大变化,但是没有任何一种信息技术的出现像计算机技术那样对信息处理的变革产生如此巨大的影响。以前我们在处理信息内容时,总是根据信息内容的种类和形态分门别类地进行,彼此互不交叉。例如,在处理平面信息内容时通过文字和平面印刷来进行;处理声音、影像信息时通过声音、影像的录制、后期编辑来进行。这就使信息内容的处理彼此产生了分离,也就形成了目前各自独立的媒介形态单独生产信息内容的局面。而计算机的应用则使信息内容的处理方式进入了一个崭新的时代。计算机技术投入信息内容的生产环节之后,为我们提供了一个统一处理各种类型信息的共同平台,在这个平台之上,原先分离的媒介形态的信息内容的生产可以共同进行,从而实现信息共享、资源互通。

2. 信息内容的快速存储和检索

随着计算机技术在信息生产和处理领域的广泛应用,信息内容的数量和形态都大幅度提高,这就需要我们找到一种可以便捷、快速地存储这些信息内容的方法。传统媒体在生产出大量信息内容的同时,又需要大量空间和设备来分别存储这些信息内容,无法实现信息资源的快速共享。如平面媒体的信息内容以纸质形式存储,广电媒体的信息需要添置另外的设备才能进行存储,均需消耗大量的额外资源。此外,其所保存的信息内容也无法被方便地检索,使内容融合所需的大规模信息资源共享无法实现。

随着数据存储技术的发展,不同形态的信息进行数字化以后可以被存储在大容量的数字存储设备中,这种存储设备存取速度快、体积小巧、容量巨大,非常适合大容量的信息数据保存,为信息内容融合后产生的海量信息数据提供了良好的存储空间。

内容融合将导致信息内容大量增加,如何来管理和使用这些信息非常重要。20世纪六七十年代,数据库技术的出现使人们找到了一种高效管理这些存储的信息内容的方法。通过各种类型的数据库系统,我们可以按照各自的需求进行信息的输入、修改、删除、检索等,极大地提高了信息内容的管理效能。特别是随着网络技术的发展,网络检索技术和网络数据库技术在为我们提供了一个近乎无限容量的信息存储空间的同时,也为我们提供了一个高效的检索信息内容、共享信息资源的统一平台。通过这个平台,可以随时、随地以各种形式来收集、管理、汇总和检索信息内容,为内容融合所需的大规模内容生产提供了一个良好的信息内容管理平台。

3. 信息内容的个性化生产和分发

移动通信技术、人工智能技术等信息技术应用于媒体领域,促进了信息内容的个性化生产和分发。随着移动通信技术的发展,移动终端得以普及,每个人都有机会拥有自己的专属信息内容接收终端,这极大地促进了信息内容的个性化;在移动通信技术支持下的媒体传播也拥有了与更多场景结合的可能,进一步提升信息内容的个性化程度。目前,媒体内容生产中的智能化主要应用在使用计算机程序处理数据来生成内容文本(含视频等格式),这一过程的实质就是计算机程序参与内容生产程度的不断加深。① 在内容分发方面,媒体利用个性化推荐引擎技术、机器学习技术、自然语言处理技术和图像识别技术等智能技术,向用户推送可能感兴趣的内容与服务,实现信息内容的精准分发、个性分发和智能分发。

(二)市场需求的引导

无论是传统媒体还是网络媒介等新媒体,任何传媒企业要想生存和发展,都必须适应受众市场的需求,获取最大的市场份额,这也是各个传媒企业的基本要求。现代传播技术使信息内容实现规模化生产,从而带来海量的信息内容产品,并通过各种媒介终端将这些信息内容产品传递到受众面前;同时由于新的传播模式打破了传统媒体所固有的时空限制,受众在

---

① 宋建武、黄淼:《媒体智能化应用:现状、趋势及路径构建》,《新闻与写作》2018年第4期。

信息获取方式上的自由度也随之提高,多样化、便捷性成为人们追逐的目标,这也在信息数量和受众信息获取方式上体现了市场需求对内容融合的促进作用。

1. 信息规模化需求

新媒体技术使内容的规模化生产成为可能,这极大地刺激了消费者潜在的对内容的规模化需求。中国新闻出版研究院发布的《2018—2019 中国数字出版产业年度报告》显示,2018 年我国数字出版产业收入为 8330.78 亿元,比 2017 年增长 17.8%。① 同时,全球对数字内容的消费也呈现快速增长的趋势,据美国国际贸易委员会 2017 年 8 月出版的《Global Digital Trade》显示,2016 年,全球数字内容市场(视频游戏、视频点播、数字音乐和电子出版)总收入达到 895 亿美元。②

2. 信息获取方式需求

由于现代传播技术的产生和发展,信息内容无论在数量上还是在形式和种类上都大幅增长,人们处在一个被信息包围的世界中;由于网络传播技术和各种多媒体终端技术的出现和发展,人们在消费这些海量信息内容的时候,不再满足于单一的形式,而是希望以各自独特的方式,不受时间、地点的限制,便捷地获取信息。这些变化都极大地刺激了受众对信息内容的个性化和多样化需求。

过去,受众习惯于定时、定点,以单一方式获取信息,如每天早晨阅读晨报、上午收听新闻广播、晚间收看新闻联播等。传统媒体基于受众的这种习惯,也是定时、定点地提供新闻信息。随着传播技术的发展,特别是互联网的广泛应用,人们已经可以通过互联网随时、随地、以任意的方式来获取自己所需要的信息内容。2021 年 2 月,中国互联网络信息中心(CNNIC)发布第 47 次《中国互联网络发展状况统计报告》显示,截至 2020 年 12 月,中国网民规模达 9.89 亿,互联网普及率达到 70.4%。我国手机网民规模达 9.86 亿,较 2020 年 3 月增加 8885 万人。网民中使用手机上网的比例达 99.7%,手机在上网设备中占据主导地位。③ 可见,人们已经逐渐将获取信息的渠道由传统媒体转移到以互联网尤其是移动互联网为主体的新兴媒介上来。

针对这样的情况,许多新兴的信息内容应用方式应运而生,如数字阅读、网络视频、在线游戏、微博、微信、短视频、直播等。无论作为传统媒体还是新媒体都应该注意到这种变化,哪些媒体能够在这种变化中开发出新型的信息形态、新兴的传播方式,哪些媒体就可以获得更多受众的关注和青睐,从而获得更多的市场份额,在竞争中获得有利的地位。

(三) 竞争的压力

长期以来,传统媒体依靠信息资源的稀缺性及其对信息内容的垄断性,一直在大众传播

---

① 佚名:《2018-2019 中国数字出版产业年度报告发布》,搜狐网,2019 年 8 月 22 日,https://www.sohu.com/a/335583901_211393。
② 丁培:《全球数字贸易——全球数字内容市场概述》,上海情报服务平台,2018 年 5 月 9 日,http://www.istis.sh.cn/list/list.aspx?id=11289。
③ 中国互联网络信息中心(CNNIC):第 47 次《中国互联网络发展状况统计报告》,2021 年 2 月。

中占据着不可替代的统治地位。无论是平面的报纸、杂志,还是广播、电视,都拥有着绝对的受众关注度。但是随着传播技术的发展和新兴媒体的出现,信息的数量和形态都大大增加,这种稀缺性在逐步减弱,受众的关注也逐渐转向新兴媒体。

据美国皮尤研究中心 2019 年公布的美国报纸和广播领域最新数据显示,2018 年美国报纸的发行量和收入依旧延续下跌轨迹,在线上及线下渠道共发行了约 2860 万份工作日版日报,以及 3080 万份周日版日报,这两个数字与 2017 年相比,分别下跌了 8% 和 9%。① 这种变化导致大量的报业放弃传统的纸质出版物,而投入网络电子报纸的怀抱。如拥有 140 余年历史的《西雅图邮报》最早停止了印刷版报纸的发行,只发行网络版。老牌的《基督教科学箴言报》也宣布变成网络报和电子邮件报,其纸质报纸仅保留周报出版。三大新闻周刊之一的《美国新闻与世界报道》放弃了纸媒阵地,让古老的铅字变身成了网络空间的二进制数码符号。

面对传播技术的发展和新兴媒介的冲击,传统媒体逐步向数字媒体领域发展,从进入互联网络到与其他数字终端媒体不断结合,这种竞争对内容融合起了极大的推动作用。

(四) 政策的促进

传统大众传媒对社会有强大的影响力,政府必须从政策上进行严格管制。在大部分国家,传统的媒介规制方式都由基础技术平台的分类所决定。在媒介技术平台日益汇流以后,媒体功能出现重叠,传统媒体产业之间乃至媒介产业与通讯产业之间的边界日益模糊。原本处于不同产业中的报刊媒体、广电媒体、网络媒体以及通讯渠道相互渗透和交叉竞争。在这种情势下,以传统的基础平台分类为依据的产业分立规制体制便面临着出现双重标准、规制失灵等问题,而媒介融合无论是在技术平台上的融合,还是内容产品、媒介组织乃至媒介产业上的融合,都毫无例外地受到了牵制和阻碍。②

新兴媒介形态的产生改变了传统媒体一统天下的格局,广大受众不再仅仅依赖传统媒体获取信息内容。随着其影响力的下降,政策的保护力度也应相应降低;新兴媒介以其特有的优势获得越来越多的受众关注,同时其在信息内容的生产、传播方面也需要更大的自由空间和更为宽松的政策管制。

2019 年 1 月 25 日,习近平提出:"媒体融合发展是一篇大文章。面对全球一张网,需要全国一盘棋。各级党委和政府要从政策、资金、人才等方面加大对媒体融合发展的支持力度。各级宣传管理部门要改革创新管理机制,配套落实政策措施,推动媒体融合朝着正确方向发展。"③ 2016 年 2 月 19 日,在党的新闻舆论工作座谈会上,习近平总书记指出,"内容永远是根本,融合发展必须坚持内容为王,以内容优势赢得发展优势"。④ 十九届四中全会《决

---

① 苟于清:《数字报纸发行量增长 17%:从最新数据看美国媒体的十年浮沉》,腾讯网,2019 年 7 月 22 日,https://new.qq.com/omn/20190722/20190722A0S80900.html。
② 陈映:《规制变革:媒介融合研究的新定向——基于文献回顾与探讨》,《新闻界》2009 年第 3 期。
③ 习近平:《加快推动媒体融合发展 构建全媒体传播格局》,《求是》2019 年第 6 期。
④ 中共中央文献研究室编:《习近平关于社会主义文化建设论述摘编》,中央文献出版社,2017,第 46 页。

定》明确提出,要"建立以内容建设为根本、先进技术为支撑、创新管理为保障的全媒体传播体系"。① 这些都表明我国政策上对媒介融合特别是内容融合的重视。

三、内容融合的形态

根据不同的形式,信息内容的形态大体可以这样划分:按内容的物理形态,划分为文字、图片、声音、图像等;按媒介载体,划分为报刊、广播、电视、计算机、手机以及智能音箱等电子终端设备;按制作技术,划分为模拟和数字两种。内容融合就是在内容生产环节上在这三个方面相互融合的过程。

(一) 内容形态融合

信息内容必须要通过各种具体的符号才能被受众获取和使用。根据符号的不同,受众获取的信息包括文字、图片、声音、影像等。在传统的内容生产中,这些形态是独立存在的,这使受众在获取信息时,无法全方位地了解信息内容。如以传统报纸为平台的平面信息只有文字和图片,人们无法直观地看到、听到具体的信息内容。现在通过数字化技术,这些独立的信息形态可以融合在一起,使受众能够以多媒体的形式获取信息,满足其对信息内容的多样化需求。例如网络报纸,我们在阅读文字、查看图片的同时,还可以听到声音、看到视频内容。信息内容形态的融合是内容融合的最基本形式。

(二) 媒介载体融合

传统的信息内容生产是和不同的媒介形态紧密相连的,针对相同的信息内容,不同形态的媒介依据各自的特点生产出不同类型的信息内容,彼此无法兼容。内容的融合通过数字化技术将各种形态的信息内容统一在一个信息生产平台之上,使信息的形态呈现出多媒体的特点。在这种情况下,原先各种媒介单独进行内容生产的形式已经无法满足海量信息内容生产的需要,各个独立的媒体也不具备单独进行多媒体内容生产的能力。这就需要各种媒介载体在内容生产上进行联合,资源共享,信息互通,集成生产,从而导致传媒产业链的重新构建。

(三) 技术属性融合

对传统的信息内容生产来说,不同的媒介有各自不同的方式,需要各自独立的设备和技术,容易造成资源的浪费。通过数字技术将各类媒体内容转化为数字内容,就可以使信息内容的生产统一在以计算机为主体的共同平台上进行,通过这个统一的平台,我们可以将相同的信息内容加工成各种不同的形式,面向不同需要的广大受众。这个平台既整合了内容生产的手段,也提高了信息资源的使用效率,并且使信息内容产品具有单独生产所不具备的规模化和标准化特征。

---

① 《十九届四中全会〈决定〉:巩固全体人民团结奋斗的共同思想基础》,中国新闻网,2019年11月5日,http://www.chinanews.com/gn/2019/11-05/8999229.shtml。

四、内容融合对媒体行业的影响

(一) 媒介形态:传统媒体向数字媒体发展

内容融合的产生造成了内容产业的出现,改变了传媒产业链的结构,这势必对传统媒体产生影响。以报纸、电视为代表的传统媒体在受众注意力资源遭到极度分化的今天,原有的市场空间越来越狭窄,而数字新媒体终端成了分割受众注意力的利器。在当今受众多样化需求的引导下,传统媒体必须以各类分散的新媒体作为与受众广泛接触的接触点,如果还依靠过去的传统传播渠道,则所拥有的庞大内容产品将无法被受众接触到。以数字技术为基础的新媒体具有即时、即地、主动、交互等便捷功能,具有吸引受众注意力的特性,而且适应受众分众化的要求。报纸、杂志、广播、电视等传统媒体在技术推力和资本拉力的作用下,与新兴的网络、数字媒介在内容上交融在一起是必然的发展方向。

伴随着内容融合的发展,媒体的内容生产流程也发生了一定的变化,形成了以舆论引导、内容服务为核心的融媒体策划流程,以用户参与为核心的信息采集流程,以多部门人员协作创新为核心的内容生产平台流程,以融合传播为核心的融媒体发行流程四大媒体内容生产流程。[1]

(二) 媒介产业:内容产业的形成

1. 内容产业的发展

基于现代传播技术的内容生产可以在统一的数字化平台上进行,破除了不同媒介形态在内容生产上的壁垒,使信息内容的生产与媒介机构分离而形成独立的大规模生产,从而导致信息内容生产成为传媒产业链中的一个独立环节,进而形成独立的内容产业。

"内容产业"(Content Industry)一词在1995年的西方七国信息会议上首次正式提出。欧盟《信息社会2000计划》(以下简称《计划》)中将其定义为"制造、开发、包装和销售信息产品及其服务的产业"。《计划》指出,信息内容产业包括媒体印刷品(书报、杂志)、电子出版物(数据库、电子音像、光盘、游戏软件)和音像传播(影视、录像、广播)。如今的内容产业定义更加广泛,是以内容为核心的涉及经济、科技、社会等领域,实现"内容+品牌""内容+电商""内容+连接"等超越内容本身的融合产业形态。

我国逐步重视信息内容产业的发展。2000年,《中共中央关于制定国民经济和社会发展第十个五年计划的建议》中就出现了"信息产业与有关文化产业结合"的提法,这正是数字内容产业产生的基础;2006年3月发布的《国民经济和社会发展第十一个五年规划纲要》中,"数字内容产业"首次在国家文件中正式出现;2009年9月发布的《文化产业振兴规划》,在"重点文化产业"和"发展新兴文化业态"部分都明确提出了"数字内容产业"为发展重点;2013年发布的《国务院关于促进信息消费扩大内需的若干意见》提出"大力发展数字出版、

---

[1] 时衡、任锦鸾:《媒体内容融合模式研究》,《中国广播电视学刊》2016年第10期。

互动新媒体、移动多媒体等新兴文化产业,促进动漫游戏、数字音乐、网络艺术品等数字文化内容的消费",将促进内容消费、发展内容产业作为扩大内需的重要举措。2018年,工业和信息化部、国家发展和改革委员会印发《扩大和升级信息消费三年行动计划(2018—2020年)》的通知,提出"深化用户在应用场景定制、产品功能设计、数字内容提供等方面的协同参与,提高消费者满意度,丰富信息消费体验,培养信息消费习惯"。我国的数字内容产业在这一过程中得以繁荣发展。

内容成为产业也意味着传媒产业链的延长。传统媒体在生产完内容后,往往将其产品输送给单一的媒介端口。而随着媒介融合的发展,媒介产品的输出端口越来越丰富,同样一个产品生产后可以通过广播、电视、计算机和手机等多个窗口输出,这就是"窗口效应"。"窗口效应"在其形成初期主要表现为内容相同,而只是媒介载体不同,后经过发展,成为在一个品牌之下,生产出多种不同的产品形态。如一部电影,可以开发出同样名称的网络游戏、动漫书、玩具、音乐、娱乐等,即传媒产业链与传媒业之外的产业的融合。如《变形金刚》打造了影视业结合玩具业的产业链,《圣斗士》打造了影视业结合图书出版业的产业链,《生化危机》打造了网游业结合影视业的产业链。①

2."内容为王"发展策略

在传统的传播产业链中,内容的生产不是独立的,而是和不同媒介形态的传播渠道联系在一起,被传统媒体所垄断。这种信息内容的稀缺性导致传统媒体认为自己的信息产品是"皇帝的女儿不愁嫁",因此不会特别重视内容的占有。但是,随着传播技术的发展,信息内容的数量和形式都有了极大的增长,内容的稀缺性已经不复存在。传统媒体为了适应这种新变化,在内容的形态上开始向数字化方向发展,在内容的数量上向规模化方向发展,在内容的生产形态上逐步与数字技术相融合。这种融合经历了一个渐进的发展过程,最初传统媒体在内容生产中加入数字化元素只是为了满足广大受众对信息内容多媒体化的需求,以后随着传播技术、网络技术的不断发展,特别是内容的生产已经可以与传统的传播渠道相分离,传统媒体越来越感到内容占有的重要性。

在当今的传媒环境中,不管内容的数量多少,形态如何变化,采用哪种渠道传播,影响传播效果的一个最重要因素就是内容资源的占有。谁占有更多的内容资源,谁就拥有更多的受众关注度,谁就更能占有市场,从而在竞争中处于有利地位,这就是所谓的"内容为王"。

(三)媒介交互:内容交互方式多样化

传统媒体内容的特征是单向性,是通过单向的方式传递给受众,而在网络技术和数字技术的平台上,新的另一大类型的内容涌现出来,并占据重要的位置,即"交互性内容"。②

1.间接交互

所谓间接交互,是指受众和内容生产商共同完成内容的生产。在这一过程中可以明确

---

① 王菲:《媒介大融合》,南方日报出版社,2007,第72-73页。
② 王菲:《媒介大融合》,南方日报出版社,2007,第69页。

地划分出内容生产者和受众,其中内容生产者居于内容生产的主要地位,但受众的参与对内容的生产也起着举足轻重的作用。间接交互一般有两种方式:第一,由内容生产商构建基本的内容框架,受众在框架的基础上进行内容的填充和修饰,内容生产者要负责内容的管理与审核。以弹幕内容交互为例,用户在观看视频时可以发布呈现在画面上的文字,从而参与视频的观看互动。第二,内容生产、分发商应根据受众的要求完成内容的生产和传播,这主要包括推荐和点播两种形式。推荐也分为编辑推荐和个性化推荐,前者由编辑选定内容推荐给用户,后者根据用户画像实现个性化推荐。点播是用户对已有内容的交互式使用,而不参与内容的创建。如各种电台的点歌节目和 IPTV 中的视频点播就属于这种内容交互的方式。

2. 直接交互

所谓直接交互,是指在信息内容的生产过程中,无法区分谁是生产者,谁是受众,两者在内容生产的过程中没有明确界定,并且其身份也是可以随时发生变化的。传统的受众可以独立进行内容的生产,而且生产出的产品在其他受众的参与下不断丰富。在这一过程中,受众不仅是受众,也可以成为生产者。如微博、微信公众号等"自媒体"就是采用这种直接交互的方式。此外,智能音频的语音交互等也属于直接交互的范畴。

直接交互是对信息内容生产的彻底改变。过去传统媒体生产的内容都是以单向形式传播给受众的,是一种由点到面的传播方式。直接交互式的内容生产将信息传播的方式改变为网状结构,在整个信息内容传播过程中信息以点到点的方式进行传播,大大地加快了信息传播的速度,拓宽了信息传播的空间,同时也深化了信息的内涵。

(四)盈利模式:内容产品附加值提升

传统媒体所生产的内容产品是和传统传播渠道捆绑在一起的,一直以来这些信息产品没有独立地出现在流通领域,这严重阻碍了信息资源的流通和共享,造成大量信息资源的浪费。随着内容融合的出现,内容生产作为传媒产业链中的一个独立环节,其产品不仅可以以独立的商品形式出现,其附加值也可以使其产生增值效果。

内容融合促进了媒体盈利模式的创新,使内容产品附加值大大提升。1996 年 8 月起,《华尔街日报》网络版订户每年需交纳 48 美元的订阅费,开创了新闻付费的先河,并在一年后收获了 20 多万订户。这就是西方的付费墙(Pay Walls)模式,即对在线内容实行付费阅读,为网上的内容设立收费门槛。在西方世界开展新闻付费的同时,中国媒体也开始探索内容付费模式,2010 年前后,各大视频网站开始对视频内容收费并逐渐推广会员制;2015 年,音视频付费全面铺开,开辟"娱乐付费时代"。在此基础上,2016 年成为了"知识付费元年",果壳"分答"、知乎 Live、喜马拉雅 FM"付费精品"专区和马东领衔的《好好说话》等知识付费产品陆续登场。国内"视频付费成为常态""音乐付费习惯逐渐养成""知识付费成新风尚",2016 年中国内容付费用户规模就达到了 0.98 亿人次,内容付费时代已然来临。① 国内新闻付费领域的代表是财新传媒的"财新通",在探索商业模式的转变的同时,有利于其聚焦精准

---

① 方苏、傅中行:《内容付费时代新闻付费模式探索与策略思考》,《新媒体研究》2019 年第 22 期。

用户,提供高质量原创财经新闻内容。

五、内容融合的问题和发展趋势

(一)内容融合中的突出问题

内容融合是媒介融合的核心,对内容融合中出现的问题要冷静审视,及时反思和总结,寻找相应的对策。

1. 版权保护问题

传统媒体进行内容生产时信息产品只通过特定的单一渠道进行传播,信息内容产品不会以独立的形态出现在流通领域,因此版权的问题可以通过对传播渠道的控制得到保证。但是随着信息内容的规模化生产,内容产业与传播渠道发生了分离,内容产业的信息内容产品再也无法得到传播渠道的保障,如果不解决内容产品版权保护的问题,作为传媒产业链上游的内容产业的利益将无法得到保护,从事内容生产的内容产业将没有生存的可能。因此,对内容产业来说,版权管理的问题不只是简单的知识产权问题,更是关系到相关企业能否在竞争中生存下去的问题。

2019年年初,财新记者诉《甘柴劣火》洗稿一案,就是媒介融合进程中的内容版权争端问题。《无界》前主编黄志杰离开传统媒体岗位后创办了公号"呦呦鹿鸣"(以下简称"鹿鸣")。曾粗暴干扰舆论监督的甘肃武威前书记火荣贵被逮捕后,"鹿鸣"推出《甘柴劣火》一文起底甘肃官场生态,盘点当地抵制监督的前世今生。"鹿鸣"在文前强调"本文所有信息,均来自国内官方认可、可信赖的信源",并在文中致敬了此前曝光甘肃官场腐败问题的财新、《中国青年报》《新京报》记者。不过这种向传统媒体精英"示好"的表达并没有赢得被致敬者的认同,财新记者公开批评"鹿鸣"洗稿,大量引用其付费墙内的内容且未加注释,文章内容主要来自传统媒体报道却标注"原创"。①

2. 内容同质化现象

内容生产融合的主流模式"中央厨房"追求的是"一次采集、多种生成、多元传播",这种模式不仅高效,而且能节省大量人力物力,但在实际操作过程中发现,"中央厨房"通过多个终端发布的新闻产品,往往存在同质化问题。

不同终端的差异化要求,在一次采集过程中很难全部照顾到。报纸新闻与电视新闻,电视新闻与广播新闻,由于产品的形式不同,对采访的角度、侧重的要素都有不同之处;即使同属视频新闻,在大屏播放和在小屏播放要求也不一样。例如,通过电视看新闻,对声音要求就会高一些,因为用户会通过声音来获取信息和体验;而通过手机播放的短视频,则会对字幕要求更高,因为很多人都是在公共场合看,经常不开声音,而通过借助字幕来观赏。② 当然

---

① 曹林:《扩张、驱逐与维权:媒体转型冲突中的三种博弈策略——以兽爷、咪蒙、呦呦鹿鸣争议事件为例》,《新闻大学》2019年第6期。
② 张丽、张洪伟:《当前媒体融合存在的问题及解决路径》,《中国广播电视学刊》2019年第6期。

并不能因为此原因就否认"中央厨房"模式,而是应在内容生产过程中注意根据情况进行差异化生产,减少内容同质化现象的出现。

3. 内容盈利模式困境

虽然上面我们提到内容融合在一定程度上提升了内容产品的附加价值,但依然没有打破目前传统媒体的内容盈利模式困境。传统媒体的收入主要来自纸媒,但单纯靠"发行费+广告费"的盈利模式,已经难以维系。媒介融合使国内大多数纸媒已形成报纸、微博、微信、App 的传播矩阵。不过"中央厨房"建设的成本很高,硬件投入动辄上亿元,不是一般传统报媒能够承受的,所以出现了"不投入是等死,大投入是找死"的悖论。传统媒体的官方微博与微信公众号"叫好不叫座",聚人不聚财,甚至陷入只烧钱不盈利的窘境。App 早已成为传统媒体的标配,五花八门,争奇斗艳,都努力想获得大众的青睐,抢占更多的用户。目前大多数传统媒体开发的 App,无论是用户规模还是盈利能力都不理想。如果未来几年传统媒体依然不能摆脱这种困境,经营不能反哺主业,建设新型主流媒体和新型媒体集团的蓝图恐怕难以实现。[1]

(二) 内容融合的发展趋势

内容融合产生了内容生产企业,促进了内容生产的规模化,带动受众参与内容生产,扩展了内容生产和其他物质生产的进一步交融。

1. 内容生产规模化

随着数字技术和网络技术的发展,受众不再满足于定时定点地获取传媒产品,对传媒产品的需求无论是在内容的数量上还是形式上都更加广泛。面对这种信息内容在数量和形式上的增长,单一媒介单独进行信息内容的生产已经不能够适应形势。与此同时,数字化技术也打破了传统媒体所固有的生产平台,在以计算机技术为基础的数字化平台上,原来互无关系的模拟信息转变为统一的数字信息。这些变革都导致了一个结果,那就是内容产业的产生和内容的规模化生产。

2. 内容传播网络化

随着媒介融合的发展,传统媒体面向互联网渠道进行内容生产和传播的能力将继续提升,由被动转变为更加积极地投入相关内容生产当中。这主要体现在两个方面:一方面,传统媒体的互联网内容运营能力将进一步提升,比如新华社在公众号推送内容就很注重"网络语言"的使用,形成了一系列的"刚刚体"并与用户在评论区展开互动,使新闻阅读量和粉丝量都大幅度增长。另一方面,主流媒体积极探索网络用户喜爱的信息传播方式,将内容进行形态改造,以实现提升内容吸引力、增强内容传播力的目的。比如,许多传统媒体入驻直播、短视频平台,并根据平台特色生产相关内容,就体现了这一点。

---

[1] 张路曦:《我国媒体融合的新模式、新问题与新趋势》,《上海大学学报(社会科学版)》2020 年第 3 期。

3. 内容运营智能化

众多传统媒体都开始了向智能化的转型,将人工智能相关技术运用于内容生产、分发。人工智能促进了媒体的内容变革,使内容更符合用户需求,内容分发更精准,并将内容转化为收益。智能技术的广泛应用引发了内容生产模式的更新和融合。随着大数据、云计算、人工智能技术的进步,媒介领域的内容生产模式也随之改变。MGC(机器生产内容)、AGC(算法生产内容)、DGC(数据生产内容)等内容生产模式形成新的发展趋势,应用场景日益拓展,与UGC、PGC、OGC等模式的彼此融合也更加密切。随着多种融合模式的丰富和成熟,集高互动、高质量、高效率等特质的内容将被更多地生产出来。①

4. 内容生产平台化

在推进内容融合的过程中,主流媒体开始从过去社会生产和商业领域的旁观者,转变为社会生产和商业运转中直接面对企业的商机创造者、资源整合者、平台运营者,逐步扮演起"大枢纽"的角色。② 比如,2018年《人民日报》推出人民号,依托《人民日报》客户端,充分运用人工智能技术,为媒体、党政机关和自媒体提供移动端内容生产和分发全流程服务,共同构建兼具主流价值和创新活力的内容生态。并通过与百度百家号的紧密合作,为内容生产者带来一定收益,吸引许多主流媒体、党政机关、高校、优质自媒体和名人入驻。截至2020年6月,已有超过2.5万创作者选择人民号平台进行创作。内容总阅读量超350亿,百万阅读文章数愈1000条,累计收录1200万条以上优质内容,同比增长300%。③

第二节　技术融合

在很大程度上,当前的媒介融合是专业媒体的内容生产和创意能力与互联网公司平台和技术的融合。④ 与此同时,媒体自身也正在努力构建技术研发和应用体系,加强媒体在媒介技术方面的优势。事实上,媒介技术推动了媒体的发展,也造就了媒体在技术层面的融合。

一、技术融合的含义

为适应新技术条件下媒体传播内容、渠道、受众等方面的变化,媒体利用先进技术打通影响信息传输与共享的障碍,以实现媒体在信息传输上的高效性、内容呈现的多样性和用户服务的便捷性,这就是我们所说的"技术融合"。按照传播渠道、使用终端和应用形态,技术

---

① 黄楚新、王丹丹:《智媒体时代传统媒体的内容生产转型》,《视听界》2019年第3期。
② 宋建武、黄淼:《移动化:主流媒体深度融合的数据引擎》,《传媒》2018年第3期。
③ 《人民号上线两周年,阅读量超350亿,你会是下一位百万创作者吗?》,人民号"传媒茶话会",2020年6月11日,https://rmh.pdnews.cn/Pc/ArtInfoApi/article?id=13912272。
④ 鞠靖:《技术视角下的媒体融合》,《新闻记者》2019年第3期。

融合可以分为网络融合、设备融合和应用融合。

(一) 网络融合

信息通信网络是由多个相对独立的网络组成的,这些网络相对独立,每种不同网络都有其特定的网络资源组成方式,都有特定的功能和业务。这种"一种业务,一种网络"的格局已逐渐暴露出其固有的弊端:多种复杂的协议、复杂的网络共存;网络管理和维护成本较高;不利于网络资源尤其是传输资源的共享;不便于跨网络多功能综合业务的提供。① 这些弊端严重影响了媒介之间信息的传输和共享,因此网络融合是媒介融合的一个重要实施条件。

网络融合是不同类别传播网络之间的融合,在中国一般指的是三网融合。所谓三网融合,一般理解为:电信网、有线电视网和计算机通信网的相互渗透、互相兼容,并逐步整合成为全世界统一的信息通信网络。网络融合是由于消费者对信息即时即地的需求,而实现信息传输的"交互性"和信息接收的"移动性"就能够使时间、空间的限制得以破除,通过网络的融合就可满足这种即时即地的需求,由此带来了三网融合所代表的网络融合。② "三网融合"是为了实现网络资源的共享,避免低水平的重复建设,形成适应性广、容易维护、费用低的高速宽带的多媒体基础平台。其表现为:技术上趋向一致,网络层上可以实现互联互通,形成无缝覆盖,业务层上互相渗透和交叉,应用层上趋向使用统一的 IP 协议;各网络在经营上互相竞争、互相合作,朝着向人类提供多样化、多媒体化、个性化服务的同一目标逐渐交汇在一起;行业管制和政策方面也逐渐趋向统一。③

(二) 设备融合

设备融合是媒体使用终端的融合,如计算机与家电的融合出现了各类智能家居,计算机等技术与手表等穿戴用具融合出现了各类可穿戴设备,等等。从媒介发展历史的角度来看,正是 MP3、数码相机、数码摄像机等数码影音设备与手机、计算机、电视的融合发展,才使后者的使用功能更加多样。设备融合主要体现了硬件产品端的融合,实质是利用数字信息技术激活其中任何一个环节,通过某种协议使媒介终端实现信息资源的共享和互联互通,从而满足人们在任何时间、任何地点通过信息关联应用来方便自己生活的需求。④ 设备融合不仅包括设备功能的多样化趋势,也包括设备的专业化趋势和多设备之间的互联互通趋势。

(三) 应用融合

应用融合则是基于统一应用平台上的服务的融合。从用户使用上看,用户通过各自的终端设备连接到统一的服务平台之上,以平台为依托获取所需的内容和服务,如 IPTV。此

---

① 张慧:《电信网络融合发展趋势的研究浅析》,《电脑知识与技术》2007 年第 14 期。
② 邓瑜:《媒介融合与表达自由》,中国传媒大学出版社,2011,第 63 页。
③ 张保淑、李晓梦:《三网融合如何开启新视听时代》,《人民日报(海外版)》2011 年 8 月 27 日第 8 版。
④ 张俊虎、马传琦:《3C 融合和三网融合——国际消费电子技术未来发展趋势》,《科技信息》(科学教研)2008 年第 18 期。

外,如今的许多手机软件也都达到了应用融合的程度,如微信、微博和新闻客户端。从媒介生产上看,技术的发展也使信息采集、信息加工等环节的应用实现了融合,进而影响用户媒介使用体验,如写作机器人的发展提升了新闻写作和到达的速率。从内容呈现上看,不同媒介技术的融合使媒介内容呈现更加多样,如 H5 新闻和 VR 新闻。

二、技术融合的成因

技术融合的形成条件与内容融合一样,也需要在技术、市场、竞争和政策方面提供必要的条件,这些条件的具备是技术融合产生的前提。

(一)信息技术进步是技术融合的先决条件

技术融合以技术为核心,各种信息技术的发展推动了技术融合的进步,这些技术主要包括数字化技术、宽带通信技术、IP 技术、无线网络技术和人工智能技术。

网络融合是网络技术不断向前发展的产物,这里包含两方面的内容:一是参与融合的网络本身就有成熟的技术,经过融合实现了强强联合;二是参与融合的网络通过技术改造具有融合的可能性。技术融合的技术基础是终端设备可以使受众方便地连通到各种信息网络,跨网络、跨平台地获取所需的内容和服务,选择任何一种网络连接就可以方便地享受三网提供的海量内容服务。

1. 数字化技术

数字化技术将原来分属于不同网络传输的语音、数据和图像都转变为"0""1"符号,将三网中不同的业务、不同设备上的信息与服务都转化为统一数字化网络上的二进制数据流,突破了不同网络之间的业务壁垒。如此,二进制数据流就成为三网传输和设备上的统一符号,使三网和设备中所涉及的语音、数据和图像可以通过不同的网络进行传送,并通过用户自主选择的终端设备来进行信息内容的获取。

2. 宽带通信技术

宽带通信技术的发展大幅度地提高了网络传输信道的带宽,特别是光纤通信技术的出现和发展,极大地提高了传输线路的传送能力,使语音、视频等多媒体内容可以进行实时的传送,可以满足原来三网中各种业务的数据传送需求。同时由于光纤自身的优越特性,其传输的内容在质量上大幅提高,而消耗的成本却大幅降低。

3. IP 技术

20 世纪 70 年代 TCP/IP 协议的出现使互联网得到了极大的发展。TCP/IP 协议的中文名称为"传输控制协议/网络互联协议",其最大特点是,无论网络之间的结构如何,只要在通信时采用该协议,数据就可以在异构网络中进行畅通无阻的传送。这就突破了原来异构网络之间无法进行互联互通的壁垒,实现了大量异构网络的相互融合。基于这种特点,以 TCP/IP 协议为核心的 IP 互联技术也为三网融合和设备融合奠定了坚实的基础,使各种基于 IP 技术的业务可以在不同的网络和设备上实现资源共享、互联互通。

IP 技术利用 IP 层协议,在 TCP/IP 确立的网络层次结构中起核心作用。其一,终端网络采用无连接方式传递数据报,这样上层应用不用关心低层数据传输的细节,可以提高数据传输的效率;其二,终端网络通过 IP 数据报和 IP 地址将各种物理网络技术统一起来,达到屏蔽低层技术细节、向上提供一致性的目的。这样可以使物理网络的多样性对上层透明。早期的 IP 技术使原本互不连通的局域网络可以进行信息交换,导致了 Internet 的广泛普及,使 Internet 可以充分利用各种通信媒介,从而将全球范围内的计算机网络通过统一的 IP 协议连在一起。现在在网络融合的基础上,IP 技术进一步发展,可以承载更多种类的信息服务;各种接收终端只要使用 IP 技术进行通信,将使所有的终端设备彼此连通,实现信息通信和资源共享。

4. 无线网络技术

无线网络技术是对网络覆盖范围的一种延伸、补充。通过无线通信技术,各种终端设备之间摆脱了笨重的实体连接线路的束缚,真正做到了跨地域、跨时间地发送和接收信息数据,实现数据、资源的共享。无线网络技术所具有的这种灵活性、移动性,为受众提供了实时的、移动的、便捷的信息获取平台,可以保证受众随时随地以各自希望的方式来获取信息内容,实现最大范围、最大自由度的资源共享。

5. 人工智能技术

在以人工智能技术为核心的智能技术的影响下,现代传媒业态在生产环节、分发环节和监管环节等环节都发生了深刻变化。利用人工智能介入新闻生产,极大地缩短了新闻生产的时间,提高了新闻生产效率。人工智能技术还能最大限度地满足用户的个性化需求,起到优化媒体资源配置的作用。总之,在人工智能技术影响下,媒体智能化融合已经成为必然的趋势。

(二)巨大的商业利益是技术融合的引导条件

技术的进步使技术融合成为可能,但是要进行技术的融合就需要进行大量的技术改造,需要投入大量的人力和物力资源,如果没有巨大的吸引力是很难使各产业实体主动推进技术融合的。

一方面,面对信息化社会的到来,越来越多的实体加入到信息产业中来,各种不同信息传播渠道的出现极大地分散了受众的关注度和注意力。在激烈的竞争中,谁拥有更多的受众关注度,谁就会占有更大的市场份额。传统媒体看到了以互联网、IPTV、移动媒体为代表的新型传播媒介所拥有的广大受众群,要将这些受众的关注度转移到自己身上,就需要进行网络融合;而新媒体以其特有的传播渠道优势拥有了大量用户后,需要联合传统媒体为自己提供大量的信息内容来满足广大用户的信息需求,也需要进行网络融合。另一方面,在新兴传播技术的支持下,信息内容从数量到形式都发生了很大变化,面对新的传播环境,广大受众已经不满足于过去那种定时、定点获取信息的方式了。受众获取信息、接受信息服务,逐步由单媒体向多媒体、由固定接收向移动接收、由被动获取向主动互动等方式转变。终端设备是广大受众获取信息的工具,受众接收信息方式的变化势必影响到终端设备的变化,从而催生出巨大的市场需求。

1. 互联网及移动通信促进数字消费产业发展

新兴媒介所拥有的巨大潜在客户群意味着巨大的市场空间,也为技术融合提供了巨大的产业空间。这无疑对各传媒企业具有巨大的吸引力,促动着它们积极寻求技术融合以获取更多的商业利益。

互联网由于其覆盖范围广泛,加上具有实时性、交互性等优势,拥有了大量用户。根据第47次《中国互联网络发展状况统计报告》,截至2020年12月,我国网民规模达到9.89亿,互联网普及率为70.4%,较2020年3月提升5.9个百分点。①

与此同时,我国通信运营业的互联网业务也在稳步推进,围绕实施网络强国战略,推动网络提速降费,提升4G、5G网络和宽带基础设施水平,积极推动移动互联网、IPTV等新型信息服务普及。2019年,三家基础电信企业和中国铁塔股份有限公司在5G相关投资快速增长的推动下,共完成固定资产投资比上年增长4.7%。其中,移动通信投资稳居电信投资的首位,占全部投资的比重达47.3%。推进网络IT化、软件化、云化部署,夯实智慧运营基础,构建云网互联平台,夯实为各行业提供服务的网络能力;4G覆盖盲点不断被消除、移动通信核心网能力持续提升,夯实5G网络建设基础。2019年,新建光缆线路长度434万公里,全国光缆线路总长度达4750万公里。互联网宽带接入端口"光进铜退"趋势更加明显,截至2019年12月底,互联网宽带接入端口数量达到9.16亿个,比上年末净增4826万个。其中,光纤接入(FTTH/0)端口比上年末净增6479万个,达到8.36亿个,占互联网接入端口的比重由上年末的88.9%提升至91.3%。xDSL端口比上年末减少261万个,总数降至820万个,占互联网接入端口的比重由上年末的1.2%下降至0.9%。②

随着数字内容逐步取代模拟内容,广大受众越来越将关注点投向数字接收终端。经历了此前的萌芽、发展,我国的数字消费产业正逐步走向成熟,形成了网络内容、数字影音、动漫、移动数字内容为主体,数字教育、数字出版等行业协调发展的产业格局。数字化为生产厂商带来巨大的商业利润,从产业规模上来看,我国数字内容产业的总产值已处于世界前列,但从人均消费水平上来看,我国数字内容产业规模还将有较大的发展空间,甚至在未来一段时间部分子产业有望超过一些发达国家。③

2. 多功能一体化移动终端成市场主流

以智能手机、平板电脑、智能音频等为代表的多功能一体化数字终端设备以其特有的便捷性、灵巧型、多功能性和时尚性被广大受众所喜爱,逐渐成为终端市场的主流产品。据国际电信联盟(ITU)发布的2018年度互联网调查报告显示,目前全球已有39亿人联网,而移动通信正在快速发展,手机网民逼近40亿人。在我国,根据中国互联网信息中心发布的第47次《中国互联网发展状况统计报告》显示,截至2020年12月,我国手机上网用户数量

---

① 中国互联网络信息中心(CNNIC):第47次《中国互联网络发展状况统计报告》,2021年2月。
② 数据来源:中华人民共和国工业和信息化部。
③ 黄德俊:《我国数字内容产业现状及其发展趋势》,《传播与版权》2015年第2期。

再创新高,已超 9.86 亿。① 以智能手机为代表的终端设备多功能一体化趋势不可逆转,已成为市场主流发展方向,带来可观的商业价值。

3. 以统一信息服务平台为终端的 IPTV 拥有巨大发展空间

IPTV 作为终端服务融合的代表,具有巨大的发展空间。IPTV 不仅是终端设备的融合,它也是将广电网、电信网、互联网三网的各种服务集于一身的综合性信息内容服务平台。IPTV 将三网的信息内容和信息服务集中于一个平台之上,再通过单一的终端传送给广大用户,是一种崭新的信息服务模式。一方面,其简化了用户获取信息和服务的途径,降低了用户获取信息服务的成本,提高了用户进行信息交流的效率;另一方面,IPTV 的发展极大地带动了相关产业的发展,其为内容生产商提供了具有实时交互能力的信息发布平台,为网络运营商提供了统一的终端接收平台,为设备生产商提供了大量的终端设备消费市场,具有相当可观的商业价值。

自 1999 年英国 VideoNetworks 公司推出 IPTV 业务以来,国外的许多电信运营商相继进入了 IPTV 市场。目前部署 IPTV 业务的运营商集中在欧美地区以及亚太部分国家和地区。在欧洲,意大利 FastWeb 公司在 IPTV 业务上已经取得成功,法国电信在里昂开通了该业务,比利时电信、荷兰电信、奥地利电信和挪威电信都在进行 IPTV 的商用实验;采用 DSL 的方式部署 IPTV 业务的有德国 HanseNet 公司、摩纳哥电信、挪威电信、比利时电信等。在北美,加拿大 MTS 和 SaskTel 公司已经在 VDSL 与 ADSL 网络中开通了 IPTV 业务;在美国,本地独立运营商非常积极地在其领地上开展基于 DSL 网络和光纤网络的 IPTV 业务。在亚太地区,IPTV 业务开展得较好的运营商是中国香港的电讯盈科以及日本的 Yahoo! BB;韩国电信公司以新的 VDSL 业务、以太网和 FTTX 接入对目前的宽带业务进行升级,并推出了以"MegaPass"为品牌的家庭媒体业务,该业务能以 DVD 的分辨率向 PC 用户或"电视+机顶盒"用户提供视频点播业务。②

我国 IPTV 业务开展较晚,但在不长的时间内也取得了较快的发展。在政策利好以及宽带渗透率逐步提高的背景下,近几年 IPTV 的发展表现出强劲势头。2018 年,IPTV 呈爆发式增长,截至 2019 年 3 月底,三家基础电信企业发展 IPTV 用户达 2.72 亿户,相比 2018 年整年净增加 1.17 亿户。③

(三)激烈的行业竞争是技术融合的压力条件

随着传媒业的急速发展,信息传播活动对时效性、覆盖范围以及传播形式的多样性等方面都提出了更高的要求。在这种形势下,传统的传播媒介所面临的竞争越来越激烈。这种竞争的压力主要来自以下几个方面:

一是传播产业内部竞争陷入停滞阶段带来的压力。传媒业的竞争首先来自行业内部的

---

① 中国互联网络信息中心(CNNIC):第 47 次《中国互联网络发展状况统计报告》,2021 年 2 月。
② 《IPTV 业务模式已经清晰,带宽急需升级》,《人民邮电报》2009 年 5 月 26 日。
③ 《2019 年我国 IPTV 发展现状:"政策扶持+运营商捆绑"实现快速发展》,中国报告网,2019 年 8 月 10 日,http://free.chinabaogao.com/chuanmei/201908/0Q04394P2019.html。

竞争,各传媒产业为了获得更多的市场份额,不断进行兼并,以获得更多的信息资源和受众资源,从而做大做强,以期在竞争中立于不败之地。但是,当竞争发展到一定程度,内部的竞争已经达到饱和,要进一步发展就必须向其他相关领域进行扩展。这就涉及与其他产业的交融,从而需要技术融合的支持。此外,随着媒介融合的发展,传媒产业链发生了根本的改变。内容产业使信息内容实现了规模化生产,三网的融合导致了信息传播渠道的统一化和多样化。面对这种改变,受众在信息的获取上具有了更大的自主性,因此如何获得更多的受众关注度就成为传统媒体进一步发展所必须关注的问题。在新的传媒产业链中,传媒产业为了直接将生产的信息内容传播给广大受众,也开始逐步向终端生产领域渗透。

二是产业间竞争带来的压力。随着互联网、IPTV、移动媒体、智能媒体等新兴媒体的出现,广电网与电信网、互联网之间在经营业务方面出现越来越多的相互渗透,这意味着基于这些业务的竞争在三网之间会越来越激烈。新媒体所拥有的技术优势使它们获得了大量的受众关注度,特别是众多的年轻受众已经将他们获取信息的渠道由传统媒体转移到新媒体,如果传统媒体不与新媒体联合,必将丧失大量的受众;同样,新媒体在信息内容的占有方面不及传统媒体,如不与传统媒体联合将使信息的真实性、权威性受到影响,从而失去大众的关注。因此,面对激烈的竞争,无论是传统媒体还是新媒体都迫切希望能互相连通,实现信息共享,从而在竞争中获得双赢。实现这种资源共享的先决条件就是实现彼此传播网络的互联互通,也就是三网的融合。

三是各高新技术产业投入终端生产竞争。随着产业间竞争的加剧,全球的软硬件技术、电子技术等高新技术产业面临着原来领域的竞争基本饱和,难以进一步发展的局面,亟须找到新的发展空间。如软件业巨头微软公司,其所取得的辉煌成就是无可比拟的,它长期垄断着全球操作系统软件市场,为电脑的普及作出了巨大的贡献。然而,尽管目前微软还能够实现盈利,但已经出现了业绩下滑的迹象。大量的企业利润依然来自于 Windows 和 Office 这两项数十年前开发的项目。面对这种局面,微软也开始了向终端设备生产积极渗透。2000 年 3 月 9 日,微软正式对外公布了自行研制开发的游戏主机 Xbox,宣告正式进军电视游戏产业。当前,随着移动互联网的飞速发展,微软又将注意力转向了移动端设备,推出 Surface 等系列产品。

除了以上三点,随着数字技术的不断发展,人们对各种终端设备的要求也逐步趋向于个性化、网络化、智能化和便捷化。传统的模拟终端产品逐渐被人们所抛弃,更多的智能化终端日益受到人们青睐,这也要求相关各方努力进行技术层次的融合发展。

(四) 政策引导是技术融合的促进条件

政策上是支持还是限制,管制上是宽松还是严格,成为促进技术融合的关键因素。

习近平总书记曾指出:"随着5G、大数据、云计算、物联网、人工智能等技术不断发展,移动媒体将进入加速发展新阶段……从全球范围看,媒体智能化进入快速发展阶段。我们要增强紧迫感和使命感,推动关键核心技术自主创新不断实现突破,探索将人工智能运用在新闻采集、生产、分发、接收、反馈中,用主流价值导向驾驭大'算法',全面提高舆论引导能力。"①近年来,我国支持媒体大力进行技术创新,为技术融合打造了良好的政策环境。

对网络融合来说,政策的影响更为明显。广电系统拥有对视听节目的制作控制权、内容监管权、频道管理权等垄断性权力,牌照和许可证成了广电系统的经营资源;电信系统拥有网络建设与传输、通信设施的先天优势。为了保护两个行业的相关利益,各国都规定和限制两个行业的经营范围。如1999年国务院办公厅下发82号文,明确规定"电信部门不得从事广播电视业务,广播电视部门不得从事通信业务",从而政策性地阻止了三网融合的发展。②但近几年已经有了较大的突破。在广电企业获得电信业务准入方面:2019年6月6日,工信部正式向中国广电发放5G商用牌照;2020年年初,中国广电获得了国家广播电视总局颁发的宽带电视牌照,湖北广电是被委托的试点团队。而国有电信企业在有关部门的监管下,可从事除时政类节目之外的广播电视节目生产制作、互联网视听节目信号传输、转播时政类新闻视听节目服务、IPTV传输服务、手机电视分发服务等。

三、技术融合的形态

(一) 网络融合:三网融合

具体到三网融合的基本形态,则主要涉及两个方面:一是通过技术改进实现三网的底层连通、业务渗透、应用融合;二是在技术改进的基础上,广电网、电信网、互联网的业务在产业结构上的融合。

1. 技术改造

以广电网、电信网和互联网为主的三网都具有自身的核心技术,在融合之前三网各自在技术上是完善的,但是要进行跨网络经营,向其他网络业务进行渗透,以实现网络应用层面上的融合,就必须在现有技术的基础上进行相关的技术改造。

(1)广电网的改造

广电网在三网融合中所面临的最主要技术问题有两个:一是数字化问题,传统的广电网络主要是传输模拟的音视频内容,要进行数字化改造;二是传播方向的问题,传统的广电网络是一个单向传播网络,要进行双向改造。

数字化改造就是将现有模拟信号广播转化为数字信号播出,要求在接入网端加装模数转换装置,并在用户端加装机顶盒(STB)进行信号调制输出。据广电总局公布的2018年全国广播电视行业统计公报数据显示,全国有线数字电视实际用户数2.01亿户,数字电视实际用户占有线电视实际用户数比例为92.20%,比2017年(90.65%)提高了1.55个百分点,有线电视数字化率进一步提升。其中:高清数字电视和有线电视智能终端用户占比逐年上升,

---

① 习近平:《加快推动媒体融合发展 构建全媒体传播格局》,《求是》2019年第6期。
② 王菲:《媒介大融合》,南方日报出版社,2007,第85页。

用户规模达到 9257 万户,有线电视智能终端用户 1884 万户。①

广电网是一个单向、实时、一点对多点的广播网络,所有用户共享一个公共信道,不存在交换技术,无法实现承载话音业务和数据业务所必需的双向互动。因此,广电网络要实现三网的业务融合,首先要进行双向改造。广电网络在构成上分为核心网和接入网,目前核心网本身具有双向传输的能力,所以所谓双向改造主要是对接入网的双向改造。目前有两种方案:一是 EPON 技术方案,即以太无源光网络,是一种采用点到多点拓扑结构、利用光纤和光无源器件进行物理层传输、通过以太网协议提供多种业务的宽带接入技术。其优越性是技术相对简单、速率高、可扩展性强,能够以较低成本高效率地传送 IP 业务。二是"HFC+CableModem+以太网/ATM"方案,其在局端配备一台 HFC 头端设备,通过 ATM 或快速以太网与因特网互联,完成信号的调制和混合。数据信号通过 HFC 传至用户家中,CableModem 完成信号的解码、解调等功能,并通过以太网端口将数字信号传送到 PC 机。反之,CableModem 接收 PC 机传来的上行信号,经过编码、调制后通过 HFC 传给头端设备。其优越性是可以利用现有的网络结构,不需要重新构架网络。截至 2018 年,我国有线数字电视双向网络覆盖用户数量达到 2.08 亿户。②

(2) 电信网的改造

电信网络面对三网融合主要应进一步提高信道带宽,以使其可以传输非语音类的多媒体音视频内容。电信网络的核心网目前基本已经实现光纤化,即核心网的带宽是足以承载相应的业务的,而主要的瓶颈出现在接入网方面。随着电信网络的不断升级改造,目前已经有大量用户采用宽带接入,但是也还存在很多的窄带接入用户,如何对其进行改造是电信网进入三网融合的重要任务。主流的宽带接入技术主要有 xDSL、以太网接入技术、EPON/GEPON、GPON 和 WiMAX。

xDSL 分为非对称数字用户线(ADSL)和高速数字用户线(VDSL)。ADSL 系统是利用双绞线铜缆实现的一种宽带接入技术,其最大特点是无须改动现有铜缆网络就能提供宽带业务,便于实现。VDSL 系统是 ADSL 的演进版,可以支持电视信号的接入,是实现三网融合的一种可选接入手段。

以太网接入技术是一种计算机接入局域网络的连接技术。随着快速以太网、千兆以太网技术的发展,其在宽带数据的接入方面具有一定优势。但是在 QoS 控制和电信级方面还需做更多的努力,特别是在实现时钟同步、满足现有 TDM 接入方面还存在问题。

EPON/GEPON(以太无源光网络/G 比特以太无源光网络)是一种新型的光纤接入网技术。EPON/GEPON 采用一点到多点结构、无源光纤传输,在以太网之上提供多种业务,其特点是技术成熟、维护成本低、速率较高,但在支持 TDM 业务方面还有待进步。

GPON(Gigabit-CapablePON)技术是基于 ITU-TG.984.x 标准的最新一代宽带无源光综合接入标准,具有高带宽、高效率、大覆盖范围、用户接口丰富等众多优点,被大多数运营商视为实现接入网业务宽带化、综合化改造的理想技术。

---

① 数据来源:《2018 年全国广播电视行业统计公报》,国家广电总局网站。
② 数据来源:《2018 年全国广播电视行业统计公报》,国家广电总局网站。

WiMAX(World Interoperability for Microwave Access)是一项基于 IEEE 802.16 标准的宽带无线城域网接入技术,WiMAX 具备较好的可扩展性和安全性,具备完善的标准,能够支持多业务,并能提供电信级的保障服务。①

(3)互联网的改造

面对三网融合,互联网主要需要解决数据实时传送的问题。互联网在设计之初主要是用来进行数据传输的,对传输的准确性要求较高,而对数据传输的实时性要求较低。但是随着三网融合时代的到来,大量的多媒体数据要求在互联网上传送,特别是流媒体技术的广泛应用,对数据实时传输的要求越来越高。过去互联网主要采用"尽力传送"的方式,这种方式面对需要传送的数据平均分配网络资源,无法适应实时数据所需的数据实时性和突发性要求,无法满足语音、视频等实时多媒体传送业务的要求。经过改造,互联网开始采用"实时传送"的方式,这种方式针对不同的业务,将网络资源按照业务的优先级进行分配,可以很好地解决数据实时传输和突发数据流的问题,为三网融合改造提供了坚实的技术基础。

总之,三网的技术融合主要体现在通过自身相应的技术改造,为三网之间业务的相互渗透提供可靠的技术保证,为三网在应用层面上的融合奠定基础。

2. 三网产业融合

在技术融合的基础上,三网原来各自的业务逐渐渗透,在应用上彼此交叉、逐渐融合。同时,随着相关政策的宽松化以及资本的推动,原先分属于三网各自对立的产业之间也逐步形成了融合之势。主要包括以下三种情况:

(1)以全业务为基础的产业融合

三网融合导致三网各自的业务之间产生融合,这就形成了"全业务"的概念。所谓全业务,是指三网通过融合将原先各自的业务捆绑在一起,通过一个共同的传播渠道提供给广大用户,这种业务提供集语音、视频和数据于一体的全方位服务。

在全业务的要求下,广电产业、电信产业和互联网产业纷纷进入彼此的市场。如在美国,有线电视公司凭借宽带业务进入电信市场,目前宽带接入及语音传输业务收入已经占美国有线电视运营商总收入的 40% 以上。美国有线电视运营商还在进一步尝试开展网络游戏、移动电话等新兴业务。而电信公司则从 IPTV 切入广电,Qwest 公司和 RTC 公司(Ringgold Telephone Company)率先于 2001 年推出了 IPTV 业务,之后,多家电信运营商在 2002 年相继试水 IPTV。从 2004 年开始,美国各大 RBOC(区域贝尔电话公司,全美共有 7 家)都在积极部署基于光纤接入的 IPTV 业务。②

(2)以资本并购为基础的产业融合

三网融合的另一表现形式就是通过资本市场的运作,使分属于三网的产业互相之间进行资源整合,调整业务范围,扩大市场份额,以增强自身的竞争实力。

在这种情况下,电信产业、广电产业、互联网产业通过资产重组和并购,实现技术、资

---

① 王建全:《现有接入网技术及比较》,《通信世界》2008 年 9 月 22 日。
② 何煜:《美国"三网融合"的竞争模式及策略》,《中国记者》2011 年第 5 期。

本和市场的互动前进。如以大众领域为优势的 Sprint 集团以 350 亿美元收购了以企业市场为优势的 Nextel 公司,实现了双方业务的互补,合并后的 SprintNextel 公司成为新的通讯业航母;美国最大的有线网络运营商康卡斯特以 540 亿美元并购了美国最大的电报公司美国电话电报公司(AT&T),合并后的公司在无线通信和企业电信服务领域占据全美领先地位。①

(3) 以统一业务平台为基础的产业融合

随着三网融合的推进,居于新型传媒产业链中游的传播网络与上游的内容产业和下游的终端产业也在积极地进行融合。在这种情况下,传播网络成为联系内容和终端的平台。以日本的 I-mode 业务为例,I-mode 业务首先在技术上保证了参加合作的各方,包括内容、入口、网关、网络以及终端都能彼此啮合,相互协同。它创造了一种由传播网络为主要和统一业务平台的合作共赢的商业运作模式,在这一商业模式中,电信运营商 DoCoMo 以业务平台运营商的面目出现,其他参加合作的企业都通过 DoCoMo 的"I-mode"来与最终消费者进行交易,这保障了 DoCoMo 的核心地位。处于上游的内容提供商在 DoCoMo 的平台上为其提供内容支持,即为最终用户提供各类数据和信息服务,DoCoMo 将用户交纳的信息费返还给内容提供商,保证内容提供商的收益;下游的终端设备生产商设计并制造适应 DoCoMo 提供的平台所要求的用户终端,然后通过 DoCoMo 将终端设备提交给用户使用。DoCoMo 利用自身统一业务平台的优势,吸引用户使用其业务,从而实现了合作各方的共同利益。

(二) 设备融合和应用融合

1. 设备融合

终端设备的融合主要是指媒体使用终端的融合,这里包含三种方式:一是功能集中化,二是功能专业化,三是多设备互联。

(1) 设备的功能集中化

这是设备融合的初级形式,主要是通过增加终端设备的功能组合,形成多功能一体化的新型设备,如智能手机加入照相、游戏、导航等功能。

(2) 设备的功能专业化

功能专业化是终端融合的高级形式,即不追求设备的多功能,而是追求设备在某一方面功能的深入,如亚马逊推出的电子书阅读器 Kindle。

Kindle 小巧、轻便,阅读方便,可以保存 1500 本以上的电子图书。同时,其提供的无线下载功能可以让用户在任意时间和地点无线连接至 Kindle 商店,并在 1 分钟之内下载并收到新内容,且无须为此支付无线费用、数据包月费等。Kindle 电子图书商店提供 23 万多本图书,以及许多杂志和报纸。Kindle 杂志每月的订阅费用为 5.99—14.99 美元不等,杂志的月订阅费用为 1.25—3.49 美元。此外,Kindle 电子图书商店还提供 1200 个博客内容。正是由于 Kindle 所拥有的这种针对特定设备的特定服务,使其日益受到用户的喜爱。据统计,亚马

---

① 何煜:《美国"三网融合"的竞争模式及策略》,《中国记者》2011 年第 5 期。

逊于2007年11月推出了Kindle阅读器,并开始销售Kindle电子书。2010年7月,Kindle电子书的销量超过了精装图书。6个月之后,Kindle电子书的销量又超过了简装图书,从而成为亚马逊网站上最受欢迎的图书类型。目前,Kindle电子书的销量已经超过了精装和简装图书的总和。

(3) 多设备互联

随着数字设备的多样化,多设备互联成为设备融合的解决方案之一。智能家居就是多设备互联的成功案例,智能家居通过物联网技术将家中的各种设备(如音视频设备、照明系统、窗帘控制、空调控制、安防系统、数字影院系统、影音服务器、影柜系统、网络家电等)连接到一起,提供家电控制、照明控制、电话远程控制、室内外遥控、防盗报警、环境监测、暖通控制、红外转发以及可编程定时控制等多种功能和手段。

2. 应用融合

应用融合并不是简单地进行设备功能的融合,其更主要的功能是基于统一应用平台上服务的融合。

(1) 用户使用

用户通过各自的终端设备连接到统一的服务平台之上,以平台为依托获取所需的内容和服务,如IPTV。此外,如今的许多手机软件也都达到了应用融合的程度,如微信、微博和新闻客户端。

IPTV是一种典型的服务融合平台。所谓IPTV,简单地说就是指基于IP协议的电视广播服务,但并不只是简单地提供电视广播服务,它是一个集多种业务于一身的综合服务平台。通过这个平台,用户可以实现对多媒体内容的直播、点播、回看、个人本地节目录制、个人网络节目录制、Web On TV、Flash On TV以及在线游戏、IM聊天、短讯的接收和发送、视频聊天、视频监控、电视购物、电子交费、电子地图、电视互动等功能。

通过IPTV这个平台,用户可以通过一个终端来获得过去多个媒体、多条渠道、多种终端设备提供的内容和服务,真正实现了终端服务的大融合。

(2) 媒介生产

从媒介生产上看,技术的发展也使信息采集、信息加工等环节的应用实现了融合,进而影响用户媒介使用体验,如全能记者一体化采集、发布应用、AI合成主播等。"AI合成主播"使用新华社中、英文主播的真人形象,配合搜狗"分身"的语音、合成等技术模拟真人播报画面。这种播报形式,突破了以往语音图像合成领域中,只能单纯创造虚拟形象,并配合语音输出唇部效果的约束,提高了观众信息获取的真实度。利用"搜狗分身"技术,"AI虚拟主播"还能实时高效地输出音视频合成效果,使用者通过文字键入、语音输入、机器翻译等多种方式输入文本后,将获得实时的播报视频。这种操作方式将减少新闻媒体在后期制作的各项成本,让新闻视频的制作效率有了提高。①

---

① 《全球首个"AI合成主播"在新华社上岗》,中国网,2019年1月4日,http://zgzz.china.com.cn/2019-01/04/content_40633427.htm。

(3) 内容呈现

从内容呈现上看,不同媒介技术的融合使媒介内容呈现更加多样,如 H5 新闻和 VR 新闻。2020 年 6 月 13 日,沈海高速浙江台州温岭出口处,一辆由宁波开往温州的槽罐车发生爆炸。6 月 14 日,央视新闻微博发布了一条#VR 全景看温岭槽罐车爆炸现场#的微博,利用 VR 技术,全方位地再现了事故现场的惨烈情形,令网友唏嘘不已。VR 技术在新闻行业的融合应用,为人们呈现了全新的视角,带来了不同的体验。①

3. 标准融合

无论是网络融合、设备融合还是应用融合,关键是要制订一种新的标准来协调各个终端产品的互联互通。只有建立了统一的标准,产品之间才能互相兼容,互相连通,避免用户在选择终端产品时的重复购买,避免生产企业生产终端产品时的重复投资。对终端生产产业来说,谁先掌握了标准的制订权,谁拥有了主导技术标准,谁就掌握了市场的主动权。

目前,无论是国内还是国外都没有实现标准的统一,还同时存在多个标准,这将严重阻碍设备和应用融合的发展进程。

随着智能汽车产业的迅猛发展,数以亿计的汽车将不再是人们的简单代步工具,其智能化、网联化的技术特征,将使其成为与大众日常生活密不可分的信息服务空间。2020 年 8 月,中国主导的汽车多媒体标准在瑞士日内瓦国际电信联盟(ITU)SG16 大会上顺利审议通过并正式发布。统一标准的推出将促进智能汽车在智能融合网络技术和智能终端技术的统一,解决传统汽车媒体存在的网络覆盖范围有限、连接模式单一、媒体播放能力一致性差、内容版权保护欠缺和体验不佳等诸多问题。

四、技术融合对相关产业的影响

技术融合的本质是使未来的传输渠道、使用终端和应用平台都可以承载多种信息化业务,创造出更多种融合业务,而不是简单地将一切融合为"一"。技术的融合有利于推动信息技术创新和应用,满足广大受众日益多样化的信息内容需求,拉动消费,带动产业发展,对相关产业都有巨大的影响。

(一) 技术融合对广电产业的影响

技术融合中的三网融合对广电业是一次难得的发展机会,依靠丰富的内容、巨大的带宽和广泛的受众,广电业在技术、业务和市场运营等方面都将得到巨大提升。

1. 技术不断提高

随着三网融合的推进,广电网络大力进行数字化、双向化的网络改造,与电信网、互联网密切配合,创造新的节目形态,建立新的传播模式,在信息内容的采集、编辑、播出等各个环节进行技术改造。同时,广电网络通过对全网资源进行重新整合,提高了网络的承载能力和

---

① 《天!VR 全景看温岭槽罐车爆炸现场,震撼到你了吗?》,百家号"VRPinea 媒体",2020 年 6 月 16 日, https://baijiahao.baidu.com/s?id=1669647882903307359。

多种业务的支撑能力,建立了面向全业务要求的技术管理系统和业务支撑系统,逐步实现整个广电网络的统一规划、统一建设、统一运营、统一管理。

2. 业务范围不断扩大

在技术不断提高的作用下,广电网络必将向双向、互动、多业务的方向发展。在这一过程中各种新兴的业务将会不断出现,广电网络的业务范围也将不断扩大,主要有:基本服务业务,包括模拟电视广播、数字音频广播、数字电视广播等;基本互动业务,包括信息服务、应用服务和交易服务等;基于广电网络的集团数据服务业务,包括语音/视频会议服务、集团数据服务和无线移动服务等;基于广电网络的宽带互联网业务,包括为大型客户提供高带宽互联网接入的集团接入服务和为个人提供可达百兆带宽的互联网访问的家庭接入服务;基于广电网络的多媒体通信服务,包括 IP 电话、视频电话、语音聊天、电视邮箱、电视短信等。

(二)技术融合对电信产业的影响

电信产业依靠其雄厚的资本、长期的经营经验、覆盖范围巨大的网络以及和互联网先天的联合,具有强大的传播渠道优势。但是,随着传播技术的不断发展,各种业务逐渐互相渗透,电信产业的核心业务——语音业务的业务量急剧下降,亟须开发新的增值业务进行弥补。技术融合给电信产业的进一步发展提供了广阔的空间。

1. 加速电信网络的升级改造

随着多种业务形态的出现,电信网络原有的带宽优势已不复存在,原有的网络结构也需进一步调整。例如,新兴的 IPTV 业务需要对电信网络进行相应的技术改造,进一步拓宽带宽、采用以 FTTx 为主导的新型接入网,提高用户的接入能力。并加快以光纤为主要传输介质的宽带接入网的建设,大力推进城镇光纤入户,扩大广大农村地区的宽带网络覆盖面,全面提高网络技术水平和多业务承载能力。

2. 扩展经营范围,拓展盈利模式

在技术进步和政策宽松的引导下,电信产业在统一机构的监管下也可以从事非时政节目之外的广播电视节目生产制作、互联网音视频节目的传送、IPTV 节目传送和手机报纸、手机电视等增值业务。这些新增业务的出现使电信企业获得了更多用户,并可以通过对用户的行业、性质、喜好等特点的分析,进一步了解新兴传媒产业市场的动态,为广大用户提供多样化、差异化和个性化的服务,拓展盈利渠道,提高经营效益。

(三)技术融合对终端设备生产产业的影响

技术融合给终端生产企业带来了巨大的发展机会。随着技术融合的深入,原来面对独立传输渠道的终端设备已经无法满足受众接收、获取信息内容的需求,新兴的具有多功能、多接收渠道、便捷化、一体化的接收终端已经成为必然的发展趋势。终端生产企业应该抓住机遇,大力开发新产品,制定新标准,参与到内容生产、内容传播和内容获取的多个环节中去。

1. 大力发展新型终端设备

技术融合的发展必将导致终端接收设备的相互融合,各种多功能一体化设备必将得到受众的青睐,如电视与机顶盒的融合、手机与电脑的融合、各种智能型家电的产生等。各种终端设备生产企业应该抓住机遇,向智能移动多媒体终端的生产方向上发展,不断更新技术,推进新的终端设备的研发和生产。同时在三网融合的过程中,各个网络都需要进行网络升级和技术改造,因此在业务系统融合、运营体系调整、管理系统更新等方面,终端设备生产企业都将发挥重要的作用。

2. 大力拓展新兴业务

终端生产企业具有与广大受众直接接触的优势,最了解受众对信息内容的各种要求,在技术融合的基础上,终端生产企业不满足于仅仅向用户提供终端硬件设备,也逐渐向内容生产、内容传播的方向发展,将设备与服务合为一体,直接向用户提供包含特定内容和特定服务的统一内容接收平台。

(四) 技术融合对互联网技术产业的影响

技术融合还给一些互联网技术产业带来新的发展机遇。技术创新已经是媒介融合产品创新的重要方式,然而媒体机构本身的技术实力不如一些互联网技术团队强,这就使一些互联网技术团队也参与到媒介内容的生产当中,拓展了互联网技术产业的业务空间。传统媒体与技术公司合作,推出众多融媒体产品,既实现了媒体产品的创新,又能够提供给技术公司新的业务指向,可谓是"双赢"。《人民日报》在2017年建军节期间推出《快看呐!这是我的军装照》H5互动新闻产品,由《人民日报》提供创意和内容,腾讯天天P图团队提供技术和运营支持,具有极强的游戏性和互动性。这一产品将过去90年的军装照加载到上面,用户可以把自己的面部照片上传,H5将利用人像识别技术和图像结合技术,生成用户穿着军装的照片。上线不到一周,浏览量突破10亿人次,单个用户访问量突破1亿人次,1分钟最高访问量突破100万人次,在微博、微信掀起了全民穿军装照的热潮,成为名副其实的"现象级"融媒体事件。

五、技术融合的问题和发展趋势

随着技术融合的发展,原来相互独立的媒介生产、传播和服务体系要做到底层联通、业务渗透和应用融合,势必会发生技术、业务、管理机制上的碰撞。这些碰撞会涉及资源重新分配、受众日趋分化、经营范围逐步扩大、行业利益充分竞争等多方面的问题,这些问题会在各个方面对技术融合产生影响,处理不好就会严重影响媒介融合的进程。

(一) 技术融合存在的问题

1. 标准问题

技术融合的关键在于标准的统一,各类机构和设备之间的数据交换和兼容性问题是融合的关键。在融合初期,各种标准必然会带来竞争,内容提供商、网络运营商、终端设备生产商以及各类技术联盟都将展开标准的争夺,各类标准之间的冲突会阻碍融合的进程。

对于三网融合来说,三网在构建之初所处的不同业务领域都有各自的技术标准,网络结构、通信协议都不相同,虽然 IP 交换可以作为融合后统一的通信协议,但要使 IP 技术能够在三网融合的过程中充分发挥其优势,还需要对其做进一步改造。首先,要解决如何使 IP 协议兼容多种传输介质的问题,使 IP 数据包可以在各种网络中传输;其次,要解决在面对不同业务类型时,如何保证其实时交互传送的质量问题;最后,对全网的安全、IP 协议的安全性等问题也还需要进一步完善。

2. 技术问题

要真正实现广电网、电信网和互联网中的任何一网都能承载电话、互联网和广电业务,在技术上还存在一些不足,如网络带宽,特别是用户接入带宽还应该进一步提高。以电信网为例,借助 ADSL 宽带网络接入技术,电信网的一根电话线终端可以承载固定电话、宽带互联网业务。如果 ADSL 带宽能够达到 4Mbps 以上,就完全可以承载 IPTV 业务,具备高清点播的网络条件。对此,我国一直在不断努力。伴随"宽带中国"专项行动的有序开展,我国固定宽带的接入速率以及普及程度逐年提高。2015 年 5 月,国务院常务会议审议通过了《关于加快高速宽带网络建设推动网络提速降费的指导意见》,提出了在电信领域提速降费的要求。截至 2015 年 7 月,我国 8Mbps 以上用户占比已接近 56%,成为主导用户群体。2015 年第四季度我国固定宽带互联网的速度继续上升,平均网络下载速率达到 8.34 兆,用户进行网页浏览的平均首屏(首次打开网页)的呈现时间为 2.19 秒,全国基础电信企业签约用户的平均固定宽带接入速率符合度为 111.79%。[1]

此外,广电网络也还存在着单向传播、无法进行信息交互的问题。目前广电网络正在投入巨额资金进行有线电视网络的双向改造,以成为一个拥有上行和下行数据传输的网络。据相关数据显示,2015 年我国双向网改覆盖用户规模接近 1.19 亿户,有线电视双向网络覆盖用户数占全国有线电视用户的 51.45%,有线双向网络渗透用户超过 3900 万户,有线双向网改实际渗透用户占全国有线电视用户的 16.97%;有线双向网络实际利用率为 32.99%,呈增长态势,网改覆盖用户中约有三分之一用户完成渗透,有线双向网络潜在市场巨大。[2]

3. 业务问题

技术融合中的三网融合将形成一个统一的信息传播平台,这个平台可以为受众提供多种服务,承载多种业务,这中间必将导致三网的业务互相渗透,从而导致原来隶属于三网的企业之间的激烈竞争。这种竞争一定要以满足受众和市场的需求为前提,否则将阻碍三网融合的发展。

三网业务的竞争不应该是分割现有的受众资源和市场份额,而应该是充分调动各企业的参与积极性,做大现有市场,促进网络改造和技术升级,最终为受众提供更为便捷、丰富的内容和服务。

国外三网融合的发展也经历了从电信和广电的双向进入到相互合作的历程。以美国为例,其三网融合主要采取了以下三种模式:一是广电进入电信;二是电信通过 IPTV 切入广

---

[1] 数据来源:《中国宽带速率状况报告》(2015 年第四季度),宽带发展联盟。
[2] 数据来源:《中国广电双向网络改造发展白皮书》(2015 年),格兰研究。

电;三是广电与电信业合作。三种模式的核心都是通过逐渐开放来谋取整个行业的发展,这也符合三网融合的未来发展方向。中国需要逐步打破原先封闭的广电网和电信网,以及广电、电信分而治之的局面,走向广电和电信的互相开放,实现合作共赢,推进三网融合的进一步发展。①

4. 政策及管理问题

在技术融合中,三网融合的政策及管理问题最为突出。三网融合的本质不是将三网在物理上变成一网,而是为广大受众提供一个便捷、高效、多样、统一的信息传送平台,这必将影响到各网络原来已经形成的一套监管体制。原先各个网络彼此独立,互不干涉,都有一套成型的管理体制,要进行三网融合,就必须打破原来的监管格局,在法律层面确立统一的监管策略和管理机构。

纵观世界各国三网融合管理模式,以是否成立统一的监管机构为标准,可以将三网融合的管理体制分为两大类:一是"完全融合监管体制",即设立融合的监管机构对广电和电信进行统一监管,同时又可以根据是否对电信和广电进行统一监管进行细分;二是"相对融合监管体制",即虽然没有成立统一的监管机构,但是能够在法律和体制框架内对广电和电信有效协调,统筹发展,同时又可以根据网络和内容是否分设监管机构进行细分。② 1996 年,美国修改《通信法》,允许电信与广电相互渗透,监管机构联邦通信委员会(Federal Communications Commission,简称 FCC)本身就融合了广电和电信的管理职能。2001 年,英国重组现行通信和广播管理机构,将 FTEL(英国电信管理局)、ITC(独立电视委员会)、广播标准委员会以及负责英国无线频谱的无线通信局等九个机构的职能重新整合,组成通信管理局(OFCOM),并于2003 年出台电信法,允许电信公司从事视频服务。

通过对现有相关法律法规的修改、完善,以及根据情况制定适合于当前实际的法律法规,建立统一管理三网业务的政府行政部门,以相应的法律法规为依托,建立一个系统地面向三网融合的管理体系。在统一的监管下,促进广电、电信、互联网以及相关的产业以三网融合为平台进行技术改造和技术创新。这些已经成为各国政府推动三网融合的重要政策措施,对三网融合的发展具有重要的推动作用。

对设备融合和应用融合来说,目前国外对新媒体领域的对称开放策略较为利于设备和应用融合的发展,但我国对新媒体领域的管理是包括在整个媒体管理体系中的,首先保证的是广电系统对媒介内容的绝对控制权。在设备和应用融合的服务领域,广电行业居于主导地位,国家政策倾向于对广电业的支持,虽然这一问题在当下已经获得一定的突破,但电信业仍没有获得对等的开放。

目前设备的管理还是多元化的,主要体现在多重行业的监管造成的对进入的限制和对发展的制约。要解决这一问题,在统一监管还难以实现之前,只能靠加强广电和电信之间的监管合作来实现。如诺基亚推出的手机电视采用的 DVB-H 标准的运作方式是用广电的基

---

① 佚名:《中国三网融合监管体制存在三大问题》,《通信信息报》2011 年 4 月 14 日。
② 佚名:《中国三网融合监管体制存在三大问题》,《通信信息报》2011 年 4 月 14 日。

站进行手机电视信号传输,同时又使用移动运营商的渠道来收取费用,这不但造成成本的增加和资源的损耗,①而且涉及广电和电信行业的利益分配问题。

(二) 技术融合的发展趋势

1. 三网融合转向"新三网融合"

网络融合的实现,不仅意味着可以将现有不同信息传播网络的资源进行有效的整合,在新的网络建设过程中充分实现共建共享,实现不同网络平台之间的互联互通,而且还意味着将形成新的信息传播服务体系、信息传播运营机制以及新型的商业模式,并将有利于信息传播产业结构的优化,以及信息传播领域规制政策的重大调整和不断完善。

三网融合是技术的发展方向,在移动互联网、物联网、云计算、社会化媒体以及未来更多的新技术的推动下,三网融合本身也会呈现一个动态发展的过程。三网融合这个初始概念,只是一个新的革命的起点,而不是终点。未来将在新三网融合的基础上,形成一个全新的泛在网络。移动互联网的出现是电信网与互联网融合的产物,也是三网融合升级的起点。移动互联网中的内容入口、社交入口、服务入口之争,将进一步改变三网融合的市场格局,而可穿戴终端也将推动移动互联网与物联网的融合。物联网对三网融合的直接影响是促进智能家居目标下新一代广电网(NGB)的进一步升级,同时促进移动互联网的环境适配能力的增强。从未来发展趋势来看,广电网、电信网、互联网的三网融合将演变为 NGB、移动互联网及物联网的融合。

上面提到的 NGB 就是我国一种由网络融合催生的网络应用形态。所谓 NGB 就是下一代广播电视网(Next Generation Broadcasting),是有线无线相结合、支持"三网融合"业务的、全程全网的广播电视网,骨干网速率达到每秒 1000 千兆,接入网用户端速率达到每秒 100 兆,比现有用户上网速度快 100 倍,可以为广大用户提供高清晰度电视、数字音频节目、高速数据接入和话音等"三网融合"业务。②

在宽带方面,NGB 可将广播电视核心网和城域网的带宽提高到每秒百万兆比特以上,接入网的带宽能够支持每秒 40 兆比特。

在服务方面,NGB 将原来的单向广播服务方式改变为双向互动与广播相结合的服务方式,将原来的区域性服务扩展成跨区域的服务。

在业务方面,NGB 可以提供高带宽、复杂交互的互动电视类、社区服务类、电子商务类、在线娱乐类、个人通讯类、医疗教育类、金融证券类等内容或服务,还可提供视频、数据和语音等多种业务结合的混合业务。

在管理方面,NGB 将原来的区域化、分极化管理变成全局化、统一化管理。

2. 进一步满足受众需求

随着内容融合导致内容产业的出现,信息内容的生产实现了规模化。受众面对海量的

---

① 王菲著:《媒介大融合》,南方日报出版社,2007,第 153 页。
② 佚名:《什么是 NGB》,全球 IP 通信联盟网,http://www.microvoip.com/rumen/shuyu/200903/20090330094903.html。

信息内容,对信息内容的需求逐步由单一到多样,由单向接收到双向互动,由定点、定时获取到任意时间、任意地点、任意形式的使用转变。随着技术融合的不断发展,新型的多功能一体化终端设备不断出现,新兴的基于特定终端设备的特定服务不断开发,极大地提高了广大受众进行信息交流的效率。

3. 推动统一业务平台的搭建

技术融合也经历了一个由简单到复杂、由低级到高级的发展过程。初期的技术融合主要体现在终端硬件设备的功能融合方面,例如手机从一个简单的移动通话工具,逐步融合了照相、导航、多媒体等多种功能,成为一个具有多种功能的融合性终端。随着技术融合的进一步发展,这种简单的硬件功能的融合已经逐渐向基于构建统一业务平台的方向发展。对运营商来说,随着竞争的日益加剧,单一的业务竞争已经逐渐饱和,如何搭建统一的业务聚合平台、拓展相关的增值业务成为保持市场竞争优势的重要途径;对广大受众来说,单一的多功能终端已经无法满足使用需要,通过具有个性化的终端设备连接到统一的业务平台上获取各自所需的个性化、多样化内容和服务逐渐成为受众的需要。

4. 促进产业链成员的业务扩展

技术融合既可以实现在单一平台或设备上获取多种服务,也可以利用多个平台和设备来获得所需要的某一种服务。这种变化将形成一个崭新的市场格局,为产业发展带来新的经济增长点。

以广电为代表的传媒产业通过三网融合,充分发挥对内容占有的优势,降低了构建传播网络的成本,借助其他网络扩大了自身的传播范围;电信、互联网产业通过融合获得了信息内容的资源,也提升了自身的品牌。同时手机电视、互联网电视等新兴业务也得以实现,它们的产生和发展又使得相关行业,如生产电子元器件的公司和光纤光缆公司同时受益。而设备生产商方面,人们更青睐于那些具有复合功能的电子消费类产品,在这种情况下,多功能手机的生产商和生产互联网电视的厂家将有更多机会。此外,在运营商方面,广电有线网络的上市公司、电信运营商和一些传媒公司也将获益于网络融合的发展。

随着媒介融合的不断发展,传媒产业链发生了巨大变化,由原来各种媒介单独进行信息内容的生产、传播、接收向统一的内容产业、网络产业、终端产业转变。在转变过程中,整个产业链中上下游产业成员相互之间也在不断进行业务的融合。上游的内容产业不满足于仅仅进行信息内容的生产,也开始向终端设备生产发展,使其生产的信息内容可以在特定的终端中得以广泛传播,如由北京人民广播电台、北京广播公司共同推出的1039新媒体机,就是上游内容生产产业向下游终端生产产业渗透的结果。

5. 技术融合催生新的监管措施

技术融合不仅有物理技术的对接问题,更重要的是如何面对不同组织,如广电"一对多"和电信"一对一"的传播规则的问题。如果将"一对多"融合到"一对一",则意味着放开必要的宣传控制权,这必然是不可能的;而若反之则会造成传播资源的大量浪费,且无法满足受众对信息获取便捷性的要求。

因此,技术融合需要有新的监管政策来加以保证,都要争取为技术融合发展和融合监管提供法律制度的依据和框架,从而为技术融合特别是三网融合的体制改革提供法律层面的支持和保障。应该积极推动电信法的出台,并在电信法中对融合监管、网络融合问题以法律形式予以明确,出台有利于三网融合进程的新法规和新政策。

第三节　组织融合

组织融合是关注媒介融合的又一重要视角,传媒体系的结构重组、媒介形态的融合必然会导致传媒运行体系和产业结构的变化与转型。

一、组织融合的含义

媒介的概念包括"媒介组织",媒介融合也包含媒介组织层面上的融合。媒介组织是专门从事大众传播活动以满足社会需要的单位机构,是通过一定制度和运营机制联系起来的集合体,其核心产品是知识,是开放的沟通渠道,并与政治生活和社会的权力中心联系在一起,是集有政治、公益双重性于一身的特殊组织。[①] 组织融合是指各类媒体根据媒介融合发展需要,对其传统的运营模式和商业模式进行变革,并创新体制机制,形成可依托新环境、新市场资源良性运转的运营模式和商业模式。从这里我们可以看出,组织融合包括发生在媒体内部的机构融合和不同媒体之间的产业融合。

(一) 机构融合

机构融合是同一媒体内部的融合,通过对媒体内部各类生产要素的调配,以提高媒体机构的活力和生产效率。新旧媒体部门的一体化发展是机构融合的主要方式,指的是面向新旧媒体端口的内容生产方式、工作流程和相关人员的考核方式,在技术和制度的支持下形成统一标准,在组织结构层面移除媒介融合过程中新旧业务形态的融合障碍。[②]

(二) 产业融合

产业融合则是不同媒体之间的融合,是从产业融合的视角去看媒介组织之间的融合关系。一般来说,产业融合会伴随媒体内机构部门的调整,机构融合可能存在于产业融合当中。我们这里所说的产业融合,主要是指通过不同媒介组织之间的合作、联合、收购、合并和兼并等措施,提高媒介产业竞争力或维持媒介生存能力的现象。此外,随着媒介融合的发展,传媒行业与非传媒行业的融合现象也应纳入产业融合的范畴。

---

① 唐旗:《简析我国媒介的组织管理》,《现代商业》2014年第6期。
② 人民日报社编:《深度融合——中国媒体融合发展年度报告(2017-2018)》,人民日报出版社,2018,第33页。

二、组织融合的成因

媒介组织融合的原因是多方面的,主要包括技术动因、市场动因、竞争动因和政策动因。

(一) 组织融合的技术动因

技术成为组织融合的动因在于这两个方面:一是新兴媒体技术带来了新的媒体商业契机;二是技术解决了组织融合过程中的关键问题。

各类新兴媒体技术给媒体带来了新的商业机遇,拓展了媒体的商业模式。例如,基于数据库技术的精准营销,能够将媒体内容与营销内容精准结合,提高广告营销精准度。再比如,主流媒体拥有了互联网运营体系和较为成熟的技术系统后,可以将这一套解决方案作为商业资源进行出售。此外,在直播相关技术成熟后,部分媒体开展"直播带货"等媒体电商服务。以上这些都要求媒体开展组织内外的结构调整,以适应新的发展需求。

日益发展的新兴技术也为组织融合解决了组织融合过程中的关键问题。当前媒介融合的主流模式"中央厨房"就需要建设一套技术体系来支撑其实现全面的融合。"中央厨房"技术平台的建设是在充分运用创新媒体技术、云计算、大数据技术的基础上,依据媒体融合发展及"中央厨房"业务运行机制的现实需求,重点解决媒体在内容生产、传播及运营方面面临的短板问题,按照统一规划、迭代实施、自主研发、通力合作的模式进行平台建构。[①]

(二) 组织融合的市场动因

从优化资源配置的目标着眼,市场层面的组织融合动因有二:一是顺应传媒市场的环境变化,改良原有传媒市场结构;二是降低传媒市场交易成本,增加生产者和消费者剩余。[②]

一方面,我国传媒市场结构的总体特征为传媒产业竞争活力不足,媒体资源配置效率较低,媒体产品同质化现象突出,进入壁垒较高。在这种情况下,通过媒介组织融合改良市场结构、优化资源配置、提高传媒市场活力的要求就变得非常紧迫。

另一方面,随着新旧媒体之间交易成本和传媒产业链交易成本的增多,最大限度地降低成本成为传媒市场的另一迫切需求。组织融合正好是降低供需双方交易成本的一种有效手段。首先,组织融合可以在新旧媒体企业之间建立一种稳定持久的互动机制。这种机制可以避免企业之间的多次交易和重复交易,从而降低交易成本,增加生产者剩余。其次,组织融合具有显著的广告效应,参与融合的企业能够被消费者迅速识别,供需双方的搜寻成本大为减少。同时,融合之后的媒介产品或服务在功能特性上要更加完备,消费者以往需要多次交易才能达成的满足,现在只需要从单次或几次交易中即可获得,如此不仅节约了交易成

[①] 陈川:《技术不是媒体融合的门槛——人民日报中央厨房技术平台概览》,《新闻与写作》2016年第9期。
[②] 许志晖:《媒体融合的经济学分析——探寻媒体融合的动因、路径及其效应》,北京师范大学2011年博士学位论文。

本,而且增加了消费者剩余。①

(三) 组织融合的竞争动因

在传统媒体占据主导性优势的时代,传媒市场的各类资源基本都被传统媒体掌控,传媒市场的其他参与者(比如技术服务商、设备供应商、媒介用户)与传统媒体的议价能力十分有限。较高的市场壁垒也有效减少了新竞争对手的进入,这使得传统媒体的竞争压力仅仅限于传统媒体之中,而且这种竞争程度也十分有限。而新媒体的加入打破了这一局面,使传统媒体丧失了绝对性的市场优势。本身优势的弱化、传统媒体之间的市场争夺和新旧媒体的竞争压力使传统媒体需要寻求强化自身优势的发展路径,组织融合就成了重要手段。

与此同时,新媒体也并非都是一帆风顺。首先,新媒体存在内容生产机制和盈利模式上的局限,这会限制其长远发展并存在潜在的危机。其次,新媒体市场的准入门槛较低,媒介竞争激烈。再次,在传统媒体日益增强自身能力的情况下,传统媒体也是新媒体强有力的竞争对手之一。最后,与传统媒体相比,新兴媒体更具开放性,寻求各种形式的组织融合创新自然成为新媒体保持竞争活力的重要选择。

(四) 组织融合的政策动因

政策作为一种重要经济变量,常常对宏观经济和中观产业产生刺激或抑制,更重要的是一种规范的力量。政策宽严有度,对具有强烈意识形态属性的网络新闻进行了必要规范,又为中国网络赢得了发展机遇。

2008 年 10 月 12 日,国务院办公厅发布《关于文化体制改革中经营性文化事业单位转制为企业和支持文化企业发展两个规定的通知》(简称国办 114 号文件),2009 年 1 月 1 日开始实施,执行期五年。2009 年 5 月,人民网与新华网、上海东方网、北京千龙网等国有传媒体系内的新媒体进入转企改制试点名单。2012 年 4 月,人民网在上海证券交易所 IPO,成为国有新媒体转企改制的标志性成果。

2014 年 8 月 18 日,在中央全面深化改革领导小组第四次会议上,习近平总书记指出:"推动传统媒体和新兴媒体融合发展,要遵循新闻传播规律和新兴媒体发展规律,强化互联网思维,坚持传统媒体和新兴媒体优势互补、一体发展,坚持先进技术为支撑、内容建设为根本,推动传统媒体和新兴媒体在内容、渠道、平台、经营、管理等方面的深度融合,着力打造一批形态多样、手段先进、具有竞争力的新型主流媒体,建成几家拥有强大实力和传播力、公信力、影响力的新型媒体集团,形成立体多样、融合发展的现代传播体系。要一手抓融合,一手抓管理,确保融合发展沿着正确方向推进。"②其中的经营融合、管理融合、新型媒体集团等就与组织融合密切相关。

2017 年 1 月 5 日,时任中共中央政治局委员、中央书记处书记、中宣部部长刘奇葆出席

---

① 许志晖:《媒体融合的经济学分析——探寻媒体融合的动因、路径及其效应》,北京师范大学 2011 年博士学位论文。
② 《共同为改革想招 一起为改革发力 群策群力把各项改革工作抓到位》,《人民日报》2014 年 8 月 19 日。

推进媒体深度融合工作座谈会。在座谈会上,刘奇葆强调:"推进媒体深度融合,要重点突破采编发流程再造这个关键环节,以'中央厨房'即融媒体中心建设为龙头,创新媒体内部组织结构,构建新型采编发网络。"①2018年8月21日至22日,在全国宣传思想工作会议上,习近平总书记指出:"要扎实抓好县级融媒体中心建设,更好引导群众、服务群众。"②这两段讲话也分别涉及媒介组织融合层面的问题。

三、组织融合的形态

在很多情况下,组织融合的组织内部融合与外部融合是同时发生的,因此,本部分对组织融合形态的介绍不再划分机构融合和产业融合,而是以典型模式或案例的方式对组织融合形态进行介绍与分析。

(一)三台合并

2018年3月21日,中共中央印发《深化党和国家机构改革方案》全文,提到"将撤销中央电视台(中国国际电视台)、中央人民广播电台、中国国际广播电台建制。对内保留原呼号,对外统一呼号为'中国之声'。"三台合并成"中央广播电视总台"就是我们常说的三台合并,三台合并伴随着机构、人员、生产和经营流程等各方面的调整。

目前,中央广播电视总台已建立起"总编室+总经理室"的运营模式。根据中央广播电视总台"三定"方案,一共下设25个中心,包括办公厅、总编室、新闻中心、内参舆情中心、财经节目中心、文艺节目中心、体育青少节目中心、社教中心、影视剧纪录片中心、民族语言节目中心、港澳台节目中心、英语环球节目中心、亚非语言节目中心、欧拉美语言节目中心、华语环球节目中心、融合发展中心、新闻新媒体中心、视听新媒体中心、国际传播规划局、人事局、财务局、总经理室、技术局、国际交流局、创新发展研究中心。其中,总经理室下设综合部、战略投资部、运营考核部、市场推广部、合同管理部、广告资源管理部、广告播出部、广告监审部、公益广告部、电视广告经营部、广播广告管理部、新媒体业务部、权益维护部,下设三个二级事业部:广告运营中心、版权运营中心、报刊管理中心。

(二)"中央厨房"

"中央厨房"原为餐饮业术语,是指连锁饭店采取统一采购、统一配送、统一烹制的方式来降低成本的大厨房。新闻传播业界和学界所说的"中央厨房",也称"融媒体中心""全媒体新闻平台",是传媒集团为了融合报道内容生产的需要,通过"三跨两化"(组织跨部门、产品跨终端、技术跨学科,资本集约化及渠道开放化)打造媒介融合的一体化编辑部平台,以实现传播效果的立体化和最大化。同时,"中央厨房"也是与此平台相关的一套媒介融合运行机制,其特点是"新旧融合、一次采集、多种生成、多元发布"。③ 关于"中央厨房"的详细内

---

① 《刘奇葆强调 坚定不移推进媒体深度融合》,《光明日报》2017年1月6日。
② 《习近平:举旗帜聚民心育新人兴文化展形象》,《人民日报(海外版)》2018年8月23日。
③ 王君超、张焱:《中央厨房的创新模式与传播生态重构》,《中国报业》2019年第15期。

容,请参见本书"第四章第三节'中央厨房':中国特色的媒介融合发展模式"。

(三)县级融媒体中心

县级融媒体中心是一种特殊的"中央厨房"模式,它的建设主要是为了解决处于边缘地带和薄弱地带的县级媒体融合问题,从而更好地引导群众、服务群众。县级融媒体中心的建设意义在于既能实现提高县级媒体资源配置效率的目的,又不至于造成重复建设、浪费资源的问题。例如,郑州市的区县融媒体中心建设就是由郑州报业集团牵头,与各县(市)区、开发区合资成立融媒体产业公司,以郑报融媒"中央厨房·新闻超市"大平台为基础,在县级媒体中心打造统一的指挥调度和分拨平台,融合市县两级媒体资源,探索"新闻+政务+服务+电商"的智慧运营模式。①

(四)跨界融合模式

跨界融合模式是传媒产业与非传媒产业的联合。在过去,这种联合大多是互联网公司对媒体的收购,而如今传统媒体开始主动与非传媒行业融合,其目的是开拓发展路径、提高产业收益和降低运营成本。媒体的跨界融合,使媒体向其他行业延伸,融合出新的媒介产业类型,使媒介融合呈现多种可能性。

新华报业传媒集团联合丝绸行业,在"交汇点"客户端上推出的"丝绸天下"频道,打造了国内首家互联网丝绸文化传播平台。温州报业集团旗下的《温州都市报》联手保险行业,推出了互联网保险平台"温都保",目的是建成传媒+互联网线上线下联动的保险经营新业态。2017年年底上线的"大河财立方"新闻客户端,主要以《大河报》的财经新闻为基础,整合河南报业集团、大河网络传媒集团的优质财媒资源,意在打造"媒体金融"互联网产品。②

(五)混合所有制模式

伴随着我国传媒业的市场化进程,以百度、阿里、腾讯为代表的互联网企业通过资本的力量不断介入转型中的传统媒体。比如,阿里巴巴集团的新闻传媒类布局主要发生在近几年,通过投资、合作和并购三种方式布局媒体矩阵,"贡献"了混合所有制的新形式。在将媒体矩阵的建设纳入企业商业生态圈布局的同时,也促成了新闻传媒业混合所有制的新特征。③

四、组织融合产生的影响

(一)媒体生产流程的平台化、集约化

无论是机构融合还是产业融合,最终实现的都是媒体生产流程的平台化和集约化。通

---

① 朱春阳:《县级融媒体中心建设:经验坐标、发展机遇与路径创新》,《新闻界》2018年第9期。
② 张路曦:《我国媒体融合的新模式、新问题与新趋势》,《上海大学学报(社会科学版)》2020年第3期。
③ 郭雅静:《论中国新闻传媒业的混合所有制》,《新闻大学》2017年第3期。

过组织融合,原来相对独立的媒体生产流程和环节被打通,建立起实现信息分享与工作协作的平台机制。在媒体生产流程平台化的同时,人才队伍、内容资源、分发方式等要素也实现了集约化管理,强化媒体生产的统一指挥调度,降低重复采集、加工和分发的成本,提高媒体生产效率。

(二) 激发媒体工作者的活力和创造力

长期以来,囿于传统媒体事业单位管理体制,很多传统媒体在媒体工作者考核和激励机制方面依旧未做出变革。在组织融合的刺激下,一些传统媒体大胆探索相关机制,以吸引人才、激发媒体工作者的创造力。例如,浙报集团数字采编中心、新媒体中心、信息技术中心等20多个单位(部门)共1000多人先后实施 P 序列岗位管理,按能力业绩定岗定薪。P 序列岗位管理和影响力指数考核机制,较好地调动了员工的积极性。浙报集团 11 个地方分社新闻生产能力大大提升,在浙江新闻客户端的发稿量占41%,阅读量占46%;《浙江日报》采编团队原创精品能力提高,新闻产品的传播力增强,报道题材领域大大拓宽,浙江新闻客户端和微信公众号"10 万+"文章频出;两年多来,5 个技术部门 20% 的职工提高了岗位等级,30% 的职工提升了薪酬。①

(三) 增强媒体盈利能力

除了传统的广告盈利模式,在组织融合过程中,媒体拓展了自身的盈利渠道,增强了自身的盈利能力。当前典型的模式有:传统媒体与互联网公司合作,依托传统媒体内容资源和用户资源,实现大数据变现;传统媒体依靠自身影响力和公信力,与电商平台和商家合作,开展媒体电商业务;传统媒体与社区服务相结合,搭建社区生活移动互联平台,邀请生活服务商家入驻。

此外,还有部分媒体通过产业融合积极开拓投资业务,较大程度地提高了盈利水平。例如,浙江日报报业集团通过不断吸纳和培养资本运作人才,不断提高收益水平和业内影响力,逐渐组建了包括东方星空基金在内的几个基金,创立了东方星空创业投资有限公司,开创了我国主流媒体集团组建文化产业投资基金的先例。另外,浙江日报报业集团在演艺界、影视剧、网游、院线、动漫等产业方面也投了一些项目,这些投资项目为集团带来了很好的效益,也帮助集团培养了一批专业的投资人才。②

(四) 优化传媒产业布局

通过组织融合,一些落后的传媒运行体系、机制、部门或产业得以转化、融合、兼并或淘汰,能够降低落后媒体产能对传媒产业产生的负面影响,媒体因此可以将优势资源集中到最有需要的部分,激发媒介融合整体发展活力。一些符合媒介融合发展方向的部门或产业出

---

① 蒋国兴:《浙报集团三端媒体深度融合 由做增量向调存量转变》,人民网,2017 年 5 月 2 日,http://media.people.com.cn/n1/2017/0502/c40606-29248776.html。

② 王玮:《媒体融合转型的盈利模式探析》,《传媒》2019 年第 6 期。

现并获得新的关注和支持,这不仅优化了媒体内部的组织结构,也能带动整个传媒市场的产业布局优化。

五、组织融合的问题和发展趋势

(一)组织融合存在的问题

1. 制度壁垒、区域壁垒和行业壁垒

从组织融合外部宏观环境来看,制度、区域和行业方面存在着制约媒介组织融合发展的问题。在制度方面,一些传统媒体依然延续传统的运行体制机制,这给不同部门、不同企业在工作流程、人才队伍和资金使用等方面的融合增加了难度,陈旧的制度应对组织融合显得不够灵活,难以适应融合发展的需要。在区域方面,由于中国媒体发展受区域管理较为明显,成立真正跨地区的媒体集团难度较大;不同地区经济发展不平衡,也使不同地区媒体呈现发展不平衡的特征,也加大了跨区域融合的难度。在行业方面,不同媒体类型、媒体生产的不同环节的产业对彼此行业特点掌握不全、理解不够深入,就可能存在一定的行业壁垒;而媒体行业与其他行业的融合虽然给媒介融合增加了更多的可能,但这种行业壁垒明显更大。

2. 组织融合的同质化问题

要警惕组织融合过程中三个方面的同质化问题:一是机构融合的同质化问题,要意识到"中央厨房"模式是当前媒介融合的主流模式,但不是唯一模式,要在结合媒体自身特色的基础上积极探索新模式,即便是采用"中央厨房"模式也不能照搬照抄;二是机构融合带来的产品同质化问题,面对机构融合后共享的新闻"半成品",如何做特色化加工与处理成为重要的课题,应避免产品的千篇一律,保持不同媒体的个性和特色并不断创新;三是产业融合的同质化问题,发生融合碰撞的两种媒介产业往往是不平衡的,应加强媒介组织之间的协调,避免强势一方掩盖另一方的特色,给予一定的缓冲期和发展空间。

3. 组织融合的资源浪费问题

媒体进行组织融合是为了实现集约化经营与管理、提高内容生产的效率、增强自身的媒介竞争力,但如果媒体为了组织融合而融合,反而有可能造成资源浪费问题,这不仅不会给媒体拓展发展机遇,还会增加媒体发展负担。对一般地市级媒体而言,"中央厨房"建设的软硬件成本不可谓不高昂,显示大屏、OA 系统、采编终端、采写编辑设备等硬件购置,加上场地的安排布设、大数据支持服务购买等投入,动辄千万元甚至上亿元,且随着技术更迭还需持续投入资本。[①] 如果不考虑媒体发展实际,盲目建设"中央厨房",很有可能造成资源浪费。

4. 媒介组织未实现"化学融合"

当前,很多媒介组织已经进行了机构融合或产业融合,但这种融合往往是初级阶段的

---

① 余晓冬:《浅议融媒时代地市级媒体"中央厨房"的局限》,《今传媒》2018 年第 10 期。

"物理融合",即实现了不同部门的合并、调整,但组织结构、运行方式和管理模式等方面依然遵循原有的思路,未能提供配套的制度和基础设施,造成从表面上融合,但实质未融合的结果。这种组织融合只是物理意义上的"相加",离深度的"化学融合"还有很远的距离。

(二)组织融合的发展趋势

1. 媒介组织结构的扁平化

组织结构扁平化是指通过减少管理层次、增加管理幅度、裁减冗员来建立一种紧凑的横向组织,它强调系统的灵活性、管理层次的简化、管理幅度的增加与分权。随着组织规模扩大、环境变化加快,不论在一般企业,还是媒体,组织扁平化都成为一种趋势和要求。[1] 各种类型的"中央厨房"建设模式便是一种媒介生产流程的扁平化管理,随着组织融合走向深入,媒介组织结构的扁平化程度将进一步提高。

2. 从混合型组织向生态型组织的转变

我国的传统主流媒体经过多年的发展,业务规模不断扩大,旗下分别形成了多种媒体品牌,发展成为集团化架构,呈现业务混合又各自分立状态。互联网时代,企业组织的生态化转型已成为趋势。企业间的竞争,也变为企业生态与生态间的竞争。生态型组织通过自有平台、技术支撑以及端口导流,围绕核心业务,延伸支撑体系,形成用户、渠道、产品、服务的多重集合,贯通产业价值链各环节,实现价值环节的协同和聚合,确保整个生态系统的资源利用效用最大化。2018 年,湖南广电将芒果系五家公司纳入快乐购重组上市,更名为"芒果超媒",建构"芒果全媒体生态"。在内生态布局上,以芒果 TV 为核心平台,从内容资源、衍生产业、电子商务等方面整合芒果娱乐、芒果影视、芒果互娱、天娱传媒和快乐购,打通上下游产业链,通过潇影、网控股权划转等方式,密切台网影连接,扩大内部横向联系,构造视频平台闭环生态,提高集团生态协同性。在外生态拓展上,芒果 TV 与中国移动、华为在 5G 超高清、全景视频、大数据及人工智能、融媒体平台技术等展开合作,以此推进商业智能、个性化服务等相关应用;携手上海科技大学,成立联合实验室,对 5G、AR/VR、智能视觉影像等前沿技术前瞻布局,并向金融、游戏、文学等领域拓展,不断完善生态矩阵。[2]

第四节 主体融合

随着媒介融合的发展,作为媒体用户的人真正成为媒介融合的主体之一,参与到媒介融合进程当中。这意味着只以媒体作为主体,或者仅把用户当作被动接收信息主体的视角已不适用于当下的媒介融合发展态势,在主体融合视域下研究媒介融合成为题中应有之义。

---

[1] 张惠建:《媒体融合背景下的组织扁平化探索——基于广东广电工作室的改革实践》,《新闻战线》2018 年第 1 期。

[2] 吴玉玲:《媒体融合进程中的组织结构演变与发展》,《新媒体研究》2020 年第 17 期。

一、主体融合的含义

媒体的融合、进化表现为内部生产关系的调整,这通常也是我们研究媒介融合的抓手,其根本目的在于让媒体生产力最大限度地释放。而这其中,人是最根本的资源,最巨大的生产力。[①] 主体融合有两个方面的含义:一方面是技术革新对媒体内容生产者信息采集、制作和传播能力的提升;另一方面是媒体用户在媒介发展中关系和地位的改变。据此,我们可以将媒介融合中主体层次的融合分为专业生产者融合和用户融合。

(一) 专业生产者融合

媒体领域的专业生产者是组织化、专业化的信息生产与传播者,它既包括传统媒体的专业生产人员,也包括各类政务部门、商业公司的媒体运行人员。在新媒体技术快速发展的情境下,媒体的专业生产者被赋予了更强大的信息采集、制作、传播能力和工作协调能力,从而实现了专业生产者融合。通过以上内容,我们可以得出发生专业生产者融合的主要场所:传统媒体机构、商业媒体机构、互联网公司、政务部门等。

(二) 用户融合

用户融合发生在普通媒体用户层面,以个人方式参与媒体内容生产与传播。它包含三个层次的含义:第一层次是不同媒体用户的融合,使用终端内应用多开技术的成熟、多个媒体使用场景的叠加,造就用户在一个时期内可能同时是不同媒体用户的情况。第二层次是针对同一媒体的用户融合,随着媒体资源的丰富、社交属性的融入、个性化推荐机制的广泛应用,媒体越来越具有兼收所有用户并提供个性化内容的能力。第三层次的用户融合是最深刻的变化——用户角色的融合,现在的用户已不只是单纯的受众,而是集信息生产者、信息接收者、信息交互者于一体的用户;这同时也意味着用户与专业生产者的界线日益模糊,很多用户虽然不是名义上的专业生产者,但已具备了专业生产者的基本能力。

二、主体融合的成因

(一) 技术:媒介技术的发展与创新

媒介技术的发展与创新延伸了人们信息采集、加工和传播的能力。从空间上看,无人机等设备延伸了记者的视觉能力,让记者能方便地采集到难以到达区域和不同视角的影像。从时间上看,移动通信技术、多媒体信息采集设备的发展让记者能够快速采集和制作文字、图片、视频等类型的信息,并发送给编辑进一步加工,或直接发送到各个分发渠道,直接抵达受众。

媒介技术的发展让媒体工作者的采集能力得到提升,一个人可能融合了原来几个岗位

---

① 刘畅:《媒体的进化是对媒体人生产力的优化整合》,《新闻与写作》2016年第8期。

的职责和技能，一些具有融合属性的新岗位出现，使拥有多种技能的全媒体记者、新闻制播人等职位成为主流。如无人机摄影师，既需要懂得摄影知识，又需要操控无人机设备。而"新闻制播人"职能是管理多媒体"流"，直接传输信息使新闻为更多媒体所采用。新闻制播人综合了传统编辑部里诸多角色的职能，必须具备文字编辑发掘细节、整理观点的能力，还要有制片人跟踪信息进展的技能，同时还需责任编辑对同一主题进行多途径资源配置的智慧。

在媒体工作者信息处理能力得到加强的同时，媒介技术也降低了信息采集、制作和传播的门槛，每个人都有机会成为信息发布者。用户利用无线网络和一部智能手机就可以在世界各个角落采集、发布多样的媒体信息。

(二) 市场：媒介竞争日益激烈

在媒介竞争日益激烈的市场中，媒体只有不断创新媒体产品，提高媒体产品质量，增强媒体优势，才能赢得用户的关注和支持。为了获得更迅速、更独家、更有特色、更优质的媒体内容，打造体验更好的媒体产品，媒体除了对组织结构进行调整，也要对其人才队伍进行升级，才能适应不断发展的市场需要。正如习近平总书记于2016年2月19日主持召开党的新闻舆论工作座谈会时所说的："媒体竞争关键是人才竞争，媒体优势核心是人才优势。"①媒体进行主体融合特别是专业生产者融合是提升媒介竞争力的关键所在。

(三) 平台：多元表达网络空间的形成

拥有多种主体入驻的平台成为信息发布的重要平台，如社交媒体、新闻客户端、用户创作平台。在这些平台中，有专业媒体、政府和企业等组织入驻，更重要的是网络上有了普通民众可以自由表达的空间，可以随时将自己的见闻、观点和作品等分享到平台上。例如，网民可以将某一身边发生的事件发到微博上，这往往比专业记者更快发布到网络上；网民还可以将自己的文章、视频作品等发布到微信公众号、百家号等用户创作平台上，既能积累粉丝、扩大影响，又能获取一定的收益。

(四) 用户：普通民众媒介素养的提升

媒介素养指人们面对媒介各种信息时的选择能力、理解能力、质疑能力、评估能力、创造和生产能力以及思辨的反应能力。在社交网络革命、互联网革命和移动革命的背景下，个人为了适应新的媒介环境和社会关系变化，普通民众的媒介素养显著提升，在网络上发布各类媒体信息成为普通民众的基本技能，普通民众每天在各种信息渠道上生产信息，用户生产内容成为媒体内容及其他互联网平台的重要来源。

三、主体融合的形态

主体融合的基础形态包括专业生产者融合和用户融合。在现实情况下，这两种形态还

---

① 杜尚泽：《坚持正确方向创新方法手段 提高新闻舆论传播力引导力》，《人民日报》2016年2月20日。

发生组合、细分,派生出更多主体融合形态。

(一)用户生产内容(UGC)

用户生产内容(User-Generated Content,UGC;又称作 User Created Content,UCC),泛指以任何形式在网络上发表的由用户创作的文字、图片、音频、视频等内容,是 Web2.0 环境下一种新兴的网络信息资源创作与组织模式。① UGC 的发布平台包括微博、微信、社区、短视频应用、视频网站、用户创作平台等。世界经济合作与发展组织(OECD)在 2007 年的报告提出的 UGC 定义描述了 UGC 的三个特征:①Internet 上公开可用的内容;②此内容具有一定程度的创新性;③非专业人员或权威人士创作。我们这里说的 UGC,主要是普通用户生产的一般性内容,如民众随手拍遇到的奇闻逸事并上传到微博上。

(二)专业生产内容(PGC)

与 UGC 相对应的,便是专业生产内容(Professional Generated Content,PGC;又称作 Professionally-produced Content,PPC),指的是由较为专业化的媒体机构人员采用规范化的方式制作内容并进行一定的互联网适应性改造,分发渠道主要面向互联网等新兴平台。这样的专业化媒体机构不仅包括传统媒体,也包括商业性新闻机构、门户网站、视频网站等。事实上,PGC 模式最早便来自视频网站,视频网站与 PGC 团队合作,以提高视频质量。

对传统媒体来说,通过 PGC 生产的代表新闻样态有 H5 新闻。H5 已成为各大媒体传播时政新闻的有力载体,它不仅可以将图文、视频、音频甚至 AR、VR 技术融为一体,使作品更具可读性、更有温度,还能依托于社交平台的开放性、即时性、互动性特点,让作品在一次次裂变转发中实现病毒式传播。H5 新闻的"原材料"往往是经过规范采集的新闻素材,但传统媒体将这些"原材料"加工成 H5 页面形式的新闻,使其具有互联网传播特性。

(三)专业用户生产内容(PUGC)

顾名思义,专业用户生产内容(Professional User Generated Content,PUGC)是将 UGC+PGC 相结合的内容生产模式。与 UGC 相比,PUGC 的主体依然是普通用户,而不是专业媒体,但其对内容的生产和加工流程或呈现效果已经接近或达到 PGC 水平。PUGC 和 UGC 的平台基本吻合。例如,百家号是由百度专为内容创作者打造,集内容创作、发布和变现于一体的互联网平台。内容创作者在百家号发布的内容会通过百度信息流、百度搜索等分发渠道影响其他用户。在百家号平台上,入驻了许多专业领域的内容生产者,如军事、教育、娱乐等,与一般 UGC 内容相比,他们生产的内容质量较高。

(四)职业生产内容(OGC)

职业生产内容(Occupationally-generated Content,OGC)是通过具有一定知识和专业背景

---

① 赵宇翔、范哲、朱庆华:《用户生成内容(UGC)概念解析及研究进展》,《中国图书馆学报》2012 年第 5 期。

的行业人士生产内容,并领取相应报酬。我们可以把 OGC 看作一种特殊的 PUGC,OGC 的生产主体比 PUGC 更专业,且能够获取到较多的报酬。他们是从事相关领域工作的专业人员,具有相关领域的职业身份,如媒体平台的记者、编辑、版主,既有新闻的专业背景,也以写稿为职业领取报酬。OGC 内容的典型特征就是质量高,由于其内容生产掌握在专业职业人员手中,自然能给用户提供高质量、有深度的内容。

(五) 人机协作生产内容(MGC、AGC 和 DGC)

机器生产内容(MGC)即通过摄像头、传感器、无人机、行车记录仪等智能采集设备,结合新闻发生地附近的多维数据,自动检测新闻事件、自动生成数据新闻和富媒体资讯内容,现阶段的机器新闻写作是机器生产内容的代表。同样,算法生产内容(AGC)和数据生产内容(DGC)分别是算法和大数据相关技术支撑实现的内容生产模式。

一方面,这些自动化的内容生产模式还不够成熟,需要人工去控制、协调和完善生产出的内容;另一方面,机器、算法难以处理涉及蕴含价值观的内容,依然需要人的配合。因此,人机协作生产内容也成为主体融合的重要形态之一。

四、主体融合产生的影响

(一) 促进媒介内容创新

在主体融合背景下,传统媒体入驻各类平台上,针对平台特性生产相关内容,促进了媒介内容形态的创新。例如,央视新闻入驻抖音平台发布作品的形式就是短视频,还要将视频加工为竖屏配以文字和音乐进行传播。央视新闻在这一平台上发布的"战疫 Vlog"系列作品共有 34 集,就是以记者的视角看一线应对疫情的情况,总播放量达到 7.4 亿。此外,大量普通用户加入媒介生产当中,他们的智慧和创作也给媒介内容创新贡献了巨大的力量。

(二) 自媒体行业规模高速增长

自媒体是指个人或某个组织通过现代化、电子化的手段发布信息的一种新型媒体,通过私人化、平民化、自主化的叙述方式,向社会传递充满个性化色彩、规范或不规范的信息。主体融合背景下自媒体数量的快速增长,使自媒体行业的规模不断扩大。自媒体运营平台包括资讯门户、音频媒体、社交媒体、视频媒体及电商平台等。当前,主流平台头部自媒体表现优异。截至 2018 年 1 月,微信公众号总量突破 2000 万,公众号月活数量达 350 万;截至 2017 年 12 月,微博月均阅读量大于 10 万的用户突破 30 万,头部自媒体账号平均阅读量超 2.3 亿次;2017 年年底,今日头条活跃头条号超过 80 万个。行业方面,2017 年,新媒体运营行业从业人数达 300 万人,全年各类机构对内容创业者的投资金额超 50 亿元人民币。①

---

① 《2018 年中国自媒体行业规模及趋势》,观研网,2018 年 7 月 2 日,http://www.gyii.cn/m/view.php? aid = 208353。

(三) MCN 成为传媒产业链的重要一环

MCN 是联合若干垂直领域具有影响力的互联网专业内容生产者,利用自身资源为其提供内容生产管理、内容运营、粉丝管理、商业变现等专业化服务和管理的机构。随着主体融合的发展,MCN 成为传媒产业链的重要一环:对内容创作者来说,MCN 可以帮助创作者进行更有规划的生命周期管理,为创作者的价值变现打开更多通路;对平台方来说,与 MCN 的合作能促进实现以较低成本大幅提升平台内容运营效率和产品运营效率,更加专注于平台业务;对广告主来说,与 MCN 的合作可以实现对整个营销项目更高效可控的流程管理;对投资人来说,对 MCN 的投资在风险控制、投资回报方面有了更高保证。

(四) 精准营销刺激消费增长

主体融合不仅使主体数量增多,还使主体类型增多,呈现垂直化发展的态势。主体的垂直化细分给精准营销带来了可能,从而进一步刺激用户的消费意愿。例如,中国内地美食短视频创作者李子柒专注于在网络上发布农村美食和生活,吸引了一大批对农村美食和生活感兴趣的用户,也促使他们消费相关产品。

五、主体融合的问题和发展趋势

(一) 主体融合存在的问题

主体融合存在的问题主要表现在用户融合上,主要包括:内容质量参差不齐、内容监管问题和著作权困境。

1. 内容质量参差不齐

网络信息发布的门槛不断降低,更多普通用户进驻网络空间,成为信息发布的主体。他们从过去仅仅浏览、评论信息,到现在积极主动地创作多样的内容,为互联网贡献了大量的内容,使得每一个个体都有可能成为影响互联网生态的关键推动力。在普通用户持续贡献内容、影响网络生态的同时,我们也要注意到受用户知识水平和媒介素养等因素的影响,由普通用户生产的内容质量是参差不齐的,一些低质量、无意义的内容充斥在网络空间当中,对用户发现真正有质量的内容形成了阻碍。

2. 内容监管问题

除了内容质量问题,UGC 内容在快速发展的过程中也暴露出色情、暴力、侵权、扰乱社会稳定等一系列问题,给内容监管加大了难度。在 UGC 模式网络视频应用上,人人都是内容生产用户。基于网络视频可剪辑的缘故,一旦有人利用片段扭曲事件的真实情况,在互联网的传播中极易形成热点事件,最终影响社会稳定。在"中山公交车猥亵案""网红殴打孕妇案"等事件中,当事人就利用拍摄的视频传播虚假信息,最终引起舆情波动。甚至在一些新闻中也采用 UGC 模式视频进行失实报道。例如,在"重庆公交车坠河"事件中,新闻媒体为了博人眼球,情况未经落实便凭借片段式的视频对事件妄下定论,最终导致原本的受害者反而受人指责。①

3. 著作权困境

UGC用户群体在野蛮发展的过程中确实出现不少侵犯在先作品著作权的现象,而著作权人的利益被猖獗的盗版等问题屡屡侵犯而无法受到很有效的保护。在新技术环境下,作品的复制权、改编权等一系列著作权都在经受着新的考验。依托于新传播方式的用户创造内容对著作权人而言可谓是难以控制的,用户使用在先作品侵犯著作权人权益可能存在诸多问题,比如侵权人难以确定,因为许多平台服务提供商并未采取实名制;再比如维权成本高,采取法律措施的成本可能远高于侵权所受的损失。②

(二) 主体融合的发展趋势

1. 自媒体内容垂直化发展

昔日非媒体的大众创作者和曾经的专业媒体从业者纷纷涌入内容生产领域,成为自媒体工作者。与此同时,信息消费者对内容的趣味性和形式的丰富性提出了更高的要求,媒体创作内容的形式走向多元化、媒体内容的领域走向垂直化。自媒体用户往往针对一个非常小众的领域进行创作,就有机会获取大量的关注和支持。

2. 生产流程一体化、智能化

不论是专业生产者融合,还是用户融合领域,生产流程一体化和智能化趋势都将进一步加强。对专业生产者来说,内容融合、技术融合和组织融合必然会带来生产流程的一体化和智能化。对普通用户内容创作者来说,一些创作平台提供素材智能聚合推荐工具、一站式内容编辑发布平台,促进了确定选题、搜集素材、撰写文章、排版编辑、发布跟踪等流程的一体化;普通用户利用网络上提供的各种智能技术制作信息作品更加便利,一定程度上促进了生产流程的智能化。

3. 自媒体发展规范化

在自媒体平台发展初期,由于法律法规、政府监管和平台规范还不完善,自媒体的内容生产行为受到较少的限制,自媒体行业快速发展的同时,也出现了许多无序行为,影响网络生态的健康运行。随着国家法律法规的实施、平台管理的加强,自媒体发展将走向规范化。近几年,我国相关部门不断推出法律法规,推进自媒体行业规范化发展。例如,国家互联网信息办公室审议通过的《网络信息内容生态治理规定》自2020年3月1日起施行,将政府、企业、社会、网民等主体均纳入治理范畴,并以网络信息内容为主要治理对象,明确指出"网络信息内容生产者应当遵守法律法规,遵循公序良俗,不得损害国家利益、公共利益和他人合法权益"。

---

① 陈宇辉:《UGC模式下网络视频治安监管问题研究》,《武警学院学报》2019年第9期。
② 吴煊莹:《用户创造内容(UGC)的著作权问题研究》,上海师范大学2020年硕士学位论文。

本章思考题

1. 试分析内容融合的成因。
2. 试阐述技术融合对相关产业的影响。
3. 请举例分析组织融合的基本形态。
4. 请结合具体案例分析主体融合存在的问题。

下篇

第四章 国内外媒介融合发展概况

内容提要：

研究媒介融合的发展历程对于促进媒介融合在当下的发展非常关键，本章主要探讨媒介融合在国内外的发展状况和发展模式。本章第一节将集中介绍世界各国媒介融合的发展历程、现状、发展趋势及特色模式；第二节将介绍中国媒介融合三个发展阶段：组合与博弈、改革与转型、共融与深融；第三节则介绍"中央厨房"这一具有中国特色的媒介融合发展模式。

第一节 媒介融合在世界的发展

媒介融合在世界范围内的发展大致与其形成、发展的一般路径相契合，即：首先是传统媒体在市场竞争的压力之下寻求与不同媒介的整合，以增强竞争实力和抵御市场风险的能力，这一阶段的媒介融合基本是在竞争压力的逼迫之下进行的，尚属于浅表层次和初级阶段的媒介"整合"，主要表现为传统媒体之间的兼并重组，以及传统媒体初步融入网络媒体；随着以数字技术为核心的新媒体技术的应用和发展，新媒体时代到来，媒介融合的主体由传统媒体逐渐转向新媒体，媒介融合的内涵也由初期的媒介实体整合转变为媒介边界的消解；如今，随着数字技术、网络技术等的进一步发展，媒介融合也进入新的发展阶段，媒介融合的影响力开始不仅仅局限于媒体形态、传播过程、传媒经济等媒介生态系统，而是同时向整个社会系统渗透和拓展，在媒介融合的促动下，社会媒介化日益深入，社会个体与社会生活也在发生深刻的改变。

虽然媒介融合的一般路径大致如此，但是世界各国、各地区由于经济发展水平、媒体发展基础、传媒规制等条件各不相同，其媒介融合的具体发展过程也各具特色。

一、美国

美国是媒介融合最早的国家之一。早在《1996年电信法案》(*Telecommunications Acts of 1996*)通过时，美国政府就解除了对电信业和传媒业之间跨产业经营的限制，即允许电话公司和有线电视领域的相互渗透。[①] 然而，这并不意味着此时的美国传媒业在媒介融合领域有

---

① 蔡雯、黄金：《规制变革：媒介融合发展的必要前提》，《国际新闻界》2007年第3期。

多大的作为,这是因为20世纪90年代的传媒业仍然以传统媒体为主导,数字技术、网络技术等日后推动媒介融合纵深发展的新技术在此时才刚刚起步。也就是说,在20世纪90年代末之前,美国传媒业所进行的媒介融合尚处于初级阶段,即以传统媒体为融合主体,以媒介实体的"整合"为融合指向。

这一时期,随着美国经济的繁荣和垄断资本主义的迅速发展,传媒产业也在急剧变化中向前发展。1993年9月,美国推出"国家信息基础设施"工程计划(又称"信息高速公路"计划),将媒体和电信行业的发展纳入全美向信息化时代转型的整体战略中来考量。实质上,"国家信息基础设施"工程计划作为美国提高国际竞争力的手段之一,特别强调的是解决信息在不同网络间的平滑流通问题,他们希望能够建设一个将所有分散的网络和信息连接起来的"网络的网络"(Network of Network),以为社会发展和社区成员提供从新闻信息、文化娱乐到综合服务的智能化公共服务体系。在这样的信息网络上,应该包括通信服务、视听业务和综合数据传输等业务。[①] 这一阶段美国传媒业的媒介融合现象大多表现为媒介之间的并购以及媒介集团的建立与重组,其最终结果便是加剧了传媒业的垄断竞争趋势。"这个世纪(20世纪),新闻业垄断与反垄断的斗争此起彼伏,然而垄断的趋势看来无法阻挡。新闻业集团从单纯的报业或者广电业集团,转为各种大众传播媒介的综合性产业集团;而在最后一个十年,这种相对单一的传播业集团也开始消失,其他各种产业集团逐渐成为大众传播业集团的母公司。"[②]然而,20世纪90年代中期之前,由于政策对市场垄断的限制,美国传媒业的融合与并购也大多局限在新闻传播业行业内部,且多集中在地方的小型媒介集团,而大型媒介集团由于在地方市场受限,媒介融合推行得反而不顺利。[③]

在《1996年电信法案》颁行之后,美国的传媒业具备了进行深度融合的经济和政策条件,加上数字技术所带动的网络媒体、手机媒体等新媒体的异军突起,美国传媒业的媒介融合进入崭新的发展阶段,由媒介融合所带动的产业融合也快速推进。1995年,CNN开设了官方网站(cnn.com),将旗下的广播电视节目等内容资源接入网络媒体,成为当时唯一一个24小时进行内容更新服务的网站,通过网络向用户提供即时新闻,并配以文本、图片和音视频。1996年,包括CNN在内的特纳广播公司(Turner Broadcasting System,简称TBS)被并入时代华纳公司,其中的报刊以及广播电视、网络等诸种媒体实现了资源共享。2001年,传媒巨头美国在线与时代华纳集团合并为美国在线时代华纳集团,整合了包括新闻传播业、唱片业、电影业等多种文化产业,一度被誉为媒介融合的典范。然而,由于合并后的传媒集团在业务资源、经营策略、企业文化等方面整合不力,美国在线时代华纳最终于2009年年底解体。这也从侧面反映出,媒介融合是一个复杂的系统工程,需要多层次、全方位的交融与整合。

2000年3月,位于佛罗里达州西部的通用传媒公司(Media General)开办了坦帕新闻中心,将《坦帕论坛报》(*The Tampa Tribune*)、WFLA-TV电视台和《坦帕湾在线网站》都纳入新闻中心统一运作,这是美国媒介融合实践中不能忽略的标志性事件。其中,新闻中心成为一

---

① 杨状振:《欧美广播电视的媒体融合趋势观察》,《对外传播》2016年第5期。
② 陈力丹编著:《世界新闻传播史》,上海交通大学出版社,2002,第390页。
③ 蔡雯、黄金:《规制变革:媒介融合发展的必要前提》,《国际新闻界》2007年第3期。

个全新的"融合型新闻工作室"(convergent news-room),实现了在新闻采集和报道过程中的资源共享,希望达到各媒体平台之间互补增益的效果。他们将整合后的新闻称为"多视角的全景采编"(edi-torial gestalt)。坦帕新闻中心的媒体融合创新带来了喜人的成果。通用媒体公司2002年的年报中揭示,《坦帕论坛报》的发行量在2002年增长了5.8个百分点,而WFLA-TV稳坐当地电视市场的头把交椅。与此同时,坦帕湾在线的浏览量增长了11%。[①]作为媒介融合的初级阶段,坦帕的模式代表着美国新闻从业人员迈出了大胆的第一步,其制造多媒体新闻和培养多面手记者的理念十分宝贵。

不难看出,无论是早期传统媒体之间的媒介融合,还是新媒体时代由数字技术所促动的媒介融合,美国集团化的传媒产业发展模式都提供了较为有利的先决条件。一个媒介集团内部往往囊括多种媒介形态,这些不同的媒介形态之间借助集团化的平台实现资源共享和优化配置,大大加速了媒介融合的进程。可以说,美国的媒介融合在很大程度上都是由其垄断资本主义的经济体系促动的。全美最大的报业集团甘耐特(Gannet)公司,旗下不仅拥有全美发行量最大的报纸《今日美国》(USA Today)以及300多种、总发行量达760万份的各种刊物,还同时拥有21家电台和130多家网站;全美收入第二、发行量第三的论坛报业集团旗下同时拥有12家日报、26家电视台以及20家大型网站;纽约时报集团则拥有19家报纸、8家电视台、2家电台和40多家网站。[②]

值得一提的是《纽约时报》,作为纸媒数字化转型的领头羊,在网站内容付费、多媒体报道等诸多领域,都取得了突破性进展。具体融合思路包括:首先,在新闻采编部建立一个战略规划小组,负责追踪行业发展趋势,制定长期发展规划,处理棘手难题,提出解决方案,开展试验并分享结果等,其成员包括新闻采编、技术、用户体验、分析等各种不同背景的人员。另外,还计划建立一个数据分析小组,以迅速提升数据搜集和分析能力,扩大搜集和使用结构化数据的范围,建立新的链接和使报道引起注意的方法,寻找更有效的方法与新闻采编部的其他人分享信息。其次,把扩大读者数量作为采编部的重要工作之一。最后,以采编部为核心,辐射集团内部其他部门,促进紧密合作。[③]

当然,美国媒介融合的发展也离不开政策的推动,尤其是在网络媒体、手机媒体等新兴媒体与报刊、广播电视等传统媒体之间的融合上,政策规制的作用功不可没,最显著的如《1996年电信法案》。但是,政策对美国媒介融合的限制也是十分明显的。为了保证在同一地区市场内不同言论、声音的传播,美国联邦通信委员会(FCC)对传媒业同一地区市场中的跨行业经营做出诸多限制,比如规定报业主不能在同一市场地区购买电视台,电台业主不能购买电视台,电视台业主也不能同时拥有电台,等等。诸如此类的限制政策也在很大程度上制约了美国媒介融合的发展规模、深度和速度。

依托持续改进的新媒体技术和日益扩张的网络市场,美国传统主流媒体的网络视听业务发展迅速,并在很大程度上改变了美国传统广播电视业的竞争和业务格局。原先分属不

[①] 魏然、黄冠雄:《美英媒体融合现状与评析》,《华中师范大学学报(人文社会科学版)》2015年第6期。
[②] 李俏红:《媒介融合下的报业发展思考》,《金华日报》2008年4月2日。
[③] 刘滢:《"联合编辑部":国外媒体组织机构融合新趋势》,《中国记者》2014年第10期。

同领域的业务差异越来越小,"语音+视频+数据"的一体化服务模式日趋普遍,并日益朝着"语音+视频+数据+无线"的方向发展。在媒介融合的初级阶段,电视、电话及宽带网络被称为"捆绑服务",电信企业和有线电视运营商在三网融合的技术和基本设施方面各有特色,但又均存在不足。为了增强实力,一些公司在融合初期组成"临时夫妻",共同度过困难期。随着技术和市场的发展,一些优秀的媒体公司开始发展成为独立向用户提供一站式服务的跨媒体公司。其中,美国有线电视新闻网(CNN)、福克斯广播公司(FOX)、微软全国广播公司节目(MSNBC)等均是其中的佼佼者。

作为全球知名的新闻资讯类电视媒体,CNN以首创24小时新闻直播、最快速度对重大新闻事件进行现场采访的方式,开启了全球电视新闻直播的全新时代,CNN自己也因此获得巨大成功。在媒介融合趋势下,CNN力图通过对既有资源的整合和对传播网络建设步伐的提速,抢占新的传播阵地。从1995年建设网站开始,CNN不仅率先在美国电视界开展了与网络传播的融合对接,还随着YouTube、Facebook、Twitter等新媒体的出现,在重要事件报道上与之展开合作。CNN的视听新媒体发展策略主要体现在传播网建设、终端应用软件开发及跨平台营销等三个方面。CNN凭借自己积累的品牌效应和雄厚资本,充分发掘媒体自身的技术优势和管理优势,将其旗下新闻频道、金融频道、体育频道、机场电视网、广播网和国际频道整合进CNN.com网站,并在首页增设了博客频道、移动频道等专区及互动新闻iReport频道,将基于传统电视媒体播出的音视频内容与新兴传播渠道实现对接,通过在线互动和线下服务相结合的方式,突破了原有传播网的局限性。目前,除了线上互动业务如iReport新闻外,CNN的线下服务已经扩展至旅行信息服务(Hotel Partner)、手机服务(CNN Mobile)和电商服务(CNN Shop)等领域。以技术为先导带动传播方式的革新是CNN实施新媒体发展战略的重要切口,CNN Mobile、CNN iReport、CNN Shop的开发和应用,不但增强了CNN新闻报道的丰富性和层次感,也使其在产业经营领域走出传统新闻资讯的局限,在电商平台领域延伸了电视媒体的品牌效应。目前,遵循受众细分的市场化趋势,CNN.com在内容编排上还将其旗下资源重新分配,以美国新闻、全球新闻、科技资讯、商业财经、评论观点、娱乐文化、休闲旅游、健康频道、体育频道等栏目为统领,实现了传统电视媒体内容资源的二次集成和开发。二次集成后的内容配以不同格式被分别派发到家庭电视、办公电脑、移动手机、iPad等终端上,以适应不同受众群体、不同消费状态下的市场需要。CNN横跨传统媒体、互联网、流媒体和无线通信网的传播实践,也为传统电视媒体在三网融合条件下的资源整合和尝试内容的二次集成与个性开发,以及拓展电视平台的增值服务提供了参考路径。

除CNN之外,FOX公司也是较早开展媒介融合实验的传统电视媒体之一。继2005年以福克斯电视网为基础,整合旗下资源开办福克斯交互媒体平台(下辖福克斯网、福克斯体育网、福克斯新闻网和FOX电视台网站)之后,2007年3月,FOX公司还联合NBC环球公司和美国广播公司(ABC)共同投资创办了全球领先的在线视频服务提供商——Hulu.com。为了进一步发挥传统电视媒体的内容优势,FOX广播公司的母公司新闻集团还于同年推出了视频共享服务网站MySpace TV,用于向全球网络用户提供FOX旗下的优质音视频内容。随着移动互联网和社交媒体的兴起,FOX新闻频道还与Facebook展开合作,借助其社交平台开设了专门的页面。微软全国广播公司节目(MS-NBC)则是美国《1996年电信法案》实施之后,微软公司(Microsoft)和美国全国广播公司(NBC)联合开办的电视频道。其接收方式除了家庭电视机外,还涵盖了电脑终端,受众既可以在家通过电视机收看有线电视的 MS-NBC 节目,也可以通过电脑在线获取 MS-NBC 的节目信息,是当时美国电视业和电信业实现跨界合作共同寻求市场发展的典型案例。2012 年 7 月,由于微软和 NBC 公司在对 MS-NBC 互联网业务主导权上的分歧(如新闻源的渠道扩展问题、MSNBC.com 的新闻发表权限问题等),微软将所持 MS-NBC 股份转让给 NBC 公司,MSNBC.com 由 NBC 公司独家运营。作为与 CNN 数字新闻网和 Yahoo 新闻网并列的美国顶级新闻网站,MS-NBC 的月访问用户数量保持在 5600 万人上下。在后微软时代,在 NBC 的主导下,MS-NBC 还将业务平台逐步向移动互联网延伸,同 Facebook、Twitter 等社交媒体展开积极合作。①

二、欧洲

欧洲媒介融合的发展进程与其广泛奉行的传媒体制密切相关。与完全市场化运作的美国传媒业不同,欧洲各国的传媒业实行双轨制的管理体制,即以公共事业制为主,同时兼顾商业化和市场化的传媒机构及其运作。如果说新技术是影响媒介融合发展路径的根本动力,那么传媒体制的形成及其发展则在很大程度上影响了欧洲媒介融合的发展进程和具体路线。

20 世纪 80 年代之前,欧洲各国的传媒业更多地被看作是政治体系或公共服务体系的一部分,以广播电视为主的欧洲传媒业很早就确立了公共服务的管理体制和管理理念。为了践行这种服务公众、一切以公共利益为主的理念,欧洲传媒业往往是一个统一的、高度集中的、由国家财政支持的全国性公共广播机构。在这一阶段,以传统媒体为主导的初级阶段的媒介融合往往依靠国家政策和行政命令来推进,不同媒介内容的融合与共享、不同媒体的兼并与重组等媒介融合过程往往听命于公共服务的需求和国家政策的导向。这种媒介融合模式在以内容资源共享和媒介实体并购为主的传统媒体时代曾经风行一时,但是随着媒介技术的进步和时代的发展,这种过分依赖行政指令的融合模式日益受到挑战。

20 世纪 80 年代之后,随着国际传媒竞争日趋激烈以及信息时代的到来,欧洲各国也开始进行传媒市场政策的重建,以适应国际信息传播新秩序的发展需要。② 尤其是进入 90 年代后,欧洲对原有传媒体制进行市场化调整和改革,逐渐放开对商业媒介的管制,并积极引入市场化因素。一方面,传统媒体,尤其是广播电视机构的媒介形态趋向多元化和国际化,内容资源大幅增加,市场化的媒体服务在很大程度上逐渐取代公共体制的普遍服务,由此也导致媒介之间的兼并重组日益频繁和激烈;另一方面,新媒体,尤其是网络媒体和手机媒体的异军突起,使得各种媒介以及传媒管理者不得不重新审视新的媒介生态环境,出台有利于新旧媒介融合的政策措施,比如欧洲各国纷纷修改传媒法和电信法,推动电信产业和传媒产业的重组与融合,力求构建所谓的"大媒体产业",以增强媒介整体的传播力和市场竞争力。

---

① 杨状振:《欧美广播电视的媒体融合趋势观察》,《对外传播》2016 年第 5 期。
② 陶鹤山:《中国和欧洲传媒体制改革及其合作前景分析》,《开放时代》2001 年第 5 期。

美国通过《1996年电信法案》后不久,1997年12月,欧盟委员会发表了《关于电信、传媒和信息技术部门融合及其管理的绿皮书》,规划了欧洲信息网络的基础设施建设目标及应用方案。其中,就"如何在21世纪规范和管理新一代电子媒介"问题,欧盟向所属成员国提出自己的指导意见:"管制壁垒可能会妨碍欧洲传媒经济的持续发展,而且传统的结构已不适应电信业和广电业市场融合的需要。"欧盟的这一决议在为欧洲各国的广播电视产业政策提供改革方向的同时,也在一定程度上对加盟成员国的网络和媒介融合政策制定起到了制约作用。①

进入21世纪之后,随着新媒体的继续崛起以及美国传媒市场对欧洲传媒业的压力日益增强,欧洲各国更为迫切地希望打开传媒市场,参与市场竞争。在这一趋势下,2000年7月,欧盟委员会采纳了欧盟执委会资讯署的融合立法提案,并最终于2002年由欧盟理事会批准为电子通信和服务的管制框架。在这一法令的促动下,欧洲各国纷纷展开了对媒介融合有利的改革。英国于2003年7月批准了《2003年通信法》(Communications Act 2003),这一法案将原有的五家分管不同媒介领域的管制机构合并为一家独立的机构——英国通信办公室——作为国家电信和广电管制机构;除了在机构上进行统一化改革外,这一法案还放宽了对传媒机构,尤其是商业传媒机构跨媒介所有权的限制。② 随后的2005年,英国最大的有线电视运营商NTL全资收购了本国第五大无线运营商维珍移动,NTL通过这笔价值14.5亿美元的交易,成为英国第一家能够提供语音、电视、宽带和移动"四重服务"的综合运营商,由此掀起了欧洲传媒与电信的并购大潮。

2007年5月,欧盟委员会对欧共体20世纪80年代通过的《电视无国界指令》(Television Without Frontiers Directive)进行了二次修订,并根据网络媒体发展实际,将其重新命名为《视听媒体服务无国界指令》(Audiovisual Media Service Directive),于2009年正式实施。作为对21世纪传媒技术变革和信息产业一体化发展趋势的回应,《视听媒体服务无国界指令》虽然不是一部专门针对视听新媒体管理的法规,但其却从促进市场融合、管理融合和政策融合的目的出发,弥补了20世纪90年代欧盟成立初期《关于电信、传媒和信息技术部门融合及其管理的绿皮书》《电子商务指令》等政策的空白,体现了欧盟在媒介融合及其市场规制方面的核心理念,即充分考虑产业市场当下及未来融合的需求,尽可能地把新规制政策覆盖到可能出现的各种服务形态。从《电视无国界指令》到《视听媒体服务无国界指令》,反映了欧盟各国政府在数字化时代推动媒介融合发展的持续努力。为了加强传统电视媒体在网络视听服务市场上的份额和话语权,以德国、法国、英国等国家为代表,从2010年年底开始推出以电视台和相关家电厂商为主导的HbbTV混合广播宽带电视服务模式。所谓HbbTV,即Broadband Television,是立足现有网络技术、IP视频点播和数字电视机顶盒,向用户提供三网合一服务的宽带电视业务模式。作为一个混合型的解决方案设计,HbbTV的目标是为传统电视媒体、内容提供商、终端设备制造商和电信标准制定者,提供一条可以广泛参与、共享市场的媒体融合

---

① 杨状振:《欧美广播电视的媒体融合趋势观察》,《对外传播》2016年第5期。
② 蔡雯、黄金:《规制变革:媒介融合发展的必要前提》,《国际新闻界》2007年第3期。

新模式。目前,在欧洲大陆支持 HbbTV 的广播公司已经覆盖了法国、意大利、西班牙、芬兰、比利时、荷兰等主要欧盟国家,英国则推出了与 HbbTV 模式相似的 YouView 服务。①

与此同时,老牌新闻机构英国广播公司 BBC 也在媒介融合方面做出了大胆的尝试,实现从传统的广播媒体向融合媒体的转变。首先,它创新地提出了"马提尼媒体"(Martini media)的概念,意为让民众以调鸡尾酒式的方法消费新闻,即让受众随时随地都能够通过不同的平台和设备接收信息,受众在接收信息时具有很大的能动性。在"马提尼媒体"的理念倡导下,BBC 于 2007 年推出了全新改版的网站,其最大的改进就是突出了网站的导航功能,其首页包括广播、电台、网站所有频道如新闻、体育、天气等的入口链接,帮助受众更快、更精准地定位信息产品。同年 12 月 25 日,BBC 正式推出了点播服务及播放器"BBCiplayer"。在 BBC 节目首播一周后,受众可以通过 iplayer 浏览下载任何广播、电视和网站上的节目,并能够用收音机、电视机、手机等多种设备收看。可以说,iplayer 的推出正是将"马提尼媒体"这一理念付诸实践,从而打破了媒体终端接收设备之间的壁垒,实现了媒介内容在多平台多设备间的流动,使用户真正能够随时随地地接收信息,达到内容和终端的大融合。

为了贯彻媒介融合的理念,BBC 在组织架构上也进行了相应调整,成立了"未来媒体和技术部",专门负责统筹管理所有涉及新媒体平台的技术和营运,与大多数内容创作部门共同协作,从内容生产角度达到高度融合。同时,BBC 还重拳出击,与网络巨头频频合作,在 Yahoo、YouTube 等视频网站都开辟了自己的视频频道,让受众能够从多渠道获得 BBC 的新闻产品。

"马提尼媒体"可以说是媒介融合尝试中一个应时代而生的新锐概念,准确地把握住了当前数字化媒体时代受众(碎片式)消费新闻的行为模式,从而力求达到受众能够不受时间和空间限制的接受信息。而 BBC 近年来的大胆改革正是对"马提尼媒体"的最好实践。它开发的 iplayer 和"移动为先"的战略口号,都体现了其已经在观念上转变为全媒体内容提供商,而其在新闻市场的高占有率也证明了这一战略的成功。相比较而言,BBC 的模式比起美国的坦帕和《今日美国》更加领先一步,在新闻采编、组织架构上和广告经营上充分转变了思路,实现了内容生产和渠道流通的充分融合。在如今日新月异的媒体环境和技术浪潮中,究竟 BBC"马提尼媒体"之路可以走多远,我们拭目以待。②

实际上,欧洲的传媒体制也在很大程度上给媒介融合进程带来了障碍。由于目前欧洲大部分国家实行公共服务与商业市场并行的双轨制媒介体制,因此媒介融合的推进必须兼顾公营媒介和商业媒介的双重属性及利益,这就给政策制定带来一定困难。另外,尽管目前欧洲各国正逐渐放开对传媒市场的管制,但传统的公共服务理念依旧根深蒂固,行政化的运作模式依然在很大程度上左右着欧洲传媒,而媒介融合要想获得更高层次、更深入的发展,除了需要政策扶持之外,更重要的是要依靠媒介内部自身的力量以及来自市场的动力。

近年来,随着媒介融合探索的深入,欧洲涌现出诸多编辑部合并的案例,媒体集团更关

---

① 杨状振:《欧美广播电视的媒体融合趋势观察》,《对外传播》2016 年第 5 期。
② 魏然、黄冠雄:《美英媒体融合现状与评析》,《华中师范大学学报(人文社会科学版)》2015 年第 6 期。

注入力资源的充分利用和"1加1大于2"的整体效果。英国《泰晤士报》于2012年推出了"新闻360计划",使用一套系统平台,把报纸、网络和移动终端三个编辑部整合到一起,在不增加采编人员数量的情况下,内容充分共享,产品多次传播,试图通过编辑部的联合实现从传统媒体向融合媒体的转型。这种再造工作流程的做法又被称为"超级编辑部"。德国《明镜》周刊也在这方面做了尝试。2013年,明镜出版公司把旗下的《明镜》周刊和"明镜在线"网站两个编辑部合并为一个,聘任德新社原总编辑沃尔夫冈·比希纳担任两个媒体的共同总编辑。人力资源从分散到聚拢的变化,使偶尔的配合、合作模式变成工作常态,一方面有利于互联网思维理念在整个编辑部的贯彻,另一方面则有助于融合新闻的持续产出。

在空间布局上,一种以值班总编辑为核心的办公格局流行起来,其被称为"蜘蛛网状"格局。值班总编辑的办公桌置于工作大平面的中央,多个长条桌旁边是各条线路和板块的采编人员的座位,各个负责人或主编坐在离值班总编辑最近的位置上。英国《每日电讯报》就是典型的这种办公格局。据了解,该报的布局以一张椭圆形的桌子为中心,值班主编和11个部门主编坐在这里,其他人的办公桌呈网状分布。报纸和网站的编辑一起工作,有问题随时沟通,开会时所有人都站着,各个部门都围绕着以值班主编为核心的那个中心。德国《世界报》的情况稍有不同,该报联合编辑部的面积为1000平方米,增设了"热产品"和"冷产品"区。距离值班总编辑最近的是移动终端等"热产品"编辑区,最远的是周末版报纸等"冷产品"编辑区。从"热产品"和"冷产品"的划分可以看出,编辑部已经把工作的重心向新媒体倾斜,印刷形态的报纸逐渐边缘化。

与之对应,英国BBC公司创造了"座位交错式"办公格局,它的特点是不同部门、不同岗位员工座位交错。资深编辑坐在中间,协调各个部门和世界各地的记者,其他编辑、记者围绕在其四周,一目了然,沟通、布置工作方便快捷。大多数记者和编辑的办公桌是不固定的,哪个座位空着就坐在哪里。例外的是,非洲部和中文部在另一个楼层,相对独立办公。值得一提的是,每个楼层均扩大了公共交流区域,可以边喝咖啡边讨论选题。这种办工格局有几点好处:首先,座位交错,有助于不同部门员工之间的沟通与思想碰撞;其次,座位不固定,增加流动性,避免思维和工作方式的僵化;此外,公共交流区域的扩大有利于团队合作和集体智慧的形成。①

这种"座位交错式"办公格局以新闻室的样态,减少了新闻采集难度,加强了媒体平台间的合作,有助于维持传统的媒体内部竞争。比利时VRT和挪威NRK也分别在2007年和2013年实现了新闻室的实体整合。

VRT在2007年的融合项目将所有新闻工作者(记者、技术工作者和管理人员)聚集到一个综合性的新闻室,与集中的新闻采集系统融合到一起。发展至今,编辑室的具体结构随着时间的推移发生了一系列变化:根据流程驱动的重组和整合原则,VRT建立了一个由五位总编辑组成的新型融合管理结构。整合后的供应新闻室主要根据主题组织广播、电视和互联网记者向特定媒体新闻室提供新闻,而时事新闻室则分为短节目和长节目。这样的政策在

---

① 刘滢:《"联合编辑部":国外媒体组织机构融合新趋势》,《中国记者》2014年第10期。

实施两年后,内部调查显示其存在效率低下、决策制定缓慢的弊端。VRT 将新闻室重组为三个管理人员:一个普通总编辑、一个新闻总编辑和一个时事总编辑。调查显示,大部分新闻编辑工作者认为这样的三部分管理结构更有效率。尽管如此,大部分受访者仍然认为,有太多的老板、首席和中层管理人员。2011 年年底,管理层决定取消时事和新闻之间的界限,赞成按照媒介重新划分一个部门,并保持至今。

  2006 年在 NRK 中央新闻编辑室进行的一项研究发现,实体架构和工作流程是融合发展的主要挑战。NRK 认为新闻室结构的约束性限制了合作便利性。他们认为传统的新闻室模式把办公室的电视台、收音机和网络办公桌隔开,限制了非正式沟通。为了应对这些困难,NRK 于 2013 年启动了"新闻中心"融合模式,这类似于一个中央新闻台,旨在充当所有办公室广播、电视和在线频道等所有工作流程的"枢纽"。这个新成立的中央新闻台环绕着不同平台的办公桌,来自所有平台的人员在此办公,这有利于在不同办公桌之间分享技能,具有不可忽视的协调作用。这场变革背后的主要原因是以手机为主要载体的移动媒体的飞速发展,急需将内容进行跨媒体整合。正如 NRK 起航项目负责人 Lesley Demuynck 所说:"在数字化时代,受众可以登录 YouTube 和 Facebook 等数字化视频平台,作为一个区域性的电视媒体,我们没有必要建立一个属于自己的网站。"NRK 成立中央新闻编辑室,通过资源共享,占领 YouTube 和 Facebook 等平台的热点,比起开发自己的平台,更有利于扬长避短,更节约财力、物力和人力。①

三、日本

  日本是世界上媒介发展水平最高的国家之一,也是较早、较快进行媒介融合的国家。日本的媒介管理体制与欧洲极为相似,都是采取公共事业制与市场化并行的媒介体制,但日本媒介融合的进程并没有像欧洲大多数国家一样受到政策规制的过多干预,而是基本维持了其市场化的融合路径。二战后的日本传媒业,政府的行政干预就已基本消失,取而代之的是媒介之间激烈的商业竞争。由于媒介的市场化运作程度较高,日本的民营广播和电视台在发展初期的财力支持相当程度上借助了大报纸的力量,因而形成了一种报业与广电业的特殊关系,西方国家曾经出现过的报业与广电业的对立,在日本并不明显。② 报业与广电业的这种合作关系在很大程度上促进了早期日本媒介的融合发展。广电业在借助报业财力的同时,也会与报业展开业务层面的合作,甚至会有跨媒介所有权的并购。

  在世界新闻事业史上,日本报业一直处于世界领先地位,多家报刊发行量超过千万,成为业内佳话。但近年来,面对移动互联网的发展和新兴媒体的崛起,加之人口数量下降,青少年对传统报刊逐渐失去兴趣,使得日本报业市场开始出现萎缩的趋势,不得不重新寻找出路,媒介融合自然成为首选。然而与其他国家不同的是,日本报业因其长期的积累及较强的市场稳定性,使其融合过程区别于广播电视及其他国家的报业。

---

 ① 仲心:《欧洲三国媒体融合策略对比研究——以英国 BBC、挪威 NRK、比利时 VRT 为例》,《中国广播电视学刊》2019 年第 1 期。
 ② 陈力丹编著:《世界新闻传播史》,上海交通大学出版社,2002,第 310 页。

日本媒介融合进程,首先展开的是数字化策略。日本媒体把互联网作为媒体发展的一个重要部分,嵌入媒体生产与新闻传播的各个环节中,使报纸、广播、电视及互联网之间得以高度融合。这就使得其一开始就在媒介形态上突破了对报刊、广播、电视、互联网的简单划分,彼此之间的传播及信息转换十分便利。

在报业向新媒体"借势"过程中,各大报刊纷纷建立了网站,配有专门的编辑,并开发了手机移动发行业务。同时,为了适应互联网发展要求,报社开始把内容搬上网站,但具体操作有所不同,有的报社在互联网上向用户免费全面开放,而像日本经济新闻这种大报,则采取给用户看部分内容,余下内容收费的策略。这种新旧融合的方式,在世界范围内来看,还处于比较低层次的融合阶段。

即便在当下新兴媒体迅速发展,日本报业也由于其扎实的基础以及及时跟进并把互联网作为报业发展的一部分,而尚未有太大的危机感。相比之下,日本报业在融合战略中最大优势是其数据库。在长期的积累中,日本报业有着强大的市场优势,面对互联网挑战时,日本报业与互联网有机结合,在数据库上发力,打造出了独特的优势。

比较来看,日本广播领域最突出的特点是多平台融合。首先,日本广播综合运用了网络平台、播客平台、移动平台等播放平台,以此丰富广播的内容和功能。其次,日本广播与网络社交媒体展开合作,探索高效互动模式,以此来吸引年轻受众。最后,日本广播还利用卫星、网络、智能手机等先进设备,开发多频道广播、BS 和 CS 数字化广播等形式,为受众提供更多选择,扩大广播覆盖率和普及率。①

电视方面,TBS(东京广播电视台)以新闻和电影、电视剧制作见长,在新闻方面建立了融媒体中心,组建数十人的编辑部门,其中包括技术和内容人员。融媒体中心采用全新的办公环境和开放的人员结构,工作人员 24 小时实时追踪新闻热点,并在社交网络上主动设置话题,和年轻人互动。在视频方面,TBS 凭借强大的是视音频制作实力和海量的电影、电视剧库存,打造了网络视频平台,用户可以付费模式观看综艺、电影、电视剧等。

在日本的传统媒体转型步伐中,日本电视台无疑是先锋。早在 2014 年,日本电视台就收购了当时进驻日本的美国免费视频网站 Hulu,通过其成熟的视频业务和丰富的互联网运营经验,来为日本电视台的网络化转型提供帮助。为了拓展用户,延长服务触角,Hulu 还通过购买海外电视节目首播版权,自制电视剧或网剧等形式丰富内容。Hulu 采用收费模式,用户每月只需交 933 日元,就可以观看约 30000 部版权作品。由于实行会员收费制,日本电视台在减轻版权花费压力的同时,也获得了实实在在的收益,实现了对内容、渠道、营收等全面的补充。

此外,NHK(日本放送协会)作为日本最大的广播电视机构,在国内通过四个电视频道和三套广播节目向受众提供服务。在融合发展的过程中,NHK 一直将技术作为基础和核心。2013 年 9 月,NHK 将广播电视节目和网络视频结合在一起,搭建了 Hybrid Cast 信息终端服务,在提供高清视频服务同时加入数据信息,如新闻、天气、财经类信息等。之后 NHK 将这一

---

① 尹凤先:《日本媒体融合的发展及其经验启示》,《新闻战线》2018 年第 22 期。

平台扩展到智能手机和平板电脑等移动设备上,增强互动的参与感。NHK还通过智能电视的交互式点播系统,为用户提供个性化的音视频点播服务。①

随着新媒体的兴起和发展,日本的媒介融合也进入新的阶段,媒介融合的类型不再限于传统媒体之间的重组与兼并,更多的是有新媒体参与的深层次融合,网络媒体、手机媒体等新媒体不断参与到报刊、广播电视等传统媒体的业务发展中,形成日本媒介融合的繁荣景象。

媒介融合在日本的顺利推进与媒介管理者(政府)的宽松、扶持政策是分不开的。进入21世纪后,日本政府为了改变互联网发展一度处于落后的局面,连续三次推出国家级的信息化发展计划。在短短的十年内,日本信息化发展经历了从"e-Japan"到"u-Japan"再到"i-Japan"的三次飞跃。

对日本媒体而言,信息化战略的成功既促进了互联网行业的快速发展,给传统媒体格局带来新挑战,也为媒介融合发展及融合型媒体的出现奠定了坚实基础。在其后的数字化建设及媒介融合进程中,信息化的良好基础发挥了重要作用。②

2006年1月,日本政府发布《IT新改革战略》,明确提出将"促进传媒业与通信业的结合,建设信息社会"作为日本信息化的基本政策之一。以日本发展最快的媒介融合成果手机电视为例,2007年日本政府就放开了对手机电视的管制,政策出台仅一个月,日本的手机电视用户就突破200万户。③ 手机电视业务推出后,除了开通普通的电视频道外,电视台还专门开通了手机频道,各家电视节目制作商根据手机电视的特性,推出了大量只在手机上播出的节目内容,不但使手机电视运营商赚得盆满钵满,也让各家电视台和各个电视频道获得了巨大的经济效益和品牌收益。④

日本的媒介融合除拥有政策上的优势之外,还具备技术上的雄厚实力,甚至可以说,正是得益于日本在高新技术上的独特优势,媒介融合才有了顺利向前发展的原动力和技术保障。其中,手机媒体新技术在日本媒介融合的过程中发挥了至关重要的作用。20世纪末,尤其是进入21世纪后,日本的手机媒体发展迅速,截止到2010年年底,日本手机用户数就已达1.1亿,普及率高达78%。⑤ 数量上的高速增长是与手机技术的进步与普及分不开的。日本最大的通信运营商NTT DoCoMo开发的i-Mode诞生于1999年2月22日,并迅速成为世界最成功的无线互联网服务之一。i-Mode技术能够使用户以低廉的费用上网,并且达到较高的传送速度,这使得手机媒体成为日本新闻出版业的新兴盈利平台。据日本新闻协会2004年统计,在其110家成员社中,共有包括《朝日新闻》《每日新闻》《读卖新闻》《日本经济新闻》《产经新闻》在内的42家媒体先后推出了手机报刊服务,总用户数达到3000多万人,占手机用户总数的一半之多。方便、时尚、便宜,使用这种通过手机发送信息的方式受到用户的欢

---

① 周密:《中日两国媒体融合发展现状思考》,《声屏世界》2020年第6期。
② 尹凤先:《日本媒体融合的发展及其经验启示》,《新闻战线》2018年第22期。
③ 宋向东:《美日视频业务发展概貌》,《通信世界》2009年第17期。
④ 匡文波、李一:《3G:对我国新闻媒体意味着什么》,《新闻与写作》2009年第4期。
⑤ 数据来源:日本电信运营商协会(TCA)。

迎,也为报刊的收费信息服务和媒介融合开辟了一条有效的发展途径。①

技术对日本媒介融合的推动作用不仅表现在技术创新上,还表现在技术标准的制定与统一上。日本一直是标准化研究最为活跃的国家之一,比如在 IPTV 技术标准的研究和制定上,日本就走在了世界的前列。日本不仅在国内标准化组织 ARIB、TTC 等开展标准化研究,还积极参与 ITU-T 的活动。特别是对 ITU-T IPTV 应用平台、终端和家庭网络这几个热点领域的研究都有比较集中的参与,NTT、NEC、OKI 和 KDDI 等公司在 IPTV 中间件、终端和家庭网络等方面投入了很大的精力。此外,NTT 及索尼等日本 15 家大型通信、家电、电视公司还于 2008 年成立了日本 IPTV 论坛(IPTV Forum Japan),联手制定 IPTV 标准。② 由于技术标准的进步和统一,日本 IPTV 顺利整合了互联网与广电网,获得了长足发展。

四、韩国

韩国也是一个在媒介融合领域取得显著成绩的国家。在网络媒体、手机媒体高速发展的带动之下,韩国在 IPTV、手机电视等媒介融合新兴领域处于世界领先水平,其融合进程起步早、发展快。三家韩国本地的 IPTV 服务提供商 KT、SK 宽带和 LG Uplus 的用户统计数字显示,截至 2010 年年底,韩国移动运营商和固定线路运营商提供的基于互联网的电视服务(IPTV)在推出两年后就吸引了 300 万用户,IPTV 在韩国本地电视市场的普及率达 6%。③ 在手机电视领域,2005 年韩国政府就为六家运营商分配了信道,并颁发经营牌照——据统计,2007 年,也就是韩国推出手机电视两年后,韩国本土经常使用手机电视业务的用户就已达 700 万。④

韩国之所以在媒介融合领域取得如此瞩目的成果,与其政府的扶持政策密不可分。1991 年到 2001 年,韩国政府先后制定了《文化产业发展 5 年计划》《文化产业前景 21》《文化产业发展推进计划》等,明确提出文化产业发展战略和中长期发展计划;而且在 1998 年,韩国政府正式提出了"文化立国"的方针,将发展文化产业定为基本国策。在此背景下,韩国政府加大了对文化产业中的支柱性部门——媒体产业的支持和投入。1995 年,韩国广播公司开始启动网络广播。⑤ 1997 年,韩国成立地面波数字广播促进协会,以推动地面广播的数字化。2002 年 2 月,韩国政府推出了"数字多媒体广播战略";2004 年 4 月,韩国对《广播法》作出修改,支持对广播电视技术标准进行统合,允许进行卫星数字多媒体广播。同年,韩国文化观光部发表了一项从 2005 年开始实施的五年计划,将以发达国家为中心的文化交流扩大到东南亚、中东、中南美、非洲等地区,并且明确提出要"引进和建设适合数字化环境的新文化宣传体系"。⑥ 在此背景下,韩国广播公司一方面大力推进数字音频广播技术的发展,于

---

① 赵劲:《日本手机传播及媒介融合趋势考察》,《国际新闻界》2006 年第 6 期。
② 魏凯:《全球 IPTV 发展与国际标准化动态分析》,《中国数字电视》2010 年第 1 期。
③ 赛迪网:《韩国 IPTV 电视推出两年用户突破 300 万》,http://news.ccidnet.com/art/1032/20101221/2275831_1.html。
④ 数据来源:CNET 科技资讯网,2007 年 8 月 7 日。
⑤ 康秋洁、顾月冰:《韩国广播公司的媒体融合实践》,《中国广播》2018 年第 1 期。
⑥ 吴莲姬:《韩国政府发表国际文化交流中长期政策纲领》,《当代韩国》2004 年第 4 期。

2004年9月开播了数字多媒体广播(Digital Multimedia Broadcasting,简称DMB)英语广播节目;另一方面,又着力推动传统广播业务与互联网的融合发展。在2005年,韩国广播公司与美国Factiva公司建立合作,通过其网站向海外受众提供包括英语、汉语、日语、俄语、法语、德语在内的六种语言的新闻服务。2006年,韩国广播公司开始采用多媒体信息服务技术,以WAP为载体传送视频片段、图片、声音和文字,不仅可以在手机之间进行多媒体传输,而且可以在手机和电脑之间传输。① 2009年,韩国广播公司与门户网站Naver合作,在后者的新闻页面提供KBS英语新闻界面,同时于当年10月推出了基于苹果手机的多语种广播服务、基于诺基亚网络平台的多语种广播节目,并在大韩航空的机舱内提供韩语讲座的英文广播服务。可以看到,这一时期的韩国广播公司,力促广播内容传播向着突破技术屏障和业界壁垒的融合传播方向发展。②

2010年,韩国制定了"智能韩国"(Smart Korea)的政策议程与IT战略,通过立法促进广播电视、网络和移动通信业务的融合发展,将传统广播与互联网音视频媒体的发展整体纳入政府规划和顶层设计之中,韩国广播媒体迈向数字化、网络化、智能化的轨道。③ 在这一时期,韩国广播公司的发展重心也开始向移动化、智能化转移,除了常见的播客、简易信息聚合(RSS)等播放平台外,韩国广播公司还格外重视移动应用程序的自主开发。2012年,韩国广播公司相继推出了图片操作应用程序KBS Photo Studio和升级版的生活服务类应用程序Dokdo Live。2013年,韩国广播公司又进一步推出了美食类应用程序Korean Cuisine、阅读类应用程序KBS Book等。2014年,韩国广播公司推出上线了互动广播应用程序Kong。2015年另一款综合应用平台my K.推出上线。新媒体传播产品更加丰富,网络传播服务渐成体系。④

此外,为了从政策上促进电信业与传媒业的融合,消解媒介融合的政策障碍,2008年1月17日,韩国发布《IPTV业务法》,允许固网运营商向宽带用户提供IPTV节目。该法案还明确了两点:第一,韩国的广播电视公司可提供全国性的IPTV服务,但市场占有率不得高于1/3;第二,KT等固网运营商提供IPTV服务无须另外成立下属公司。紧接着,2008年2月29日,韩国政府颁布《广播通信委员会组织法》,根据该法律,韩国对通信业及广播电视业的管制框架进行了重大调整,将原来分立的信息通信部和广播委员会合并为一个统一的管制机构——韩国广播通信委员会,负责韩国电视广播、通信和新传媒,从而解决了一系列长期悬而未决的管制问题,由于广电业和信息通信业之间的矛盾而一直没有进展的IPTV、DMB(移动数字电视)和数字电视等电视广播与信息通信相结合的整合产业将迎来新的发展契机。《IPTV业务法》与《广播通信委员会组织法》的颁行,在很大程度上理顺了监管体制,清除了融合业务发展的最大障碍。⑤

---

① 郑宏:《移动多媒体消息业务MMS内容适配技术 研究》,北京邮电大学2008年硕士学位论文。
② 康秋洁、顾月冰:《韩国广播公司的媒体融合实践》,《中国广播》2018年第1期。
③ 孟伟:《互联网+时代:音频媒体产业重构原理》,中国广播影视出版社,2015,第40页。
④ 康秋洁、顾月冰:《韩国广播公司的媒体融合实践》,《中国广播》2018年第1期。
⑤ 佚名:《韩国的融合管制机构——韩国广播通信委员会》,《通信世界》2009年第13期。

除了政策扶持外,完善的网络基础设施也是韩国媒介融合得以顺利推进的重要保障。韩国是目前宽带接入市场发展最好的国家之一,据统计,早在 2002 年,韩国的宽带用户就占到所有网络用户的 50% 左右,2008 年韩国的家庭宽带普及率已高达 95%,居世界首位,而其宽带速率高达 46 兆比特,居世界第二。① 在手机通信网络方面,据《韩国先驱报》报道,韩国未来创造科学部发布数据称,2015 年,韩国智能手机用户数达 4360 万。网络基础设施的完善给韩国媒介融合以硬件保障,成为推动媒介融合的有利条件。

在良好的政策环境和完备的基础设施促动之下,韩国运营商不断创新经营模式,这又给媒介融合带来了发展活力。以 IPTV 为例,在 IPTV 业务不断增长的背景下,韩国电信于 2010 年 2 月启动了开放 IPTV 服务。与传统的 IPTV 的封闭模式不同,在封闭模式下,韩国电信控制其全部资源,仅提供挑选过的内容和功能,而开放 IPTV 模式将所有手中资源向内容提供商和节目提供商开放。在开放式 IPTV 中,用户(包括内容和节目提供商、个人和应用程序开发商)可以自由上传、下载或者分享、交易彼此的内容和服务。韩国电信开放战略的目标在于扩大 IPTV 业务,更重要的是开发媒体生态,在开放媒体服务方面创造韩国电信和其他合作伙伴的协同性。②

五、澳大利亚

澳大利亚的媒体虽然数量并不算多,但却极具特色与创新。澳大利亚产生了两位与信息和传媒相关的世界级名人,一位是报业大亨默多克,另一位是"维基解密"创始人阿桑奇。这从一个侧面说明了澳大利亚传媒信息业的影响力和创新意识。"在互联网引发的传媒产业变革中,澳大利亚媒体人在媒介融合发展的观念革命、模式创新、技术运用、市场开拓等方面,都令人耳目一新。"③

澳大利亚媒体市场化程度高,很早就感受到数字化的挑战与冲击,传统媒体主动转变观念、创新求变,谋求融合发展、升级转型。在前互联网时代,《悉尼先驱晨报》每到周六基本上都是分类广告。广告又被称为"笼中之鸟",因为在悉尼卖车、卖房子等,分类广告必定选择登在《悉尼先驱晨报》上,所以"飞不掉"。然而现在广告无处不在,原子化、碎片化,报纸广告收入下降在所难免。据目前在悉尼科技大学媒体转型中心担任联合主任的彼得·费雷教授介绍,《悉尼先驱晨报》所在的费尔法克斯媒体有限公司,已在 2018 年被澳大利亚著名电视媒体九号娱乐公司九频道收购,而九频道收购该公司,并非看上这份 177 年历史的古老报纸,而是看上了该公司的两块业务,一是流媒体电视,二是分类广告网站,报纸本身是随物"赠送"的。据悉尼科技大学媒体转型中心的统计数据,2008 年以来,澳大利亚有 106 家报纸停刊;在过去 5 年间,新闻出版业有 1/5 的工作岗位被裁减。另外,澳大利亚新闻从业者薪酬偏低,澳大利亚业界人士自嘲道,现在是"新闻的旺季、营收的淡季"。因此,尽管没有把媒介融

---

① 数据来源:Strategy Analytics,http://www.cnbeta.com/articles/87102.htm。
② 宋旼真:《韩国 IPTV 的发展现状及未来展望》,《三网融合的国际经验与中国路径——第八届亚洲传媒论坛论文集》,2010 年 11 月。
③ 崔士鑫:《重塑传播力:澳大利亚媒体融合发展的探索和启示》,《中国出版》2020 年第 9 期。

合上升为国家战略,澳大利亚媒体人拥抱新媒体的心情仍十分迫切,认为"不调整,就是死路一条"。所以澳大利亚媒体人得出的共识是:今后媒体的一切功能都将在网上汇集。悉尼科技大学等也专门成立媒体转型中心,对媒体转型进行研究。

澳大利亚媒体数量规模较小,但麻雀虽小、五脏俱全,尤其在媒体转型与创新上"八仙过海",各有特色,颇有创意。总体而言,重在实施跨媒体形态经营,重视媒体内容吸引力,强调做好基础内容、中心内容、独家内容,高度重视利用社交媒体,创新新闻的叙事与呈现方式,提升传播力、影响力,进而在经营上也不断拓展与媒体核心竞争力相关的新项目、新领域。澳大利亚在传统媒体时代,根据《1992广播服务法案》中限制媒体垄断条款即所谓"三分之二条例"规定,个人或机构不能在同一市场同时拥有及控制影响力较大的广播电台、电视台和报纸三类媒体执照中的两类及以上。而在2017年,这一规定取消,九频道闻风而动,加速融合,并购了老牌媒体费尔法克斯集团,成为横跨电视、网络媒体、印刷媒体、数字媒体的澳大利亚最大的全媒体集团,观众覆盖率接近全澳人口的50%。其他许多媒体也针对互联网冲击进行改组和拓展新业务。如有的把一般行政管理包括财务以及技术外包,把更多资源、更多精力用于做新闻,组建新闻调查团队,强化深度报道。有的针对一些专业性机构如旅游公司、政府部门或专业体育机构等的需求,精准服务,为他们制作共享软文推广,相比于机构自行制作,质量高、花费少。有的利用了解本地新闻和熟悉澳大利亚历史文化等专业优势,帮助脸书等全球性社交媒体平台进行内容资讯审核等。由默多克之父创办、已有85年历史的澳大利亚联合新闻社(澳联社)虽因通讯社主业严重萎缩难以为继,但致力于不断挖掘新闻数据的价值,比如金融数据、赛马数据等,出售给一些数据公司,还利用大数据为一些公司做受众或用户情绪分析,一度为公司艰难运营提供了一定支撑。

此外,澳大利亚媒体对新技术的应用比较敏感,包括运用人工智能进行新闻采集、分发、反馈等,比如用机器人撰写赛马新闻。同时他们更为注重从受众需求出发,开发和运用新的传播方式。例如播客是澳大利亚增长最快的新媒体平台,许多澳大利亚人喜欢通过这种网络广播或类似的网络声讯节目收听新闻与时政相关的内容,方便在开车、运动、做家务等许多场合使用。澳大利亚媒体普遍开设播客,并要求采编人员熟练掌握播客的运用,便于在新闻和其他文章中插入播客音频供用户听取。有的媒体还专门为公司机构如银行等的网站制作播客音频以播报相关新闻信息。除了场景化运用方便快捷,许多人喜欢听播客是因为声音听起来更亲切,因此有的媒体会根据用户喜好和使用特点,运用人工智能合成的声音,精准放送。

澳大利亚媒体较早重视对慢直播传播方式与相关素材的运用。有的媒体如ABC电视台专门在一些受众关注的重要地点如悉尼歌剧院、海港大桥等安装摄像头,随时捕捉新闻和受众关注的场景。为了方便受众观看和互动,一些媒体还运用三维(3D)场景技术,讲述新闻故事或拍摄纪录片。比如"特别节目广播事业局"(Special Broadcasting Service,简称SBS,俗称"民族台")电视台在报道土著人聚集的雷德芬(Redfern)社区时,首先为受众提供了整个社区的3D场景,受众可以选择在某一条街道上行走,如果想了解哪所房子的故事或相关信息,就可以点进去观看和收听。这种整合了多媒体技术,融音频、视频、文字等于一体的叙事报道方式,很受用户欢迎。

目前澳大利亚的数字化媒体按新闻体量排名,除了排在第一位的默多克旗下的"News.com.au"网站,紧随其后的数字化大集团都自传统媒体转型而来,分别是 ABC、九频道、七频道,在一定程度上,反映了澳大利亚媒介融合的良好发展趋势。澳大利亚人的媒体娱乐生活多以家庭为中心,由于晚上 9 点前中小学生都会按要求早早入睡,在此之前,不少人有全家会聚在一起看电视的习惯,因此澳大利亚占广告份额最多的仍是电视。广播的收入增长也比较平稳,增长主要来自新媒体形态的播客和自选点播业务。尽管受新媒体的冲击最大,融合发展举步维艰,澳大利亚的报业转型也已初见成效。根据澳大利亚新闻媒体公司调查,澳大利亚报纸的数字化收入,2009 年只占总收入的 9.7%,2019 年已达到 30%,说明报纸已开始适应数字化时代的挑战。这其中,报纸的订阅付费增长较快,成为报纸收入增长的新来源。该公司另一个调查数字则显示,有 94% 的澳大利亚人认为把时间花在看媒体上面是值得的,澳大利亚消费者对新闻媒体(机构媒体)的信任度最高。因此澳大利亚学者认为,在新媒体时代,想看新闻的人并没有减少,只是改变了打开阅读的方式。除了 ABC、SBS,澳大利亚的媒体基本上完全面向市场,缺少政府的有力支持与政治社会等资源,其经营收入与数字化收入增长都较有说服力地表明,传统媒体的转型有一定的受众基础和消费支持,媒介融合有较为光明的前景。[①]

第二节 媒介融合在中国的发展

中国的媒介融合从开始萌芽到今天,已经经历了几十个年头。就其发展过程来看,国内的媒介融合在经历了早期传统媒体之间的组合、新旧媒体的竞争博弈以及传统媒体"借壳"新媒体等阶段之后,正在逐渐步入新旧媒体共融共生的深层融合阶段;各媒介之间由简单的单一层面的融合,逐渐向兼具技术融合、内容融合、组织融合及主体融合的综合性、立体化融合阶段迈进。

根据国内媒介融合的发展程度和主要发展路径,我们可以将其划分为三个发展阶段:组织与博弈阶段,即不同媒体间的组织和竞争;改造与转型阶段,即传统媒体的升级和融合媒体形态的涌现;共融与深融阶段,即不同媒体的一体化发展及深度融合发展。需要指出的是,这几种不同的融合路径虽然分别出现在媒介发展的不同阶段,在发展路径上大致具有前后相承的关系,但各路径之间并没有严格的时间界限,甚至是重叠交错的。

一、组合与博弈

(一)组合

从 20 世纪 90 年代中期开始,随着我国社会主义市场经济体系的逐步确立,媒介开始走

---

① 崔士鑫:《重塑传播力:澳大利亚媒体融合发展的探索和启示》,《中国出版》2020 年第 9 期。

向市场,越来越多的媒体开展企业化经营和市场化运作,并开始进行产业化操作。在这种情况下,各种大大小小的媒体层出不穷,其数量呈爆炸式增长,报纸从1980年的382家增至90年代中期的2000余家,电台由80年代初的114座猛增至90年代中期的1200座左右,电视台则由80年代初的80多家增至3000余家(包括无线台970余家,有线台1200余家,教育台1000家左右),增幅少则十余倍,多则数十倍。① 由此导致的媒介(主要是传统媒体)竞争也日趋激烈,媒介集团化道路也便被提上我国媒介发展的日程。一方面,在日益开放的市场面前,媒介自身逐渐认识到以往单个媒介单打独斗已经不能适应激烈竞争的市场,只有与其他媒介进行合作甚至重组、并购,才能够实现资源的优化配置,在与其他媒介的"抱团"经营中壮大自身竞争力,共同增强抵御市场风险的能力;另一方面,面对日益增多的媒介实体,政府也希望通过集团化的手段进行统一管理,推进媒介由行政化的粗放式经营向市场化的集约式经营转变,以消解日益增多的媒介经营成本和管理成本。因此,在市场化和产业化的推动下,由我国政府主导的集团化改革成为我国媒介融合早期发展的主要表现形式。

1996年,中宣部批准《广州日报》成为我国第一个报业集团试点单位,由此拉开了我国媒介集团化改革的序幕。广州日报报社组建成为广州日报报业集团之后,在国家政策和财政的扶持之下,对原有资源进程优化整合,以原有的主报《广州日报》为核心,发展并壮大了一系列报纸和杂志。集团化改革之后的广州日报报业集团不断调整工作流程,使报业生产流程科学化、规范化,基本实现了报业生产10多道工序的有效整合和无缝连接,如自主开发建设了全数字化一体化的跨媒体新闻信息综合业务管理平台,实现了报纸出版过程的一体化、自动化和可视化。新媒体兴起之后,报业集团又积极融入新媒体,促进了新旧媒体的高效整合。到2002年年底,广州日报报业集团已拥有1张主报、12张系列报、4家杂志社、1家出版社、1个网站。媒介之间的集团化运营也让整个报业集团大大增强了综合实力,截至2002年,广州日报报业集团的总收入达18亿元,总资产44亿元,所有者权益33亿元。②

从1996年到2001年,除了《广州日报》外,国内媒体在政府力量的引导下基本完成了集团化改革,各大报业集团、广电集团如雨后春笋般在全国各地涌现。1999年发布的信息产业部、国家广播电影电视总局《关于加强广播电视有线网络建设管理意见》和2001年发布的《中共中央宣传部、国家广电总局、新闻出版总署关于深化新闻出版广播影视业改革的若干意见》是我国进行媒介集团化改革的两个纲领性文件,文件指出:"按照专业分工和规模经营要求,运用联合、重组、兼并等形式,组建一批主业突出、品牌名优、综合能力强的大型集团,推动产业结构、产品结构、组织结构、地区结构调整,促进跨地区发展和多媒体经营,提高产业集中度。"在政策扶持之下,一批有实力的媒介集团迅速崛起,南方报业传媒集团、羊城晚报报业集团、上海文广传媒集团、文汇新民联合报业集团、光明日报报业集团等著名传媒集团都是在这一时期发展起来的。截止到2003年年初,我国共经批准成立了69个传媒集团,其中包括38个报业集团、13个广电集团、1家期刊集团、9个出版集团、5个发行集团和3个

---

① 李良荣、林晖:《垄断·自由竞争·垄断竞争——当代中国新闻媒介集团化趋向透析》,《新闻大学》1999年第2期。
② 数据来源:大洋网。

电影集团。① 这些传媒集团大多是传统媒体之间进行合并与重组的结果,是传统媒体面对日益开放的市场环境而做出的战略调整。

以媒介集团化为主导的媒介融合,标志着我国传媒首次从孤立的个体竞争走向媒介联合。但需要指出的是,这种整合经营实质上是以组织融合和业务流程融合为表征的初级层次的融合形态,它"仅仅强调单一媒体在数量上和规模上相加的物理效应,并没有发生理想的融合效应"。② 此外,这种依靠政府力量主导的集团化改革,行政化色彩过于浓厚,缺少了媒介融合应有的市场原动力,融合过程存在机械、松散的缺陷。

(二)博弈

20世纪90年代末,尤其是进入21世纪以后,以网络媒体和手机媒体为代表的新媒体迅速崛起,这在改变整个媒介生态环境、将中国带入新媒体时代的同时,也使我国媒介融合得以进一步向前发展。媒介融合开始走出传统媒体之间简单的兼并重组,与新媒体展开互动,其融合形式进一步丰富。

新兴媒体的增长在很大程度上改变了媒介生态环境,传统媒体一贯的优势和主导地位开始遭到动摇,其既有优势逐渐削弱,受众规模降低,广告市场萎缩,生存空间受到挤压,生存和发展面临强烈的威胁。以报纸为例,2005年,在网络媒体迅速崛起并抢占市场的情况下,我国报业出现了集团化、市场化改革以来的首次经营危机,广告增长率持续下跌,年轻读者流失,市场萎缩。据市场研究机构监测,自2005年3月之后,国内报业的月度同比增速逐月降低,6月份的增速已不到3%,2005年上半年全国报刊广告额仅增长7.08%,考虑到广告刊例价格上调的因素,这样的增长实际上等于是负增长。另据中国人民大学传播媒介管理研究所的抽样统计,国内报业集团于2005年上半年营业额大幅度下滑,广告实际收入大都下跌10%~30%,跌幅在40%以上的也为数不少,平均跌幅超过15%;多家过去经营状况良好的报业集团和报社出现亏损。大量调查事实表明,不但报刊行业的增速已经全行业大面积下滑,广播电视的广告收益也面临极大的难题,并即将进入衰退期。然而,新媒体却迎来了春天。艾瑞市场咨询推出的《2004年中国网络广告研究报告》显示,2004年中国网络广告市场规模已达到19亿元,较2003年增长75.9%。③ 在这种情况下,传统媒体与新媒体一度形成了一种对立竞争的关系。在新媒体的冲击下,传统媒体开始寻找新的出路,并最终走向与新媒体的融合之路。

从内容角度来看,1998年,民营商业网站新浪成立,虽然没有媒体资质,但转载新闻、做内容却是"准媒体"业务。2000年,新浪、搜狐、网易登陆纳斯达克,三家公司的共同特点是:民营资本、风险投资、创投证券版是资本源头;市场是其运作的核心导向;从"准媒体"起步,充分利用网络超强的渠道能力,拓展邮箱、音乐、商城、游戏等新业务——其实质是一种平台服务,虽然没有传统媒体背景,但转载集聚时政新闻、丰富体育娱乐新闻、发掘用户创造内

---

① 中国传媒集团发展报告课题组:《中国传媒集团发展报告》,湖南教育出版社,2004。
② 蔡琪、吴晓珍:《从媒介融合看我国媒介融合的未来发展走向》,《大众传媒》2008年第2期。
③ 吴海民:《报业的未来走势和〈京华日报〉的战略选择》,《今传媒》2005年第12期。

容,以边缘渗透步入"准媒体"行列,成为中国新媒体的典型代表。

中国传统媒体改革进程中,民营的广告、出版、影视制作等公司依附于国有垄断性媒体渠道,属于增量改革,但无法对国有存量媒体产生撼动性影响。在新媒体领域,网络终结渠道垄断,增量性的民营网络对国有传媒体系产生巨大冲击。一方面,传统媒体正经受新媒体替代性竞争;另一方面,传统媒体网站与民营网络展开正面市场竞争,民营网络在融资机制、网络技术、运作手法等方面更加顺应了新媒体产业规律,迅速取得市场领先,并紧跟不断发展的新媒体技术快跑,强者恒强效应显现。

2000年11月7日,国务院新闻办公室与信息产业部联合颁布的《互联网站从事登载新闻业务管理暂行规定》明确:经审核批准的新闻单位网站和具备相应资质并经审核批准的非新闻单位网站是网络新闻的登载主体。这实际上是为传统媒体向新媒体延伸和民营网络从事"准媒体"业务打开了绿灯。同时明确,民营网络不得从事时政新闻采写,肯定(鼓励)民营网络与新闻单位合作,从事新闻转载业务。这对具有强烈意识形态属性的网络新闻进行了必要规范,为中国网络赢得了发展机遇。[①]

在新旧媒体为争夺市场而展开竞争的同时,传统媒体之间的竞争也没有停息,这在媒介集团之间体现得最为明显。举例来说,2000年,仅在南京市就存在着《新华日报》和《南京日报》两大报业集团,共有《新华日报》《南京日报》《扬子晚报》《南京晨报》《现代快报》《金陵晚报》等六家日报和都市类报纸,一个省会城市集结了四家目标读者群、广告主趋同的都市报,再加上定位相近的两家日报,可见竞争之激烈。这种同质化的竞争形势一方面使得媒介集团之间不断兼并重组,增进了媒介集团的市场活力;另一方面也在很大程度上消解了传统媒体面对新媒体的竞争优势,使传统媒体单纯依靠自身实力无法与新媒体竞争,从而促进了传统媒体进军新媒体,借助新媒体技术改变不利处境。

二、改造与转型

在经历了与新媒体对立竞争的惨败之后,传统媒体开始意识到与新媒体合作的必要性。新媒体凭借数字技术等新技术,完全颠覆了传统媒体旧有的单向线性的信息传播方式,转而以个性化、交互性、多媒体的传播方式"取悦"用户,这种天然的优势是传统媒体无论如何也无法比拟的。传统媒体只有进军新媒体,与新媒体展开合作,借助新技术实现自身经营方式的转型,才能使自身走出困境。与此同时,新媒体也开始重新界定和衡量传统媒体在整个媒介生态格局中的地位和作用,借用传统媒体在内容、营销等方面的优势拓展传播业务。这一阶段的媒介融合开始逐步走出媒体或传媒集团之间在浅层次合并重组的状态,转而向以数字技术为技术平台的媒介边界消解的深层次融合状态转型过渡。

(一)传统媒体的数字化和网络化改造

在我国,传统媒体与新媒体的深度合作首先表现在传统媒体对新媒体技术的使用和改

---

① 于正凯:《技术、资本、市场、政策——理解中国媒体融合发展的进路》,《新闻大学》2015年第5期。

造上,最主要的就是传统媒体在内容生产制作流程上的数字化。

在报业领域,报业的数字化,一是指利用数字技术改造报业本身传统的生产方式,包括印前、印刷、发行、管理等各个环节,包括建设新闻信息通信系统、新闻采编作业计算机网络系统、新闻资料数据库系统、新闻电子出版系统、新闻信息因特网发布系统、办公自动化系统和内部基础网络系统等;二是利用数字技术"重塑报纸出版业的行业边界和业务形态,推动多元传播格局下报纸出版方式和报业经营模式的转型,实现报业核心竞争能力与信息网络传播技术的深度融合"。① 从1994年到2001年,全国建成采编流程业务系统的报社有近300家,许多报业集团都建立了采编流程业务系统,其中的一些还是示范项目,如广州日报报业集团从1999年到2002年投资1.2亿元人民币,逐步建立起集新闻采编、组版、报纸出版发行于一体的"广州日报新闻业务综合管理及公众信息服务平台"。该信息服务平台是广州日报报业集团新闻业务综合管理、公共信息发布和客户服务的系统平台,它实现了从新闻采编、组版到报纸出版发行、广告销售、企业管理、网上媒体、电子商务以及公众服务全过程的一体化、信息化,规范了企业的生产、管理和公众客户服务,提高了企业的生产和服务效率。②

在广播电视领域,节目生产制作的数字化、网络化是广播电视业对新媒体技术主动吸收利用的表现,是数字技术和互联网技术在广播电视上的新应用。所谓广播电视的数字化,是把多种多样的数字信息资料转换成一系列数字脉冲信息(如二进制编码)进行播放、传输和接收,接收后再把它还原成原来的信息;广播电视的网络化则是指以现代信息技术和数字电视技术为基础,以计算机网络为核心,实现电视节目的采集、编辑、存储、播出交换以及相关管理等辅助功能的网络化系统。网络化是建立在数字化基础之上的,只有数字化普及到一定规模,网络化才具备实际意义。广播电视数字化、网络化是广播电视参与媒介融合的最主要方式,实际上涵盖了从广电节目拍摄制作、集成、播出、网络覆盖以及营销管理等完整的系统环节,而节目生产制作的数字化和网络化则是这一融合过程的初始阶段。在我国,广电的数字化、网络化由广电总局统筹领导,而广播电视节目制作的数字化则由各媒体或媒介集团进行具体操作。早在1995年,中央电视台就已经建立起我国第一个数字演播室、后期制作机群和数字播出系统,到2007年,中央电视台已经全面实现了节目制作的数字化,包括所有的演播室、后期制作机房、转播车和播出系统、主控系统,包括传输系统,在网络化这方面,中央台建立了300多个站点、180多个精编站点的新闻共享系统。2005年,我国省级以上广播电台、电视台基本实现采、编、播数字化和节目传输、交换网络化。

在传统的广播电视领域,数字化和网络化的浪潮也逐渐开始超越内容生产制作的单一环节,向系统的数字化与网络化转型,开始涵盖从广电节目拍摄制作、集成、播出、网络覆盖以及营销管理等完整的系统环节。IPTV便是这一转型的主要成果。

我国IPTV发展至今,已经走出实验期和概念导入期,正在商用推广的道路上曲折前行。2004年5月,中国网通与IDG等合资组建的"天天在线"公司获准成为国内首家播放视频节

---

① 闵大洪:《加速驶上快车道,中国数字报业大潮方兴未艾》,《市场报》2006年8月21日。
② 曾凡斌:《我国报业集团数字化实践的探索与思考》,《中国编辑》2007年第4期。

目的宽带门户网站。天天在线网站摒弃了以文字为主的传统内容模式,代之以数字音频和视频服务,已具备IPTV业务模式的雏形。随后,中国电信也推出了类似的音视频网站——互联星空,开始IPTV业务的初步尝试。从2005年开始,我国IPTV业务进入市场培育期。这一阶段IPTV运营商开始在少数地区试点的基础上进一步向更大范围拓展,明显地呈现出全国性IPTV市场的发展趋势。这一时期,国家对IPTV的政策限制逐渐放开,政策环境越加宽松。IPTV继续在发展中探索成熟的运营模式,其产业链也继续拓展完善。2009年4月10日,国务院公布《电子信息产业调整和振兴规划》,首次明确提出"支持IPTV(网络电视)、手机电视等新兴服务业发展"。2009年5月19日,《关于2009年深化经济体制改革工作意见》中,首次对广电和电信的双向进入问题做了明确指示,要求"落实国家相关规定,实现广电和电信企业的双向进入,推动'三网融合'取得实质性进展"。2010年1月13日,国务院常务会议正式决定推进三网融合,广电被允许可以经营增值电信业务和部分基础电信业务、互联网业务;电信则将可以从事部分广播电视节目生产制作和传输。鼓励广电企业和电信企业加强合作、优势互补、共同发展。2018年,国家广播电视总局批准中国移动开展IPTV传输服务,中国移动用户可以依照国家广播电视总局的相关规定,通过IPTV体验直播电视、时移电视和视频点播等服务。可以说,国家政策的开放为IPTV的长足发展提供了极好的机遇。

(二)传统媒体转型推动新融合形态涌现

在传统媒体利用新技术进行改造升级的同时,新旧媒体的融合也逐渐深入,这充分地表现为由新旧媒体融合而产生的新媒体形态的蓬勃发展。网络报刊、手机报刊、网络广播电视、手机广播电视、数字电视、IPTV等新兴媒体形态在我国的迅速崛起,给媒介融合以最好的诠释。

1997年到1999年,我国报界形成了第一波上网潮,《人民日报》《光明日报》《中国贸易报》等报纸纷纷"触网",多数报纸网站或网络报纸在经过互联网经济泡沫的洗礼之后,开始显示出其持续发展的实力。2000年以后,我国网络报纸开始突破纸质报纸的局限,转而以网络为基点,充分利用网络媒体的优势开展信息服务,并向信息深加工方向发展。

1996年12月,广东人民广播电台建立网站,通过互联网播出节目,这标志着我国网络广播的正式诞生,同时也意味着我国广播媒体在与网络媒体融合的进程中迈出了崭新的一步。1998年8月,中央人民广播电台注册开通了中央人民广播电台网站,并于2002年1月正式更名为"中国广播网"。中国广播网共设有新闻、财经、体育、旅游、教育、军事等37个专业频道和400多个栏目,同时以流媒体音频广播技术支持中央人民广播电台9套节目网络直播、270多个栏目在线点播的服务。时至今日,我国所有的广播电台都已开设了网络广播。

伴随着手机的发展,以移动媒体为基点的媒介融合新形态也竞相涌现。在这一过程中,手机报成为我国媒介融合在该阶段的特色化产物之一。2004年7月,《中国妇女报》与北京好易时空公司联合推出了《中国妇女报·彩信版》,每天在第一时间将该报的新闻图文以彩信的形式发送到定制用户的手机上,这成为国内第一家真正意义上的手机报。随后,《人民日报》《广州日报》《羊城晚报》等各大报纸纷纷推出自己的手机报,到2008年,中国移动的手机报用户已超4000万户,绝大多数党报和都市报都已与运营商合作开办了手机报。除了手机报外,手机杂志、手机小说等其他以手机为阅读载体的手机出版物也迅速兴起并发展。据艾瑞咨询的数据显示,2007年手机出版物是增长最快的数字出版分支,增长幅度达300%。至于手机广播电视,2003年我国首次出现了手机广播业务,但由于受到节目形式、内容以及资费等诸多因素的限制,我国手机广播的发展一直举步维艰。据统计,2008年我国手机广播的普及率仅有3.5%。① 2003年博鳌亚洲论坛期间,手机电视业务初登中国舞台。作为通信网络与数字广播网络融合的产物,手机电视的发展得到了电信运营商和广电集团的大力支持,呈现出较强的产业增势。

2011年当门户网站已经沦为"传统媒体"时,智能手机席卷而来引发传播格局重新布局,门户网站率先把传播重心偏移到移动网络领域,商业移动新闻客户端顺势而生。网易、搜狐、新浪、腾讯纷纷推出特色各异的新闻客户端,经过三年多左右的"争斗讨伐"四大门户基本占据了移动新闻阅读市场的绝大部分份额。传统报纸在2014年年初才发力移动客户端,从中央媒体到省级、地方及媒体都在推出新闻客户端,试图搭上移动互联时代的末班车,为完成各自的媒介融合战略添上最后的一环。从6月份开始,传统报纸掀起转型高潮,《人民日报》、新华社、《解放军报》等全国性大报与社推出新闻客户端,褒巧新闻、浙江新闻紧随其后。虽然传统报纸的移动客户端还不能与商业新闻客户端比拼,但其投入移动互联网蓝海的姿态让人欣慰,今后的移动新闻客户端市场竞争将更为激烈,伴随中国版权制度的完善,传统报纸的移动客户端的内容优势会愈加凸显,移动新闻阅读市场将迎来新一轮的重组与整合。②

三、共融与深融

随着技术的进步和媒介产业的发展,我国的媒介融合也日趋深入,媒介融合逐步摆脱平面化和单一化的藩篱,转向系统化和立体化。各种不同媒介之间的边界趋向于消解,各媒介正在实现共融。媒介共融趋势的加速与我国"媒介融合"国家战略的提出有着密不可分的关系。2013年,"媒体融合"被首次在党和国家领导人的公开讲话中提及,并成为我国全面深化改革决策的重要内容之一。2014年8月18日,中央全面深化改革领导小组第四次会议审议通过了《关于推动传统媒体和新兴媒体融合发展的指导意见》,对媒体融合发展问题作了全面阐述,明确了理念、路径、目标任务和总体要求。这为传媒界特别是主流媒体在新形势下推动媒介融合发展提供了重要指向。

在平台建设方面,主流媒体已经通过合作入驻的方式,完成了"两微一端"平台的布局。据人民网的调查数据显示,截至2018年5月,全国68.7%的党报拥有官方微博账号,76.4%的党报开通了微信公众号,超过70%的党报入驻或建设了新闻客户端。2018年6月11日,人民日报社新媒体中心就推出了全国移动新媒体聚合平台——"人民号",吸引包括媒体在内的多种主体入驻。在地方媒体中,"津云"新媒体集团整合《天津日报》天津网、《今晚报》

---

① 中国互联网信息中心(CINNIC):《中国手机媒体研究报告》,2008年12月。
② 常宝宝:《传统报纸向移动新闻客户端转型的路径选择》,山西大学2015届硕士学位论文。

今晚网以及《天津日报》微博、微信等资源,组建起了"新闻+政务+服务+互动"的融媒体平台,形成了覆盖1400万用户的生态型媒体平台。①

2020年9月,中共中央办公厅、国务院办公厅印发了《关于加快推进媒体深度融合发展的意见》,并发出通知,要求各地各部门结合实际认真贯彻落实。《意见》从重要意义、目标任务、工作原则三个方面明确了媒体深度融合发展的总体要求,要求深刻认识全媒体时代推进这项工作的重要性、紧迫性,坚持正能量是总要求、管得住是硬道理、用得好是真本事,坚持正确方向,坚持一体发展,坚持移动优先,坚持科学布局,坚持改革创新,推动传统媒体和新兴媒体在体制机制、政策措施、流程管理、人才技术等方面加快融合步伐,尽快建成一批具有强大影响力和竞争力的新型主流媒体,逐步构建网上网下一体、内宣外宣联动的主流舆论格局,建立以内容建设为根本、先进技术为支撑、创新管理为保障的全媒体传播体系。②

中国的媒介融合格局自此走入深度融合阶段,加快构建全媒体传播体系成为重要目标。首先,作为深入融合的目标指向,全媒体传播体系应该是具备较大规模的,即这一体系要足以覆盖社会主要传播空间和传播人群,并协同高效地运行;其次,全媒体传播体系的媒体主体应以全媒体为主,落后的媒体产能都已淘汰,阻碍信息高效生产和流通的机制也被清除,主流媒体均已转型为新型主流媒体;再次,作为一种传播体系,体系内的基础设施、参与主体、生产要素和产品服务等体系构成之间不应是孤立的,而是应建立起资源集约、结构合理的联系机制,从而保障全媒体传播体系正常运转;最后,全媒体传播体系也不应是社会体系的孤立一员,而要积极嵌入、融合于社会政治体系、经济体系和文化体系等社会体系之中,最大限度发挥全媒体传播体系促进社会发展的强大力量。③

由一个技术概念发展为一项国家战略、由市场自发转变为行业自觉、由融合进入到深度融合,媒介融合获得了更多的发展动力。传统媒体的新媒体拓展、民营网络的市场探索、政府智慧的顶层设计,三者互动,我国从中央到地方各级传媒未来发展的路径更加清晰了。

第三节 "中央厨房":中国特色的媒介融合发展模式

体制的不同导致模式的差异,中国的媒介融合经过多年发展,逐渐形成了特色鲜明的发展模式——依托建设"中央厨房",着力推进媒体转型。"中央厨房"一度成为国家重视且大力支持的媒介融合发展模式,越来越多的媒体参与"中央厨房"建设。本节将从概念、发展历程、类型、典型案例和问题等角度对"中央厨房"模式进行分析。

一、媒体"中央厨房"的概念

"中央厨房"原指一些连锁餐饮企业集中采购、集约化生产半成品或成品的生产场所。

---

① 黄楚新、刁金星:《全媒体时代新型主流媒体建设的顶层设计与路径选择》,《中国出版》2019年第15期。
② 《中办国办印发〈意见〉加快推进媒体深度融合发展》,《人民日报》2020年9月27日。
③ 宫承波、孙宇:《习近平总书记关于媒体融合重要论述的演进脉络及目标指向》,《中国出版》2021年第3期。

经"中央厨房"生产处理的半成品或成品,再配送到各个连锁店进行二次加工或配菜组合后进行销售。根据测算,餐饮业采用"中央厨房"比传统的配送要节约30%左右的成本。① 媒体借用了"中央厨房"的概念,指的是采集同一个内容素材进入全媒体数据库,媒体内各类传播渠道、子媒体根据需要对这些素材进行二次加工,生产出各种形态的新闻产品;最后,按照介质特点、传播速度、传播需要,通过多种媒介逐级发布、传播。通过内容的集约化制作,实现新闻信息的多级开发,以提高传播效果,节约传播成本。广州日报报业集团的中央编辑部运作较有代表性,其理念表述为:"统一指挥,统一把关""滚动采访,滚动发布""多元呈现,多媒传播"。②

"波纹理论"被认为是媒体"中央厨房"的理论基础。该理论认为,在全媒体背景下,新闻事件的发生就像投石入潭,不同传播终端的报道应该像潭中激起的水波纹一样,一圈一圈荡漾开去,形成一个层次鲜明、结构完整的报道体系。这一理论的创立者是美国道琼斯集团,其运作模式是:某新闻事件发生后,由道琼斯通讯社首发,提供第一次服务;随后,旗下的华尔街日报新闻网站、CNBC电视台、道琼斯广播电台、《华尔街日报》等相继出场,展开侧重点不一的详细报道;此后,接力棒交到旗下财经杂志《财智月刊》手中,为读者进行深度解读;最后,所有报道进入道琼斯商业数据库,向用户提供有偿检索服务。这样,同一新闻事件就以不同样式,在不同媒介和终端中反复使用、传播,满足了用户不同层次的需求。③ 随着"中央厨房"实践在中国的发展,中国各类"中央厨房"模式本土化特色越加明显,已成为具备中国特色的媒介融合发展模式之一。

二、"中央厨房"的发展历程

早在2005年,南方报业传媒集团就提出构建"新闻数码港"设想,由于当时条件不具备并未付诸实践。广州日报报业集团于2007年6月设立"滚动新闻部",此举在国内尚属先例。滚动新闻部负责报纸、手机和网站三个部门的联动发稿,该部门员工大部分的工作都在催促记者将刚写好尚未见诸报纸的稿件发来滚动新闻部,经由部门员工简单编辑过的新闻,就是手机和网站上面即时滚动的新闻。尽管这样的做法现在来看有些粗劣,但在当时却走在媒体转型的前沿,可以称得上是最早的"全媒体平台"。④

2007年年底,烟台日报传媒集团的"全媒体集团、全媒体平台、全媒体记者"三大理念及实践成型,其中的"全媒体平台"也即"全媒体数字采编发布系统",由全媒体记者采集同一个素材,包含文字、图片、音频和视频等,然后将这些素材放入全媒体数据库进行二次加工和编辑,成为新闻半成品,最后由各子媒体各取所需,并对新闻半成品再次深加工成各种形态的新闻产品呈现。这种全媒体操作模式初步实现了一次采集、动态整合、多个渠道、多次发布

---

① 许庆生:《浅谈大众餐饮中央厨房的精细化管理》,《当代经济》2015年第2期。
② 程征:《〈广州日报〉滚动新闻部的运作机制》,《中国记者》2009年第8期。
③ 陈韵强、赵亚光:《中央厨房:媒体融合视域下城市广电的新闻生产体制建设》,《中国广播电视学刊》2015年第10期。
④ 刘晓萍:《国内新闻中央厨房模式探究》,浙江传媒学院2017届硕士学位论文。

的传播。其核心与现在"中央厨房"的理念基本一致。

随后,许多媒体集团对"中央厨房"的探索此起彼伏。包括解放日报报业集团、浙江日报报业集团、宁波日报报业集团、北京日报报业集团、南方日报传媒集团、洛阳日报报业集团等,都有类似于"中央厨房"的尝试;但这些"中央厨房"模式的采编平台,由于种种原因,基本上在2010年之后逐渐淡出人们视野,一些曾经使用过的报社也都弃之不用了。[①]

2014年,媒介融合成为潮流和趋势,"中央厨房"的理念被重新积极付诸实践。2014年10月30日,成都传媒集团数字采编中心运营,12月1日广州日报报业集团在原来"滚动新闻部"基础上创新成立了"中央编辑部"。更为著名的案例是2015年3月"两会"期间,人民日报社、南方日报传媒集团先后启动了"中央厨房"来报道"两会"专题,特别是人民日报社的"中央厨房"还积极向其他媒体供稿。2015年7月,新华社的"中央厨房"也揭幕运行。

2017年1月5日,时任中共中央政治局委员、中央书记处书记、中宣部部长刘奇葆出席推进媒体深度融合工作座谈会。在座谈会上,刘奇葆强调:"推进媒体深度融合,要重点突破采编发流程再造这个关键环节,以'中央厨房'即融媒体中心建设为龙头,创新媒体内部组织结构,构建新型采编发网络。"此后,中国媒体进入了"中央厨房"大发展期,从中央到各省、地、市媒体,甚至一些地方宣传部门,都开始积极建设运营"中央厨房"式的采编系统。

如今,我国媒介融合发展已进入深水区,"中央厨房"作为媒介融合的"标配",在各级各类媒体都得到了较为充分的发展。虽然在具体实践中有所不同,但"新旧融合、一次采集、多种生成、多元发布、全天滚动、多元覆盖"是基本共识。

三、"中央厨房"的类型和典型案例

随着"中央厨房"模式的日趋成熟,其适应于不同范围、满足于不同诉求的个性化特点也逐渐显现。综合来看,"中央厨房"大体可以分为聚合型和内控型两类,每一类型都有典型的媒体实践案例。

(一)聚合型"中央厨房"

聚合型"中央厨房"是指以打造聚合平台为目的,通过聚合其他媒体、机构的内容生产资源,搭建平台,再将内容分发给其他媒体、机构的生产模式。具有代表性的是人民日报"中央厨房",它首先为人民日报社内部的各子媒体服务,同时通过版权合作、技术合作等方式为其他媒体和单位分享产品、提供服务和资源。[②]

2014年年初,为贯彻落实中央"加快传统媒体和新兴媒体融合发展"的要求,人民日报媒体技术股份有限公司正式成立,伴随着媒体技术公司的成立,人民日报社全媒体平台(中央厨房)建设正式拉开序幕。2015年3月2日全国"两会"召开前夕,"中央厨房烹制新闻美味"的红色图标,出现在《人民日报》的要闻四版,标志着《人民日报》全媒体平台项目首次亮

---

① 陈国权:《四问报业"中央厨房"的转型价值》,《青年记者》2015年第7期。
② 陈国权:《中国媒体"中央厨房"发展报告》,《新闻记者》2018年第1期。

相。试运行一年后,于 2016 年 2 月 19 日正式上线。

《人民日报》"中央厨房"已经形成较为成熟的模式和架构,以内容的生产传播为主线,打造媒介融合发展的业务平台、技术平台和空间平台。这三个平台以人民日报社全媒体体系为起点,以全球传播为目标,旨在给国内媒体行业搭建一个公共平台,从而聚拢各方资源,形成融合发展、全球传播的行业合力。

在组织架构上,《人民日报》"中央厨房"打破了过去媒体的版块分割的运作模式,专门设立总编调度中心,建立采编联动平台,统筹采访、编辑和技术力量,实现"一次采集、多元生成、多渠道传播"的工作格局。

从 2015 年全国"两会"首次试运行开始,《人民日报》"中央厨房"已经推出一系列独家深度稿件、图片图表、视频、H5 产品等,创新新闻报道方式,取得良好传播效果,也吸引了业界的广泛关注。目前,《人民日报》"中央厨房"可提供 18 个语种的新闻产品,向全球 500 家主流媒体和新闻网站供稿。①

类似地,许多地方媒体在建立"中央厨房"时也旨在提供内容聚合服务,共享技术、内容和渠道,通过协作实现最大效益。如大众报业集团"中央厨房"融媒体中心、江西日报报业集团的融媒体中央厨房"赣鄱云"、陕西广播电视台"丝路云"融媒体平台,等等。

(二) 内控型"中央厨房"

和前者不同,很多媒体的"中央厨房"并没有聚合其他媒体、单位的打算,而是将"中央厨房"作为内部体制机制再造的契机。一般采取的路径是把媒体集团内部各个子报、部门以及新媒体部门的记者、编辑、视觉、技术人员集中起来,成立全媒体新闻中心,进行统一管理、指挥、调度。比如,《经济日报》的"中央厨房"2017 年 4 月正式运行,建成了可以容纳上百人同时办公的全媒体中心。②

《经济日报》"中央厨房"全媒体中心分为策划指挥、新闻编发、值班调度、多功能会议室等功能区,实现了报社采编系统、舆情分析系统、数据库管理系统、信息服务加工系统的有机融合,真正实现了报纸、网站、"两微一端"采编业务以及经济信息产品加工的全面融合。

经济日报全媒体中心启用后实现"四个统一",即统一指挥调度、统一协调采编、统一流程管理、统一技术保障。各"兵种"在融合平台上实时联通,资源共享,24 小时滚动编发新闻,实现"一次采集、多元生成、多渠道传播"的工作格局。记者通过安装在移动端的 App 软件,可以实时把采集的视频、图像、文字新闻通过移动互联网发送到全媒体采编系统的稿源中心,再由此分发给各系统,制作出相应的新闻产品,第一时间分层次发布。

作为经济日报社(集团)全媒体采编的基础平台,还可以迅速进行信息汇总研判,通过平台的舆情系统,随时监控新闻发布后的互动与反馈,追踪热点深入报道,追求新闻报道的最

---

① 《我国媒体融合步入深水区 各媒体"中央厨房"建设一览》,人民网传媒频道,2017 年 8 月 11 日,http://media.people.com.cn/n1/2017/0811/c14677-29464293.html。
② 陈国权:《中国媒体"中央厨房"发展报告》,《新闻记者》2018 年第 1 期。

佳"时、度、效"。①

此外,如羊城晚报报业集团全媒体采编平台指挥中心、浙江日报报业集团的"媒立方"、解放军报社的融媒体指挥中心、中国青年报社的"融媒小厨"等,都采用此类"中央厨房"模式。

四、"中央厨房"出现的问题

在"中央厨房"建设过程中,由于建设主体对"中央厨房"理念认识不足等因素,一些新问题已经出现。如果不采取必要的措施应对这些问题,"中央厨房"不但不能促进媒体深度融合,反而将成为媒体深度融合的阻碍。

(一)"中央厨房"建设必要性问题

通过"中央厨房"建设,一些媒体加速了其媒介融合进程,适应了新形势下的发展需求,扩大了自身的生存空间。在中央级媒体建设"中央厨房"之后,地市级媒体乃至县级媒体都开始建设较大规模的"中央厨房"。在"中央厨房"成为一种常态化的融合模式的背景下,但我们有必要思考的问题是:是否所有的媒介机构都需要建设"中央厨房"?从成本来看,"中央厨房"建设的软硬件成本不可谓不高昂,显示大屏、OA系统、采编终端、采写编辑设备等硬件购置,加上场地的安排布设、大数据支持服务购买等投入,动辄千万元甚至上亿元,且随着技术更迭还需持续投入资本。② 从运行来看,部分媒体人员认为"中央厨房"仅仅是大型活动赛事的报道工具,而未实现常态化运行;部分媒体缺乏"中央厨房"常态化运行的机制,也使得"中央厨房"长期搁置。因此,对部分媒体来说,"中央厨房"未能有效助力媒介融合发展,反而造成了资源浪费问题,给艰难发展的传统媒体机构雪上加霜。

(二)"中央厨房"形成同质化问题

媒体建设"中央厨房"的重要目标就是实现"多元生成"和媒体特色化发展。不过,在实际建设过程中,媒体"中央厨房"可能会造成新的同质化问题。"中央厨房"的"同质化"表现在两个方面:一是媒体内部各平台内容的同质化。融媒环境下,几乎每家媒体都建立了属于自己的"两微一端",这些平台内容如果都由"中央厨房"分发,就很容易出现"一稿多投""内容同质"的现象。针对每年重大主题报道,媒体整合资源集中报道出现的内容同质化现象,就有人提出,这如果成为"常态化的'中央厨房'运作,同质化现象会更严重"。二是"中央厨房"自身的同质化现象。第一种同质化现象被新闻业界和学界所广泛认识,并认为这种同质化是"中央厨房"强调共性化的必然结果。但"中央厨房"建设轰轰烈烈的背后,新问题是其自身出现了同质化现象。在全国各地的"中央厨房"建设大潮中,各家媒体都试图建设以大

---

① 《我国媒体融合步入深水区 各媒体"中央厨房"建设一览》,人民网传媒频道,2017年8月11日,http://media.people.com.cn/n1/2017/0811/c14677-29464293.html。
② 余晓冬:《浅议融媒时代地市级媒体"中央厨房"的局限》,《今传媒》2018年第10期。

屏、大展示厅、大系统的模式,而对内部的报道机制、内容筛选等环节缺乏足够的关注。①

(三)"中央厨房"带来新融合壁垒

从"中央厨房"的理念来看,"中央厨房"应该打通媒体运营各部门、各流程和各环节。在推进"中央厨房"建设过程中,一些媒体也遇到了新的融合壁垒,如制度壁垒和人员壁垒。一方面,"中央厨房"实践都会涉及组织架构的再建与重组,从权、责、管理等方面都面临着很多实际问题,但原有媒介运行制度的调整、过渡和优化均需要一个过程,很难很快形成完善的配套制度。另一方面,原有媒介组织成员对新运行框架也需要有一个适应和磨合的过程,对新技术的学习和使用更需要较长的时间。此外,"中央厨房"对不同运行环节工作团队的配合程度要求更高,处理不好形成的人员沟通障碍,极有可能降低媒体工作效率。

本章思考题
1. 请阐述媒介融合在全球范围内的发展阶段。
2. 请阐述我国媒介融合的发展历程。
3. 试针对我国媒体"中央厨房"存在的问题提出几点改革建议。

---

① 曲升刚:《媒体"中央厨房"的困境及品牌化塑造——以广州日报为例》,《新闻战线》2018年第14期。

第五章 传统媒体与媒介融合

内容提要：

传统媒体和新媒体的关系是媒介融合发展过程中最重要的一对关系，传统媒体和新媒体的融合、互动推动了媒介融合的发展进程。在当前的媒体发展形势下，按照传统媒体和新媒体的分类方式，基本囊括了主要的媒体类型，因而在传统媒体和新媒体视角下观察媒介融合发展是一种相对全面的方式。

在媒介融合发展初期，以报刊、广播和电视为代表的传统媒体开始向融合形态发展，其本身的形态特征比较突出，新媒体也以其全新的媒体样态得以在众多媒体中区分出来。于是，这一时期的传统媒体和新媒体虽然都在融合进程中，但不同类型的媒体形态很容易区分，例如我们认为网络广播是由广播这一传统媒体融合发展而来的，而不是完全由互联网发展而来的新媒体。

而如今，随着媒介融合发展走向深入地带，传统媒体和新媒体的界限不再分明，众多媒体形态由曾经的传统媒体和新媒体共享。在这种情况下，完全按照传统媒体和新媒体的分类去探讨媒介融合问题是很困难的，也容易出现交叉、重合的问题。为了解决这一问题，本书的第五章和第六章将从"发展路线"的角度分析媒介融合形成的媒体形态，即分别以传统媒体和新媒体为发展起点探究相关问题。这种方式既可以弱化融合中的交叉重复问题，使思路更加清晰，又可以从发展动态的视角观察媒体形态的变化。

本章主要分析了以传统媒体为起点的媒介融合发展问题，包括传统媒体的发展嬗变概况和以平面媒体、广播电视等传统媒体为起点的融合形态。由传统媒体为起点的融合发展方向主要可以从传统平面媒体、广播和电视角度来看，也需要综合分析当前传统媒体全程化、全息化、全员化和全效化过程中形成的融合形态。

进入21世纪后，新媒体的兴起给传统平面媒体带来空前的生存挑战和竞争压力，使得平面媒体在经历了生产过程的数字化之后再次完成了媒介形态和信息传播的全面数字化转型。传统平面媒体的全面数字化转型，实质上就是传统平面媒体或主动或被动地与新媒体相融合的过程。在这一过程中，以报纸、杂志为代表的传统平面媒体纷纷与新媒体相融合，催生出网络报、手机报、网络杂志、手机杂志等新兴媒介形态。这些新旧媒体相融合的产物，既在一定程度上具备了传统媒体的权威、深度等优势，又具备了新媒体的时效性、交互性等特征，迅速发展为各具竞争优势的新兴媒体。

随着新媒体的兴起，广播电视的垄断地位日益受到冲击和动摇，生存空间受到挤压。这迫使广播电视媒体不得不重新进行市场定位和战略调整，引进新媒体技术、与新媒体相融合便成为传统广播电视的必然选择。在同新媒体融合的过程中，广播电视完成了其数字化转型,网络广播电视、手机广播电视、IPTV等广播电视新形态悄然兴起,并成为广播电视未来发展的大趋势。

此外,移动直播、数据新闻、沉浸视频等成为传统媒体"四全化"发展过程出现的重要融合形态。

第一节　媒介融合视阈下传统媒体的发展嬗变

在媒介融合的视阈下,传统媒体的发展史实质上也是不同媒介技术相互借鉴、相互融合的历史过程。本节将从传统媒体的发展概况、数字化发展和向新型主流媒体转型三个部分分析媒介融合视阈下传统媒体的发展嬗变。

一、传统媒体的发展概况

(一)平面媒体的发展概况

从古至今,平面出版物的形式千姿百态:简册、帛书、泥版书、纸草书、羊皮书、贝叶书、纸写书、印刷书、电子书……它们在传承古今中外文明的同时,也展现出出版技术的不断演变和发展。出版活动的萌芽得益于文字的成熟,造纸术、印刷术的发明为出版活动提供良好的物质条件,现代电子技术、网络技术和数字技术又为出版技术的不断推进奠定了基础。

1. 手抄时代

手抄时代是以手抄出版物为主要信息传播媒介的时期,大约是从远古到公元6世纪。手抄出版物是人类最早的平面出版形式。

随着社会经济和科学文化的发展,文字的使用日益广泛,书籍作为承载文字的工具而流行开来。距今三千多年前,中国人开始用木简和竹简书写文字,并穿串折叠,制装成册;还有用丝帛作为文字的载体,分卷成册。这就是中国平面出版技术的开始。

早期的平面出版物只是手抄和刻绘的,这种出版物集中反映了社会上层的知识、经验和意志,并且使其向广大的范围传播。同时平面出版在发展过程中采用过多种承载介质,从早期的天然材质,如岩石、甲骨、泥土等,到以后的人工制品,如竹简、布帛等,它们都存在一些先天不足,如书写困难、不易保存、不易携带、价格昂贵等,这些都不利于信息的广泛传播。

纸张的发明为平面出版开辟了新天地。公元2世纪初,中国东汉时的蔡伦在总结前人经验的基础上利用树皮、破布和渔网造纸。这是世界公认最早的植物纤维造纸技术。它逐渐推广,沿着丝绸之路传到世界各地。纸张的发明使文字载体发生了巨大变化。轻便柔软而又廉价的纸张代替了笨重的石头、甲骨、木简、竹简和昂贵的丝帛,为平面出版大规模的发展提供了重要的物质条件。

2. 雕版印刷时代

印章和石刻给印刷术提供了直接的经验性启示,用纸在石碑上墨拓的方法,直接为雕版印刷指明了方向。

大约在公元7世纪的唐代,中国发明了雕版印刷术,从此有了印本书,正式的出版业开始出现。唐中期以后,在今四川等地,从事雕版印刷的民间出版业已很普遍。早期的印刷出版物大都是一些为市民广泛需要的历书、字书和佛教经文等。直到10世纪30年代,即五代后唐时,雕版印刷大量普及,产生了不可忽视的作用和影响,艰辛与低效的手抄时代就此告一段落。

雕版印刷使图书的复制生产成为可能,由此提高了图书的生产速度,也降低了生产成本,在促进社会文化的普及方面有不可估量的影响。随着雕版印刷术的外传,还促进了世界出版业的发展和人类文明的传播与交流。

3. 活字印刷时代

雕版印刷存在明显缺点:第一,刻板费时费工费料;第二,大批书版存放不便;第三,错字不容易更正。活字制版正好避免了雕版的不足。只要事先准备好足够的单个活字,就可随时拼版,大大加快了制版速度。活字版印完后可以拆版,活字可重复使用,且活字比雕版占用空间小,容易存储和保管。

实际上,受印章技术的影响,活字印刷的思想早就存在,只是始终没有得到发展和推广。直到北宋仁宗庆历年间,毕昇总结了历代雕版印刷的丰富实践经验,经过反复试验,终于制成了胶泥活字,实行排版印刷,完成了印刷史上的一次重大革命。对雕版印刷来说,印一页书就要雕一块版,可以想见,一部大部头的书就要雕刻成千上万块书版,耗时耗力又耗材。而活字却可以活而用之,只需在印版上粘放所用之字就可以了。活字印刷进一步提高了图书的生产效率,并为近现代铅字排印技术打下了基础。

4. 机器印刷时代

古腾堡发明的铅活字印刷机利用字模排版进行重复印刷,使用金属的字母将它们排列成印刷的书页。这个方式的创新之处是这些字母可以被重新使用——过去的木刻底版无法重新使用,它们只能印刻在上面的那一页,而无法用来印其他的页了。古腾堡的发明在欧洲得到非常快的普及。在50年中用这种新方法就已经印刷了3万种出版物,共1200多万份印刷品,极大地推进了印刷业的规模化发展。

19世纪初,欧洲完成了工业革命,蒸汽印刷机实验成功。1872年,每小时可铸6000字模的铸字机出现,出版业进入机器印刷的时代。

5. 数字电子印刷时代

20世纪下半叶,出版技术进入数字化时期。计算机制版系统的发明提高了出版物的印刷速度;文字处理软件的应用提高了书稿处理和排版速度;发行软件及光电扫描设备提高了出版物的发行效率;网络技术不断应用,网络出版、网上书店、即时印刷等成为出版业的新宠。出版业告别了传统的单一载体,形成了包括印刷型、声像型、电子型等多种载体在内的出版物大家族。

(二) 广播媒体的发展概况

通过无线电波或通过导线向广大地区播送音响、图像的节目,统称广播。按传输方式,广播可分为无线广播和有线广播两大类。按传播信息形式,广播可分为声音广播和电视广播。只播送声音的,称为"声音广播",即我们平时所谓的广播。播送图像和声音的,称为"电视广播"。广播作为通过无线电波或导线传送声音的新闻传播工具诞生于20世纪20年代,具有受众广泛、传播迅速、功能多样、感染力强等鲜明的特点。

1. 广播的产生

1919年11月,苏联下新城无线电实验所试制成功第一台无线电发射机,1920年1月11日成功播出世界上第一个语言广播节目,并于1922年正式开播,同年11月7日被命名为"共产国际广播电台"。与此同时,美国联邦商业部向西屋电气公司的当权者戴维斯颁发了商业电台营业执照,并批准了KDKA这一呼号。戴维斯同时征得匹兹堡《邮报》同意,将该报的新闻用电话向KDKA广播室传送,以供播出。1920年11月2日,匹兹堡KDKA广播电台开始播音。KDKA电台的开播标志着广播事业的正式诞生,广播揭开了自己的历史序幕,同时掀开了世界广播新闻事业新的一页。

广播出现以后迅速在各国普遍发展起来,世界上一些主要国家都积极创办了自己的广播。1921年,法国邮电部建立广播电台;1922年,英国伦敦广播电台开始播音;1923年1月,美国人把无线电广播引入中国;1923年10月,德国柏林广播电台开始播音;1924年,意大利广播电台开播;1924年11月,日本广播电台开播……人类真正进入了广播时代。

2. 广播技术快速发展时期

第二次世界大战的爆发在客观上为广播的大发展提供了充分实践的机会。这个阶段成为世界广播发展的黄金时期。这期间,各国电台数量猛增。据资料显示,二战爆发前后世界上共有广播电台1200多座,收音机4000多万台。节目内容和形式开始变得丰富多样。广播的功能也不再是过去单纯的娱乐商业服务为主,开始加入了更多的政治服务功能。

当时广播成为传播速度最快、传播范围最广的新兴传播媒介。从二战结束后到20世纪60年代初,世界广播的发展令人目不暇接。全世界的广播电台在这一时期达到12700多座,其中美国就拥有电台5200多座,英国250多座,日本也由战争结束时的42座广播电台猛增到60年代的480多座。

与此同时,随着广播技术的不断提高,调频广播试制成功,标志着广播技术进入一个较为成熟的时期。20世纪50年代中后期,许多国家纷纷采用调频广播。这种广播的优点是音质好,抗干扰能力强,频率资源相对丰富,维护改造费用相对较低。

3. 广播技术成熟时期

进入20世纪70年代以后,电视的逐渐普及给广播带来了前所未有的竞争压力,在许多国家和地区,广播的收听率明显下滑。面对冲击,广播开始努力寻找自身优势,在竞争中谋求发展。

一方面,广播科技的不断进步大大拓宽了广播的生存和发展空间。20世纪70年代后,收音机日益小型化,成为便携式的"随身听",使广播伴随收听的传播特点得到充分发挥。此后出现的调频立体声广播使广播的音质发生了跨时代的提高,特别是在音乐节目的传递上显示出了独特的优势。之后,随着计算机技术、网络技术和数字通信技术的高速发展,广播开始在世界范围内向数字化、网络化方向迅速发展。

另一方面,远距离通信技术扩大了广播覆盖的空间范围。随着微波通信和卫星通信的发展,以全世界受众为传播对象的环球广播迅速崛起,其特点主要是"在传播范围上覆盖全球,在传播时间上全天24小时不间断播放"。

(三) 电视媒体的发展概况

电视技术在产生之后和其他传播技术一样经历了一个由简单到复杂、由低级到高级的发展历程。随着技术的发展,电视技术由机械到电子,由黑白到彩色,由模拟到数字,逐渐呈现出蓬勃发展的态势。

1. 电视的孕育诞生时期

这一时期大致从1817年到1929年。这期间,多学科的技术得到充分的发展,先后产生了无线传输技术、扫描技术和成像技术。在这些技术的推动之下,早期的机械电视得以产生和发展。

2. 黑白电视直播时期

这一时期大致从1929年到1954年。这期间,可供电视摄像用的摄像管和显像管问世,从此完成了电视摄像与显像电子化的过程,现代电视系统基本成型。1936年,英国广播公司(BBC)在伦敦以北的亚历山大宫建成了英国第一座公共电视台,11月2日正式播放电视节目,每周播放13个小时。一般认为,1936年11月2日BBC电视节目的开播是世界上第一座电视台的广播。

3. 彩色电视传播时期

这一时期大致从1954年到1962年。这期间,电视完成了由黑白向彩色的转变。1954年,美国全国广播公司首次播出彩色电视节目,采用的是NTSC制式。60年代,法国发明塞康制式(SECAM),德国发明帕尔制式(PAL),三大技术系统瓜分了世界电视市场。彩色电视使电视传播物象信息的保真度和艺术表现力大为提高,较黑白电视表现力更丰富,给人们巨大的视觉冲击感。电视也在过去向戏剧和电影借鉴的基础上开始走自己的路,获得了独立的品格。

与此同时,在1956年,美国安培克斯公司推出录像机,改变了过去电视只能进行直播的缺陷,大大地改变了电视节目的制作方式。

4. 卫星电视、有线电视传播时期

这一时期从20世纪七八十年代直到今天。1962年,美国发射"电星一号"通信卫星,进行了横跨大西洋的电视节目传送实验。1963年,美国发射了世界第一颗同步通信卫星"同步二号"。1964年,国际通信卫星组织的第一颗商用"国际通信卫星一号"启用,使世界正式进

入了卫星通信时代,国际进行电视节目的传送和转播成为现实。

卫星电视、有线电视等新兴的传输方式不受其他电波干扰,有效地减轻了信号在传输过程中必然产生的衰减现象,保证了较好的接收质量,极大地扩展了电视的传播领域和表现领域,也使电视从业者对传播工具的使用与操纵更加随心所欲,使人类跨入了电子图像与文字符号并驾齐驱的时代。

5. 数字电视传播时期

如今,随着数字技术的不断发展,电视传播已经从传统的模拟形式转变为数字形式。20世纪90年代末,英国广播公司(BBC)率先在全球建立起"哥伦布"系统,这个系统使BBC电视节目的存储、编辑、播出全面实现数字化。电视机构也逐渐淘汰传统模拟摄像机和录像带,取而代之的是数字摄像机和各种新兴的记录载体,不仅提高了电视工作的效率,而且节省了制作成本。同时,数字电视的推广进一步改善了电视的声画质量,也提高了电视与观众之间的双向互动程度。

二、传统媒体的数字化发展

(一)平面出版的数字化

平面媒体的数字化进程并不是简单地将原来的平面出版物发布到网络上,而是要对平面出版物的内容、形式等进行全方位调整,对其生产方式进行全面变革,以及对其经营策略进行全面革新。

1. 重新定位报纸的存在属性

传统的平面媒体只是报纸、杂志等的经营者,在新的传媒环境中则要向权威综合信息提供商转变,要向传媒实体转变,从根本上拓展平面出版物的功能及生存和发展空间。

2. 改变、调整生产方式

传统平面媒体在获取新闻信息的环节经常受到时间、空间的限制。在新的传媒环境中,在采集新闻信息的时间上,要向现场发稿、滚动发稿的方式转变,在第一时间提供可靠信息;在内容上,要克服目前内部信息资源相互分割、零散存在、资源浪费又优劣不分的弊端,实行整合管理,统一调配使用;在技术上,要构建统一的新闻信息数字化处理平台,根据传播介质的不同和服务对象的不同分门别类地对信息进行深度加工。

3. 适应生产方式变革,转变经营战略

在新的媒介竞争环境中,"信息内容"具有举足轻重的地位和作用。传统平面媒体要顺利完成信息生产、信息发布、信息增值等各个生产环节,就应确立跨媒体战略,向所有的媒体形式渗透,从所有的媒体方面寻求盈利点,逐步覆盖整个文化产业,从而实现进一步发展。

(二)广播电视的数字化

广播电视的数字化主要包括两种方式:一是广播电视的数字化改造,主要是指将传统广播电视的内容制作、传输和播放方式进行数字化升级;二是广播电视的数字化传播,指广播电视利用互联网从事更加广泛的信息传播业务。

1. 广播电视的数字化改造

广播电视数字化的主要目的之一就在于突破广播电视现有状况的种种限制与约束,通过围绕广播电视的制作、播出、存储以及再利用等各个环节来实现广播电视的数字化。在制作环节,主要是通过对广播电视的各种设备进行数字化、系统化的操作来实现各种网络之间的相互联系,以此来最大限度地提高广播电视设备的运行效率,进而大大地降低节目制作成本。在播出环节,通过硬盘播出以及网络化播出的方式来为广播电视的广大受众提供丰富多彩的各类节目,并且对节目进行各种格式的有效处理。换句话说,广播电视的数字化的播出方式能够为广大的观众提供更多样、更新颖的电视节目。在存储环节,要对广播电视节目的数字内容进行存储管理,通过对广播电视节目的播出内容进行数字化、网络化的存储管理,并且实现广播电视节目信息化、数字化的编目管理,以此来实现广播电视多种资源的有效共享。通过对广播电视进行数字化的存储管理,可以对信息的安全实现更有利的保护以及实现广播电视数字资源的共享。在再利用环节,要通过对广播电视节目内容合成、分发以及交换来使其产生新的利用价值,最大限度地激活原有的节目资源,实现广播电视经济效益的显著提高。广播电视节目的再利用可以凸显出网络化、信息化建设的优势所在,通过各类节目的有效整合与彼此交换,使其新的利用价值不断显现出来。

通过实现以上四个环节的网络化、信息化以及数字化,实现广播电视节目制作与播出的一体化,推动节目存储朝着数字化方向发展,最终形成广播电视节目综合管理的信息化、智能化以及操作的人性化。①

2. 广播电视的数字化传播

广播电视的数字化传播主要有三种形态:第一种是传统媒体开发专业的门户网站或App,如中央广播电视总台的"央视网"网站及"央视新闻"等客户端;第二种是传统媒体基于其他互联网平台拓展传播渠道,如创建媒体微博、微信公众号等;第三种是广播电视媒体通过互联网提供更加广泛的互联网服务,如芒果TV运营的芒果游戏频道。不论是哪一种形态,广播电视的数字化传播都在拓展广播电视的传播形态、业务形态和传播渠道,从而实现融合传播,提升广播电视媒体的竞争力。

三、从传统媒体到新型主流媒体

无论是传统媒体还是新兴媒体,其中有一些总会由于其特殊的效能而受到现行制度和执政党及政府的青睐,享受到某些政策上的关照,得到某些物质和财税上的支持。人们往往将这类媒体称为主流媒体或核心媒体。从中国的情况看,主流媒体一般有四个特点:关注重大问题、发挥重大影响、具备权威地位和党政机构支撑。② 从这一定义可以看出,中国的主流

---

① 谢彤亮:《网络数字化时代的广播电视技术发展研究》,《中国新通信》2013年第21期。
② 童兵:《论新型主流媒体》,《新闻爱好者》2015年第7期。

媒体主要是传统媒体及其创建或支持的新媒体。换句话说,传统媒体以其较高的公信力和影响力成为主流媒体的重要构成,甚至可以说主流媒体主要就是传统媒体。

然而,传统媒体的主流优势并不是永久、稳固的。一方面,到了互联网时代,新兴媒体的迅速崛起又对传媒产业的市场化格局带来新的冲击。媒体凭借广告进行盈利的手段早已不符合新媒介生态环境下的生存逻辑,其发展空间几乎已被新兴媒体完全抢占。自2013年起,传统的主流媒体如报纸等盈利收入开始出现断崖式下跌,而互联网的发展却推动了整个大传媒产业的飞速发展,从BAT(B指百度、A指阿里巴巴、T指腾讯)到抖音、快手等,新兴媒体在实现巨额营收的同时也推动了整个国家的经济发展。另一方面,以技术因子为主导的新兴媒体群不仅对传统主流媒体的传播渠道产生了冲击,以互联网为基础、以网络为载体进行信息传播的数字化媒体也彻底颠覆了以往的媒体生态演进规律,而对受众注意力资源的获取也使得传统单向传播转向了多中心的裂变式传播。在此影响下,以互联网和新媒体技术为代表的新兴媒体在与原有的传统媒介形式发生激烈的全方位竞争中,几乎在各个生态位上都处于重叠状态,从而使得主流媒体的传播力、引导力、公信力和影响力降低,甚至面临"非主流"化的危机。[①]

在这样的背景下,为了提升传统媒体特别是其中传统主流媒体的竞争力,建设新型主流媒体就有其必要性。相较于以往"主流媒体","新型主流媒体"的所指有两方面变化:一是在媒介形式上,"新型主流媒体"必须融合互联网与新媒体,做到"形态多样、手段先进";二是在评判标准上,"新型主流媒体"实现从官方自封到公众认同的转变,必须做到"具有竞争力"。[②]

建设新型主流媒体需要从多方面入手,不同时期也有不同的阶段性任务,但一点可以确定,那就是要使传统媒体符合时代的发展趋势,提高传统媒体的竞争力。在现阶段,从"四全媒体"即"全程化、全息化、全员化、全效化"入手是传统媒体融合发展的主要方向,也是建设新型主流媒体的重要路径。

第二节 传统平面媒体与媒介融合

在媒介融合的背景下,网络媒体、手机媒体等新媒体的兴起和发展对传统平面媒体的市场地位和生存空间形成较大冲击,同时也给传统平面媒体的发展带来新的机遇,传统平面媒体纷纷转向新媒体,对自身进行改造升级。其中,网络报、手机报、新型电子报刊、移动阅读平台等媒介形态便是传统平面媒体与新媒体主动融合或数字化之后的产物。

---

① 强月新、孙志鹏:《媒介生态理念下新型主流媒体的内涵与建构路径》,《当代传播》2019年第6期。
② 朱江丽、蒋旭峰:《从"主流媒体"到"新型主流媒体":中国特色社会主义新闻观的嬗变与突破》,《新闻界》2017年第8期。

一、网络报纸

网络报纸是传统报纸与网络媒体相融合的结果。广义说,网络报纸就是通过互联网传播新闻信息的网站或网页,包括商业网站的新闻栏目、专业的新闻网站和印刷型报纸的网络版等,新浪、搜狐、网易的新闻中心、千龙网、人民网、光明网等都属于广义网络报纸的范畴;狭义说,网络报纸专指印刷型报纸的网络版,如依托《人民日报》的人民网、依托《光明日报》的光明网等各种全国性和地方性报纸的网络版。[①]

(一) 网络报纸的发展历程

一般认为,美国的《圣何塞信使报》(San Jose Mercury News)是世界上最早的网络报纸。1987年,《圣何塞信使报》首先将报纸通过当时尚处于发展初期的互联网发行。20世纪90年代之后,随着互联网技术的发展成熟以及各国网络基础设施的建设,许多报纸都看到了网络的发展潜力,于是纷纷上网。有关资料表明,1996年年初,全球上网报纸为900家左右;1997年10月,达到2300家;到1998年,上网报纸超过3000家。[②]

中国报刊中第一家上网的是自1995年1月开始进入网络发行的《神州学人》。而1995年10月20日《中国贸易报》的正式上网,不仅标志着中国国内第一家日报上网发行,也揭开了国内报纸大批上网的序幕。[③]

总的来说,我国网络报纸的发展历程大致可分为四个阶段:

1. 第一阶段:电子版报纸

电子版报纸是网络报纸的最初形式,它将新闻、广告数字化,并在编撰后置放于Web服务器上,由读者上网联机,进入网页服务器网站进行阅读。这一时期的网络报纸从新闻报道内容上来说,与传统报纸并无太大差异,只不过是新闻信息的承载媒介不同。

2. 第二阶段:报纸新闻网站

报纸新闻网站是我国网络报纸发展的第二个阶段,主要是指门户网站等网络媒体将传统报纸的新闻信息进行重新组织,以新栏目、新内容传输给互联网,同时根据网络的特点制作一些新的内容。

这一时期网络报纸在技术上开始进行有益探索。这一阶段,报纸网站的互动功能和动态数据查询功能得到了很好的开发与利用。1999年5月,《人民日报》网络版为北约轰炸中国驻南大使馆事件开设了读者论坛,引起了很大的社会反响。此外,《人民日报》网络版还建立了对读者全方位开放的网上动态数据库,读者可以通过"全文检索"功能,查阅1995年以来《人民日报》刊登的任何一篇文章。同时,报纸网站开始尝试传播多媒体信息,提供音频新闻和视频新闻等。

[①] 杨小龙:《网络报纸:概念、功能、发展对策研究》,郑州大学2005年硕士学位论文。
[②] 彭兰:《论网络报纸的特性及编辑对策》,《传媒学术网》2005年11月28日。
[③] 彭兰:《论网络报纸的特性及编辑对策》,《传媒学术网》2005年11月28日。

3. 第三阶段：报网互动

"报网互动"是指报纸与网络相互借力，网络吸取报纸的内容和资源，报纸借助网络的渠道和平台，两者相互作用，以扩展传播覆盖地域、扩大受众群体、提高报网用户的效益。从本质上讲，"报网互动"是指报纸与网站作为两个相对独立的媒介系统，两者之间的相互联系与作用。

"报网互动"帮助传统报纸开拓了新的信息传播与收集平台，提升了报纸的影响力。但是，"报网互动"的局限性也日益突出，因为"报网互动"只是局限在内容的互动。在大多数报社，报纸、网络"两条轨道"运行，分别提供不同的产品和服务，分别抢占市场份额，因此，重复建设生产，以及人力、物力、财力的浪费现象比较普遍。同时，思想观念和传统习惯的制约也造成报纸和网络双双处于弱势地位，网络报纸难以做大做强，既难与新闻型门户网站抗衡，也不能深刻影响本土网民。在这种情况下，网络报纸要求生存、求发展，必然要走向报网融合的道路。

4. 第四阶段：报网融合

"报网融合"意味着报网全天候、全方位、一体化，是对传统媒体组织结构的重组和采编流程的重构。报网融合不仅要整合报纸和网站两个编辑部，形成"报即是网，网即是报"的融合状态。二者更要在媒介产品角度形成融合，报纸和网络相互渗透、包容、转化和整合。报网的整体融合将使媒介进入"内容与服务为王"的时代，传播者可以根据信息内容的特点来选择和决定使用什么样的媒介，内容产品的生产进一步与传播的载体分离，载体的使用将完全服务和服从于内容。信息将在更大范围内得到交换和共享，并减少在传播过程中的衰减，提高传播整体效果，达到信息优化传播的目的。[1]

报网融合不仅促进了网络媒体的整合和传播业务的变革，而且给传统媒体带来了深刻的变化。网络打破了传统的媒介分类，加速了不同形态的媒介在同一操作平台上的相互渗透和融合，实现了传媒产业的全面升级。

（二）网络报纸的传播特点

1. 信源的高可信度

报纸媒体拥有广阔的信息来源渠道、强大的采访资源、高素质的新闻采编队伍和高效的生产流程。从新闻信息的采集、加工整合，到版面的制作编辑，直至进入社会流通渠道，报业已经形成一套完整、高效的生产线和对内容的审查、过滤机制，加上在过去的几十年乃至几百年中积累起来的公信力，这些都是新兴媒体所不能企及的。事实上，网络报纸的最大优势恰恰在于它能够借助在信息传播方面具有原创性和公信力的报纸媒体，实现对信息进行必要的判断与筛选。

---

[1] 蔡雯、陈卓：《试论报网互动的基本模式》，《现代传播》2007 年第 5 期。

2. 信息容量大且便于检索

传统报纸没有足够的版面来提供海量的数据和分析,但是以计算机为内容载体的网络报纸信息容量大,不受版面、篇幅空间的限制。为了满足读者多样化的要求和报纸引以为傲的深度报道需求,近些年,报纸有越出越厚的趋势。但是传统报纸是印刷品,无论怎么扩版,其容量总是有限的。而数字化报纸的信息容量在理论上则是海量的,能够通过超链接的形式,不加限制地增加新闻信息和广告信息,并且可以长久保存,随时等待读者的购买或免费查询,这在传统报纸上是很难做到的。

另外,先进的网络压缩技术不仅极大地拓宽了数字空间,还进一步提高了数字空间的利用效率。在网络上有着无数巨大的信息数据库,只要它们是开放的,用户就可以进行浏览和查阅。报纸网站不仅向人们提供大量的新闻资讯,还把信息内容进行分类整理,方便受众检索、搜集。检索功能的使用极大地提高了人们的信息使用效率,提升了信息的价值。

3. 多媒体性

网络作为一种新兴信息传播载体,兼具数据、文本、图形、图像、声音等多种表现形式。它不仅可以实现文本文件显示(各种文字)、数据库及网络数据的传输,还可以实现彩色图形显示、声音文件播放、视频信息播放、三维动画表现和全程播放,等等。网络报纸可以通过以上各种表现方式的同步传输使信息传播动静结合、声像皆备,从而摆脱平面媒体只能依赖文字和图片的局限性,提供更大的视觉冲击力。

4. 时效性

传统报纸要经过印刷、出版、运输、投递等过程才能到达读者手中,新闻的时效性实际上已经大打折扣。而网络报纸则能够打破出版周期的限制,省去传统纸报的印刷和发行环节,从而使最新的新闻及时地展示在读者面前。另外,传统报纸由于受固定出版周期的限制,消息的发表也是经过严格的审查和编码,而网络媒体则不受周期的限制,可实现以分钟计算更新周期,消息发表也可实现"实时"和"无时差"原则,24小时滚动播发简洁高效的新闻。特别是对突发性新闻事件的及时准确报道,可谓网络报纸的最大优势。

5. 交互性

同所有的传统媒体一样,报纸和读者的关系是相对单向的、直线的,主要是从报纸到读者的单向传播关系,而缺乏读者向报纸的反馈。网络报纸则可以利用网络的互动功能,通过用户对新闻报道的评价和讨论,即时、便利地沟通和互动。

(三) 网络报纸产业的发展对策

我国网络报纸产业有着广阔的发展前景,但同时也存在诸多缺陷和不足,可以说是机遇与挑战并存。网络报纸产业要想充分把握发展机遇,就有必要对其现有的服务模式和盈利手段做出调整和优化。

1. 提供个性化的内容服务,打造独立特色

随着网络报纸的用户规模越来越大、用户覆盖范围越来越广,针对特定用户提供个性化

(个人化)的增值服务成为可能。美国有好几家网络报纸已开始试验其所谓的个性化服务,如《华尔街日报》推出的个性化新闻业务,读者可以根据预先设定的标准获取适合个人需求的新闻。新加坡联合早报网专门为股民推出"我的股票"频道,用户可根据自己的投资组合选择最多30只股票,每次点击"我的股票"即可查询自己股票的涨落情况。① 这种个性化的资讯服务将传统的"一对多"的大众传播方式变为"一对一"的传播方式,能够最大限度地满足不同用户的不同需求,最终将促进网络报纸产业形成独立特色,增强用户黏度。

2. 发挥网络优势,增加新闻传播的深度

传统报纸没有足够的版面来提供海量的资讯内容,但是网络媒体可以解决这一问题。网络报纸应该充分利用网络媒体海量存储和即时性的优势,对其承载的信息进行增量、增值,并注重实时更新,借助即时新闻、滚动新闻、网上直播等方式,提供最快、最鲜活的新闻资讯,提高新闻时效,真正实现新闻的同步报道,增加网络新闻的原创性及服务性;通过增设网上栏目,丰富传播手段,加大新闻报道容量;追求精度和深度,加大背景性信息、前景性信息、相关性信息的开发力度,充分利用信息链接无限性的特点,借助搜索引擎的集纳功能,对重要新闻提供深度报道和评论,使新闻资讯立体化,由"新闻纸"扩展为"信息纸",使用户通过网络报纸获得更多深度、透彻的信息。

3. 扩大广告市场,创新盈利模式

网络报纸在加强新闻信息资源开发力度的同时,也不能忽视网络广告的重要性。广告是我国网络报纸产业目前最主要的盈利渠道,因此扩大网络广告市场对网络报纸产业来说意义重大。在网络广告市场的开拓方面,我们可以借鉴国外网络报纸的相关经验,推出广告分类站点,建立相应的广告信息库。

除了要扩大广告市场,网络报纸产业还应以网络为平台,利用自身的资源优势,将经营延伸到网站之外,积极探索多元化的盈利模式。这方面也可以借鉴国外网络报纸产业的经验,比如《纽约时报》网络版就开始尝试对网站中的部分内容采取收费措施。在免费网络报纸满天飞的情况下,对高质量新闻进行收费可称得上是网络报纸产业的大胆尝试。

二、手机报纸

作为手机媒体与平面媒体结合的一种形式,手机报是依托手机媒体,由报纸、移动通信商和网络运营商联手搭建的信息传播平台,用户可通过手机浏览到当天发生的新闻。它的实质是最新电信增值业务与传统媒体相结合的产物。具体来说,手机报是将传统媒体的新闻内容通过无线技术平台发送彩信到手机上,从而在手机上开发发送短信新闻、彩图、动漫和 WAP 等功能。手机报已经成为传统报业继创办网络版、兴办网站之后,融于新媒体的又一举措,是报业开发新媒体的一种特殊方式。尽管随着移动互联网的飞速发展,目前手机报已经基本被形式多样的手机新闻客户端、纸媒微信公众号所取代,但作为我国纸媒与手机媒体融合在特定时期的产物,手机报仍然具有重要的研究意义。

---

① 蔡佳悦:《报业的网络经营策略研究》,华东师范大学 2007 年硕士学位论文。

(一) 手机报的特点

手机报是传统平面媒体与手机媒体相融合的产物,既具有传统报刊的特点,又具有手机媒体的特性。

1. 针对个性化需求的信息传播

手机报在服务方式上充分展示了其人性化、个性化的特质。传统媒体的一个不足之处就是对有用信息的检索往往十分不便。表面看起来,传统媒体的信息资源十分丰富,但正是这种海量信息使得特定个人的信息需求被"淹没"。个体只有通过选择过滤才能获得真正有用的信息。另外,尽管互联网有强大的检索功能,但其终端设备却不易随身携带。手机报的出现改变了这种传播格局,用户有充分的自主权,可以通过媒体和服务商提供的不同内容的服务代码来定制自己所需要的新闻信息,在信息的获取上真正实现"各取所需",最大限度地满足自己个性化的信息需求。

2. 即时性的编读互动

手机报的一大优势就在于实现了编者、读者之间的即时交流互动。不少手机报都开设了空中交流平台与读者进行交互,这个平台允许读者通过手机即时发布新闻素材或发表对新闻的见解和评论。订阅者可将自己的感想、意见及时发送到无线报纸平台,传受者之间没有隔膜,实现了直接交流互动。

手机报的传播网络是星状的,即有多少电话号码,就有多少条通路,传受交互,互动性更强。手机报不仅给用户发送其所需要的新闻,更可达到跟踪、报料收集、读者调查、读者评报等多方面的功能,对读者和报社都提供了更多、更方便的服务,实现了更广泛、更迅速的互动。

3. 多媒体化和通俗化的信息呈现

手机报虽然名为报,但其性质却与传统报纸有所不同。从内容上说,传统报纸的内容多为文字新闻和图片新闻以及副刊等,是以纸张为载体来报道信息、传播新闻;手机报则是由电信、网络和传统媒体等多个产业共同合作打造的一种电子媒体,是以手机这种电子媒介报道新闻、传播信息的多媒体形式。

手机报所发送的新闻不是短信意义上的文字新闻,而是一个多媒体数据包。这个多媒体数据包不仅包含了图片、文字等,后来还发展为包含声音、动画、影视、游戏等多媒体内容。用户不仅可以去看、去听,而且还可以借助图片和动画等形式充分调动起视听感官,实现对新闻的多媒体传播和多维阅读。可以说,手机报不是一个普通的平面媒体,而是一个立体的多种信息表现方式的总汇。从编辑方针上说,传统报刊和手机报更是有所不同。传统报刊一般比较严肃;而手机报既强调新闻的真实性,又强调服务性、娱乐性、互动性。同时,手机报容量小,屏幕窄,更强调信息的浓缩、精练,新闻内容要远远短于报纸的篇幅,传播的往往是一两句新闻的要点,五个"W"齐备即可,可谓"导语中的导语"。

4. 新型的运营模式

传统报纸由报社出版,其整个采访、编辑、出版发行以及广告吸纳等运营过程都由报社整体掌控；而手机报则是由通信公司、网络公司以及报社共同协作，是由三方共同构建的一种信息传播模式。电信公司作为技术掌控方，掌握手机技术平台及远程服务项目，掌握着上亿手机客户，是一个巨大的信息承载外壳；网络公司则可利用自己巨大的网络信息平台，最近距离地"嫁接"手机；传统媒体如报社、电视台则利用自身的信息采访、编辑优势，提供最快速、原创性较强的新闻信息，从而成为在这场媒介角逐中不可或缺的内容供应商。

(二) 手机报的类型

手机报有多种表现形式，根据用户获取手机报的模式大体可以分成彩信手机报和网站浏览手机报两类。

1. 彩信手机报

彩信手机报类似于传统纸媒，只是报纸内容通过电信运营商以彩信的方式发送到手机终端上，用户可以离线阅读。

自2004年7月18日国内第一份手机报《中国妇女报·彩信版》诞生起，中国手机报业取得了飞速发展，完成了市场导入培育，进入高速成长期。至2008年9月，中国移动10658000彩信端口平台上已有121份手机报产品，用户高达4500万。目前国内已开通服务的手机报大多采用这种模式。

2. 网站浏览手机报

所谓网站浏览手机报，指的是手机报订阅用户通过访问手机报的网站在线浏览手机报信息，类似于上网浏览的方式。如日本的手机报就是完全采用这种模式。

日本是世界上报纸消费量最大的国家之一，几乎每人每天都要看一份报纸，同时日本又是世界上手机普及率和使用率最高的国家之一，手机是日本的年轻人生活中必不可少的工具。日本发行量最大的报纸之一《读卖新闻》(*Yomiuri Shimbun*) 正是看中了这一点，开展了广泛的移动发行业务。

网站浏览手机报有如下特点：

第一，形式上突破了彩信手机报的报道容量局限。这种类型的手机报依靠手机无线网络的发展和支持上网功能的手机终端的普及，目前在我国还没有广泛使用，但它的发展潜力十分巨大。它在形式上突破了彩信手机报报道容量的局限，没有限制的媒体空间可以让媒体更加自由地传播信息。

第二，广告等增值业务盈利模式丰富。网站浏览手机报的广告投放方式与互联网的实现方式相似，较为灵活；其投放方式不同于彩信，用户可以通过页面阅读广告内容，还可以直接在页面进行操作，具有最佳的用户互动性。

第三，用户使用自由度高。从用户体验上看，与彩信手机报相比，浏览WAP版手机报看起来不仅方便，而且自由度也很高。以广州为例，读者只要使用手机登录"移动梦网"，进入《广东风采》栏目，即可浏览"手机报"。

(三) 手机报存在的问题

1. 内容缺乏创新,"同质化"现象严重

手机报缺乏自主健全的采编体系和运作管理体系以及专业的媒体从业人员队伍,内容绝大部分是报纸的翻版,缺乏创新性和针对性。在强调"内容为王"的时代,内容同质化将会降低手机报的市场竞争优势。

2. 总体受众资源丰富,有效受众相对较少

目前,手机用户的数量是极其庞大的,而且还在快速增长之中,但是手机报的有效受众数量并没有想象的大。所谓有效受众是指手机报的实际用户和潜在用户,主要是指知识水平高、经济基础好、对资讯高度敏感的人群。无线上网的手提电脑还会分流这部分消费人群。因此,相对于所有手机用户来说,这部分有效受众所占的比例还比较小。

3. 盈利模式单一

手机报主要通过三种手段实现盈利:一是对彩信定制用户收取包月订阅费,如《广州日报》手机版用户每月的包月费用为 8 元;二是对 WAP 网站浏览用户采取按时间计费的手段,目前《广州日报》手机报 WAP 版都是免费的;三是借鉴传统媒体的盈利方式,通过吸引用户来获取广告。第一种手段是现阶段我国手机报最主要的盈利方式,盈利收入还需在运营商和报社之间分配。

三、移动阅读平台

移动阅读是指用户通过手机、平板电脑、电子阅读器等移动终端所进行的各类阅读行为。广义的移动阅读包括通过移动终端浏览或收听小说、报纸、图书、杂志、动漫及有声读物等内容。狭义的移动阅读则仅限于进行文学作品的听读,阅读内容类型仅包含网络文学与出版物的电子版,而漫画、有声读物、报纸、期刊、杂志、论文等类型的移动阅读不在本部分的讨论范畴内。在智能手机终端,常见的移动阅读平台包括微信读书、QQ 阅读、掌阅、起点读书、咪咕阅读、樊登读书等。

(一) 移动阅读平台的发展历程

总的来看,移动阅读平台是传统纸质图书出版物在移动终端实现数字化融合的过程。移动阅读平台的发展历程可以分为以下三个阶段:

2003 年至 2010 年,是移动阅读平台的形成期。在这一时期,移动阅读 WAP 网站出现。虽然移动阅读 WAP 网站的功能较为单一,阅读体验不佳,但成为当前移动阅读平台的雏形。2008 年以后,随着移动互联网的发展及智能手机的普及,手机阅读成为用户重要的阅读方式。此外,以 Kindle 为代表的电子阅读器成为阅读新习惯。

2011 年至 2019 年,是移动阅读平台的快速发展期。在快速发展期,网络文学的付费模式呈现多元化并逐步推行,为用户所接受。更重要的是,几大互联网巨头对中国移动阅读市场进行整合,使移动阅读市场格局更加清晰。2014 年,百度整合旗下业务成立百度文学;

2015年腾讯文学与盛大文学合并,成立阅文集团;同年,阿里巴巴发布新业务"阿里文学"。此外,中国加大对网络文学版权的保护力度,许多盗版内容平台受挫,正规移动阅读平台获得强劲的发展动力。

2020年至今,是移动阅读平台的成熟期。移动阅读市场格局趋向稳定,用户付费阅读习惯已经养成,产业链较为成熟,移动阅读行业获得良性发展。因此,移动阅读平台的发展重点已经由市场开拓转为产品功能创新和用户体验提升。

(二)移动阅读平台的传播特点

与传统阅读方式相比,移动阅读平台具有低成本、个性化阅读和社群化互动的传播特点。

传统纸质图书要经过印刷、发行和运输等流程,其出版成本往往较高。而移动阅读平台将出版内容转换为数字化内容,可以快速进行适配、传播与分享,减少了原有出版环节中的很多成本。因此,用户在移动阅读平台获取出版内容的成本往往比纸质图书低得多,甚至实现了某种意义上的免费获取(如用户通过好友助力和看广告获取免费阅读机会)。此外,通过内置于移动终端中的移动阅读平台,用户可以同时阅读多本图书,而无须考虑纸质图书难以携带的问题。

在移动阅读平台中,用户能够使用各种个性化功能,丰富阅读体验。例如,用户能够随时调节阅读内容的字体风格、文字大小和配色等,以优化自身的阅读体验;当用户阅读到喜欢的内容时,还能将某部分标记加上自己的理解与笔记等。此外,部分移动阅读平台还能将文字内容转化为有声书,选择喜欢的人声。

在移动阅读平台中,平台作为基于用户个人的关系链来共享阅读的信息并且产生互动的读书软件,其推广目标是借助有阅读习惯的用户在互联网中的节点位置,通过用户微信关系圈所连接的网状节点来形成社群阅读。例如,微信读书平台会定期开展分享链接邀请好友参与获得无限卡的活动,同时用户可以通过好友排名和彼此关注以及邀请好友"组队闯关"等方式实现社群间人与人、人与物的连接,建立起高效互动的用户黏性和体系,多维度、去中心化的互动使得用户在社群中能够找到存在感和归属感。①

(三)移动阅读平台的发展趋势

阅读智能推荐不断完善。在现今的碎片化阅读时代,如何吸引住读者的注意力,满足读者差异化需求,更好地将用户留存下来也成为市场竞争的主要部分。在此趋势下,一些移动阅读平台也开始运用技术对读者的阅读行为及兴趣偏好进行分析,为读者提供更精准及个性化的内容推荐。例如,必看小说主打AI智能引擎推荐,结合用户画像、大数据、AI算法准确为用户推荐符合口味的书,实现千人千面化的个性化推荐,并且通过故事梗概、专业书评、

---

① 汪元元、焦若薇:《使用与满足视角下移动阅读类App的传播效果探析——以"微信读书"为例》,《新闻世界》2021年第1期。

用户打分、用户留存率等数据和信息的展示,辅助用户进行判断。

移动阅读平台适配全场景阅读。移动阅读行业已逐步走向成熟,迈入了精耕细作的阶段。在内容运营方面,各企业也通过细分用户,不断丰富阅读场景来为不同人群提供更好的阅读体验。随着5G新时代的来临,用户对高品质视听享受的诉求愈发强烈,更多打通影音漫游书的新技术落地,未来阅读场景也将从手机端、阅读器衍生至绘本阅读器、智能耳机、智能音箱、AR/VR眼镜,满足用户多场景下的沉浸式阅读体验的需求。①

第三节 广播与媒介融合

在广播领域,传统的广播媒体一方面与新媒体技术相结合,使广播制作、生产流程数字化、新媒体化,改变、优化了原有的内容制作模式和产业经营模式;另一方面,传统广播也与新媒体深度融合,催生出网络广播、手机广播、音频客户端等广播媒体新形态。

一、网络广播

网络广播,又称网上广播或在线广播,主要是指以互联网为传播介质、提供音频服务的广播媒介。它是网络传播多媒体形态的重要体现,也是传统广播媒体与互联网融合的产物。

(一)网络广播的技术原理

技术是媒介发展的先导和支柱,促使网络广播产生的技术便是流媒体技术。

流(stream)也称"流式"或"串流",是指一种传输数据和信息的方式。流媒体技术(Streaming Media)就是采用这种"流式"传输方式,将动画、视音频等多媒体文件经过特殊的压缩方式分成一个个的压缩包,使其可以在因特网上通过视频服务器实现实时的、无须下载等待即可进行播放的技术。流媒体技术是人类传播科技的又一次革新,也是人类传播力量的又一次突破,它使广播媒介的内容能够顺利走上网络平台,使广播内容资源的发布空间进一步得到拓展,这对于无论是存在已久的广播媒体还是新兴的网络媒介都有着重要意义。

以流媒体为传播形式,网络广播的运作方式是:传播者通过在因特网站点上建立广播服务器,在服务器上储存音频节目,运行节目播送软件;接收者通过自己的计算机连接这些站点,借助相应的接收软件,收听、收看、阅读广播信息。因此,网络广播的播出不需要占用卫星频段和频率资源,其播出效果只受网络带宽影响。另外,由于数字化信息排列的无序性,网上广播节目具有无限次的复制与组合功能,从而彻底消除了广播媒体在时间上的强制性,使受众真正实现非线性收听。②

---

① 艾瑞咨询:《2019年中国移动阅读发展趋势研究报告》,艾瑞网,2020年1月,http://report.iresearch.cn/report/202001/3518.shtml。
② 古丽萍:《加强网络广播建设势在必行》,《电视技术》2002年第10期。

(二) 网络广播的播出形式

网络广播与传统广播最大的不同之处在于接收方式。对传统广播的听众来说,一台收音机是必需之物。收听网络广播无须收音机,而是需要一台连接互联网的电脑或其他移动终端。

用户收听网络广播,首先要进入网络广播网站的页面。任何一个网络广播电台都拥有一个属于自己的门户网站。在网络广播的网站上,受众可以选择直播和点播两种收听方式。

(三) 网络广播的传播特点

网络广播是传统的广播媒介与网络媒介的一种融合方式,其充分利用网络的特点发挥广播的固有优势,取长补短,既克服了广播存在的一些缺陷,也极大地提高了广播的传播效果。

1. 超媒体性——丰富广播的传播形态

数字化的网络传输系统使网络广播几乎将所有传统媒体的传播手段悉数囊括:文字、图片、音频、视频……网络广播具有强大的超媒体性,成为能够兼容报刊、广播、电视等媒介传播功能的"超级媒体",这弥补了传统广播"只闻其声,不见其人"的缺憾。这种听觉与视觉的结合进一步拉近了电台与受众的距离,缩小了声音媒体与文字媒体的差异,提高了广播媒体所传播信息的使用价值,延长了这些信息的生命。

2. 空间无限性——扩大广播的信息容量

传统广播的无线电频率资源是有限的,以现在最普及的调频广播(FM)为例,国家规定用于无线电广播的是87兆赫—108兆赫。在相同的覆盖范围内,广播频道使用的频率要有一定间隔,才能避免造成相互间的干扰,这就使得每一个广播频率都十分珍贵。而网络上的每个服务器都是一个巨大的信息库,可用空间可以说"取之不尽,用之不竭"。网络庞大的存储空间和强大的传输能力,使网络广播成为一个庞大的广播资料库,而网络广播无限的信息容量也使用户制作内容成为可能。

3. 自主性——扩大受众的选择空间

互联网打破了传统媒介由上而下传播的"中央集权模式",它给信息提供者和与之相对应的使用者带来更多的自主性,在这里,受众已经不再是大众的一部分,而是可以进行自我选择的网络成员,是特殊的个体公众,是具有迥异差别的用户。用户的活动重心从接收转移到更加个人化的搜寻、共享和互动上。这意味着,在网络传播中,传统广播媒体针对异质大众的非个性化传播将被适位化的传播方式取而代之。用户可以先通过文字了解广播节目的内容,再根据自己的需要和兴趣来选择要看或要听的内容。

4. 超地域性——扩展广播的传播空间

传统广播的传输手段不仅受到地域的限制,还要受雷电雨、地形等自然环境的影响,音质较好的调频广播发射范围很小,短波虽然发射范围大,但信号不稳定,收听效果差。网络技术的应用则可突破这种地域限制,实现资源共享。依靠网络技术而实现的网络广播,其传播速度与传输的信号有极强的排干扰性,可以让声音穿山过海遍布全球,且不折损音质。

5. 多向性——增强与受众的互动性

网络广播的可观性、随意性、匿名性和个性化等特点,使其成为一个"没有等级的互动空间",任何受众,不论其社会地位、文化水平、种族和性别如何,都可以参与其中,这极大地提高了网民参与互动的主动性。听众可以通过直播聊天室、网络社区、网络论坛、电子邮件以及线下活动等方式,随时参与到广播节目中去,对主持人、对节目、甚至对已有的评论表达自己的意见和观点,充分体现了新媒体时代评论诉求互动化的特点。在网络电台上,如果有听众提出点播要求,主持人会立刻做出反应,给予满足。如果电台的节目库中没有听众点播的节目,主持人可以马上为听众搜索下载。如果还是没有找到,主持人甚至可以在聊天室里发动众多听众一起寻找,主持人还可以在节目中发起对某一个观点或是某首歌曲的实时投票,结果立刻就能显示出来。

(四) 网络广播的发展历程及分类

1995 年 4 月,位于美国西雅图的"进步网络"(Progressive Networks)在其网页上放置了一个 Real Audio System 的试用版软件,提供"音频点播"(Audio On demand)服务,这标志着网络广播的诞生。随后,世界上主要的国际广播公司都纷纷与网络联姻,BBC 建立了在线新闻网站,美国之音用 23 种语言在 Web 网络上进行音频广播,法国国际广播电台用五种语言在网上进行新闻广播。

在我国,1996 年 12 月 15 日,珠江经济广播电台开办了广播网站,通过网络进行音频广播,成为我国第一家网络广播电台。随后,从中央广播电台到各地方电台都相继开办了内容丰富、形式多样的网络广播。

与传统广播相比,网络广播除了具有互动性强、传播范围广、可选择、可重复收听的优势外,经营网络电台和制作广播节目所需要的成本相当低廉。经营成本的低廉更使得网络广播拥有了不同于以往的经营模式。大多数网络电台仅由十余人组成,以音乐或谈话节目为主,并且所有的电台都有自己明确的目标用户,以此赢得稳定的广告收入。

按照开办主体的不同,可将我国的网络广播分为传统电台的网络版、商业网络广播以及业余网络广播三大类,其中传统电台开办的网络广播占据绝对优势地位。

1. 传统广播电台入网

国内现有的传统广播电台开设的网站大致可以分为三类。第一类提供电台机构介绍,这类网站只是电台的网上宣传展示窗口。第二类提供电台机构介绍、节目介绍以及广播内容文字稿等平面信息,这类网站中的内容大多是电台活动的网上文字版,只限提供文字信息。第三类除了有内容介绍之外,还提供文字信息内容和在线音频广播服务,这类网站以提供网上音频内容为标志,是通常意义上的"网络广播";登录这些网站,听众不仅可以通过网络与无线频率同步实时收听正在直播的节目,还可以点播收听电台在网站中放置的旧有无线频率中播出的广播节目录音;这种"音频网络版"模式在我国广播电台中已经比较常见,几乎每一家地市级以上的广播电台都已实现了播出节目的网上点播收听。

2. 商业网络广播

目前我国的商业网络广播大致可划分两类：一类是新兴的商业公司开办的网络电台，另一类是依托大的商业网站或互联网服务商开设的网络电台，后者是我国商业网络广播的主力军。原有商业网站的音频服务经过发展，后来独立出来成为现在的大多数商业网络电台，诸如21CN网站的21CN网络电台、腾讯网的QQ电台、网易电台、新浪电台等。这些商业网站并不是主攻网络广播，而是将其作为商业网站的一个盈利渠道，用以树立品牌和聚集人气。商业网络广播着重于探索网络的多元化盈利途径，为中国网络广播的运营积累了经验。[1]

3. 社会团体或广播爱好者建设的业余网络广播

业余网络广播电台一般是依托个人网站或大的网络电台社区开设的，既包括一些个人和群体投资建设的网络广播电台，也包括各大高校广播台创办的校园网络电台，数目众多，难以统计。例如，北京广播网与北京团市委合作开办了纯公益性的"青檬网络电台"，以首都高校在校大学生为目标用户群体，目前在高校学生中已经形成一定的影响；由北京"听盟"与团中央合作开办的中国青少年广播网已整合100多所高校网络电台上传的节目内容。这些业余网络电台以音频为主要承载内容，节目更贴近生活和网民，逐渐形成了一定的用户规模。严格来说，这类网络电台多数是非法电台，内容除少数为原创外，多数为盗版，需要加强引导和管理。

(五) 中国网络广播的发展局限

1. 经营思路不广，盈利模式单一

我国网络广播产业存在的首要问题就是盈利模式过于单一。广告是互联网的主要盈利渠道，我国网络广告市场正处于高速增长阶段，根据艾瑞咨询发布的统计报告数据显示，网络广告规模已经超过了杂志广告，接近广播广告。[2] 但是到目前为止，网络广播仍然是利用率最低的网络广告媒体，有半数以上的广播网站没有自己的广告，即使是有少量广告的广播网站，广告收入也十分有限，同维持网络电台发展的投入相比，只能算是杯水车薪。至于互联网的另一大盈利渠道——手机短信增值，有调查显示，用户在收听网络广播时，一般不太愿意发送短信参与节目。

2. 内容资源稀缺，品牌意识不足

目前，我国绝大多数网络广播是把传统广播的节目内容直接移植到网上。这种简单化的操作一方面并不能吸引更多用户，也无助于提升网络广播的品牌价值；另一方面还会造成节目资源稀缺，严重影响网络广播，尤其是商业网络广播的持续发展。虽然网络电台的进入

---

[1] 栾轶玫:《中国网络电台的三角格局与二元模式》，《视听界》2006年第6期。
[2] 栾轶玫:《中国网络电台的三角格局与二元模式》，《视听界》2006年第6期。

门槛较低,但商业网站普遍缺乏制作广播节目的专业人才,很难制作出用户喜闻乐见的节目;另外,由于网络电台很少能带来直接的经济效益,商业网站在购买广播节目时也非常慎重。① 缺乏优良的节目内容就意味着对用户难以形成长久的吸引力,没有用户的注意力就很难获得广告商的青睐。

3. 资金制约使网络广播难以形成规模

尽管网络广播产业的进入门槛很低,但它的运作仍然需要大量资金投入,既包括前期在硬件系统方面的投入,也包括维持日常运行所需的费用。资料显示,BBC 启动网络广播的费用高达 300 万英镑,美国之音的初期投入也有 200 多万美元。② 这种投入对一般广播电台来说是难以承受的。由于资金方面的限制,一般网络电台的规模都不大,发展也相对较慢;上网电台的数量也不多,能保持正常运营的就更少了。

(六) 网络广播的发展前景

1. 进一步扩展网络实时传播的功能,建立全天候新闻发布体系

网络广播应该充分利用网络即时性的特点,发展"实时广播",建立全天候新闻发布体系。调查显示,目前网民利用互联网的首要功能仍然是浏览新闻资讯。网络广播要发展,就需要利用当前传统广播的新闻资源优势,在保证原创的前提下大量提供新闻资讯,并在新闻编辑的过程中对原有的媒体新闻进行深度加工,充分利用网络媒体快捷、便利的信息发布功能,提供全天候、零时差的新闻发布。

"实时广播"可以通过电子邮件订阅的方式把用户所需的有声节目直接发送到其邮箱;还可以建立自己的聊天室,在直播节目时加强听众与主持人的交流,增强广播节目的互动性;同时也可以开展网上调查,在最短的时间内接收用户反馈,得到较为可靠的节目收听数据。

2. 强化网络广播的交互服务功能

互联网区别于传统媒体的最重要特点在于它的交互性。网络广播应该充分利用网络的交互功能,加强与听众的沟通,弥补传统广播媒体单向传播的不足。网络广播强化交互服务功能的方式有很多,可以通过电子邮件、聊天室、论坛等多种方式进行直接的双向交流;对服务性节目而言,可以通过将热线电话和网络社区功能相结合,克服广播稍纵即逝的弱点。

3. 突破传统的经营模式,积极拓展产业价值链

众多网络电台的经营实践证明,单纯依靠广告收入根本不足以满足网络广播的盈利预期,网络广播应该拓宽经营思路,将盈利重点转向在线游戏、节目短信、收费邮箱等非广告业务,培养多元化的利润增长点。

---

① 董年初、熊艳红:《2007 年我国视听新媒体发展概述》,载《2008 年中国文化产业发展报告》,社会科学文献出版社,2008。
② 徐晓兰:《网络广播的发展探讨》,《科技广场》2008 年第 9 期。

网络广播要想拓宽经营思路,关键是要突破传统广播的固有模式。网络广播的产业化是一个系统工程,一方面要依赖传统广播媒体的内容资源,另一方面更要突破传统广播的经营思维和盈利模式,积极拓展网络广播资源的多元化经营。自 2005 年以来,很多网络广播电台纷纷推出房产频道、汽车频道等新的资讯性服务,对网络广播的节目内容进行深度开发,实现信息增值,成为网络广播进行多元化经营的有益尝试。

网络广播要拓宽经营思路,还应找准定位,积极转换角色,要在产业链上对内容资源进行优化配置,最终向网络节目供应商转型。

4. 数字技术进一步拓展网络广播发展空间

数字广播是数字技术应用于传统广播的产物。所谓数字广播,是指将数字化了的音频信号、视频信号以及各种数据信号,在数字状态下进行各种编码、调制、传递等处理之后,通过广播发送设备进行传播的一种广播技术,它有别于传统的 AM、FM 广播。它可以通过地面发射站、卫星或多媒体手段,以发射数字信号来达到广播以及数据资讯传输的目的,是第三代广播技术。随着广播技术的发展,除了传统意义上仅传输音频信号外,数字广播还可以传送包括音频、视频、数据、文字、图形等在内的多媒体信号。就世界范围看,数字广播已经进入了数字多媒体广播的时代,用户通过手机、电脑、便携式接收终端、车载接收终端等多种接收装置,可以收看到丰富多彩的数字多媒体节目。[1] 目前国际上几种发展较为成熟的数字广播分别为:数字声音广播(DAB)、数字多媒体广播(DMB)、数字卫星声音广播(DSB)和数字调幅声音广播(DRM)。

二、手机广播

所谓"手机广播",是指把手机作为终端设备,实现广播节目的实时、延时收听,同时用户可以通过手机完善的语音通话、短信、彩信等功能,参与到广播节目中来。手机广播在拓展了手机媒体的应用之余,也大大提高了广播节目的互动性,拓展了传统广播节目的发展空间。手机广播是传统广播与手机媒体结合的产物,它兼具广播媒体的便携性与手机媒体的互动性,可以不受时间、空间的限制,为用户提供信息与娱乐服务。对传统广播而言,手机广播拓展了其盈利空间和产业外延;对手机媒体产业来说,手机广播作为一项增值业务,同样为其开辟了新的利润空间。因此,手机广播产业的发展得到了传统广播产业和移动运营商的积极支持。

手机广播的实现方式主要有两种:一是通过移动通信网络实现,即基于目前 3G、4G 以及 5G 通信网络,实现广播节目的实时、延时收听或者点播;二是基于广播网与通信网的融合,即通过广播网实现广播节目的下传,通过通信网络实现用户信息回传,从而实现手机用户收听广播节目。

---

[1] 杨利明:《数字广播的传播学解读与发展趋势》,《中国广播》2009 年第 4 期。

(一) 手机广播的发展历程

手机广播是广播与手机媒体融合过程中一种相对高级的媒介融合模式,早在手机广播诞生前,广播与手机就已经开始了一定意义上的融合,它们都是理解手机广播不可忽略的形式。

1. 广播手机

手机与广播的结合是基于内置接收模块手机的出现。为与手机广播相区别,此处暂且称之为广播手机,即可以收听传统广播节目的手机。它通过生产商在手机中内置 FM 广播调谐器,从而让用户通过手机就可以直接收听电台的广播节目,不会耗费任何流量通信资费。这时,手机就相当于一个超小型的便携收音机。

从一篇名为《开发带广播功能的手机如何》[1]的文章中可以推见,在手机诞生初期,技术尚不能支持"用手机听广播",直到 21 世纪初,广播手机仍未出现。这篇文章发表于 2001 年,作者从自己进行的一次广播收听调查谈起,论述了传统收音机的种种弊端,指出"未来的收听工具应该具有如下特征:新潮而小巧,从心理上更贴近听众,使听众非常乐意携带,随时随地不离左右,这样才能使听众养成收听习惯。符合这一特征的收听工具应该是也一定是:具有广播接收功能的移动电话机"。文章最后,作者还大胆预言:"据了解,带广播功能的MP3 播放器已经问世,带电视功能的手机也在研究过程中。但可以断言,这两者的生命力会远不如带广播功能的手机。"

今天,随着多媒体手机技术的进步,广播手机已经并不罕见了。

2. 手机广播

手机广播是广播与手机融合的高级形式。它不再是简单地添加内置模块,而是信息传递方式的革命。目前,手机广播的收听方式主要有以下三种[2]:

第一种,内容上与广播电台合作,利用移动通信网络,用户在手机中下载播放器软件,通过无线网络实现收听;

第二种,内容和技术均以电台为主体,利用广播和通信的融合网络,通过广播网实现下传,如 SMG 手机电台;

第三种,广播电台自己建办的手机广播,手机用户进入电台的手机广播系统收听。如2005 年 1 月正式成立的由北京人民广播电台全资子公司悦龙公司,负责 DAB 数字多媒体广播在北京市场的运营和推广工作,DAB 数字多媒体广播就可以用手机收听北京电台节目。

中国国际广播电台的"移动国际在线"于 2009 年 7 月 16 日在北京正式启动,这是中国国际广播电台发挥外语优势面向移动互联网推出的新业务。这一平台广泛适用于摩托罗拉A3100、iPhone 等智能手机和其他手持终端。用户只需登录"m. cri. cn"即可随时随地浏览"移动国际在线"提供的新闻、财经、娱乐、旅游等方面的信息,欣赏英语音视频节目,为世界

---

[1] 彭三毛:《开发带广播功能的手机如何》,《新闻三昧》2001 年第 5 期。
[2] 金震茅:《手机广播的发展态势及前瞻》,《现代视听》2008 年第 11 期。

了解中国提供了方便、快捷的新渠道。①

作为媒介融合的产物,手机广播使广播的优势得到了更好的发挥。个性时尚,集文字、图片、声音、视频、游戏等多媒体于一身,且不再受地域范围的限制,具有超强的开放性、可检索性和互动性,将中心由制作者转向听众。听众通过手机收听的不再仅限于本地有信号的电台频率,"手机+互联网+广播"的媒介组合模式大大拓展了电台频率的可选择空间,在一定程度上打破了广播的地域限制。

(二)手机广播的业务形态

2003年,我国首次出现手机广播业务,但由于受节目形式、内容以及资费等诸多因素的限制,我国手机广播的发展一直举步维艰,其业务形态主要包括以下三种方式:

1. 语音服务方式

语音服务方式是指传统广播电台与电信运营商合作,实现广播节目的付费收听。电信运营商主要负责提供传输网络,进行节目内容的下行传输以及用户信息的上行回传;传统广播电台主要负责提供广播节目,作为内容提供商参与到手机广播的产业链中。语音服务方式的手机广播作为一种电话增值信息业务,成为电信运营商新的利润增长点,同时也扩充了电台广播节目的收听方式,为喜爱收听广播的用户提供了新的收听途径。

2. 网络广播电台方式

网络广播电台方式是指手机用户通过在手机终端上安装相应的客户端软件,利用移动通信网络接入互联网,实现广播节目的实时收听或者点播收听。在这一业务方式中,电信运营商负责提供传输网络,进行节目内容的下行传输以及用户信息的上行回传;广播电台作为内容提供商负责提供广播节目;网站作为服务提供商负责广播节目的分类与整合。用户除了能够收听传统的新闻、娱乐、体育等广播节目,还可以进入播客网站,分享自己或者他人制作的音频播客等内容。

3. 移动多媒体广播方式

移动多媒体广播方式是指通过移动多媒体广播网络实现对手机终端广播节目的传输,该种方式传输的广播节目速度快、质量高,但是需要手机终端装有广播网络的接收芯片。利用这一方式的手机广播主要是依靠中国移动多媒体广播网络(CMMB),手机用户可以通过该网络实现对中央台、国际台、省一台和市一台共四个广播频率的实时收听。此外,采用移动多媒体广播方式的手机广播,其节目的传输不走移动通信网络,所以不会产生数据流量费用,用户只需缴纳一定的节目包月费用即可实现收听,在收费上相对低廉。2009年3月,上海率先开通了基于CMMB移动多媒体广播的手机电视与手机广播。

(三)手机广播的发展前景展望

传媒的发展有其自身的规律性,从长远来看,手机广播也许只会是广播媒体与手机媒体

---

① 金震茅:《手机广播的发展态势及前瞻》,《现代视听》2008年第11期。

相融合的一个阶段性形态。时至今日，随着移动互联网的深入发展及手机 App 市场的迅速崛起，传统的手机广播已基本被形形色色的移动音频客户端所取代，如蜻蜓 FM、喜马拉雅电台、荔枝 FM、豆瓣 FM，等等，智能手机的普及、4G/5G 技术的应用都为其兴盛提供了条件，相较于传统广播媒体甚至传统的手机广播形式，它们功能更加多样，收听更加便捷，为广播带来了一大批年轻听众，也为广播媒体自身的发展提供了无限生机。我们姑且将这些移动音频客户端看作是手机广播的新形态，由此，它们的发展也从某种程度上昭示了手机广播的未来。

1. 移动性成就最"贴身"的媒介

广播本身就是具有深度伴随功能的媒体，其信息接收只需耳朵这一个器官，眼、手等均处于自由解放状态，人们可兼听广播兼为他事。与此同时，手机媒体区别于广播、电视、电脑等其他大众媒体的最大优势也在于其移动性、随身性，它弥补了以往传统媒体需要受众在空间性上紧密配合的缺陷。

随着新媒体的崛起以及大众传播语境碎片化程度的加深，受众接收信息的时间和对信息的需求层次都呈现出碎片化特点，注意力成为稀缺资源，人们很难再有大片空闲时间守候在电视机或收音机前，传统媒体的优势日益消解。特别是处于移动状态的人们，往往无暇利用视觉进行信息接收，电视、网络的视觉传播效果同样被大大弱化，而手机广播做的恰恰是"耳朵生意"，它突破传统收听方式的局限，收集整合人们的碎片时间和零散注意力，并将其转化为可被利用的传播资源。可以说，手机广播将传统广播独一无二的伴随性深化，成为一种"带着体温的移动新媒体"。

此外，手机广播兼具人际传播和大众传播两种传播特质。其中的人际传播功能满足了人们本能性的沟通需求，人们可以不上网、不看电视，但很难不看短信、不接电话。手机媒体与人的黏合程度是其他媒体所望尘莫及的，正如保罗·莱文森所说："人类有两种基本的交流方式：说话和走路。可惜，自人类诞生之日起，这两种功能就开始分割，直到手机横空出世，才将这两种相对的功能统一起来。"①从这一点来看，手机的深度伴随功能使其像人体内的器官一样，与人们如影随形，堪称"影子媒体"。我们相信，未来克服了耗电、信号等问题的手机广播将成为人们日常生活中的"贴身伴侣"，成为人们沟通你我、连接世界的重要手段。

2. 人性化成就最"贴心"的媒介

如今的传媒早已进入了"用户中心时代"，这个时代里的受众已不仅仅满足于原始的信息接收，而是有了更高层次的需求，其信息选择由"大众化"转向"小众化"，审美趣味由"共赏"走向"分赏"，媒介的信息传播方式也从"千人一面"变为"量身定制"。手机广播在推广定制化服务上有着先天的优势。

首先，手机广播在节目内容上更加具有指向性和针对性。与其他大众媒介相比，手机广播的受众接受率与信息有效利用率相对较高，尤其随着 3G、4G 的普及，手机广播"随时随地想听就听"的传播优势发挥到了极致。每个电台可以针对不同受众推出几种不同的节目套

---

① 保罗·莱文森：《手机——挡不住的呼唤》，何道宽译，中国人民大学出版社，2004，译者序第 5 页。

餐,甚至可以由听众自己挑选所喜爱的节目组成一个定制套餐,每天按时发送到订户手机上,这样,不仅听众绝对不会错过自己喜欢的任何一档节目,同时,电台也能潜移默化地融入听友的生活。

其次,相较于传统广播和网络广播,手机广播对用户的锁定更有针对性和确定性。虽然手机媒体的用户群从时空上来看是广泛而分散的,但以手机号形式出现的用户比起以 IP 地址和用户昵称形式出现的网民更加容易确定和不易流失。而当前基于大数据分析与计算的用户数据库更是使手机广播的精准推送成为可能。自 2010 年 9 月 1 日起,我国工信部宣布正式实施电话用户实名登记制度,这使信息发布者、使用者与最终用户能够获得真实的身份验证,将手机与人的捆绑关系进一步升级。另外,手机小巧轻便的物理特性能够实现"一人一媒体"的理想状态,使其信息通达率更高,效果更直接,传播行为更有针对性,信息的反馈也更加方便及时。手机广播淡化了大众传播与人际传播的主从关系,它使广播收听更多地表现为个人行为。手机作为贴身时间最长的私人媒介,与用户建立起"一人一机"的绑定关系,在此基础上产生的交流互动是一种"私人模式"(Personal Touch)的对话,进而形成以用户为中心的"听众社区",为其提供信息资讯及其他深度服务。

3. "融媒体性"成就最"智慧"的媒介

手机从一种通信工具变成一种多功能融合的媒介终端,无疑是媒介形态相互融合、演进的结果。麦克卢汉认为:媒介的发展史也是人的感官能力"统合—分化—再统合"的历史,这一过程向外扩展了人体的信息功能,并逐步使人体的外化信息系统相对独立。"报纸—广播—电视—网络"的发展历程已经显露出这一趋势,而手机作为全新形态、全新业务的新兴媒体更是以独立移动信息终端的存在方式精彩地演绎了麦氏的观点。在这一转变过程中,手机广播正是得益于全媒介的融合重组和新媒体的数字化特性,催生出一个迥异于以往广播业的全新信息链条,使其呈现出强烈的"融媒体性"。

所谓"融媒体",表层含义是指各种媒介形态的整合,即利用手机终端平台将广播、电视、平面媒体、互联网等媒介资源进行战略整合。深层含义则是指在利用各种媒介优势的基础上,所衍生出的一种全新的信息制作、传输、接收以及运作模式。

首先,手机广播的"融媒体特性"表现在信息呈现的超媒体性上。数字技术使手机广播拥有多媒体、交互性、高清晰、大容量等新媒体特性,使其在充分发挥手机自身语音传输功能的同时,还能集文字、图片、声音、视频于一体,借助图片、文字等形式对声音内容做"重点强调"。

其次,手机广播还可以实现快捷化的跨媒体信息共享。借助数字技术和网络的覆盖优势,手机广播的所有信息都是一种数字化的形态,可以被电脑、广播、电视、手机等各种终端无障碍接收并实现交换,一套广播节目放在电信服务器上就可以实现全国各个移动终端的即时同步接收,媒体间的互相渗透和交融变得更加频繁、广阔和快捷。

再次,手机广播能够实现跨媒体的信息交流与多向互动,并赋予这种行为极高的自由度。手机广播可以与传统的广播、电视、报刊互动,比如用户可通过短信或热线电话参与节目,与主持人以及其他听众讨论热点话题,还可以下载、发送音视频文件到传统媒体;手机广播也可以与网络广播互动,如用手机广播在线收听、点播节目,也可进入聊天室、BBS、网上调查等网络平台参与电台的节目交流;手机广播还可以利用其通话功能实现与广大听众直接的交流互动……手机广播可以通过链接不同媒体的受众群,促使不同媒体之间的受众进行多向的沟通和交流,实现更快捷、更广泛、更深入的互动。

最后,手机广播能创造一种新型的跨媒体盈利模式。媒体之间的渗透和交融,带来的绝不仅仅是各媒体对资源的剧烈争夺,相反,它也同样使媒体之间产生一种相互依存和相互支撑的友好关系,新的媒体格局将会在这种融合中形成。这种媒体融合化趋势所带来的新的媒体格局催生了许多新的传播形态,同时也带来了新的营销模式。手机广播的发展就为广播产业提供了一种崭新的发展思路,为广播电台的经营运作提供了新的模式。过去,依靠广告获得盈利一直是传统广播的基本商业模式,但手机广播可以变单一型的广告收入模式为复合型的收入模式,即把广播节目作为商品,并配置相关的互动服务,在手机平台上出售,以此收取月租费、订阅费、版权费等,从而建立起一条区别于传统广播的崭新产业链。这时,展示出巨大产业价值的手机广播将会真正成为一个独立行走和思考的巨人,从而超越传统广播获得广阔的生存空间。

三、音频客户端

广义的网络音频是通过网络传播和收听的所有音频媒介内容。狭义的网络音频主要包括音频节目(播客)、有声书(广播剧)、音频直播以及网络电台等实现形式。本节研究范畴是狭义的网络音频。由于完整的数字音乐专辑或音乐流媒体服务涉及唱片公司复杂的版权交易,且数字音乐已经形成较为独立的产业体系,因此数字音乐不归为狭义的网络音频。而音频客户端便是主要提供网络音频内容及相关服务的平台。

2019年,中国网络音频行业市场规模为175.8亿元,同比增长55.1%。精品内容涌现,用户付费意愿提升。音频互动模式多样,拓展多元收入。此外,全场景生态的深化发展更是为整个网络音频行业带来更多想象空间,将推动网络音频行业市场规模进一步增长。在这样的背景下,中国网络音频用户规模迎来了新一轮的增长,2019年中国网络音频用户规模达4.9亿,从而为行业的发展注入了源源不断的活力。2020年1月,荔枝正式登陆纳斯达克股票交易所,成为中国网络音频市场中第一家上市的公司。[①]

与此同时,传统媒体特别是传统广播积极发展音频客户端,打造多功能的音频内容及服务平台。例如,中央广播电视总台音频客户端"云听"、北京广播电视台音频客户端"听听FM"、上海台音频客户端"阿基米德FM"、浙江广播电视集团交通之声"浙江+"App、湖南广播电视台音频新媒体"芒果动听"。

(一)传统媒体发展音频客户端的必要性

首先,传统媒体发展音频客户端是为了突破自身存在的局限。对传统广播线性传播、过

---

① 艾瑞咨询:《2020年中国网络音频行业研究报告》,艾瑞网,2020年5月,http://report.iresearch.cn/report/202005/3576.shtml。

耳不留的缺点,网络广播作为广播媒体的融合形态已经将其突破。然而,网络广播的发展思路依然是围绕传统广播内容,而未能向泛内容和音频服务拓展,也就难以提供智能化、场景化的音频媒体服务。

其次,满足用户智能化、场景化的音频媒体服务需要。音频客户端可以利用大数据技术分析用户的收听习惯,精准反映受众的行为模式,为受众精准画像;可以利用人工智能技术介入新闻传播的全过程,提高传播效率,增强交互体验;可以利用智能分发技术依据用户收听习惯和收听记录,自动匹配用户受众喜爱的信息,节省用户时间成本,优化用户体验,增强用户黏性,更好地满足用户个性化收听、场景化收听的需要。分众化传播、个性化定制,也已经成为媒介组织在市场竞争中的制胜法宝。①

最后,发展音频客户端可以增强传统媒体的市场竞争力。虽然传统广播在汽车等场景下依然有着难以撼动的地位,但是在更广阔的音频内容市场,传统广播却危机重重。以流媒体广播、移动音频客户端为代表的一系列新媒体,正在对传统广播行业的发展带来持续的冲击。截至 2017 年 6 月,移动音频客户端的总下载量超过 2.6 亿人次,月均活跃用户的数量高达 6500 万人。包括喜马拉雅在内的移动音频客户端,其用户数量已经超过了两亿人次,并在一轮又一轮的融资过程中逐渐走向强大。② 传统广播只有发展音频客户端,才能积极抢占音频内容及服务市场,拓展自身盈利模式,实现融合转型。

(二) 传统媒体运营音频客户端的基本策略

从传统广播内容到泛音频内容。传统媒体运营音频客户端拥有传统媒体优质内容的基础,但是并不局限于此,积极将传统广播内容拓展到泛音频内容。例如,阿基米德 FM 充分利用了上海东方广播本身所具有的强大媒体资源能力,所提供的广播内容包括戏剧、财经、文体等多种类别,具有极高专业度的内容创作能力,为这款 App 提供了广阔的用户基础。而阿基米德 FM 不仅有东方广播录播节目的全力支持,同时其发行方上海人民广播电台和其他传统广播电视台的深厚关系,同样为其发展提供了强有力的支持。目前,阿基米德 FM 日均上新 1 万小时音频节目;为适应短音频和直播风潮,每天推出 1000 多条短音频,并发起近 50 场音频直播。③ 除了传统广播内容,中央广播电视总台音频客户端"云听"还推出了有声书、听电视等音频内容。

从网络音频内容到泛媒体服务。传统媒体运营的音频客户端也不只提供网络音频内容,还向生活、社交等泛媒体服务拓展。南京广播推出的"在南京"音频客户端打造平台"社区"概念和构建"本地生活圈"。客户端"社区"涵盖了生活圈、资金 LIVE、生活电商、兴趣部落等版块,在每个版块下面又细分有若干个论坛,囊括餐饮、育儿、艺术、汽车、数码、家居等

---

① 郭庆华:《传统广播入驻音频客户端的模式及选择策略》,《新闻知识》2020 年第 7 期。
② 牛沛媛:《传统广播向移动音频客户端的转化——以阿基米德 FM 和 iHeartRadio 为例》,《传媒》2018 年第 19 期。
③ 牛沛媛:《传统广播向移动音频客户端的转化——以阿基米德 FM 和 iHeartRadio 为例》,《传媒》2018 年第 19 期。

行业,每个论坛聚集了有相同兴趣爱好的用户,他们可以发帖与其他用户互动交流。①

从免费内容提供到多元订阅模式。网络广播提供的仍然是传统广播内容,很难做到用户付费,走的还是广告为主的盈利模式。而传统媒体通过发展音频客户端可实现多元的盈利模式,如用户付费、用户打赏、广告营销甚至是硬件销售。例如,用户在云听 App 收听部分有声书要进行充值"云币"后购买,这些云币还可用于直播打赏。此外,云听 App 设置了 VIP 专区,用户开通会员后可在有效期内收听 VIP 专区的内容,同时能享受其他个性化会员权益。

第四节　电视与媒介融合

在电视领域,一方面,传统电视以网络媒体、手机媒体等新媒体形态为载体,并与之相融合,催生出网络电视、手机电视等电视媒体新形态;另一方面,传统电视媒体在保持其基本形态大致不变的前提下,借助数字技术、网络技术等新媒体技术力量对原有的内容、应用和服务进行改变、增加和完善,使其适应互动性、分众化传播的大趋势,催生出 IPTV、互联网电视等新兴媒体。

一、网络电视

网络电视(NTV,Network Television)是以宽带网络为载体,以视音频多媒体为形式,以互动个性化为特征,为所有宽带终端用户提供全方位服务的新兴电视业务。网络电视是在数字化和网络化背景下产生的,是互联网络技术与电视技术结合的产物,在整合电视与网络两大传播媒介过程中,网络电视既保留了电视形象直观、生动灵活的表现特点,又具有了互联网按需获取的交互特征,是综合两种传播媒介优势而产生的一种新的传播形式。

目前业内针对网络电视有几种概念:一种是不管通过电脑、网络机顶盒加电视机还是手机来收看电视的,都叫网络电视;另外一种,就是把面向网络机顶盒加电视机的叫 IPTV,把面向电脑的叫网络电视,把面向手机的叫手机电视;还有一种说法是将网络电视等同于 IPTV,是一种新型的视频节目传输形态,它依托宽带网络,利用互联网技术,以互动的方式向用户提供各种视频节目,并提供可视电话、电子商务、远程医疗等增值服务。本节所涉及的网络电视主要认同第二种概念,也就是说,网络电视是指以计算机为载体的电视新形态。

(一)网络电视的产生与发展

网络电视最早出现在美、日等发达国家。最早的网络电视需要一个机顶盒,通过电话线和普通电视机就可以进入 WebTV 网址,浏览互联网上的信息。后来发展成为通过速度更快的有线电视网访问相应的站点,点播节目或进行网上购物等。在技术上,日本和美国走在前列,先后研制出将因特网和电视结合在一起的网络电视机,通过局域网、数字用户线(DSL)或

---

① 梁唐辉:《刍议传统广播电台开发移动客户端的转型发展之路》,《东南传播》2019 年第 5 期。

有线电视光缆等上网,且具有很高的清晰度,从而大大推动了网络电视的发展。

1995年8月30日,美国CNN建立网站,在网页上提供文字、图片、声音和图像,包括重点新闻、快速新闻和全国政治新闻等。随后CBS、FOX等也先后上网。1996年7月,微软公司投资2.2亿美元与NBC合作,以MSNBC的网站名上网,全天24小时播放视频新闻。

在国内,中央电视台于1996年开始在国际互联网上申请了域名,建立了自己的站点。到1998年年底,中国已有34家电视台上网。1999年1月1日,中央电视台正式开通网站后,《新闻联播》节目当晚就可以上网,但是《新闻联播》只是电视节目在网上播放,还不是真正的网络电视。1999年6月1日,中国虹桥网开通了网络电视服务,它是中国最早的网络电视。2000年年底,北京中关村地区推出中关村网络电视台,中关村地区的数万户家庭使用了网络电视。

(二) 网络电视的传播特点

1. 互动性强

互动性是网络电视一个显著的特点,这种特点并不是网络电视本身所固有的,而是继承了网络的互动性特点。这种交互式信息传播模式彻底改变了传统电视的线性传播方式,也改变了人们的媒介消费方式。受众不仅是信息的接收者,而且成为信息的制造者和传播者。

2. 选择性强

网络电视是以用户为中心的,按用户需求进行信息自主选择的传播方式,可以最大限度地吸引、满足用户。它集电脑和电视功能于一体,用户可以根据自身的需求和爱好点播自己喜欢的影视节目,也能通过网络电视浏览互联网、收发电子邮件、视频聊天等。

3. 服务性强

网络电视的服务平台承载的是传统电视所无法提供的服务内容。这些运营在网络电视上的增值服务是互联网与电视结合而成的。增值服务可以是远程教育、网络游戏等,这些都可以搭载在网络电视平台上。网络电视以实现人们多元化、个性化的需要为目的,通过独具特色的综合服务网来满足用户对新闻、经济、娱乐、教育、体育等各种个性化需求。

(三) 网络电视的发展趋势

网络电视作为一种电视与网络相融合的新兴媒介形式,越来越受到广泛的关注。在北美,加拿大传统电信公司曼尼托巴电信和萨斯喀萨温电信已经在VDSL和ADSL网络中开通网络电视业务,Telus和加拿大贝尔也在2005年进入这一市场。欧洲网络电视发展也很快,意大利宽带服务提供商Fast-Web截至2004年6月已拥有41.7万网络电视用户,其中有15万是宽带电视用户。英国电信于2005年推出基于DSL的网络电视业务。此外,法国电信、比利时电信、荷兰电信、奥地利电信和挪威电信都在进行网络电视的商用实验。

在国内,2004年5月,网通旗下的天天在线拿到国内第一个经营网络视频播放的业务许可证。同年,央视网络电视在北京开播,北京通信的宽带用户通过互联网络可以点播央视网络电视的节目,开播当天点击率即高达68万人次,开播后不久,网络电视的带宽从100多兆扩宽到了1吉兆,日访问量接近80万人次。此后,网络电视又分别在上海和江苏"落地"。2004年12月28日,上海文广新闻传媒集团创办的东方网络电视宣布正式开播。此外,大连网通、宜春网通、四川电信、上海电信以及上海移动等运营商都开始小规模试验性质地与上海贝尔阿尔卡特进行合作。这些试点已经能够开始提供广播电视(BTV)、付费频道(PPV)、视频点播(VOD)和准视频点播(NVOD)业务,而且这些业务每月都能吸引数千新增用户。可以说,网络电视的发展实际上已初具轮廓。

1. 提供丰富的节目内容

从国外电信运营商成功开展网络电视业务的经验来看,丰富的节目内容、多样化的节目来源是网络电视成功的保障。要提供丰富的节目内容,首先,应该盘活广电媒体海量的节目资源,选择其中的优秀节目进行压缩或转换,放在互联网上供用户点播观看。其次,网络电视还应该适时地转播各家电视台的节目,为传统电视频道开辟新的传播通路。此外,还应该针对网络电视的特性提供丰富多样的互动节目。真正意义的网络电视节目可以让用户与用户之间、用户与媒体之间进行全方位多层次的互动。

2. 探索有效的推广运营模式

网络电视产生的时间还不长,还缺乏成熟的商业运营模式。因此为了使网络电视能够得到长足发展,必须要摸索出一套适合它的商业模式。

多方合作的商业模式:网络电视业务的发展一方面需要有个性化的频道和丰富的业务内容去吸引用户,另一方面也需要有覆盖全国的优质传输网络。这就要求各个环节的参与者准确定位自己的业务,建立合理的商业模式,零资金或少资金投入,利用企业间取长补短的合作和资源互换所带来的优势占领市场和提升品牌。就目前而言,广电媒体与电信(网络)运营商的合作就是一种比较理想的模式。

强有力的宣传措施:通过广告、宣传单、热线电话、小区推广等手段,让尽量多的人了解网络电视并愿意使用网络电视。在宣传中,要特别强调网络电视相较传统电视的特点与优势。

3. 完善盈利模式

传统电视的盈利模式已经非常完善,但网络电视还应进一步完善其盈利模式,探索出一条自身的盈利之路。

(1) 节目点播费是重要的收入来源

网络电视可以为用户提供个性化的点播服务,这种一对一的特殊服务是可以收费的。节目点播的收费方式主要有两种:其一是按点播数量计费,即用户观看一部节目,就缴纳一定的费用;其二是包月收费,即用户每月缴纳固定费用,可以不限量、不限时地点播节目库中的任何节目。

(2) 网络广告是很有发展前景的收费项目

2005年,美国网络广告的收入已经超过了125亿美元。根据艾瑞咨询2019年度中国网络广告核心数据显示,中国网络广告市场规模达到6464.3亿元,同比增长30.2%,仍保持高位。随着网络广告市场发展不断成熟,未来几年的增速将趋于平稳,预计至2021年整体规模有望达到近万亿元。① 网络电视能够提供文字、图片、声频、视频等多媒体信息,其感染力和传播效果要比一般的网页好得多。

（3）增值服务也是网络电视的一个利润增长点

所谓增值服务,就是凭借网络电视的技术条件向用户提供附加的服务,并获取相应的收益。增值服务包括视频聊天、在线游戏、远程教育、远程医疗等。这些服务都有很大的市场需求,运营商做好这些增值业务,一方面能够更好地满足人民群众日益增长的精神文化需求,另一方面也可以获得良好的经济收益。

4. 推动技术进步

网络电视要取得进一步的发展,还应在网络传播技术和节目制作技术方面加大投入,以提高网络传输速度,优化节目质量。

首先,网络电视需要对现有的互联网络进行扩容,增加骨干网、城域网及用户端的带宽,从而提升网络传输速度。

其次,网络电视需要采用先进的视频压缩技术,以使得传播机构一方面能够对节目进行高比率的压缩,尽量减少节目占用的网络带宽,另外一方面又能确保压缩后的视频节目保持较高的图像与声音质量。

二、手机电视

手机电视是指以手机为终端设备,通过移动网络流媒体和文件下载方式,为用户提供以音视频为主要形式的节目体验,使用户可以通过手机观看电视直播,进行视频点播和下载,向其他用户推荐节目和发表观感的一项技术或应用。手机电视是传统电视媒体与手机媒体相融合的产物。

（一）手机电视业务的实现方式

手机电视业务的实现方式主要有三种:

第一是利用蜂窝移动网络实现,如美国的 Sprint、我国的中国移动和中国联通公司已经利用这种方式推出了手机电视业务。这种手机电视业务实际上是利用流媒体技术,把手机电视作为一种数据业务推出来。不管是 GPRS 手机还是 CDMA 手机,都需要在装有操作系统的手机终端上安装相应的播放软件,而相应的电视节目则由移动通信公司或者通过相应的服务提供商来组织和提供。

第二是利用卫星广播的方式。利用手机来接收卫星播发的电视节目信号是一个非常新颖的想法。韩国在力推这种手机电视广播方式（DMB）。据 SK 称,这种 DMB 接收机能提供高质量的图像,使用该接收机模块能使用户同时接收地面无线电视广播和卫星电视广播的信号。

---

① 艾瑞咨询:《中国网络广告市场年度洞察报告——简版》,艾瑞网,2020 年 7 月 8 日,http://report.iresearch.cn/report_pdf.aspx?id=3614。

第三种是在手机中安装数字电视的接收模块,直接接收数字电视信号。这是目前最被看好的手机电视技术方式。这种方式需要在手机终端上安装微波数字电视接收模块,可以不通过移动通信网络的链路,直接获得数字电视信号。目前,手机数字电视标准有欧洲的DVB-H和日本的单频段转播标准。

(二) 手机电视的产生和发展

从 2003 年开始,随着移动数据业务的普及、手机性能的提高以及数字电视技术和网络的迅速发展,美国、日本等世界各国的主要运营商纷纷推出手机电视业务。如 2003 年 11 月美国 Idetic 公司推出了 MobiTV 系统。通过这一系统,用户可以用手机收看包括 ABC 新闻台、CNBC、探索频道和 MSNBC 在内的电视节目。日本的广播电信企业在 2005 年 4 月推出专门针对手机的数字广播电信节目。

在我国,2004 年 3 月,中国移动在广州向全球通 GPRS 用户提供了手机电视业务。同年 4 月,中国联通推出"视讯新干线"手机电视业务。大力进军手机电视业务领域,把手机电视定为增值业务的工作重点之一。从 2005 年 1 月 1 日起,SMG 和上海移动招募了 500 名有条件的上海移动用户免费试用手机电视业务,这为 3G 时代手机电视业务的正式推广提供了重要的商业模式参考依据。2005 年 10 月,中国移动和第一家获得手机电视牌照的上海文广新闻传媒集团签署战略合作协议,共同推出"手机电视"流媒体业务。2006 年 12 月,中国移动与中央电视台合作推出手机电视业务。2007 年后,中国联通与中国国际广播电台在北京签署协议,中国国际广播电台手机广播电视正式开播。这是国内移动运营企业在手机电视业务领域又一次与广电企业的合作。

(三) 手机电视的传播特点

由于手机这种通信终端的一些独特特性,如私密性、移动性和交互性等,手机电视在进行信息传播的过程中也具有其他媒介类型所不具有的特点。

1. 私密性

手机是一种私密性很高的通信终端,因此手机电视最突出的特点也是私密性。在视觉媒体中,电影可以被认为是一种"公众性"媒体,传统电视是典型的"家用媒体",而手机则属于纯粹的个人私用物品,机主对手机电视的使用拥有绝对的主导权。看与不看、看什么、什么时候看全凭机主的个人意愿与爱好,手机电视是一种极端个人化的媒体或者说是私用媒体。此外,尽管互联网为个人设置了很多个性化的、私人使用的工具和方法,但是在监控之下,一些个人隐私和不愿意让他人知道的信息仍然不方便通过互联网传输。而手机则不同,尽管现在也有了个体对群体的技术应用,但其主要方式还是一对一的,使用者通过手机发出个人的信息,个人消费从手机上收到的信息,这一点是其他媒介形式所没有的。

2. 交互性

手机电视的传播特点是多向性,属于网状网络,在这个网络中,每一个手机都是传播体系中的一个节点,所有人都是平等的,它可以随时随地发出和接收信息,进行个体间联络,还可以进行群体间联络,由此互动性成为手机电视最大的优势之一。人们不但可以用手机点播下载电视节目,还可以用手机通信、短信和无线上网等方式参与电视节目的制作。

3. 屏幕制约性

手机电视的移动性和便携性决定了它的屏幕不可能很大,手机电视的屏幕尺寸通常是3英寸及以下,而普通电视机的屏幕在5英寸以上,分辨率也由标清以上降至QVGA以下,画面细节的表现能力被大打折扣,长时间地近距离收看又容易引起人的视觉疲劳。尽管现在屏显技术日新月异,像素在不断提高,但在清晰度上它无论如何也比不上传统电视,更不用说电影了。这个特点显然是手机电视的弱点,但其实是为移动性和便携性做出的牺牲,因此如何在有限的屏幕上演绎完整的故事情节,对手机电视的节目创作提出了新的要求。

(四)制约我国手机电视发展的瓶颈

1. 内容瓶颈:缺乏差异化的节目定位

我国手机电视的节目内容包括传统电视频道的直播和视频分类点播两大类,主要依靠广电企业提供节目源,自制节目较少,无法避免与传统媒体在内容上的"同质"现象。如果缺乏差异化的节目定位,仅靠"手机媒体"自身灵巧、便携的特性,想要在竞争激烈的传媒市场里占有一席之地是很困难的事情。手机电视想要获得更大的发展空间,就必须具有创新意识,在节目定位时应该充分考虑手机媒体的传播特性,根据用户的收视需求,利用好内容提供商(CP)的内容资源,创新节目的形态与内容,进行差别化的节目定位。

2. 资金瓶颈:缺乏足够的资金投入

目前,我国手机电视的运营商们正在集中力量建设传输网络,对节目制作的关注不够、投入也不够;而且,发展初期的手机电视的盈利模式单一,主要依靠流量费来盈利,内容提供商/服务提供商(CP/SP)的利润空间很小,也没有足够的资金与能力进行新节目形态的研发,这为手机电视长期、良性的发展蒙上了一层阴影。

由于我国手机电视运营商还未确立有效的盈利模式,利润来源还很单一,主要依靠用户的定制费用以及数据流量费用。然而,为了培育市场,运营商往往要采取一段时间的免费模式来吸引用户,以培养用户的使用习惯、提高媒介的认知度,这就造成了运营商的盈利十分困难,有时甚至是入不敷出。如何改善手机电视运营商的经营现状、拓展新的盈利模式、寻找新的利润空间,成为摆在业界面前的一道难题。

手机可以进行点对点的传播,传播效果好、针对性强、信息的到达率高,因此,业界普遍看好手机广告、手机购物、增值信息服务等在手机电视上的应用。但是,需要指出的是,手机也是一种个人的、私密性的媒介,运营商在推广手机广告、进行手机商务的同时,要注意保护手机用户的个人信息安全。

3. 终端瓶颈:存在可能的替代产品

虽然手机电视具有高度的便携性、交互性、直观性、可以充分利用"碎片化"时间等特点,但是它也受到了来自多方的威胁,如车载移动电视、MP4、PDA等智能电子终端也具备便携、直观等"手机媒体"的优点,一旦价格合适,这些智能终端将会成为手机电视的替代品。同时,手机电视并非"手机媒体"唯一的业务形态,手机报纸、手机广播、手机游戏等也都摩拳擦掌,争取在这个"碎片化"时代获得更为广阔的发展空间,这都可能成为分流手机电视用户的潜在威胁。

三、IPTV

IPTV 是 Internet Protocol Television 的简称。关于其定义众说纷纭,从不同的角度可以给出各种不同的界定。ITU-T[①]对其定义为:在 IP 网络上传送的包含电视、视频、文本、图形和数据等,提供 QoS/QoE、安全、交互性和可靠性的可管理的多媒体业务。这个定义并不能提供全面通俗的理解。在国内,IPTV 一般被称为交互式网络电视,是一种利用宽带网络,集互联网、多媒体、通讯等多种技术于一体,以电视机、计算机或手机为接收终端,向用户提供以视频节目内容为主的交互式服务的新技术和媒体形态。IPTV 可以提供电视类、通信类和各种增值类业务。电视类服务是指与电视业务相关的服务,如视频点播、直播电视和时移电视(指对电视节目实现快进、暂停和快退等功能)等;通信类服务主要指基于 IP 网络的语音业务、即时通讯服务等;增值业务则是指电视购物、互动广告、在线游戏等。

"IP"与"TV"的关系,从电信和广电两个角度出发分别有不同的理解。在电信领域,IPTV 更多地被理解为宽带增值业务,只是这时 IP 宽带网络所承载的宽带业务是电视节目而已,强调的是 IP;而在广电领域,IPTV 被理解为网络电视,这时的电视是通过 IP 网络传送,关注的是 TV。

(一) IPTV 发展历程

中国 IPTV 的发展可谓步履维艰。虽然近年来势头良好,但由于政策、内容、技术等各方面的制约,很长一段时间内国内 IPTV 产业仍将处于市场导入和培育期。

中国 IPTV 的历史发展分为几个阶段:

1. 第一阶段:摸索发展阶段(2003—2009)

牌照上的摸索:2003 年年底,上海广播电视台(原上海文广新闻传媒集团)在上海率先启动 IPTV 的技术试验和业务试点。2005 年 3 月,国家广电总局给上海广播电视台颁发全国首张 IP 电视集成运营牌照。之后,国家广电总局又先后给中央电视台、广东南方广播影视传媒集团颁发集成业务全国运营牌照,给杭州华为颁发集成业务区域运营牌照,给中国国际广播电台颁发 IP 电视内容服务牌照。2009 年,江苏广播电视总台又获得 IP 电视集成业务区域运营牌照。

运营上的摸索:2004 年,由黑龙江联通(原网通)和上海文广百视通合作,在哈尔滨推出 IPTV 业务试点,将 IPTV 与宽带业务紧密捆绑发展,逐渐小规模发展至全国。

---

① ITU-T 是国际电信联盟远程通信标准化组的缩写。

2. 第二个阶段:突破发展阶段(2010—2014)

试点上的突破:在三网融合政策实施之前,国家新闻出版广电总局曾经批准的 IPTV 试点城市共计 1 省 12 个市,分别是:江苏省和汉中、西安、上海、福州、黑河、厦门、哈尔滨、盘锦、沈阳、大连、台州、杭州,除了杭州,大部分城市是上海文广的试点城市。三网融合政策设定了 54 个试点地区,试点地区可以申请试点 IPTV 业务,基本覆盖全国。三网融合政策没有明确禁止非试点地区不得进行 IPTV 业务,但必须按照原有政策取得相关资质。

牌照上的突破:至 2012 年年底,中国电信、中国联通获得国家广电总局颁发的"信息网络传播视听节目许可证"。在集成播控平台上,《三网融合试点地区 IPTV 集成播控平台建设有关问题的通知》提出了二级播控平台的概念,新型集成播控平台无论在内容丰富性还是业务的规范性方面都优于上海文广的老平台

运营上的突破:至 2014 年年底,全国 IPTV 用户总数达到 3375.6 万户,用户主要集中在华东地区和中南地区。

3. 第三个阶段:快速发展阶段(2015 年以后)

2015 年对 IPTV 来说是个峰回路转之年,2015 年 8 月国办发"65 号文"全面推广"三网融合"与 IPTV,OTT-TV 受到政策打压。在政策红利下,IPTV 开始展露其"第二春",实现了一年 3000 多万用户的快速增长。

根据流媒体网的统计,截至 2016 年 12 月底,中国电信 IPTV 用户数为 6700 万,中国联通 IPTV 用户数为 2300 万,中国移动的互联网电视用户数为 2600 万。三大通信运营商电视业务总用户量已经突破一个亿。

三大运营商相继抛出的采购大单中,智能终端设备已超过 6600 万台。从 2016 年整个 IPTV 的发展轨迹来看,政策上的支持和"红利"让其得到快速发展,IPTV 业务被三大通信运营商定位为基础业务,以 4K 内容为卖点的视频业务在全国范围铺展开来。

(二)我国 IPTV 的主要模式

目前我国 IPTV 的运营主体主要有广电和电信两部门。二者或独立运营,或合作运营,造就了三种 IPTV 发展形态,也产生了上海模式、河南模式、杭州模式等典型模式。

1. 以电信部门为主导的运营模式——河南、江苏

近年来不论是国外还是国内,对电信运营商来说,传统电信业务都在逐渐饱和,运营商的收入明显出现了下滑。除了固话收入减少外,互联网服务增长速度也逐渐放缓,推进业务转型已成为电信行业的新趋势。在这种情况下,IPTV 自然成为运营商所期盼的新的收入增长点。电信运营商利用自己拥有的健全网络资源,向 IPTV 产业链的前端延伸,购买节目内容并对其进行加工和细化,然后再以个性化的服务形态提供给用户,越来越成为整个 IPTV 产业链的核心。这种运营模式以河南和江苏为代表。

河南 IPTV 的运营模式特色鲜明。河南联通与当地政府、广电及设备提供商威科姆公司开展四方合作,充分认识到当地农村市场有线电视覆盖不到位、获取信息渠道少的不足,以农村信息化为切入点,在吸收传统电视媒体节目内容资源的同时,结合当地农村经济的发展

和农村服务的实际需求,以农村党员教育的名义面向农村市场发展用户,以较低的价格快速入户,满足农民群众文化娱乐和生产咨询等多方面的需求。河南地区独具特色的运营模式为中国 IPTV 差异化发展提供了宝贵经验。

江苏地区早在 2005 年就被中国电信列为 IPTV 试点地区,除江苏电信外,上海文广和新华社也是江苏 IPTV 业务的运营主体。江苏电信主要负责网络建设和管理、渠道收费、用户管理等;上海文广作为国内首个 IPTV 牌照运营商,主要负责牌照运营及内容制作集成;新华社主要负责提供内容资源。与新华社合作,可以利用其遍布全球的采编力量和庞大的内容资源优势,特别是在时政新闻上的优势;更重要的是,新华社不受国家广电总局的制约,只要内容通过相关审核,参与 IPTV 产业就是合法的,这就巧妙地避开了 IPTV 业务运营牌照的管制问题,为 IPTV 产业发展开辟了一条全新的尝试之路。

2. 以广电为主导的运营模式——杭州

广电系统凭借强大的内容支持和政策优惠,以广电部门为主导、电信部门为附属,开展 IPTV 业务。

这种模式的典型代表是杭州 IPTV,它是国家广电总局数字电视整体平移的典范。杭州 IPTV 借助"数字电视"的名义进行,使用双模机顶盒,所有机顶盒都同时连接有互联网和有线电视网,而且机顶盒是免费赠送,基本收视费 14 元不变,付费电视和视频点播等增值服务由市场定价。杭州是数字电视与 IPTV 共存共荣的代表。其 IPTV 用户规模仅次于上海,至 2008 年年底已超过 30 万。

杭州 IPTV 由杭州网通进行市场推广,杭州数字有限公司是 IPTV 的运营主体,在二者基础上成立的华数传媒由广电控股,独立于电信和广电两部门之外,是真正市场化运作的企业。在这样的背景下,既能够充分利用电信与广电庞大的用户资源、网络资源及丰富的业务管理经验,又可以最大限度地规避电信与广电的利益冲突,顺利实现 IPTV 的市场化运作。

此外,杭州 IPTV 在发展初期也得到了当地政府的大力支持。政府通过行政手段要求新建小区和酒店必须安装 IPTV,对 IPTV 的推广起到了重要作用。政策支持加上资金支持、市场引导,保证了 IPTV 业务的顺利开展和市场运作。

3. 广电与电信共同合作的运营模式——上海、哈尔滨

上海和哈尔滨的 IPTV 是采取广电与电信共同合作模式的代表。广电部门主要负责内容的提供和编排处理,电信则主要负责网络传输,各自发挥所长,都拥有一定的自主权,合作较少具有排他性。

在 2009 年国务院转批《关于 2009 年深化经济体制改革工作的意见》之前,上海是全国唯一一个允许广电与电信部门相互进入的试点城市。上海 IPTV 是上海电信和上海文广联合营运,分工合作,上海电信主要负责网络升级、硬件改造、网络传输、用户发展及客户服务管理等,上海文广则负责 IPTV 牌照及内容提供、电子节目指南制作、版权管理等。目前上海 IPTV 提供直播频道、电视回看、视频点播、电视游戏、电视杂志、信息服务等多样化的视听和非视听业务。上海是目前中国 IPTV 用户数最多的城市。

哈尔滨也算是中国最早推出 IPTV 服务的地区之一。哈尔滨网通与上海文广开展合作,

于 2004 年下半年进行测试,并于 2005 年 5 月正式商用。二者通过分工合作,实现了资源共享和优势互补。双方共同开发新业务,并以收益分成、利益共享、风险共担的形式共同进行市场营销和拓展。但哈尔滨模式也并非完美无缺,比如在推广营销过程中行政色彩较浓,造成用户忠诚度过低;IPTV 业务长时间局限在音视频服务等基础类业务而忽略了互联网应用和通信应用等增值业务。

(三) IPTV 的问题分析

IPTV 是新媒体革命浪潮中的有力一波,推动媒体变革的深入进行,但目前还存在着一些问题需要改进。内容是 IPTV 吸引用户的关键,与传统电视相比,丰富多彩的内容资源是 IPTV 发展的主要动力。但目前 IPTV 的大部分内容还是来自传统电视媒体,与有线电视频道的内容重合过多,同质化现象严重,缺乏必要的创新,不能满足用户的需求。

从政策和利益层面来看,广电和电信都对 IPTV 这块诱人的蛋糕虎视眈眈。从全球 IPTV 产业发展状态良好的国家和地区来看,没有广电与电信运营商的成功合作,IPTV 产业是很难顺利成长的。但在我国当前的行业监管现状下,两行业部门间分别管理、利益对立的状况还没有得到根本改观。虽然目前广电与电信之间进行了一定的合作探讨,但双方全面的利益分配机制尚未健全,障碍依然存在。而且,在这场利益博弈中,广电一直处于优势的领导地位。2004 年 7 月发布的《互联网视听节目服务管理规定》明确规定电信等运营商必须获得由国家广电总局核发的牌照才能提供信息网络传播视听节目,这就决定了广电在 IPTV 发展过程中的主导地位。电信部门的参与并非易事。事实也证明了这一点,在国家广电总局网站上公布的获得视听节目许可证的单位大多是广电媒体。没有取得牌照的电信部门只能通过与拥有牌照的广电合作来发展业务。两部门的博弈在很大程度上延缓了 IPTV 业务的发展进程。

四、互联网电视

与 IPTV 接近的另一个概念是互联网电视,是指通过互联网向电视机传输 IP 视频以及其他的互联网应用服务,其接收终端一般为互联网电视一体机或者互联网电视机顶盒。互联网电视的代表产品有 Google TV、乐视盒子、小米盒子等。这种交互式网络电视的内容及相关服务的传输一般由互联网公司主导,这些互联网公司越过传统的电信运营商,发展基于开放互联网的各种视频及数据服务业务,强调服务与物理网络的无关性。互联网和 IPTV 一样,让用户对电视的体验从单纯的物理硬件体验上升到了互动体验,更接近新媒体的本质;同时,在产业层面,将内容服务与终端产业打通,改写了传统的电视产业链。① 互联网电视尚处在发展过程中,国家广电总局对其管控较为严格,而 IPTV 则多由各地的广电机构主导,运作模式较为成熟。

---

① 方兴东、李志敏、严峰:《智能电视时代是新传播范式引发的产业变革之思考》,《电视研究》2013 年第 12 期。

(一)互联网电视的来源与界定

互联网电视是互联网公司越过电信运营商,利用其提供的宽带网络直接为网民提供各种服务。互联网电视的典型特征在于,网络业务提供商无须拥有自己的传输网络即可开展业务,如微信、手机游戏等。传统的客厅"大屏",即电视机终端的所有业务是由广电运营商和电信运营商来主导的,包括数字电视和 IPTV 等,已形成较为完备的产业运作模式,有着巨大的商业价值空间。互联网电视的出现,削弱了这一稳定的利润形成模式,对广电机构和电信机构构成了一定的冲击。

中国网民在多年的互联网使用及其思想的浸润下,对高品质视频内容的需求越来越强烈,而传统数字电视的线性播放和 IPTV 的有限选择内容呈现出越来越明显的局限性。用户希望把"小屏"上对视频网站的良好体验迁移到客厅的"大屏"上,互联网电视正是在这样的需求背景之下发展起来的。国外的互联网电视业务由于不存在国内"广电系"和"电信系"的利益争夺与抗衡,有着更加开放的业务形态,终端包括电视机、电脑、智能手机、平板电脑等智能终端设备,而国内的互联网电视终端特指互联网电视一体机或电视机+机顶盒。

(二)互联网电视的管理与规制

和其他国家互联网电视通过网络提供视听服务不同,我国互联网电视发展受到了国内行业政策的深刻影响,从业者需要获得国家新闻出版广电总局的批准,取得互联网电视牌照才有资格播放视频内容。2010 年 4 月,国家新闻出版广电总局颁布了《互联网电视内容服务管理规范》和《互联网电视集成业务管理规范》,明确互联网电视实行"内容服务+集成业务"双牌照管理制度。2011 年 10 月,国家新闻出版广电总局又出台《持有互联网电视牌照机构运营管理要求》,对互联网电视市场准入、业务、内容、运营、终端等方面做出了明晰的规定,包括"互联网电视集成平台不能与设立在公共互联网上的网站进行相互链接,不能将公共互联网上的内容直接提供给用户""暂不得开放广播电视节目直播类服务的技术接口",电视终端产品"只能唯一连接互联网电视集成平台,不得有其他访问互联网的通道"等确定性规定。① 目前,国内共有七家机构获得内容服务牌照,负责提供内容播控,分别是央视国际、百视通、杭州华数、南方传媒、湖南广电、中央人民广播电台、中国国际广播电台。②

所谓牌照制,是指通过牌照方集成播控平台对客户端实行控制管理,播出平台和内容皆需牌照所有者提供。③ 牌照制度实施之前,不少互联网企业、电视机厂商纷纷涌入互联网电视行业,滋生了失范行为,如山寨盒子大量涌入,违规 App 出现在电视终端上,造成不良社会影响。监管政策逐步规范化之后,互联网电视产业链各环节都进入了良性竞争的有序状态,牌照方、广电网络运营商、电信运营商、终端厂商、互联网企业、内容生产商都积极进入互联网电视领域,获得了合适的定位与角色。

---

① 原毅玲:《中国互联网电视演进历程及发展趋势》,《广播与电视技术》2015 年第 11 期。
② 张玲:《OTT TV 带来的视频发展趋势及市场格局对传统电视业的影响》,重庆大学 2014 年硕士学位论文。
③ 霍凤:《"互联网+"战略下的 OTT TV 视频牌照制度》,《青年记者》2015 年第 11 期。

(三) 互联网电视发展前景

有线电视从节目制作、集成与传输分发都是由广电运营商独立运营的,其产品形态主要为广播电视节目高清直播和视频点播。由于承载网络为广电专网,所以在图像清晰度、安全性、稳定性、可管可控等方面都处于优势。IPTV 采取"中央集成播控总平台+省级集成播控分平台"两级架构,由中央和省级广电机构负责电视节目内容,电信运营商负责网络传输,其产品形态非常丰富,包括视频直播、点播、时移回看等。但由于其传输网络采用的是电信 IP 虚拟专网传输,所以电视图像的总体质量不如有线电视。而互联网电视采取"内容服务+集成业务"的双牌照制度,通过公共互联网进行内容的传输,具有海量的视频点播内容,但不允许提供直播、时移和回看等功能,形成了和有线电视与 IPTV 的最大的功能差异。[1]

但互联网电视和 IPTV、数字电视之间并非完全的竞争关系,在媒介融合的大背景下,三者间的融合共赢是未来的发展趋势。在内容层面,互联网电视的海量视频内容可以弥补有线电视和 IPTV 的点播内容匮乏的局面;在用户体验方面,有线电视和 IPTV 的高清流畅的直播与回看业务可以弥补互联网电视在此方面的功能不足。三者的融合共生需要在有效的市场规制之下,在政府的规范监管之下,发展自底层而上的、由内而外的全产业链的创新与突破。

第五节 传统媒体"四全化"发展

随着媒介融合的深入发展,同一种融合形态,不同类型的传统媒体都有可能介入。对这些融合形态,我们将从"四全化"角度进行考察,即传统媒体全程化融合、全息化融合、全员化融合和全效化融合。

一、传统媒体"四全化"发展概况

(一) 传统媒体全程化融合

全程化融合是传统媒体通过媒介融合实现其在时空维度特别是时间维度的拓展。互联网和各类移动设备的发展促进了传统媒体的全程化融合,广播和电视媒体的形态因此不断进化。在传统媒体全程化融合进程中,移动直播成为极具特色的全程化融合产品。

所谓"全程",是指事物发展的全过程。传统媒体要实现全程化融合,需要媒体具备实时捕捉、记录、存储、编辑和传播事物发展全过程的能力。在时间维度上,全程化融合要求传统媒体能够在第一时间发现和到达事件发生的现场,并开展记录等采编工作。在空间维度上,传统媒体一方面要覆盖、到达更多的现场去记录和传播,另一方面要到达更多的媒介使用场

---

[1] 原毅玲:《中国互联网电视演进历程及发展趋势》,《广播与电视技术》2015 年第 11 期。

景,为用户呈现相关内容。

全程化融合的发展基础主要是移动通信技术的发展。移动通信技术可以让各类通信设备之间实现无线和移动状态下的信息传输。在移动通信技术的支持下,更多种类、更大范围的信息记录与传播设备成为媒体传播体系的一员,使媒体的到达、记录和传播能力大大增强。此外,移动通信技术促进了用户移动终端的发展,小巧便携、功能强大的移动终端使媒体的信息能够覆盖用户使用的诸多场景,从而实现媒体和用户双终端的"全程化"。

从全程化融合的概念和发展基础来看,"直播态"新闻生产成为延伸传统媒体效能的重要着力点,国内外"移动新闻"的广泛实践就体现了这一点。移动新闻通常被称为"mojo"(mobile journalism),是指记者完全依靠智能手机和平板电脑等小型移动设备,为社交媒体、广播和其他媒体制作和编辑音频、视频、照片和多媒体故事,从而生产和出版新闻。最早将移动新闻付诸实践的媒体组织是美国甘耐特报业集团,自2005年起,美国甘耐特报业集团开始为记者配备移动工具包,包括笔记本电脑、数码相机、网线和无线网卡,保证记者可以随时随地传输报道。对此,甘耐特的管理层信奉"越未加工的就是越好的",因为这样读者可以跟随移动记者一起,不断建构报道,过去读者只能在最终发布的报道中看到新闻,但现在,人们则有机会在新闻形成的过程中看到它的全貌。而随着携带方便又兼具多媒体特性的移动设备的进一步普及,以及基于云技术、移动终端的支持平台的完善,媒体设备可携带、可获取、可兼容的可供性进步迅猛,全面基于采编场景的"行进式报道"和"现场新闻"成为可能。在传统采编作业中,只有广播电视直播可以实现实时播报,但现场云却延伸了传统媒体的效能,让各形态新闻报道的"直播态"生产都成为可能,①是传统媒体全程化融合的重要推动力。

虽然全程化融合要求媒体尽可能还原事件发展的全貌,但需要注意的是,传统媒体的全程化融合并不意味着媒体记者、编辑的缺位。在很多情况下,全程化融合背景需要媒体团队以较快速度对选题、形式、时段、视角等进行详尽的规划和设计,而不是直接把内容"扔"给用户。

全程化融合的发展带来的是传统媒体"在场能力"的增强,赋予用户更广泛的"在场感"。对新闻事件或现场中的普通参与者来说,媒介事件的仪式感、呈现模式对他们而言不再那么重要,重要的是他们身处其中。移动互联网时代,用户不仅需要视觉体验,还需要亲临现场的真切感受,和"我在现场"的存在感。移动互联网及直播技术为媒体用户"进入"重大新闻事件现场提供了可能,形成了更广泛的"在场感"。②

(二)传统媒体全息化融合

全息化融合是传统媒体通过媒介融合实现其在呈现维度的拓展,这种呈现维度的拓展既包括物理形态的改变增强传统媒体的表现能力,也包括传统媒体所承载内容呈现形态的多元化发展。

---

① 喻国明、赵睿:《媒体可供性视角下"四全媒体"产业格局与增长空间》,《学术界》2019年第7期。
② 彭兰:《移动互联网时代的"现场"与"在场"》,《湖南师范大学社会科学学报》2017年第3期。

传统媒体在新闻表现上大多以一种传播形式为主,报刊主打文字兼图片,广播主打声音,电视主打画面兼声音。加拿大传播学家麦克卢汉认为,"媒介即人的延伸",任何媒介都不外乎是人的感觉和感官的扩展或延伸:文字和印刷媒介是人的视觉能力的延伸,广播是人的听觉能力的延伸,电视则是人的视觉、听觉和触觉能力的综合延伸。每种媒介的使用都会改变人的感觉平衡状态,使人产生不同的心理作用和对外部世界的认识和反应方式。①

1948年英国科学家丹尼斯·伽柏提出全息成像理论,全息技术由此备受关注。在全息技术的支撑下,全息媒体融合视频与文本、游戏与学习、触摸手控、H5富文本等内容,呈现形式愈加多元也更为立体,力求从技术上呈现全部的真实,带来了媒体信息接收的新体验。所谓全息化融合,就是指新闻以文字、图片、声音、画面、动画(漫画)、图表等多形式、多维度、多侧面进行立体化呈现、沉浸式传播,让媒体成为一个多功能的信息载体。全息化融合后的传统媒体则是具有高度融合性、兼备多种传播形式的一种全新的综合性媒体,它以最大限度地满足受众的信息接收和接受为驱动力和目标追求。在新媒体时代,全媒体、沉浸式的传播让万物皆媒成为可能,媒体已达到了无时不在、无处不在、无所不及、无人不用的境界,它消弭了时间和空间,使信息处于随时可以触达的状态。互联网、物联网把万事万物连接起来,让人置身于媒介所形塑的巨大虚拟现实之中,给人以多维的感官刺激与体验,重构新媒体时代人类社会的物质世界和精神世界。②

当前,广播媒体、电视媒体和传统平面媒体都在努力发展的沉浸视频、数据新闻等融合形态可以视为全息化融合的产物。

(三)传统媒体全员化融合

全员化融合是传统媒体通过媒介融合实现其在主体维度的拓展。全员化融合不只是传统媒体内部成员的融合,还是各类媒体通过媒体开放平台的融合、普通用户参与到传统媒体生产当中。

全员化融合的"全员",就是全体成员。我们可以从数量、类型和关系三个角度理解"全体成员"的含义:从数量上看,在过去,同一媒体系统或某一地区内参与媒介融合的媒体数量仅限于少数部门或少数单位,而"全体成员"应囊括媒体系统或某一地区内的所有部门和所有单位;从类型上看,传统媒体应从以优势、新兴部门和单位为主的融合,转变为覆盖所有类型部门和单位的融合,提升整体融合水平;从关系上看,曾经的传统媒体内外部成员之间都是"各自为战",联系不够紧密,缺乏畅通便捷的沟通机制,而"全体成员"意味着成员间的广泛联系和协同作战,建立起全面便捷的融合媒体运作机制。

就当下传统媒体全员化融合发展情况,我们可以发现全员化融合的支撑主要有以下三个方面:首先,政策打破了全员化融合的体制机制阻碍,各类关于推进传统媒体内部人员改革、激发传统媒体工作人员创造力、推动传统媒体不同形式合作政策的推出及实施,减少了

---

① 郭庆光:《传播学教程》(第二版),中国人民大学出版社,2011,第119页。
② 沈正赋:《"四全媒体"框架下新闻生产与传播机制的重构》,《现代传播》2019年第3期。

全员化融合的阻力;其次,市场是传统媒体全员化融合的动力,只有进行全员化融合,才能激发传统媒体人员及媒体组织的活力,提升传统媒体的生产力和竞争力,适应不断变化的市场环境;最后,用户的参与一方面对传统媒体的内容和形式提出了更高的要求,另一方面也为传统媒体生产能力的提升提供了新的动力,如用户生产内容(UGC)。

传统媒体的全员化融合主要包括两种形式:构建平台型全员化融合和入驻平台型全员化融合。前者是指传统媒体在数字化空间中主动搭建信息传播或信息服务平台,既承担自身的媒体内容生产和分发职责,也吸引一定的媒体及个人自媒体入驻,参与媒体平台内容生产与传播。后者则是指传统媒体入驻到微博、微信、短视频应用等新媒体平台当中,开办账号、分发内容及提供相关服务,部分传统媒体依靠此方式已形成入驻平台或跨平台的媒体矩阵。

(四) 传统媒体全效化融合

全效化融合是传统媒体通过媒介融合实现其在功效维度的拓展。与全程化融合、全息化融合和全员化融合相比,全效化是一个综合性的概念,重点在功能层面实现媒体传播效率、效果和效能的提升。

全效化融合要达到的目标是让媒体的传播致效功能达到最大限度的发挥,信息的饱和度和满意度得到空前的彰显和满足,受众对信息的需求已基本实现各取所需。传播效果是媒体从事新闻生产与传播的目的所在,但如何实现传播效果的最大化、最优化,一直是困扰传统媒体的一大难题。传播效果的实现既与传播的手段和方式有关,又与传播效果的目标抵达有关。传统媒体时代,由于受众的反馈和互动机制不健全,导致传播效果往往难以检测和量化,媒体对受众的诉求无从获取和把握,信息传播难以做到适销对路,传播效能不够理想,传播效果打折扣的现象在所难免。一篇报道发出去,有哪些人关注,传播效果如何? 这些信息媒体过去无法得知,这叫非全效传播。随着移动互联时代的来临,大数据、云计算等技术为媒体了解那些从未见面的用户、实现精准传播与有效传播提供了前所未有的条件。全媒体依托大数据、云计算、人工智能等新技术,通过机器学习、用户画像、个性化分发、精准推送等多样化的新闻生产与传播方式和手段,建立和健全传受双方互动和反馈机制,让传播效果适应媒体分众化的要求,真正抵达目标受众。[①]

综合来看,全效化融合主要通过以下三种路径实现:一是媒体功能的多元化。报刊、广播和电视等传统媒体的功能是较为单一的,集中在阅读、收听或收看。近些年,越来越多的新功能被整合在传统媒体之中,满足用户多元化的信息获取需求。需要特别指出的是,媒体功能的多元化并不意味着媒体功能越多越好,而要处理好垂直化和多元化的关系,让媒体功能尽可能在某一垂直方向实现延伸。二是内容到达的精准化。在过去,媒体与用户的匹配程度是比较低的,而内容到达的精准化实质上就是要实现媒体内容与用户的精准匹配,即将媒体内容分发给最需要、最适合的用户,从而提高内容分发的效率和内容传播的有效性,在

---

① 沈正赋:《"四全媒体"框架下新闻生产与传播机制的重构》,《现代传播》2019 年第 3 期。

这条路径上,"算法推荐"提升了新闻分发的智能化程度,是实现内容到达精准化的主要手段。三是平台属性的多重性。传统媒体原有的平台属性是较为单一的,即以信息传播平台为主,而其他平台属性弱化或还未挖掘出来,而媒介融合环境下的传统媒体要从单属性平台转变为多属性平台。在信息传播平台的基础上,传统媒体还可能同时是生活服务平台、休闲娱乐平台、文化教育平台和应急求助平台等。

二、移动直播

移动直播在互联网领域的迅速发展,不仅促进了个人直播、游戏直播等直播形态的发展,也改变着视频新闻报道的生产模式,为传统媒体的融合转型带来契机。

(一)移动直播的含义

随着移动通信网络、视频编码传输等技术的快速普及和发展,移动直播成为越来越多用户获取传统媒体信息的重要渠道。与传统图文报道相比,直播报道具有即时性、现场感和互动性强等优势。[①]

从移动直播类型来看,移动直播涵盖了传统媒体直播的所有类型,如访谈直播、新闻发布会直播、记者一线采访直播等;还演化出许多全新的传统媒体直播形态,如慢直播、直播带货、VR直播等。

从移动直播主体来看,移动直播打破了电视媒体才能进行视频直播的困局,广播、电视乃至传统平面媒体都成为移动直播的主体。作为传统媒体广泛参与的融合产品,移动直播实现了渠道融合,让各种类型的传统媒体都能在移动终端进行视频直播。

近些年,移动直播迅猛发展,自媒体参与到直播行列中发挥其速度更快和内容更丰富广泛的优势。但是,新闻内容的真实和纵深意义对自媒体来讲很难达到专业媒体的水准。与此相反,传统媒体赖以生存的基础是内容优势,它们拥有强大的内容生产能力和专业的新闻产品创作团队,同时拥有超高的品牌效应和自身渠道,这些强有力的条件能够在新闻传播中吸引更多用户的关注。在传统媒体利用其品牌所搭建的新闻客户端中,用户可以观看直播和回放,还可以将其直播内容转发至社交平台进行二次传播,最大限度地开发和利用直播推动传统媒体融合转型。[②]

(二)移动直播的传播特点

1. 制播流程:由离线向在线转变

传统的电视新闻直播由于制播流程的局限,很难即时开启直播。所以"包裹式"直播开始盛行。所谓"包裹式"直播,就是当重型直播团队抵达事件现场时,往往事过境迁,于是新

---

① 梁昌杰、刘杰:《全景"战"疫 聚力传播——人民日报客户端新冠肺炎疫情直播报道的实践创新》,《传媒评论》2020年第7期。

② 刘诗慧:《移动直播助力下传统媒体融合转型策略探析——以"宁夏日报新闻客户端"移动直播为例》,《传媒论坛》2020年第18期。

闻直播就是用记者事后的现场报道"包裹"大量经过事先拍摄剪辑的相关内容。显然,这种从摄像机到机房剪辑到演播室播放的生产方式已经很难适应移动端受众对即时资讯的需求。今天,我们看到大多数媒体把新闻制播流程放到云端,从采集、网络传输、云端剪辑制作审核再到各个播发渠道,全程以 IP 视频流的方式传输分发。从离线生产到在线传输,新闻资讯从及时播报到即时播发,视频直播首先跨入了以云端生产和移动端播发为主,传统制播方式和渠道为辅的制播新时代。2020 年 5 月 13 日,央视新闻开启《8 小时不关机!——全程直击"悬崖村"搬家》的视频直播。位于四川凉山昭觉县的"悬崖村",以及通往村里的令人揪心的 13 条垂直藤梯,曾引来社会广泛关注。这一天,缘于异地扶贫搬迁的政策,勒尔社的 31 户贫困户走下大山,搬进县城新居。在这次 8 小时直播中,记者蒋林带着网民一起体验了"悬崖村"村民走下钢梯,告别"悬崖村"的全过程。在直播过程中,"央视新闻"不断从直播中产出短视频,比如"今早村民有序间隔下山""'悬崖村'村民拉博一家搬迁中""倒走钢梯"等,让网民随时进入,始终在线。①

2. 内容语态:由单一语态向多样生态转变

由于电视的媒介特性以及作为媒介事件象征的新闻直播,其重大性和仪式感同样决定了经典意义上新闻直播内容语态侧重权威性的文本基调。移动直播却正在由重大、权威向轻型、平等转变,而在和不同场景和不同受众的连接中,就产生了多样的传播语境和传播生态。②

2020 年 4 月 6 日,《谢谢你为湖北拼单》公益直播上线。这场由中央广播电视总台"央视新闻"客户端联合"淘宝"平台发起、由央视主持人朱广权和网红主播李佳琦共同担纲、被命名为《小朱配琦》的公益直播,仅用两个小时便吸引了 1091 万人观看,累计观看量 1.22 亿人次,直播间点赞数 1.6 亿次。对网友而言,主流媒体与网红个人的合作原本就已充满看点,而"朱广权+李佳琦"这样的搭配更不啻为"王炸组合","央视新闻"直播间与李佳琦直播间同框直播、同台带货,这对受众参与形成了强效刺激。就这场带货直播来说,朱广权是跨界做自己不擅长的事,他所代表的主流媒体是优质内容的代言,对直播活动的合法性进行了"国家级"认证;朱广权个人的差异化人格也是后续人格化内容表达体系生成的保证。李佳琦是专业的人做专业的事,自带流量,能够以自身的意见影响力对所售卖商品进行"背书",是这场直播的重要入口。③

3. 传播场景:由集中式收看向伴随性社交转变

移动视频新闻直播不仅是一个新闻场景,更是一个情境、一个社群、一个人们社交互动的公共场域。

2019 年春节,澎湃新闻推出"Z112 列车上的中国——春运首日 48 小时直播回家",聚焦

---

① 朱永祥、李倩:《移动时代视频新闻直播的五大改变》,《传媒评论》2020 年第 7 期。
② 朱永祥、李倩:《移动时代视频新闻直播的五大改变》,《传媒评论》2020 年第 7 期。
③ 宫承波、田园、张文娟:《从公益传播到建设性传播——〈谢谢你为湖北拼单〉之〈小朱配琦〉专场直播的突破与启示》,《中国广播》2020 年第 5 期。

铁轨上的"迁徙"故事。这样的视频直播,一方面网民可以不受场景局囿,随时进入视频直播页面;另一方面在观看的同时融入自我的情感抒发,形成一个"想象的共同体"。

除此之外,移动直播还十分关注用户生产内容(UGC)。将用户生产的内容作为移动直播的一部分,很大程度上提升了用户的满足感与参与度,实现更深层次的互动。以浙江新闻客户端的春节系列直播为例,在2016年的春节期间,浙江新闻客户端共策划了三个直播系列,分别是"春运直播""春运回家路"以及"晒晒你的年夜饭"。其中,"春运回家路"以及"晒晒你的年夜饭"专门为用户提供了内容分享的平台。用户通过评论、拍短视频、参与直播等方式,将自己在春运期间的所见所闻、内心感受以及与家人团聚、吃年夜饭时的幸福瞬间与广大网民分享,从传统的受众角色中跳了出来,参与到新闻的生产与传播中。这种互动将用户与媒体紧紧地联系在一起,共同成为直播的主角。①

2020年疫情让央视频的火神山医院和雷神山医院慢直播成为直播界的"新物种"。其实监控视频从来都是媒体新闻制作的常用素材,但是此次慢直播结合网友的评论互动加油,演化出直播产品的新形态。从1月29日至2月3日,这场直播获得了9494万人次的观看量。而《新京报》武大樱花慢直播、《扬子晚报》鸡鸣寺樱花慢直播等,无一不是将内容与网友互动糅合在一起的新闻直播产品。②

(三)移动直播助力传统媒体的融合策略

1. 利用传统媒体内容资源优势,打造高质量、垂直化直播内容

纵观当下移动直播的发展状况,移动直播行业要想进一步发展,在获得良好的硬件条件与用户基础的情况下,还需要关注直播内容的质量。新闻媒体具有较高的内容生产能力,移动直播应当充分利用新闻媒体的内容生产优势,严格要求直播内容的质量。以美联社的视频直播平台 AP Live Choice 为例,该平台通过三个直播频道,面向全球用户进行直播,仅在2015年一年,就进行了超过5000小时时长的直播,收获了16亿人次的观看量。其内容丰富,涵盖了科技、娱乐、社会等多个领域。该平台之所以能够输出大量优质、多题材的内容,是因为将美联社强大的媒体资源作为后盾,这一点值得致力于移动直播领域发展的媒体人的关注。③

此外,传统媒体的移动直播内容目前出现同质化趋向,应依托媒体自身特色,探索移动直播内容在垂直细分领域的发展问题,满足不同受众的需求,也能在媒介融合过程中形成独特的竞争优势。

2. 利用移动直播拓展传统媒体产业链条

当下,移动视频直播最主要的产品形态就是"内容+社交"。传统的直播市场早已是一片红海,迫切需要寻找新的出路。同时,直播行业也开始寻找新的蓝海,力求拓展直播的空间,

---

① 吕克:《移动直播在新闻报道中的应用》,《新闻与写作》2017年第1期。
② 朱永祥、李倩:《移动时代视频新闻直播的五大改变》,《传媒评论》2020年第7期。
③ 吕克:《移动直播在新闻报道中的应用》,《新闻与写作》2017年第1期。

摆脱娱乐阵地的桎梏。无论如何寻求直播产业的发展,"内容+社交"的模式始终是产业发展的核心。将移动直播应用在新闻报道之中,无论是对新闻报道还是移动直播都是一次契机。移动直播借新闻报道实现对"内容为王"的理性呼唤,而新闻报道则借助移动直播的社交属性提升影响力。随着移动直播场景的不断丰富,人们的需求从内容扩展到其他服务领域。将内容与服务连接起来,将是创新直播产业盈利模式的新思路。①

三、数据新闻

在大数据时代,数据成为媒体的重要生产力之一。数据新闻是新闻业应对大数据时代的到来产生的新兴领域,已成为各类媒体的新型报道形态和信息生产方式。

(一)数据新闻的概念

顾名思义,数据新闻是"数据"与"新闻"二者结合的产物。数据新闻,也称数据驱动新闻,是以各类数据处理技术为基础、大数据思维为内核、可视化呈现为目标的新闻报道形态。数据新闻在新闻领域的应用比较广泛,消息、通信、评论、调查报道等新闻报道形态都可能采用数据新闻的形式。特别是在深度报道中,数据新闻能以清晰明了的数据图呈现富有深度的信息,极大地提高了信息传播的效率。

2010年8月,首届"国际数据新闻"圆桌会议在荷兰阿姆斯特丹举行,对这个概念做出了如下界定:"'数据新闻'是一种工作流程,包括下述基本步骤:通过反复抓取、筛选和重组来深度挖掘数据,聚焦专门信息以过滤数据,可视化地呈现数据并合成新闻故事。"②

(二)数据新闻的特征

海量信息采集。从数据采集量上来说,数据新闻所采集的数据量已经远远不只是几个数据库或者是若干个图表这么简单,而是基于社交网络和移动互联网终端的海量信息采集。③ 数据新闻的海量信息提供给媒体及用户一个全新的视角去观察各类事件,这是传统文字报道和图片报道难以实现的。

揭示精确的事实真相。数据新闻通过将海量的同类数据进行叠加、比较,挖掘数据背后的深层规律和趋势,推导人类社会的事实真相。数据的扫描式分析,指通过扫描式采集所获取的绝大多数的数据虽然数量庞大无比,格式五花八门,术语艰深晦涩,但通过数据统计与分析软件的开发,它们都能被有效处理与分析,从而保证精确地揭示数据中所隐藏的事实真相。④

直观化呈现。数据新闻不同于传统新闻文字、图片和视频形式,将图文、数字、图标、图表、动画、音频、视频、互动等形态的内容融入其中,呈现形态更加多样,呈现内容更加丰富,

---

① 吕克:《移动直播在新闻报道中的应用》,《新闻与写作》2017年第1期。
② 方洁:《全球视野下的"数据新闻":理念与实践》,《国际新闻界》2013年第6期。
③ 喻国明:《从精确新闻到大数据新闻——关于大数据新闻的前世今生》,《青年记者》2014年第36期。
④ 曾庆香、陆佳怡、吴晓虹:《数据新闻:一种社会科学研究的新闻论证》,《新闻与传播研究》2017年第12期。

带给用户直观化的呈现体验。

融入互动。与传统新闻形态相比,数据新闻融入了两个层次的互动。第一个层次是阅读互动,数据新闻的呈现方式提供给用户具有"大数据思维"的阅读引导方式,即数据新闻的阅读顺序往往不是基于事件发展逻辑,而是基于"提出问题——说明问题"的问题呈现逻辑。第二个层次是内容互动,用户可通过选择、拖拽、排序、输入、游戏等互动方式获取所需的内容,这在提升用户使用便捷性的同时,也提升了数据新闻的趣味性和吸引力。

(三) 传统媒体的数据新闻实践

数据新闻作为数字传播技术冲击下产生的一种新型新闻报道形态,《卫报》《纽约时报》《华盛顿邮报》等多家国际知名媒体将之视作传统媒体转型的重要尝试。西方主流媒体和一些独立新闻机构设立了专门的数据新闻团队,将数据可视化技术应用于新闻报道,运用数据技术来抓取、过滤、分析广博繁杂的数据,并形象化以数据可视化、在线演示等形式呈现数据分析的结果。数据新闻正式进入人们视野始于《卫报》的维基解密报道,《卫报》作为数据新闻的开拓者,它的数据博客中的优秀数据新闻作品向人们很好地阐释了数据新闻的"信息之美",现已成为数据新闻的一座标杆。数据新闻这种大数据时代的新型报道形态被媒体广泛应用,使之大放异彩始于2012年美国总统大选。彼时,英美各大主流媒体通过对海量数据的挖掘处理(主要是社交网站网民生成的数据),多角度对总统大选的相关信息进行解读(如总统选举相关的选票分布、地方经济数据等)以简洁、美观的可视化方式呈现。在数据新闻探索实践方面较为成熟的媒体还有美国的《纽约时报》,它的《雪崩》(*Snow Fall*)等优秀作品都让业界极为赞叹,产生了巨大影响。除了主流传统媒体进行数据新闻实践的尝试外,一些机构及媒体从业者也举办相关的业界交流会议及奖项评选。其中最为知名的是年由全球编辑网和谷歌公司联合发起与组织的"数据新闻奖",这是国际上第一个表彰优秀数据新闻报道的奖项。相比起西方主流媒体的数据新闻实践,我国媒体早期在此方面的尝试较为滞后,少见传统媒体的身影。主要是门户网站和一些新兴的网络媒体依赖天然的技术优势积极进行相关探索:如搜狐的"数字之道"、新浪新闻的"图解天下"、网易新闻的"数读",他们吸收国际知名媒体相关经验,在模仿优秀数据新闻作品的基础上突破创新,致力于用数据说话,力图呈现新闻的客观性,为用户提供轻量化的阅读体验。①

近几年,我国传统媒体也在不断深入数据新闻实践,如将数据新闻内容插入原有新闻页面内或开办集中且一定特色的数据新闻内容专区。对后者,诸多传统媒体已经形成了具有一定影响力的数据新闻品牌,如人民网"图解新闻"、《新京报》"图个明白"、财新网"数字说"、《四川日报》"MORE大数据工作室"等。其中,《四川日报》"MORE大数据工作室"由川报全媒体集群打造,旨在利用权威主流媒体的公信力、影响力,按照"共商共建共享"的原则,以大数据新闻与可视化内容为切入点,打造媒介融合转型发展的"试验田",致力于构建四川最大的"大数据决策媒体智库",重点为党政部门决策提供参考。

---

① 郭钦:《大数据时代新闻报道新模式》,华中师范大学2014年硕士学位论文。

(四)数据新闻的发展展望

虽然数据新闻有着更为丰富的表达方式,但受制于当前各方面因素,仍存在一定的局限。比较突出的两个问题就是数据获取渠道尚不顺畅和数据挖掘能力不够成熟。在数据获取方面,由于有效的信息共享公共基础设施尚未建立,传统媒体在获取部分公共信息时存在着较大的难度,限制了数据新闻的选题和最终呈现效果。在数据挖掘方面,部分传统媒体在制作数据新闻时只注重数据的可视化呈现,而忽略了数据新闻的深度和建设性,难以发挥数据新闻的全部实力。

结合国外数据新闻实践经验,立足于数据新闻本土化发展情境,我国数据新闻发展将呈现出以下趋势:第一,在国外新闻界实践探索的影响下,国内媒体将转变思维模式,逐步提高数据库开放程度和交互性,分享媒体数据资源与可视化工具,以实现媒体间互利共赢。第二,数据新闻的专业主义程度将不断提高,数据新闻在突发性、调查性报道中的应用也将不断加深。第三,随着可视化技术的进步,将有更加直观、有效的数据新闻表现形式出现,各类数据的收集将越来越全面化、细分化,产品类型将愈加丰富多样,数据新闻产品的个性化、定制化趋势也将愈加明显。第四,网易、财新等媒体已通过移动端传播的数据应用,探索游戏化发展路径,取得了良好的传播效果;今后将有越来越多的媒体注重数据产品的游戏化元素开发,以此增强新闻作品与读者的互动,提升用户的阅读体验。[①]

四、沉浸视频

学术意义上的"沉浸式"来源于匈牙利籍著名心理学家米哈里·契克森米哈1975年提出的沉浸理论。该理论认为,当人们在进行某些日常活动时,会完全投入情境当中,过滤掉所有不相关的知觉,进入一种沉浸的状态。当沉浸理论延伸到媒体上时,就出现了沉浸式媒体。当前的沉浸式媒体技术主要包括虚拟现实(VR)、增强现实(AR)、混合现实(MR)和扩展现实(XR),但在媒体应用较多的是虚拟现实技术。

在传统媒体视野下,媒介能提供给受众的只是一种观察的必要视角,是窥探事实的有限的单一维度而非全部,而虚拟现实技术为传统媒体带来的是时效性与真实性经验的双重分发。传统电视报道需要在新闻发生的第一时间进行信息的传达。"VR+新闻"的新业态弥补了二维视频画面主要依托图片、视频、音频等要素的整合而无法为观众提供新闻事实应带来的真实感和临场感的缺憾。虚拟现实技术通过将难以取材的场景进行模拟,使得观众的视角从旁观者转向第一人称,拉近了新闻报道与观众之间的距离,增强了认知主体对新闻发生处认知对象"客观存在"的主观感受,改变了传统新闻的传播效果。[②]

[①] 陈虹、秦静:《数据新闻的历史、现状与发展趋势》,《编辑之友》2016年第1期。
[②] 周勇、倪乐融、李潇潇:《"沉浸式新闻"传播效果的实证研究——基于信息认知、情感感知与态度意向的实验》,《现代传播》2018年第5期。

(一) 传统媒体沉浸视频应用的主要类型

虽然当前的沉浸式媒体技术还不成熟,应用类型还很少,应用范围也不够广泛,但传统媒体在沉浸视频应用方面已有一定的布局,主要包括新闻和综艺领域。

1. 虚拟现实+新闻

国内媒体新闻与虚拟现实融合已有诸多案例,特别是在一些重大的社会事件报道中,传统媒体 VR 新闻实践的表现极为出色。在"新华网 2016 全国两会特别专题"中,新华网开启了"VR 视角",从"两会"开幕到闭幕一共推出了 24 个 VR 视频新闻,选题涉及"两会开闭幕式""两会热点话题""人大代表介绍"等,用户可通过 PC 或移动端观看,并通过拖拽的方式调整视频角度。其中,还推出了一款 VR 全景游戏《你能当两会记者吗?》,用户在 VR 视频中寻找用户装备来通过不同的关卡了解两会,增强了 VR 报道的趣味性。

除了一些重大社会事件报道,对日常新闻选题,传统媒体也有所介入。央视网专门设置了"VR 浸新闻"频道,整合 VR 视频新闻内容,将频道分为"VR 暖故事""VR 大事件""VR 任意门""VR 大突发"四个版块。VR 暖故事主要讲述乡村地区的发展故事,如《阿尔山:圆了安居梦 吃上旅游饭》;VR 大事件主要介绍全民关注的热点事件,如《武汉重启,黄鹤楼上楚天舒》;VR 任意门主要是带用户观看一些具有优美景色的新闻事件发生场景,如《直击北部湾水下考古:溯源海丝》;VR 大突发则是针对一些突发事件展开现场报道,如《战疫又抗洪 武汉人没在怕的!》。

2. 虚拟现实+综艺

国内 VR 综艺也在进行着各种形态的尝试。比如红极一时的湖南卫视综艺节目《我是歌手》在其第四季的录播过程中,就对 VR 虚拟现实技术予以了应用。节目组配置共计 20 余台全景摄像机,同时利用 GoPro 阵列形成全方位的拍摄区域网罗舞台的各个角落,让不能来到现场的观众在各种终端上都可以享受到身临其境一般的视听盛宴。由东方卫视与华录百纳、蓝色火焰联合推出的明星跨界时尚真人秀节目《我的新衣》也推出了相应的 VR 版本,其 VR 机位能够全面覆盖到从舞台到后方评委席的全部视野,即打通了台上台下、台前幕后的时空壁垒。观众在观看时装秀的同时也可以回头去看各位买手的反应,获得实时全方位地观看嘉宾、设计师与买手互动的完整体验。值得一提的是,VR 综艺节目的竞争者并不是传统直播或录播,而是现场观看的方式。通过虚拟现实技术观看时尚秀,每一位观众都能收获 VIP 席位的观感,成为秀场前排"来宾"。①

(二) 沉浸视频的传播特征

1. 传播视角:360 度立体式全景传播

在传统视频内容中,用户只能以指定、规划好的视角观看,不能调节观看视频内容中某

---

① 段鹏、李芊芊:《叙事·主体·空间:虚拟现实技术下沉浸媒介传播机制与效果探究》,《现代传播》2019 年第 4 期。

一事物的角度和距离,也不能选择行进的路线,因此用户获得的是平面式的体验。沉浸视频提供给用户一个全新的观看视角,即360度立体式全景视角。在这种全新的视角下,沉浸视频的内容不是平面式的,而是形成了一个立体的空间,用户因此获得了极大的自由。用户可以在视频空间中自由"行动",自主选择观看视角,感受更加完整、全面、丰富的画面细节体验。

2. 叙事方式:多向度叙事方式的形成

虚拟现实技术的出现改造了叙事生产与消费模式,改变着信息内容的生产和传播方式。传统创作模式中以作者作为绝对权威及控制地位的"闭环式"叙事文本被打破,单向的故事结构也在受众的每一次"进场"和"互动"中产生了分叉的多路径阅读模式,从而衍生出不同的故事结局和中心意义。沉浸媒介环境无疑是基于虚拟现实技术作用于体验叙事最好的延展与突破,它通过多种感官形式(视听、体感等)营造仿真环境与虚拟现实,让用户主体通过人机界面入口,从浅入深地实现从身体感受到心理触碰再到情感卷入等全方位、纵深感极强的交互式叙事形态。① 由此可以看出,沉浸视频改变了传统视频的单向度叙事方式,形成了多向度方式。多向度叙事方式意味着视频内容的叙事不是千篇一律的,而是因人而异的,用户一个微小视角的改变,就会造成一定的叙事差异。这也同时意味着,传统媒体在构建视频内容的叙事方式时,不能只考虑一种可能,多样化的视频内容发展路线应成为沉浸视频的常态。

3. 传播模式:沉浸式传播模式的构建

随着互联网的广泛运用和自媒体技术的发展,以及互联网和物联网共同构建形成的泛在网的诞生,网络的虚拟正在与现实的真实交融,传播模式也从传统的单向传播向互动传播转变。而可穿戴设备、VR虚拟现实、数据可视化等新技术走进新闻传播领域,不仅改变了传统媒体报道的单向传播方向,也更新和颠覆了网络互动模式。VR虚拟技术的应用,为视频新闻的传播提供了与以往不同的传播语境,这种语境几乎将以往所有的传播模式都囊括其中,从而产生一种全新的传播方式——沉浸式传播模式。在这种全新传播模式中,受众观看视频新闻的场景与受众之间发生的同置,使受众的身体与VR设备之间建立起一种密切的感应关系,这种感应关系使受众从观看视频新闻这一脑力活动转换为感受视频新闻的沉浸式身心体验。②

(三)沉浸视频的发展前景

由于沉浸式技术水平、内容制作难度和成本、VR设备推广程度的限制,现有沉浸视频形态的发展仍不成熟,突出表现为传统媒体制作沉浸视频的数量还很有限,沉浸视频内容的选题也限定在一些领域,沉浸视频内容的观看人数难以与传统视频内容相比。正是因为这样,

---

① 段鹏、李芊芊:《叙事·主体·空间:虚拟现实技术下沉浸媒介传播机制与效果探究》,《现代传播》2019年第4期。
② 唐冰寒:《VR视频新闻沉浸传播模式构建及影响》,《中国出版》2017年第21期。

具有较大用户量的"现象级"沉浸视频还未出现,对于需要 VR 设备观看的沉浸视频内容的播放量更是有限。此外,VR 设备的使用体验较差,也在很大程度上影响了沉浸视频的观看体验。不过,随着相关技术的成熟与推广,传统媒体的沉浸视频必将由现在少数的体验式观看转为常态化观看,成为传统媒体内容矩阵的关键一环。

五、构建平台型全员化融合形态

(一) 视听综合服务平台

视听综合服务平台是传统媒体融合视频网站而发展出的媒体形态,如湖南广电旗下的芒果 TV、浙江广电旗下的中国蓝 TV。依靠视听综合服务平台,传统媒体不断整合旗下相关资源,依托传统媒体雄厚的内容、技术、人才、影响力优势,实现传统媒体资源的一体化发展。此外,视听综合服务平台还将传统媒体原有资源和网络自制节目融合在一起,向外辐射吸收其他媒体资源,打造了一个全新的海量媒体资源库。

芒果 TV 是以视听互动为核心,融网络特色与电视特色于一体,实现"多屏合一"独播、跨屏、自制的新媒体视听综合传播服务平台,同时也是湖南广电旗下唯一互联网视频平台。芒果 TV 设置了"饭团广场"粉丝社区,用户可以在其中针对特定话题发布帖子,展开讨论,也可以为自己喜爱的明星打榜,进行互动。此外,芒果 TV 还开启了"大芒"专区,专门发布用户原创内容。此专区依托芒果 TV 推出的"大芒计划",内容创作者可以以个人或团队形式发布原创内容,支持视频创作和专栏创作,并且提供基础的数据分析来让创作者优化运营策略,打造创作者的大本营。

(二) 内容创作平台

与互联网公司搭建的百家号、微信公众号等内容创作平台相似,传统媒体也搭建了多主体入驻的内容创作平台,如人民号、澎湃号。

"人民号",全称是全国移动新媒体聚合平台,是由人民日报客户端推出的,面向全国媒体、党政机关、各类机构和优质自媒体的聚合平台。2018 年 6 月 11 日,"人民号"上线暨人民日报英文客户端 2.0 发布仪式在人民日报社举行。截至 2020 年 6 月,已有超过 2.5 万的创作者选择人民号平台进行创作。内容总阅读量超 350 亿,百万阅读文章数愈 1000 条,累计收录 1200 万条以上优质内容,同比增长 300%。

"人民号"有着比互联网公司平台更严格的内容审核和发布机制,从而保证其内容质量。为了不断提升平台的内容质量,"人民号"从以下几个方面做出努力以保证优质内容的创作和传播:首先,通过邀请入驻和遴选入驻,对内容生产者从严把关;其次,建立内容标准,分类审核把关;再次,对优质内容重点推荐,联合创作选题;最后,打造具有特色的账号成长体系,促进优质内容的创新和持续供应。①

---

① 丁伟、刘晓鹏、张世悬:《"人民号":推进深度融合 搭建自主平台》,《新闻与写作》2018 年第 10 期。

(三)生态级媒体平台

生态级媒体平台是比视听综合服务平台和媒体聚合平台更高一级的融合形式,即这类平台不只提供内容分发和聚合服务,更动员其他媒体加入媒体平台建设之中,并为入驻平台的媒体提供基础设施及其他服务。

按照生态级媒体平台的建设主体,我们可以将生态级媒体平台划分为全国性生态级媒体平台和区域性生态级媒体平台。

全国性生态级媒体平台由影响力较强的中央级媒体来统筹运营,成员来自其他中央级媒体及各省、市媒体。2016年8月22日,《人民日报》联合腾讯云共同发布我国首个媒体融合云服务平台——中国媒体融合云,提出将为所有合作媒体提供各类新型内容生产、大数据运营、人工智能等应用,一站式解决融合发展技术难题,从选题策划、采编生产、分发传播、盈利分成全流程突破融合瓶颈。通过让新型媒体技术"工具化""傻瓜化",实现技术的"隐身",让媒体人重新回归内容创作的核心竞争力。[①]

区域性生态级媒体平台则适合由省级媒体组织来建设和运营,这就需要由省级媒体发起区域性媒体云平台建设,并动员市、县级媒体积极参与共建区域性媒体平台。2014年,湖北广播电视台(集团)整合旗下网络广播电视台、手机电视、移动电视、IPTV、城市电视等多家新媒体资源成立了湖北广电长江新媒体集团,并将节目的新媒体版权运营及所有对外新媒体合作事宜都交由新媒体集团负责。随后,湖北广电从顶层设计着手,构建了一体化的融合发展新格局。未来,湖北广电将向着建设区域性生态级媒体平台的方向发展,其"长江云"大数据项目也将由媒体云出发,逐步形成"媒体云—政务云—商务云—产业云—区域云"的生态圈。[②]

六、入驻平台型全员化融合形态

"两微一端"被称为传统媒体参与媒介融合的"标配"形态。其中,"两微"指的是微博、微信,"一端"主要指的是移动新闻客户端(详见本书第六章第三节新媒体个性化融合)。"两微"中的微博和微信都是入驻平台型全员化融合。

(一)传统媒体微博

目前,绝大多数传统媒体都已入驻微博,进行内容发布和用户互动,以延伸媒体形象塑造、用户关系建设和公共信息服务的功能。总体来看,传统媒体微博是媒介融合常见且效率较高的形态,但发展过程中同样出现了一些问题。

---

① 赵华:《媒体融合大势下的媒体云现状与思考》,传媒观察网,2017年1月17日,http://cmgc.jschina.com.cn/system/2017/01/17/030460429.shtml。

② 宋建武、陈璐颖:《建设区域性生态级媒体平台——打造新型主流媒体的路径探索》,《新闻与写作》2016年第1期。

1. 传统媒体微博的传播机制分析

组织化生产和社会化生产的融合。一方面,媒体微博组织化的、封闭的内容生产仍有其价值和优势。传统媒体微博在发布新闻类信息时,依然以媒体在其他平台的报道为主,即主要发布经过专业记者核实和采访过的内容,极少直接转发网友的新闻爆料;另一方面,报道同样可以拿来"为我所用",核实后的网友爆料、网友观点以及政务微博的信息发布等都可以成为传统媒体微博的内容。

碎片化表达。在微博早期阶段,微博有140字的内容发布限制,这就要求传统媒体微博在发布内容时要尽量简化内容,用最短的内容长度传递基本新闻内容。后来,微博平台取消字数限制,但精简、短小的内容发布已经成为微博平台的常态,沉淀为传统媒体的基本传播特征。也正是因为内容的精简,许多传统媒体微博内容都是碎片化呈现的,这种碎片化表达提高了微博内容传播的效率。

滚动播报式传播。传统媒体微博的出现打破了传统媒体的出版周期,尤其在重大突发事件发生时,传统媒体微博也要第一时间做出反应,对新闻进行滚动播报并及时做出评论。① 在2020年新冠肺炎疫情期间,《人民日报》微博第一时间整合、发布确诊人员行动轨迹和近期所乘车次相关信息,实现滚动播报,助力疫情防控。

2. 传统媒体微博的发展局限

传统媒体微博的原创性不足。原创性是传统媒体的核心竞争力之一,在传统媒体微博上也同样重要。部分传统媒体在布局媒体微博时过于仓促,供给到传统媒体微博的原创稿件过少,与其他平台的内容同质化严重,削弱了传统媒体微博的竞争力。此外,由于生产能力限制,部分传统媒体微博的内容大部分来自其他媒体微博,转载率过高也失去了自身特色,不利于传统媒体微博的长远发展。

未平衡好"标题党"和"亲民化"的关系。一些传统媒体在发布微博内容时不仅做了内容上的缩减,还努力做到"亲民化",例如给自己起昵称、内容上利用"提问"等叙事方式与用户展开交流等。这理应是值得鼓励的,但部分传统媒体抱着吸引用户的心态,甚至做起了"标题党",非但不能"亲民",反而可能对微博舆论环境产生不利的影响。

(二) 传统媒体公众号

微信公众平台,简称公众号,曾命名为"官号平台""媒体平台",最终定位为"公众平台"。微信公众平台于2012年8月23日正式上线,主要面向个人、政府、媒体、企业等机构推出自媒体、信息服务及合作推广业务。自微信公众平台推出,传统媒体就成了重要的入驻主体。2016年中国微信公众号数量超过1200万个,相比2015年增长46.2%。② 目前在机构运

---

① 涂光晋、陈敏:《媒体微博的内容特色与生产机制研究———以三家报纸的官方微博为例》,《现代传播》2013年第3期。
② 艾媒咨询:《2016年App与微信公众号市场研究报告》,艾媒网,2016年11月29日,https://www.iimedia.cn/c400/46539.html。

营的微信公众账号中,媒体号尽管数量占比不足 1%,但粉丝总量高达近 23 亿。① 调查结果显示,52.3% 网民使用微信公众号获取最新资讯②,这也反映出传统媒体在公众号生态中的一席之地。

需要指出的是,公众号代表的是一类入驻平台型全员化融合,与此类似的是传统媒体也有入驻的百家号、头条号等内容创作平台,本部分仅以公众号为代表进行分析。

1. 传统媒体公众号的运营特点

社交化传播。公众号内置于微信这一移动社交应用内,开展社交化传播非常便利,微信公众平台运营团队也针对这一点做了诸多优化。第一,公众号文章可以被非常便捷地发送给微信好友、群聊或朋友圈;第二,用户可以在文章下留言,也可以在私聊消息、群聊和朋友圈等场景与朋友展开讨论;第三,微信内设置了"看一看"专区,用户在公众号文章下方点击"在看"后,文章将被收录到专区,"看一看"成为微信好友关注热点文章的聚合区。传统媒体公众号同样继承了社交化传播的属性,利用社交化传播,传统媒体发布的信息可以被更多用户看到,增强了传统媒体在移动传播环境的影响力。

创新表现形式。不管内容载体如何变化,从根本上来说,要想增强用户黏性,形成持久的影响力,优质的内容永远是核心。"央视新闻"公众号便发挥了自身的内容优势,在信息形式上,综合图片、文字、声音、视频这几种媒体形式,形成了自己的鲜明特色,培育了用户的阅读习惯。在图片上,"一图解读"是央视针对热门话题制作的长图,其内容简明有科普性,配色活泼,满足了受众的需要;在文字上,央视有自己的专业评论团队,不管是深度解读还是央视快评,都能使受众更加客观、深刻地了解热点新闻事件;在声音上,"央视新闻"充分调动了央视主持人的声音优势,"央视新闻"从 2014 年开始着力打造"夜读"栏目,在一些重大节日里,每篇"夜读"的微信互动次数都超过了 50 万次;在视频方面,"央视新闻"注重"轻剪辑、深阅读",其一系列有故事、有细节的"V 观"微视频报道形成了特有的核心竞争力。"央视新闻"在直播方面也做出了有力的尝试,例如,2013 年"4·20"雅安地震发生后,上线还不到 20 天的"央视新闻"微信公众号就实现了微信直播,成为第一家可以直接收看电视的微信公众号。央视充分利用了其母媒体优质的内容、渠道和人员资源,通过图片、文字、声音、视频这几种形式进行内容的生产和推送,成功地打造了一系列精品栏目,不仅继承了央视传统的特色和风格,同时也丰富了内容的表现形式。③

打造传统媒体品牌矩阵。微信矩阵是由同一品牌主体运营的多个公众号形成的品牌矩阵,不同公众号可以实现垂直化打造,从而覆盖更多的用户,通过微信矩阵传播,品牌的整体影响力将大大增强。目前,已有许多传统媒体在公众平台打造品牌矩阵。《新京报》根据不

---

① 《马化腾:公众号中媒体号数量不足 1% 粉丝数却达近 23 亿》,新浪科技,2018 年 9 月 10 日,https://tech.sina.com.cn/i/2018-09-10/doc-ihiixyeu5645242.shtml。
② 艾媒咨询:《2016 年 App 与微信公众号市场研究报告》,艾媒网,2016 年 11 月 29 日,https://www.iimedia.cn/c400/46539.html。
③ 刘铮、吴佳灵:《主流媒体微信公众号运营现状分析——以〈央视新闻〉公众号为例》,《中国广播电视学刊》2019 年第 1 期。

同的内容领域,开发了 32 个垂直细分的微信公众号,打造多层次、分众化的信息展播平台,形成微信矩阵。目前,《新京报》微信矩阵粉丝超过了 1000 万人次;其中粉丝超过百万的公众号包括《新京报》官方微信公众号、政事儿、《新京报》书品周刊。《新京报》矩阵功能定位呈现出细分化、差异化的特点,凸显了《新京报》矩阵的价值诉求和服务理念,适应了分众化的传播趋势。《新京报》微信矩阵总体通过垂直内容领域的深度细分满足了受众多样化的信息需求,为打造高品质的微信矩阵指明了服务方向。①

2. 传统媒体公众号存在的问题

受平台功能和政策影响较大。传统媒体虽然获得了微信公众平台提供的内容发布和传播渠道,但要接受微信公众平台的各类政策,功能上也要受到一定的限制。例如,在微信公众平台上线初期,即便是新闻媒体开办的公众号每天也仅仅具有一次推送权限,这明显违背传统媒体尽可能提升时效性的理念。后来,《人民日报》等传统媒体公众号获得每日多次推送权限,但依然设置了发布上限。此外,公众号内容信息呈现形式是较为固定的,公众号能自主设置来体现自身特色的模块较少,不利于凸显媒体特色。

变现能力不足。在很长一段时间,传统媒体在公众号上只有内容发布这一项工作,这意味着公众号未能转化为传统媒体的变现渠道,反而加重了传统媒体的工作负担,对于早已陷入发展危机的一些传统媒体来说更是如此。近两年,新华社等传统媒体公众号发布了一定的推广信息或合作信息,但数量较为有限,这主要是由于用户不容易在公众号区分广告与新闻信息,从而造成误导,也正因为此,传统媒体公众号对广告发布类型和质量都要求较高。

本章思考题

1. 试分析传统媒体的数字化进程。
2. 请结合当下纸媒的生存环境,分析传统平面媒体的融合策略。
3. 面对音频客户端等听觉媒体新形态,传统广播应该如何重新定位?
4. 我国 IPTV 的主要模式有哪些?
5. 请阐述传统媒体移动直播的传播特点。

---

① 田晓迪:《新京报微信矩阵研究》,河北大学 2020 年硕士学位论文。

第六章 新媒体与媒介融合

内容提要：

新媒体与媒介融合有着十分密切的联系。从某种程度上说，二者是一种相互影响、相互构建的关系。一方面，新媒体在媒介融合的过程中有着无可取代的地位和作用，数字技术、网络技术、智能技术等新媒体技术为媒介融合提供了技术支撑，基于此，媒介融合才得以发展、勃兴；另一方面，媒介融合对新媒体的发展来说意义重大："融合"不但是新媒体与生俱来的特质，更在产业层面决定着新媒体产业模式的选择与创新，并由此使得新媒体成为推动媒介融合向前发展的主体力量。新媒体与媒介融合的这种"你中有我、我中有你"的互构关系，为二者的相互促进提供了先决条件。

实际上，新媒体几乎存在于当今媒介融合的每个角落，不仅有发展已久的新媒体与传统媒体的融合，也有日渐兴起的新媒体之间的融合。本章重点介绍后者，即新媒体之间的融合形态及其发展现状，也就是以新媒体为起点的融合形态。

从平台上看，作为新兴的媒介融合形态，新媒体之间的融合主要可以分为两类：一是基于网络平台的新媒体融合，二是基于移动终端平台的新媒体融合。这两类新媒体融合在我国已经开始起步发展，但仍然存在技术、内容、政策等诸多方面的瓶颈。当然，无论是基于网络平台的新媒体融合，还是基于移动终端平台的新媒体融合，都不是一成不变的。同其他媒介融合的形态一样，新媒体融合也是一个不断变化和发展的过程。随着媒介融合的发展，两个平台之间的媒介形态也不断发生融合，比如一些媒介可以同时在多终端使用，仅从融合平台的角度看依然没有深入形态的本质。于是，本章将从新媒体的突出特性——社交化、个性化和互动性三个方面分析以新媒体为起点的媒介融合形态。

第一节 新媒体与媒介融合的互构

媒介融合作为当今媒介形态及传媒产业发展变化的时代背景，同新媒体及其产业发展有不可分割的紧密联系。一方面，新媒体在媒介融合中具有无法替代的重要地位和作用；另一方面，媒介融合对新媒体的发展也具有不可小觑的影响。

一、新媒体的融合特质

在传统媒体时代，报刊、广播、电视等传统媒体的发展过程中虽然也有媒介融合的现象，但大多局限于内容共享和企业兼并的初级层面,严格来讲并不能算作真正的媒介融合。直到新媒体出现并勃兴之后,媒介融合的趋势才得以真正显现。

事实上,"融合"不仅是新媒体最重要的发展趋势,更是新媒体与生俱来的发展特质,新媒体的发展在很大程度上要归功于媒介融合。之所以把"融合"称为新媒体"与生俱来"的特质,主要基于两点:

(一)许多新媒体形态本身就是"媒介融合"的产物

在网络媒体群中,网络报纸是互联网与传统报纸融合的结果,网络广播电视则是互联网同传统广播电视融合的产物。类似地,在手机媒体群中,手机报纸是手机媒体与传统报纸的融合,手机广播电视则是手机与广播电视的融合。互动性电视媒体是网络媒体与电视媒体基于数字技术、网络技术、卫星技术等新媒体技术融合而成的产物。麦克卢汉认为,媒介即信息,"正是媒介塑造和控制着人类交往和行为的尺度和形式","社会的形成在更大的程度上总是决定于人们相互交流所使用的传播媒介的性质而不是传播的内容",[1]因此,媒介融合所产生的新媒体不仅在形态和内容等方面不同于融合之前的既有媒介,而且改变了新媒体形态所能表达的信息系统,从而从根本上改变了用户思想、行为的方式及感知世界的方式,在更深远的层面上诠释媒介融合的本质特征。

(二)"融合"是新媒体的生存方式和发展条件

无论是以网络和手机为代表的新兴媒体,还是以楼宇电视、车载移动电视为代表的新型媒体,它们都是在不断融合中得到突破性发展的。融合能够带来新的业务模式和盈利模式,将为新媒体产业的发展提供强大动力。4G、5G时代的到来为新媒体带来了新的发展机遇,很重要一个原因就在于它推动了新媒体更加深入地融合,尤其是4G、5G技术促动了移动互联网的发展,由此引发宽带互联网与移动终端的融合,带来了多元化的媒介形态和发展模式,成为新媒体产业发展的助推剂。

二、新媒体技术作为融合支撑

技术融合或创新是媒介融合的内在动力之一。事实上,具体来说,推动媒介融合的根本性技术力量是包括数字技术和网络技术在内的新媒体技术。

(一)数字技术实现媒介融合的资源共享

数字技术是一项与计算机相伴而生的新媒体技术,它借助一定的设备将文字、图片、影像、数据资料等转化为计算机能够识别的二进制数字"0"和"1",然后对其进行运算、存储、加工和传播。

在数字技术出现之前,报刊、广播、电视等传统媒体根据各自的媒介本体特征,都有各自

---

[1] Mc Luhan. *Understanding Medias*. McGraw Hill, USA 1964.

不同的信息编码和解码方式,不同的媒介之间有天然的划分边界。数字技术出现并应用于媒介业务之后,所有的信息都可以转化为"0"和"1"的形式进行处理和存储,各种媒体内容都可以转化为统一的编码进行传输和交换。另外,数字技术应用于媒介终端,促成了媒介终端的数字化,无论是网络媒体、手机媒体等新媒体,还是报刊、广播、电视等传统媒体,都能够利用数字技术创新或改造接收终端,这就使得各媒介终端的兼容性更强。更为重要的是,数字技术在媒介内容和终端上的应用使得各媒介之间的边界趋于消解,各媒介之间的内容共享成为可能,在很大程度上实现了媒介融合的资源共享。

(二)网络技术为媒介融合提供平台支持

网络技术作为网络媒体产生与发展的基础技术之一,也为媒介融合提供了平台支持。网络技术的平台支持作用主要表现在两个方面:

一方面,网络技术是网络融合的基础。以网络技术为核心的网络媒体互联互通,从而构成了互联网络,而互联网则是网络融合的核心所在。网络技术的发展、应用,不仅推动了网络媒体自身的升级,还促进了固定电话网、移动通信网、局域网络、广播电视网等不同形式的信息网络以互联网为平台实现技术升级和相互连通,进而为媒介融合提供网络平台。其中,网络融合最为典型的形态——三网融合,就是建立在网络技术之一的 TCP/IP 协议基础之上,进而实现互联网(计算机通信网)、电信网和广播电视网的相互渗透、相互兼容。

另一方面,网络技术衍生出媒介融合的多媒体平台。① 以网络技术为核心的网络媒体,其本身就为媒介融合提供了一个多媒体平台。无论是文字、图片还是音频、视频,乃至各种数据资料,都能够在网络媒体中顺畅地编辑、存储和传播。另外,网络技术的不断创新发展,在给网络媒体带来更多、更新的服务和应用的同时,也为媒介融合创造出更多兼容性的媒介平台。

(三)智能技术为媒介融合提供新动能

智能技术已经开始渗透进传媒业,成为媒介融合的新动能。真正的智能媒体不仅是技术加持,而是一场系统性的技术革命,是从接收端到传输端再到生产端的智能化重构。5G 发力于传输,实现传输革命,实现高带宽移动统一接入 VR 作用于用户端,促进接收方式的革命性改变,以沉浸感和交互性来重构人与世界的交往格局;AI 将重组内容生产体系,并最终形成 AI+5G+VR 的智能媒体传播技术新格局。届时,智能媒体将不仅是媒体,而是与社会融为一体,由此改变人类的生活传播方式。② 换句话说,智能技术将对媒介融合造成革命性变革,使媒介渗透于各类社会关系之中,"媒介"融合的不仅是媒介,更包含人、机器与社会,媒介融合影响社会生活和世界的力量不断加强。当然,现阶段的智能技术对媒介融合的作用还是初级阶段,主要作用于技术融合和主体融合,不过随着智能技术的成熟和在媒介融合领域的深入应用,媒介与社会的融合程度将大大提升。

---

① 何娅妮:《媒介融合形成因素解析》,《科教文汇》2009 年第 8 期。
② 廖祥忠:《从媒体融合到融合媒体:电视人的抉择与进路》,《现代传播》2020 年第 1 期。

三、媒介融合与新媒体产业模式的联系

从目前的媒介融合实践来看,媒介融合的主要类型集中在两个层面:一是传统媒体与新媒体的融合,二是新媒体之间的相互融合。传统媒体与新媒体的融合是新媒体兴起后,新旧媒体相互学习、相互竞争的必然结果:传统媒体面对新媒体的蓬勃发展和广泛竞争,不得不转向新媒体,通过与新媒体相融合来争取新的发展契机和发展空间;新媒体之间的融合则是不同新媒体之间竞争与博弈的结果,也是未来媒介融合的重要发展趋势。无论是传统媒体与新媒体的融合,还是新媒体之间的相互融合,其关键力量都是新媒体。这主要是由新媒体产业发展模式与媒介融合的密切关系决定的——媒介融合是选择新媒体产业发展模式的关键"变量"。

(一)媒介融合是选择新媒体产业模式的核心语境

一般来说,产业模式的选择要受供应、需求、制度、政策等多方面因素的影响,只有综合全面地考虑,才有可能选择适应产业发展规律和市场环境的合理的产业运营模式。新媒体产业模式的选择同样如此,用户需求、国家政策、行业环境等各种因素综合决定了新媒体产业的发展模式。但是,所有这些因素作用的发挥都不得不在一个前提下进行,那就是媒介融合。

从某种意义上说,媒介融合是选择新媒体产业模式的核心语境。新媒体产业在选择发展模式时,媒介融合的时代背景是需要考虑的首要因素。弄清新媒体产业在媒介融合背景下各个价值链环节的运作规律和结构特征,就相当于对新媒体产业模式的选择或变动方向有了一个宏观的把握,这也是对新媒体产业模式做进一步考量的前提。因此,选择新媒体产业模式,媒介融合不仅是绕不开的关键变量,更是能够统摄全局的指导原则。

(二)媒介融合是新媒体产业模式创新的内在驱动力

无论何种产业类型,只要它持续运行和发展,就都存在产业模式创新的问题。同样地,整个传媒产业,无论是传统媒体产业还是新媒体产业,都需要不断进行产业模式的创新。然而,与传统媒体产业相比,产业模式创新的问题在新媒体产业领域表现得空前突出和迫切,究其原因,可以追溯到媒介融合的作用。传统媒体产业虽然也存在媒介融合的现象,但并不明显,且只存在于内容融合的单一层面,并不能算作真正的媒介融合。而新媒体产业则不同,正是由于新媒体的兴起,媒介融合才真正出现并发展起来,因此媒介融合的功能和影响最主要地体现在新媒体产业上,其中最关键的影响就是促进和加快新媒体产业模式的创新。

媒介融合作为新媒体产业的本质属性,成为加速新媒体产业变革的催化剂。新媒体形态在媒介融合的促动下层出不穷,新媒体的内涵和外延不断拓展,从而导致新媒体所处的媒介生态环境不断变化,其变化速度之快、频率之高,是传统媒体时代前所未有的。这种变革必将带来新媒体产业发展模式的变化和创新。正如经济学家罗伯特·皮卡特(Robert G. Picard)早在1997年就预见到的那样:面对媒介融合所带来的各种机会和挑战,无论是媒介形态的变化还是新闻业务的变革,这些传播活动的转型,归根结底是传媒产业经营模式的

改写。

媒介融合本身就能带来新媒体产业模式的创新,而由媒介融合引发的产业融合则更能增强新媒体产业的创新动力。新媒体产业链融合主要指新媒体产业链各环节和不同价值网络的融合,价值链环节之间组合方式的变化必然造成新媒体产业结构和组织结构的改变,甚至导致新媒体产业和组织结构出现短时间的混乱或不协调。在交易成本最小化的市场规律作用下,新媒体各产业链主体开始在新的产业结构中寻求新的利益连接点,媒介组织结构开始由纵向一体化向横向一体化、混合一体化转变,最终使新媒体产业结构和组织结构重新趋于合理,从而完成新媒体产业模式的一轮创新过程。当新技术出现,媒介融合引发新的产业融合时,新媒体产业模式又会重复类似的创新过程,如此周而复始,循环创新。

(三)媒介融合为新媒体产业模式提供创新空间

新媒体由媒介融合发展到产业融合是一个循序渐进的过程,也是一个螺旋式上升的过程。之所以要强调新媒体产业融合的过程性,是因为正是这一时间维度的融合过程,为新媒体产业模式的选择提供了创新空间。

首先,媒介融合的渗透性和全方位性能促动新媒体产业链的整体变革,为产业模式在新媒体价值链各环节的顺利贯通提供便利,减小阻力。在新媒体时代,新媒体所引发的媒介融合和产业融合具有极强的渗透性和穿透力,融合所造成的影响能够到达新媒体产业链的各个环节,这就相当于同时为新媒体产业链各主体制造了创新产业模式的动因和目标,可以在很大程度上减小进行产业制度改革、产业组织机构改革时来自产业链内部的阻力。但需要注意的是,由于同引发融合的核心技术或核心价值链环节的距离(产业联系的距离)各不相同,因此各个产业链主体所受到的影响并不完全平衡。有的产业链主体距离引发媒介融合的价值链环节较近,或者与引发融合的核心技术关系较为密切,那么这些产业链主体受到媒介融合的影响就较大;反之,则较小。这种不平衡的"受力"情况就对新媒体产业模式创新提出了挑战,新媒体产业在创新其发展模式时,应该将这些因素纳入考量范围。

其次,媒介融合和产业融合能够创造新的盈利模式或业务模式,从而实现新媒体产业模式创新。从本质上说,媒介融合所带来的产业融合代表着一种新的产业革命——使新媒体实现再媒介化和再产业化的革命。媒介融合突破了各种新媒体形态的边界,创造出全新的媒介生态环境;产业融合则消融了各种新媒体产业的边界,形成新的产业链和价值网络,带来全新的新媒体盈利模式和业务模式。

再次,媒介融合导致的产业融合造成新媒体产业环境的改变,为新媒体产业创新发展模式提供了足够空间。以三网融合为例,电信网、有线电视网、互联网的互联互通不仅是新媒体网络的融合,更是电信产业与广电产业的融合,由此导致各种新产品和新服务的出现,新的市场也不断涌现,更多的产业主体参与进来,新媒体产业集群的内涵和外延在这一过程中不断被扩充和修正,新媒体产业链也不断拓展和延伸;在这种情况下,新媒体产业模式具备了广阔的创新空间和回旋余地。从这一角度讲,媒介融合已经不仅仅是简单的生产方式的结合,更是一种涉及新媒体产业乃至整个传媒产业运行发展的新模式。

第二节　新媒体社交化融合

社交属性是当今新媒体的自然特质之一,以致我们可能会忽略新媒体本身的社交属性,而重点突出传统媒体在新媒体上的社交化传播。事实上,社交属性已经是贯穿新媒体发展的重要线索之一。社交化之所以重要,是因为今天整个新媒体的传播模式发生了深刻变化,人际关系网络成为大众传播的重要基础设施。① 在这样的背景下,新媒体的社交属性不断得到加强,社交化改造了新媒体环境的内容生产模式、信息传播模式以及各类主体的运营模式。因此,本节将以微博、微信这两种社交属性较强、社交特色鲜明的新媒体为例,分析新媒体社交化融合发展情况。

一、微博

微博,又称微型博客、微博客,英文译名为 MicroBlog 或 Micro-blogging,它是一个基于用户关系的信息分享、传播及获取平台,是博客在 Web2.0 时代的新发展。微博用户可以使用电脑、手机等终端随时随地更新信息,并实现信息的即时分享。微博用户既可以自己书写、发布信息,也可以成为其他用户的关注者或跟随者(follower),与其他用户互动。随着微博的发展和技术的进步,微博 140 字的限制已被取消,内容也不再仅限于文本信息,用户也可以通过微博发布图片、声音、视频等多媒体信息。

世界上最早的微博是美国的 Twitter,它于 2006 年由 Obvious 公司推出,2009 年突然爆发,访问量飞速增长,2009 年 3 月,Twitter 的独立访问者数量已超过 1400 万。目前,Twitter 仍然是世界上最著名的微博网站。我国的微博是借鉴 Twitter 的发展模式迅速兴起的。我国各大门户网站,如新浪、网易、搜狐、腾讯等都曾推出自己的微博服务,但大多已停运。目前,"新浪微博"已经直接更名为"微博",显示出新浪微博极强的影响力。

(一)微博的应用平台

微博是 Web2.0 的产物,也是媒介融合的结晶,这突出体现在它多样化的应用平台或书写终端上。微博不仅能够通过计算机网络进行书写或更新,还能够借助移动互联网、使用手机媒体实现移动传播。

1. 以计算机网络为应用平台

从技术角度来说,微博是以电脑为服务器,以互联网为传播介质的,因此微博必然能够实现在计算机网络中的应用。微博以计算机网络为应用平台,其实现方式主要有两种:一是用户通过登录微博门户网站或微博主页,浏览微博内容,与微博好友互动,或者更新自己的微博信息;二是通过即时通讯工具进行微博的实时更新,目前国内的许多即时通讯软件都已

---

① 彭兰:《移动化、社交化、智能化:传统媒体转型的三大路径》,《新闻界》2018 年第 1 期。

实现了与微博服务的互联互通,用户通过在即时通讯软件上更新状态,就可以实现微博信息的更新。

2. 以手机媒体为应用平台

手机媒体的移动性和便捷性是微博的优势所在,因此手机可以看作是微博的主要应用平台。微博在诞生之初就与手机有密不可分的关系,微博初期140字的字数限制便是来自于每条手机短信最多140个字符的要求。随着媒介融合的推进和移动互联网的发展,微博也成为运营商推动互联网与手机无缝连接、促进移动互联网发展的有力工具。目前,以手机媒体为平台或终端的微博应用主要有以下两种形式:

第一,通过移动互联网使用微博。移动互联网能够实现计算机网络与手机媒体的无缝连接,用户可以通过移动互联网登录微博网站,实现微博的浏览、更新与互动。手机用户通过手机浏览器登录微博网站,能够真正实现微博与手机的无缝连接。

第二,通过手机客户端实现微博浏览与互动。用户利用微博网站提供的手机微博客户端,就能够实现微博的浏览、发布与互动。

(二) 微博的传播特点

1. 书写终端的多样性和移动性

微博的书写终端具有多样性。从硬件上说,用户可以使用电脑和手机进行微博的更新;从软件上说,一切能够与微博服务器相连的终端或软件都可以实现微博信息的即时分享,如微博主页、即时通讯软件、各种移动互联网软件等。

书写终端的多样性使得用户几乎可以在任何时间、任何地点更新微博,尤其是手机媒体的应用,更是让微博用户拥有了随时随地分享信息的快感。实际上,微博的其他许多特征都是来源于手机媒体所具有的随身性、移动性和便捷性,而手机媒体恰恰也是微博用户的最主要书写、接收终端。随着手机技术的不断进步,移动互联网日趋完善和普及,手机对用户的便利性也大大提高。更为重要的是,利用手机的随身性、移动性和便捷性,每个微博用户都可以随时随地记录身边发生的事或自己的心情,并与众多其他用户进行交流和互动,使得微博成为一个自由的信息互动平台。

2. 信息传播的碎片化

微博的信息传播具有碎片化特点,主要体现在两个方面:一是用户使用时间的碎片化。书写终端的多样性和移动性使得微博用户可以利用任何碎片化的时间来完成信息传播;二是微博内容的碎片化。虽然微博早已取消140字的字数限制,但微博的使用传统、用户的移动和碎片化使用,使得用户在微博中依然习惯于使用简短的语句来传递零散的信息,其信息内容有较强的随意性和无组织性。[①]

微博这种碎片化的信息传播特点不仅契合了当今人们快节奏的生活规律,更在深层次

---

① 杨晓茹:《传播学视域中的微博研究》,《当代传播》2010年第2期。

上反映出后现代的时代特征。后现代的不确定性、零散化、无中心、弥散性、多元性等特点,集中表现为微博信息传播的碎片化。

3. 传播过程的草根性和平等性

相对于博客来说,微博的信息传播更具草根性,用户在信息传播过程中的地位更加平等。这种草根性和平等性最主要的是由微博的使用门槛带来的。微博使用较为简单,每个人都可获得使用权限,不用进行"化妆后的表演",短短几句话就可以将自己的状态、观点、想法等表达出来。这就在很大程度上消解了由于篇幅大小或现实中的个人名气所带来的传受关系不平等性。在微博中,任何人都可以平等地表达,任何人都有机会被关注。

4. 传播内容具有原创性和现场感

相对于其他自媒体,微博的内容更具原创性。一方面,微博内容的简短和随意性在客观上大大减轻了用户的创作负担,用户只需一两句话就可以表达自己,这就使得微博内容摆脱了对专业写作者或传统媒体的过度依赖,任何用户都能够成为微博原创者,并能充分享受信息传播和互动的快感;另一方面,微博内容的原创性在很大程度上源自它的即时性和移动性,用户使用手机或即时通讯工具能够随时随地更新信息,实时记录各种见闻和观点、感想等,而其他跟随者的实时互动更能激发用户的表达欲和创作欲。

微博内容的原创性加上其即时性和互动性在很大程度上带来了强烈的现场感。尤其是在一些突发事件或重大事件发生过程中,微博用户可以利用手机媒体实时发布信息并与跟随者进行互动,这就使得所有关注这一事件的微博用户都有了身临其境的现场感。

5. "背对脸"的信息交互方式

与博客中面对面的"表演"不同,用户在微博上的交流是一种"背对脸"的信息交互方式,就好比你在电脑前打游戏,路过的人从你背后看着你怎么玩,而你并不需要主动和背后的人交流。这种"背对脸"的信息交互可以是"一点对多点",也可以是"点对点"。当用户关注或跟随(follow)一个自己感兴趣的微博时,两三天就会上瘾。①

实际上,微博的这种"背对脸"的信息交互方式,在很大程度上是对现实社交网络中人际传播机制的复制和拓展。相对于博客来说,微博的信息交互更接近于现实中的人际交互,加上网络的匿名性和高效互动,微博用户的黏性得以日趋增强。

二、微信

微信,英文译名为WeChat,是腾讯公司于2011年1月推出的一个为智能终端提供即时通讯服务的免费应用程序,智能手机是其主要的信息传播载体,用户可跨通信运营商、跨操作系统平台使用微信,通过消耗少量网络流量实现快速发送语音短信、视频、图片和文字等信息的传播功能。2014年,微信正式推出电脑版。

---

① 彭兰:《传播者、受众、渠道:博客传播的深层机制》,《上海师范大学学报》2007年第11期。

(一) 微信的功能分类

微信是作为即时通讯应用程序在我国迅速、持续发展的成功案例,紧扣移动互联网时代下的用户需求,创造性地运用智能手机这一移动媒体在信息传播过程中的平台作用,将用户与用户、用户与企业组织、企业组织之间的关系紧密联系在一起,呈现出针对垂直领域的"窄众"传播特色,将大众传播最终落脚到面对点的传播路径上,提高了传播的有效性。这些传播效果与其不断完善并细化的功能分类密不可分。

1. 社交功能

作为一项即时通讯工具,社交功能是微信生存与发展的根本。具体地说,微信的社交功能又可以细化为三个方面:聊天功能、朋友圈的信息共享功能与网络社区交友功能。

聊天功能是微信作为即时通讯工具的基础性功能。随着其版本的不断升级与完善,微信现已具备文字、语音、图片(包括表情和动画)、短视频等多种信息传播形式,为用户提供了多样的信息传播选择,用户可以根据自己的偏好与使用习惯自由选择。此外,微信在原有的语音传播基础上还拓展了语音通话功能,使微信在网络环境下可以行使手机的基础性功能——通话。而视频通话则继实时对讲之后诞生,与单一的文字传播相比,语音通话与视频通话都提高了信息传播的准确性和生动性,丰富了信息传播内容,拓宽了信息传播途径。所提供的信息越详细,编码者和译码者对信息的解读越不容易出现分歧,这从一定程度上降低了编码或解码的出错概率。①

朋友圈是微信能够迅速占领即时通讯领域和社交媒体市场的撒手锏。诸多现存市场上活跃的社交媒体应用均提供了与微信朋友圈相仿的信息获取功能。这一功能虽然与QQ空间和微博的信息分享功能有相似之处,但微信的朋友圈信息共享更具隐匿性,其本质是用户的熟人圈子展示平台,针对同条信息的评论者若非好友关系则互相看不到对方对该信息的反馈。同时,用户在朋友圈分享信息的信源无法得知,从一定程度上保护了上一级内容传播者的隐私,从而使其信息传播质量、传播效果与互动频率远高于QQ和微博,因而受到用户青睐。

除了熟人间的信息传播与互动之外,微信还推出了适应移动互联网时代的陌生人交友功能,如"摇一摇"和"附近的人"等。"摇一摇"是基于用户双方互动的交友功能,"附近的人"则依赖于LBS来搜索陌生人,这是微信继熟人社交的强关系之外,对陌生人社交的弱关系的延伸与探索。

2. 垂直领域与分众传播功能

微信的信息传播聚焦到用户个体,采取面对点的传播模式,践行了专注垂直领域进行分众传播的实践。公众平台和视频号是微信实现这一功能的创新。

微信公众号分为三类:订阅号、服务号和企业号。订阅号为媒体和企业提供了个性化的信息传播方式,构建与用户之间的新型沟通模式,可每天推送一条信息;服务号主要针对企

---

① 高莹:《微信的传播模式分析》,郑州大学新闻与传播专业2014年硕士学位论文。

业或组织的对外传播,为企业和组织提供了相比于订阅号更丰富的业务服务和用户管理功能,提供高级接口、微信支付、微店等多元化盈利渠道;企业号面向企业、政府、事业单位和非政府组织,为其内部创新企业与员工关系、完善上下游供应链和企业间合作,实现生产管理和协作运营的移动化提供了更为具体的专业化订制服务,包括建立企业通讯录、分级管理、消息保密等功能,仅通讯录成员可关注,最高每分钟可群发200次,以便企业或组织进行即时、点对点沟通。

对传统媒体而言,公众平台是其进行媒介融合、进入媒介市场、实现媒体转型的契机。依托移动互联网技术,单向传播向双向甚至多向传播的转变已不可逆转,"受众"从受者变为具备"使用能力"的"用户"在微信公众平台尤为凸显,自媒体人大幅增加,利用微信公众平台打造个人品牌渐成趋势。在这种传播过程中,传统媒体利用微信公众平台,结合自身已有的品牌优势和权威性,打造具有贴近性、平民性和趣味性的内容传播与受众反馈平台自然水到渠成。从用户角度来看,微信是具有强个人偏好的信息资讯获取平台,用户对公众号的订阅取决于用户对信息的需求,因而传统媒体微信公众号的信息推送服务增强了用户获取一手信息的便捷性,也为用户在纷繁复杂的微信平台获取高质量、有价值的信息提供了渠道,为传统媒体在移动互联网平台打开传播市场提供了可能性。事实证明,具有传统媒体的招牌和可信度的微信公众号比自媒体人创办的个人微信订阅号更能吸引用户。

根据微信官方对视频号的定位,微信视频号不同于微信公众号,而是一个全新的内容记录与创作平台,也是一个了解他人、了解世界的窗口。视频号入口的位置也不同,放在了微信的发现页内——朋友圈入口的下方。视频号内容以图片、视频和直播为主,可以发布长度不超过一分钟的视频,或者不超过九张的图片,还能带上文字和公众号文章链接,而且不需要PC端后台,可以直接在手机上发布。视频号支持点赞、评论等形式的互动,也可以转发到朋友圈、聊天场景,与好友分享。

3. 服务与娱乐功能

微信的服务与娱乐功能包括五大部分:钱包功能、优惠功能、微信游戏、小程序和"摇一摇"电视节目搜索功能等。

微信钱包与微信支付紧密相连,用户可使用微信钱包实现转账、发红包等基础性电子支付。随着微信版本的升级,微信钱包逐渐细化其功能分区,包括由腾讯自主研发的功能,如手机充值、信用卡还款、城市服务、腾讯Q币充值、腾讯理财、腾讯公益等;以及第三方合作功能,如滴滴打车、火车票和机票预订、酒店预订、家政服务、购买电影票、购买彩票等。

微信的优惠功能以电子优惠券发布为主,包括微信购物所得优惠券和朋友分享的优惠券。

作为娱乐功能的核心内容,微信游戏列表展示的游戏虽并非微信原创,却紧扣当下热点游戏内容和用户使用习惯,吸引了大批用户参与其中。

2017年1月9日,微信小程序正式上线,小程序开始由一个相对陌生的技术词语转变为用户熟知的数字媒介应用形态。这是一种无须下载和安装就可使用的应用程序,如今已逐步具有便捷连接人、服务和场景的能力。除了微信,百度、支付宝、今日头条等移动平台也相继构建了小程序生态,不过这些平台的小程序均没有微信小程序影响广泛,因此小程序可以被认为是微信小程序的简称。① 以轻量化为核心逻辑的小程序主要向用户提供轻量化的工具式应用以及各类小游戏。

"摇一摇"的电视节目搜索功能则为移动数字电视开辟了新的空间,为媒介内容发布平台的融合提供了新思路。这些服务和娱乐内容不仅操作方便,还能加强用户与好友之间的互动,为增强用户黏性、扩大微信用户群奠定了基础。

(二)微信的传播特点

1. 沟通的低成本性与移动终端的灵活性

微信沟通成本低主要体现在其免费发送,只占用少量网络流量,相比于跨通信运营商的高通话资费成本,微信信息发送的即时性、内容的多样性和服务质量的稳定性都更具吸引力。而智能手机的普及以及微信电脑版的开发使其跨平台使用更加便捷,用户之间的互动频率也随之增加,用户可根据自己的需要随时随地与好友分享每分钟的状态、感悟,加深用户间的关系,也提高了用户使用黏性。

2. 用户强关系性与社交圈子私密性

微信与其他社交媒体最大的不同是它单向环状私密传播的特点,其信息传播面对的受众不是一般意义的"大众",而是封闭的个体叠加,"大众"之间并不产生信息流动。② 这一方面表现在用户之间具有强关系性,人们首先基于情感和兴趣建立起联系,进而才形成信息传播的群体,如微信群聊。建立在强关系基础上的社交网络使用户相比在微博、QQ空间中更能真实地曝光自己的生活状态,而得到好友的反馈也会被用户视为更真实的反馈内容,极大增强了用户的心理满足感。但不可否认,无论是用户之间信息点对点的直接传播、用户朋友圈信息的点对面传播,抑或是群聊中信息的面对面传播,都建立在强关系用户的私密社交圈基础上,这种熟人关系圈的信息闭环传播模式提高了交流的有效性,满足了用户即时情感交流的需要,增强了用户间的情感纽带,而私密的交流环境也使传播双方能更真实地进行多层面情感沟通。

3. 信息传递的垂直性

微信公众平台、视频号作为分众传播的工具,其针对垂直领域的传播优势也日渐凸显,专注于小的内容切口、生产原创性高质量文章的微信公众平台正逐渐成为传播者提高用户黏性的选择。而微信公众平台订阅式的信息获取方式也使微信的信息传播相比于微博等社交媒体精确度更高。此外,无论是微信订阅号还是视频号,目前都已不采取仅仅根据内容发布时间的推送方式,而是采取内容发布时间、个人阅读兴趣和微信好友关注热度等指标相结合的推送方式,这种推送方式更能将内容准确送达给用户,从而提升信息传递的垂直性。

---

① 宫承波、孙宇:《依托小程序的媒体融合路径探索》,《当代传播》2019年第2期。
② 王眉:《微信公众平台的传播特点及趋势分析》,《互联网天地》2014年第5期。

三、视频社交平台

在探究视频社交平台这种媒介融合形态之前,我们需要厘清"网络视频平台"与"视频社交平台"的差异。网络视频平台,是指通过互联网,借助浏览器、客户端播放软件等工具,在线观看视频内容的互联网应用。而视频社交平台,是指依托视频媒介构建的社交场景,开展各种社交活动的应用平台。因此,网络视频平台和视频社交平台虽然均与视频有着密切的联系,但侧重点不同,前者侧重点是视频播放,主要为视频网站及客户端;后者侧重点是视频社交,可视为网络视频平台的进化形态,包括视频社区、短视频应用和直播应用。

目前,很多视频网站及客户端加入了社区功能,如腾讯视频"doki 广场"、爱奇艺"泡泡圈"、芒果 TV"饭团",但其平台定位仍是视频播放,且主要为平台提供视频内容,社区也仅仅是附加了讨论空间,与视频内容的结合还不紧密,因而不在视频社交平台的讨论范畴。不过,部分网络视频平台基于发展的需要,存在向视频社交平台转型的情况,如土豆网已由平台与用户共同提供视频内容的视频网站转型为短视频应用。

(一) 视频社交平台的类型

视频社交平台有三种类型:视频社区、短视频应用和直播应用。如今,这三种类型视频社交平台在功能上并不是独立的,而呈现日趋融合其他平台功能的态势。例如,视频社区加入短视频拍摄和发起直播功能,而短视频应用和直播应用之间也会互相融入对方的功能。

1. 视频社区

不同于传统视频网站由平台贡献主要内容,视频社区的大部分内容由非平台方提供。非平台方包含普通用户,也包含入驻在平台内的媒体、政务部门和企业等组织。视频社区传播的内容一般较短视频较长一些,且将弹幕互动形式作为突出特点。代表性视频社区主要有哔哩哔哩弹幕视频网。

弹幕,本义指战场上由密集子弹形成的火力网。借用这种形象,弹幕视频是将实时评论文字平行位移至屏幕上方并覆盖原有内容的视频。人们在线观看视频的同时,将自己的感受及评价性文字发布出去,每条字幕呈现出从屏幕一端向着另一端穿行而过的视觉效果。如果同时观看并发布信息的受众很多,屏幕上密集移动的文字会呈现出如幕布般的效果。[①] 简单来说,弹幕就是"用户发布的在视频画面前方移动的评论符号(包括文字和表情等)",弹幕视频就是加载了弹幕功能的视频形式。弹幕功能加入传统视频当中,在较大程度上实现了媒介内容与用户互动的深度融合。

在弹幕功能广泛应用于视频之前,大部分视频网站也在视频页面开通了评论功能;这种评论功能是一般放置于视频页面下方的,意味着用户无法在观看视频的同时发布评论。而弹幕功能则可让用户观看视频时发布自己的评论,实现即时互动传播。这里的"即时互动传播"有多个层次的含义:第一,用户通过弹幕的形式评论某一片段的视频内容,与视频内容实

---

① 邓昕:《互动仪式链视角下的弹幕视频解析——以 bilibili 网为例》,《新闻界》2015 年第 13 期。

时互动；第二，用户通过阅读、点赞或评论他人发布的弹幕内容，与弹幕内容开展即时互动；第三，弹幕内容和视频内容共同与用户展开互动，如用户阅读到"高能预警"的弹幕内容，会对接下来的视频内容形成心理准备，减轻视频内容对心理造成的冲击感。

2. 短视频应用

短视频应用是以短视频为载体开展社交活动的融合形态，代表性应用有抖音、快手、微视、秒拍等。短视频是指时长上相对较短（目前以 5 分钟内为主）、制作上低门槛化、内容上碎片化、社交性突出的一种新型视频形态。短视频作为移动互联时代下一种新的文本表达和消费方式，实现了文字、语音和视频的融合传播，以更直观立体的方式满足了用户表达和互动的需求。

按视频生产者分类，短视频可以分为以下三类：

专业生产内容（PGC）类。PGC（Professional Generated Content）是指是应用于专业视频网站的一种视频生产模式，专业生产内容类短视频是指由专业人员或机构进行组织和制作的短视频。此类视频往往有明确的定位，专注于某一领域的视频生产，由于其生产者均为专业机构，因此视频内容在组织和制作表达上都十分考究和精良，这就在极大程度上保证了视频的质量。如官方发布和制作的国家形象短视频等。

用户生产内容（UGC）类。UGC（User Generated Content）是 Web2.0 时代特有的一种视频生产模式。此类短视频的生产者是普通用户本身，不具备专业性的知识和技能，因此该类视频的内容都较为日常化和简单化，制作也比较粗糙，有着明显的"草根性"。但不可否认是的，正是由于用户生产内容这一形式使得人人都能成为视频的发布者，因此它在提高视频接受度上以及激起人们参与性的作用上往往具有更为直接和明显的效果。

专业用户生产内容（PUGC）类。PUGC（Professional User Generated Content）是 PGC 与 UGC 相结合的一种内容生产模式，亦即以 UGC 的形式产出接近于 PGC 的内容。因此专业用户生产内容类短视频以更适宜于传播的形式和更优质的内容，往往更容易赢得受众尤其是文化素养较高人士的青睐。

3. 直播应用

网络直播是在移动互联网语境下，通过互联网媒体介质，将发生的即时状况展示给终端用户以满足用户各种需求的一种新的高互动性互联网新形态。网络直播起源于广播直播和电视直播。在网络时代，直播开始不断发展壮大，网络直播形成了非常迅猛的文化态势。我们这里说的直播主要是在移动终端具备强互动性和社交性的视频直播。当下，比较主流的直播应用有斗鱼、虎牙、YY、映客、花椒、六间房等。

根据直播内容，我们可以将直播分为秀场直播、游戏直播、电商直播和教育直播等。秀场直播让每个人都有机会在平台上以直播的形式将各种生活化的内容展示给其他人，而用户可以通过评论、打赏、连麦等方式进行实时的直播互动。游戏直播将直播与游戏场景相结合，拓展了直播的维度，成为直播新的增长点。电商直播是渗透率较高的直播场景，观看电商直播内容的人群，其选择浏览主播推荐产品的可能性更高。教育直播场景下，用户可以实时与老师互动，更有上课的场景感，一定程度上解决了在线课程缺乏课堂氛围的问题，提高了课程的效率,教育直播也对疫情期间学校师生的正常授课起到了巨大作用。

(二)视频社交平台的传播特点

1. 营造音视频交流情境

视频社交,与一般的社交媒体不同,它有特殊的展示场景和表意符号——音视频交流情境。网络直播,是一种面对面的社交情境,短视频或视频社区是一种社群式的社交情境,它们都以形声一体化的可视行为作为载体来进行交流,直接作用于人的感官,直接挑动人的感官刺激。因此,视频社交往往呈现以下特征:第一,在情绪情感诉求过程中,内容本身不重要,获得情感回应才是重要的;第二,在建立同好圈子的过程中,内容本身不重要,增加网络节点所辐射的面(粉丝)才是重要的;第三,在网红的驱动下,内容本身不重要,个人的魅力和展示、吸引眼球才是重要的;第四,在提供陪伴式体验时,内容本身不重要,满足偷窥、虚荣、消解无聊、感官刺激等心理欲望和直觉体验才是重要的。①

2. 创作门槛低

相对于传统视频精细的制作过程和较高的制作成本,视频社交平台内容可以说几无制作门槛。它打破了设备和剪辑的专业性限制,只要拥有一部手机,人人都可以成为视频生产者。因此视频社交平台将传统视频高高在上的准入标准拉回到了大众手中,将视频制作和生产的门槛大大降低。并且,视频社交平台中的大部分内容由于时长较短,严谨的叙事结构和故事逻辑不再是视频必须具备的特征,这也大大降低了视频制作的成本和周期。所以说在视频社交平台的生产环节,无论是在技术层面还是内容层面,视频社交平台都具有低门槛化的特征。

3. 碎片化传播

人们的碎片化时间是伴随着信息化和移动互联网技术的成熟同步出现的,人们的时间被等待电梯、公交、地铁等过程分割得越来越碎片化,而视频社交平台正是为了填补人们的这些碎片化时间产生的,因此从诞生之时起,视频社交平台就具有碎片化的传播特征,为移动互联时代视频的传播开辟了新的方式。尤其是趣味搞笑类短视频能使观看者在碎片化时间里获得短暂的放松和愉悦。

4. 显著的分享属性

视频社交平台以各类社交媒体为主要的传播渠道,其发展也依托于社交媒体平台,因此视频社交平台内容有着与生俱来的分享属性。在传播过程中,视频社交平台的受众通过点赞、评论、分享等平台提供的功能来满足自己的社交需求。同时,他们也将自己喜欢的视频内容分享到其他社交平台上,通过这种二次传播乃至多次传播形成的循环往复的过程,每一个短视频的接受者都能够成为传播者,尤其在人际传播中的效果更显著,这也就更加强化了视频社交平台内容的社交属性。

---

① 包圆圆:《视频社交与应用服务——网络视频直播与短视频的功能定位》,《青年记者》2019年第29期。

第三节　新媒体个性化融合

新媒体实现个性化融合的基础是用户拥有专属的账户或设备,以开展特定的信息服务。新媒体的个性化含义经历了从简单到深刻的变化。在过去,新媒体的个性化含义集中在用户的主动性选择上,即用户可以选择关注哪些内容,修改自己的头像、昵称等身份信息,等等。而如今,新媒体的个性化含义更加深刻,在用户主动性选择的基础上,新媒体本身的个性化检索、生产、推荐及分发成为重要内容。这意味着新媒体实现个性化融合的能力显著增强了。随着人工智能技术的发展,个性化也正逐渐纳入智能化当中。在这样的背景下,新闻聚合客户端、移动搜索、智能音频和可穿戴设备便成为极其重要的媒介融合形态。

一、新闻聚合客户端

手机由模拟信号时期到数字信号时期的转变使它从一种简单的移动通讯工具变成了同时具备图文收发功能的信息接收工具。20世纪90年代中期出现于我国的手机报就是移动网络运营商利用这一特性延伸出的最早的手机新闻收发形式,这也可以看作是手机新闻客户端的起源。

不过,尽管手机报在我国一度获得了大规模的发展,但它的局限性也逐渐暴露出来:传播符号过于单一,只能传送文字和图片,难以吸附用户的长久兴趣;囿于传播容量限制,很多新闻事件不能深度报道。此后兴起的手机网站虽然可以为用户提供更为丰富的信息,但仍然受信号覆盖、网络强度等的限制,缺乏时效性。2009年以后,移动互联网产业进行了升级与创新,解决了网速慢、信号覆盖面窄以及资费高的问题,迎来了新的发展时期,智能手机也在此时迎头追赶,调整产业结构,普及性大范围提高,使用户进入了智能时代,为手机新闻客户端的成长夯实了基础。2010年6月,搜狐新闻客户端推出了我国第一个新闻客户端程序。同年10月,腾讯新闻客户端的第一个版本在苹果商店上架,标志着移动新闻客户端的正式推广。[1]

(一)从传统手机新闻客户端到新闻聚合客户端

当前,市面上流行着各色各样的手机新闻客户端,根据不同的标准,它们可以被划归为不同的类型。例如,根据内容来源,可分为PGC(Professional Generated Content,专业生产内容)型手机新闻客户端、AAC(Advanced-technology,高科技)型手机新闻客户端、RSS(Really Simple Syndication,简易信息聚合)型手机新闻客户端三类。[2] 通常情况下,我们根据现有手机新闻客户端所呈现出的内容特点,将其分为传统手机新闻客户端和新闻聚合客户端

---

[1] 张小玢:《手机新闻客户端的传播模式和发展空间研究分析》,天津师范大学2015年硕士学位论文。
[2] 王楠、田甜:《手机新闻客户端的发展研究》,《新闻研究导刊》2015年第14期。

两种类型。

1. 传统手机新闻客户端

传统手机新闻客户端指的是不利用数据挖掘或算法推荐技术的新闻客户端形式。在新闻聚合客户端发展之前,传统手机新闻客户端以人工方式整合、编辑各渠道新闻内容,收获了较多的用户,依据开办主体,我们可以将传统手机新闻客户端分为网站类、传统媒体类和搜索类。

(1) 网站类新闻客户端

网站类新闻客户端又分为商业门户网站新闻客户端和专业新闻网站新闻客户端两种。

商业门户网站新闻客户端主要指由门户网站开发制作,将门户网站用户转移至移动终端,向其提供各类信息内容或服务的手机新闻客户端。这类新闻客户端时效性较强,内容大多来源于网络,24小时滚动发布新闻,新闻内容通常由授权转载、原创报道和 UGC(用户生产内容)组成。在我国,以腾讯、搜狐、网易、新浪为代表,到2013年国内各大门户网站新闻客户端已基本完成推广普及,用户渗透率较高,用户规模进入稳定发展阶段。从某种程度上说,门户网站新闻客户端也昭示了网站类转型的一种方向。

专业新闻网站新闻客户端主要指由专业化的新闻网站开发制作的新闻客户端。与商业门户网站新闻客户端相比,这类新闻客户端并不以海量的内容见长,而专业、独家的内容资源和权威品牌是其最大优势。典型代表有新华网的"中国网事"、凤凰网的"凤凰新闻"、财新网的"财新网"等。

(2) 传统媒体类新闻客户端

传统媒体新闻客户端主要是指由传统的报纸或广播电视播出机构开发制作的手机新闻客户端。这类新闻客户端多由传统媒体自发自制,新闻内容以原来的报纸文章、广播节目、电视节目等为母体,新闻来源、风格定位等都同其自身的传统传播平台一脉相承。典型代表有《人民日报》"央视新闻""央广新闻"等。

(3) 搜索类新闻客户端

搜索类新闻客户端即搜索引擎自主开发的新闻客户端。这类新闻客户端能利用搜索引擎的资源聚合优势整合来自互联网的海量信息,并能根据用户的搜索热度决定资讯编排,如由搜索引擎开发制作的"百度新闻"。

2. 新闻聚合客户端

近些年,随着移动互联网的深入发展和各大主体的移动端布局,手机新闻客户端的类型也日益多样。比较突出的就是出现了基于数据挖掘和算法推荐基础的新闻聚合类客户端。新闻聚合客户端主要以各类移动终端为信息接收载体,它真正全面颠覆了传统媒体的信息生产方式,以今日头条、一点资讯为代表,借助机器推荐引擎技术,在分析用户兴趣和行为的基础上,向用户推送个性化信息,核心是基于内容的算法推荐。在用户第一次使用今日头条时,该产品会对用户的社交媒体账号进行分析,对用户身份、职业、兴趣爱好等进行定位与标签化,并推送与之相符的信息。

如今,原本的传统手机新闻客户端——《人民日报》、澎湃新闻、腾讯新闻等,也开始加入推荐版块或个性化推荐功能,朝着新闻聚合方向发展。

(二)新闻聚合客户端的特点

作为移动互联网时代各大媒体竞相抢占的阵地,新闻聚合客户端不仅具有传统手机新闻客户端的优势,同时具备一些独有的特点。

1. 即时性传播

手机新闻客户端传播的即时性主要体现在两个方面:其一,传播的移动性。移动互联网的飞速发展尤其是3G、4G乃至5G的相继普及使人们与世界更紧密、便捷地连接在一起,而与此同时,手机新闻客户端搭载的又是智能手机这一移动化的平台,由此用户的信息接收便突破了空间的局限,真正做到了"随地"获取信息;其二,传播的动态化。与报纸具有固定的出报时间、广播电视具有特定的节目播出时间不同,甚至迥异于每日固定信息推送次数的手机报,手机新闻客户端的信息传递是不定时的,永远与新闻的发生保持同步,真正实现了由静态传播到动态传播、由及时性传播到即时性传播。

2. 互动性传播

互动是互联网的基因,互动性也是以互联网为代表的新媒体与传统媒体相比所具备的最大优势特征。作为移动互联网时代新媒体的新兴形式,手机新闻客户端的互动性传播也体现在两个方面:其一,用户可以通过其提供的评论功能及时对所获取的信息进行评论和反馈,也可以与其他用户分享观点、沟通意见,变过去的单向传播为双向甚至多向互动传播;其二,用户不仅可以获取信息,还可以发布信息,通过上传个性化内容,发出自己的声音,变过去的信息接收者为信息传受者。

3. 个性化推荐

准确地说,新闻聚合客户端是新闻资讯分发平台,而非新闻生产平台,它分离了传统新闻内容的生产和分发,主要负责新闻内容的聚合和个性化的分发。在内容聚合方面,新闻聚合客户端会将新闻网站、公众号、传统新闻客户端和社交媒体的内容不断进行抓取,并通过整合、转码等方式加载到平台上;在个性化分发方面,基于用户画像推荐、协同推荐或标签推荐,系统会将用户可能感兴趣的内容推送到用户查看的信息流或通知栏内。

4. 聚合式传播

从传播形式上来说,传统媒体通常是单一的线性传播,报纸传递文字,广播传递音频,电视传递音视频,而且不同类型的报社、电台、电视台都有各自的风格定位。与此不同的是,手机新闻客户端更像是一个承载了海量信息的全媒体新闻信息平台:一方面,它的信息形态广及文字、图片、音频、视频、动画、超链接等各个形态,一些具体的信息甚至可以用动态图表来表达;另一方面,它的内容类型十分丰富,将众多家报纸杂志、广播电台、电视台、网站等媒体的信息整合汇聚在一起,通过类型或其他个性化标签进行分类,供用户根据自身需要选择添加,通过一个新闻客户端,用户往往就可以获得上百家媒体甚至意见领袖的相关频道。手机新闻客户端所传播的新闻信息具有高度聚合的特征。

二、移动搜索

移动搜索也叫手机搜索,狭义上是指以移动设备(手机媒体)为使用终端,以移动互联网技术为基础的移动搜索服务,包括使用手机网页版搜索引擎和客户端搜索引擎两种形式。广义的移动搜索除了包括基于移动互联网的信息搜索之外,还包括基于各种手机媒体技术的信息搜索服务,如在某一应用内进行信息搜索。

在当今信息化时代,大量纷繁复杂的信息铺天盖地,信息的高度膨胀导致信息过载,用户需要准确、高效的信息检索服务;而随着手机媒体的普及以及移动互联网技术的进步和广泛应用,信息的移动化搜索成为用户随时随地准确获取信息资源的重要手段。

(一)移动搜索的业务分类[①]

按照搜索范围和搜索内容的不同,移动搜索主要可以分为以下几个业务类别:

1. 客服检索

客服搜索是指运营商提供的对自己业务信息和业务资源的检索服务,如中国移动客户服务热线和 WAP 网站为客户提供的话费查询、业务查询、服务资源检索服务。从本质上说,客服搜索是运营商的客户服务内容,本身并不能盈利。但是,客服搜索有助于用户快速、方便地查找到运营商提供的各种基础服务和增值服务资源,对运营商各种业务,尤其是增值业务的开展有非常强劲的促进作用。

2. 站内搜索

站内搜索是指移动运营商对自己门户内的资源进行搜索。运营商通过俗称"网络蜘蛛"的搜索引擎搜索器,日夜不停地搜索 WAP 网站,不断访问 WAP 页面,然后按照超链接跳转;发现新页面时,就对页面信息进行判断(检查其是否为 WAP 页面),并提取网页快照。目前,中国移动、中国联通以及一些规模较大的服务提供商(SP)都已推出了类似的站内搜索服务,从而让用户可以在 WAP 网站上寻找到自己所需要的业务或服务。站内搜索在本质上属于运营商或服务提供商的增值服务。

3. 站外搜索

站外搜索是指通过手机媒体对移动互联网信息资源的检索,包括对 WAP 站点资源和传统互联网资源的搜索查询。无论是 WAP 搜索还是使用移动终端直接登录 Web 网站进行搜索,其本质都是对计算机网络搜索引擎服务在移动终端上的延伸和拓展。在互联网高度发达的今天,网络信息资源极大丰富,但也存在良莠不齐、凌乱无序的缺陷。站外搜索需要对庞杂凌乱的互联网信息进行整合、整理,去粗取精,去伪存真,从而为移动用户提供便捷、精准的互联网信息搜索服务。随着移动互联网的发展,站外搜索的市场规模也会进一步扩大,发展潜力不可小觑。

---

① 杜杏兰、杨彦格:《移动搜索业务研究》,《信息通信技术》2009 年第 2 期。

4. 本地搜索

本地搜索是运营商为本地区用户提供的区域信息检索服务,包括当地的信息搜索、黄页查询、电子地图、空间位置查询、公交和驾车路线查询等服务。本地搜索的使用方式可以是用户登录本地搜索的相关网站进行信息检索,也可以是用户通过发送带有关键词的手机短信到运营商指定号码,还可以是用户通过拨打本地搜索服务热线对相关信息进行查询或咨询。通过地域化的本地搜索服务,用户可以方便、快捷地搜索到当地的各种生活信息、服务场所和商务信息等。

(二) 移动搜索的特点分析

移动搜索的特点是相对于互联网搜索引擎而言的。与互联网搜索引擎相比,移动搜索具有如下特点:

1. 使用终端的移动性

与传统的互联网搜索引擎相比,移动搜索业务最显著的特点就在于它的移动性或随身性。移动搜索的使用终端可以是手机,也可以是掌上电脑(Personal Digital Assistant,简称PDA),还可以是其他的移动媒体。人们可以通过移动终端实现移动化的信息搜索,随时随地查找自己需要的信息或资讯。如果说传统的互联网搜索引擎使用户有了组织、处理和检索信息资源的系统,那么移动搜索则让这一系统进一步拓展和延伸,使信息搜索突破了时间和空间的限制。

2. 搜索内容的实用性

使用终端的移动性或随身性在很大程度上决定了移动搜索的搜索内容具有强烈的生活化和实用化趋向,用户使用移动搜索的目的大多是查找一些生活化的实用信息。本地搜索之所以成为移动搜索的最主要业务形式,很大程度上就在于它契合了移动搜索用户检索生活化、实用性信息的需要。本地搜索业务的服务内容相当丰富,它能为用户提供各种黄页信息,如餐厅、加油站的联系方式和地址;能提供各种出行、交通信息;能为用户检索各种生活信息,如商场打折信息;还能提供各种贴近生活的资讯类搜索服务,如天气查询、股票信息检索,等等。

3. 搜索结果的个性化和精准化

信息检索的个性化和精准化,是移动搜索与传统互联网搜索引擎的又一大区别,也是移动搜索的优势所在。

同互联网搜索引擎相比,移动搜索更容易实现搜索结果的个性化。在以手机为终端的移动搜索中,搜索引擎可以收集到用户的手机号码,因此可以将用户的搜索信息和手机号码关联起来,获知用户的使用特征和个性取向等信息,从而给出更为个性化的搜索结果。例如,如果某用户经常搜索韩式餐馆的信息,搜索引擎可以在其下次搜索餐饮类信息时,将韩国餐饮的搜索结果放在前几位推送给用户。除此之外,移动搜索还可以利用无线网络的一些特点,给用户提供更优质的服务。例如,利用无线网络具有的定位特点,可以知道用户当前的位置,当他(她)搜寻"银行",可以把他(她)位置周围的银行作为搜索结果的首条发送给他(她)。①

除了个性化之外,移动搜索结果的另外一个特点是精准化。与互联网搜索引擎不同,移动搜索的使用终端体积和屏幕比较小,因此,移动搜索更注重搜索结果的精准性,以便能为用户提供简约、有效的信息。

4. 实现方式的多样化

与传统的互联网搜索只能通过搜索引擎不同,移动搜索的实现方式相对多样。首先,移动互联网是移动搜索最主要的实现方式,用户既可以使用手机在 WAP 网站上输入关键字来获取信息,又可以使用智能手机或直接进入搜索引擎客户端;其次,移动搜索也可以通过手机短信来实现,手机用户只需向特定客服号码发送包含相关信息的短信,就可以收到运营商发送的关于搜索结果的回复短信,这些搜索结果是由运营商后台将自动搜索和人工搜索的结果整合得到的;再次,移动搜索还可以使用语音互动来实现,即互动式语音应答,用户只需拨打指定号码,就可根据操作提示收听、点送所需语音信息或者参与聊天、交友等互动式服务。② 随着搜索引擎技术的发展,图片搜索等方式也成为移动搜索新的实现方式。

三、智能音频

所谓音频,指 20Hz—20000Hz 之间能够被人体感知的声音频率。从广义角度来看,智能音频是音频服务向智能化迈进的产物,是在人工智能技术特别是语音交互技术应用于音频传播情况下发展起来的。随着智能音频市场的发展与壮大,互联网巨头在智能音频领域的竞争也会愈发剧烈,智能音频市场环境已经升级为各方生态链的对抗,涉及智能音频终端品质、平台智能化能力、音频内容资源丰富程度,以及日常生活服务和智能家居等。

智能音频的智能化体现在技术和功能两个方面:技术上,智能音频具备了无线连接、可语音交互的能力;功能上,智能音频可提供音乐、有声读物等内容服务,信息查询、O2O 等互联网服务以及场景化服务等。

对用户使用来说,智能音频服务需要承载于智能音频终端。常见的智能音频终端有计算机、智能手机、智能音箱、智能耳机等。

(一)智能音频的发展概况

1920 年 11 月 2 日,世界上第一座有执照的广播电台在美国匹兹堡开播。在近百年的历史中,广播这种通过无线电波或者导线传送声音的媒体一直平稳地发展着。广播作为一种伴随性的听觉媒体,特别是在车载移动广播方面,至今保持着一定的活力。

互联网改变了传统媒体的生态环境,广播媒体也重新审视自身的转型和升级,无论是听众群体还是收听终端、广播节目还是广播交互,都在互联网技术推动下向互联网音频迭代升

---

① 杜杏兰、杨彦格:《移动搜索业务研究》,《信息通信技术》2009 年第 2 期。
② 杨慧锋:《中国移动搜索概况研究》,北京邮电大学 2008 年硕士学位论文。

级。互联网音频既涵盖了广播媒体的属性及特征,又延展了广播媒体的内涵及外延。互联网音频依托互联网平台,以音频为核心优势,兼具图片、文字、视频、VR 等多种媒介呈现形态,通过传统收听终端、车载收音终端、桌面收听终端、移动 App 终端以至互动电视上的立体传播体系,线性传播与非线性传播并存、时效性即时直播与留存性常态定制并存,构建终端用户收听、平台互动沉淀、线下用户导流、用户精准画像的新型广播。

随着包含语音识别、自然语言理解、生成和合成在内的语音交互技术的发展,在互联网音频的基础上,智能音频将发展成为在用户群中影响消费者与其他媒体的新互动方式。智能音频不仅能让人们更多地使用音频内容,而且很快就成了音频消费的主要工具。

在智能音频终端层面,经历了一个由附属终端设备向独立终端设备的变化过程。在附属终端设备阶段,智能音频被加载到计算机、智能手机、平板电脑等媒体终端上,以应用程序的形式呈现,通常称作语音助手,比较著名的语音助手有 iOS 的 Siri、Windows 的小娜和 Android 的 Google Assistant。在独立终端设备阶段,除了附属终端设备上的智能音频在不断发展之外,还出现了专门承载智能音频的终端设备,如智能音箱、智能手环等。正是因为独立承载智能音频服务终端设备的出现,人们的关注点从语音助手转向更广泛和前沿的智能音频视角,逐步独立考察智能音频。

智能音箱是发展最快的智能音频终端设备,因此提及智能音频往往指的就是智能音箱,但二者并不能等同。本部分接下来的分析主要着眼于智能音箱。

目前,业界所定义的智能音箱,是一款具备智能语音交互系统、内容以及互联网服务内容,同时可扩展更多设备、内容接入的智能终端产品。亚马逊 2014 年推出的智能音箱 Echo 是智能音箱的鼻祖,除播放音乐外也是家庭设备(兼容 Nest/IFTTT 等产品)控制枢纽,可连接第三方服务。随后亚马逊不断丰富 Echo 家族产品,拓展智能音箱,至今各型号已累计销售破千万台。Echo 家族产品线也引领着智能音箱行业的发展。

智能音箱无疑是 2017 年电子消费品的爆款产品。除了国外的亚马逊、谷歌、苹果这些科技巨头先后入局智能音箱市场,国内智能音箱市场在 2017 年也迎来了疯狂增长,其中阿里、京东、小米、百度等互联网厂商都在这一年推出了智能音箱产品,各方的目标都是为了抢占智能音箱流量入口。[1]

(二) 智能音频的基本特点

1. 语音交互

智能音频通过声音传播内容,也通过声音与用户交互。智能音频的交互方式不再是传统广播电视的收听和收看,也不是大部分新媒体的屏幕交互,而是主要通过语音的方式进行交互。语音交互意味着用户在使用过程中可以解放自己的双手,让智能音频成为一种伴随性媒体,应用于更多场合。这种语音交互还是智能的,根据用户的语音指示,作出即时的声

---

[1] 苏军根、林健、洪博宇、甘玉珏、鲁维:《智能音箱技术与产品现状及未来发展趋势分析》,《广东通信技术》2018 年第 6 期。

音反馈,提供相应的内容和服务。

2. 场景化服务

智能音频覆盖于一定的场景之中,在不同场景中提供对应的场景化服务。私人移动场景、私人固定场景、封闭公共场景和开放公共场景是声音传播的主要场景,智能音频的便携性可以满足各个场景下的音频需求。除此之外,智能音频在家庭场景还可以作为智能家居的入口,智能音箱中的语音交互技术使其处于智能家居控制中心的地位。智能音箱以其小巧轻便、相对固定的位置摆放,可居于客厅、厨房、卧室等多个场景中,提供提醒、社交、娱乐等服务,以及购物、外卖、出行、缴费等生活服务,同时作为家居控制中心,通过智能音箱可实现对照明、电视、窗帘等家居产品的控制,使未来生活更为智能、便利。

3. 个性化体验

由于智能音频是通过用户随时的指令来进行服务的,这种服务可以说是在特定的时间和地点提供给专属的用户,其个性化体验不言而喻。同时,智能音频与用户的交互越多,越能了解用户的需求特点,提供更加个性化的内容和服务。随着算法的不断完善,智能音频将更加全面、快速地理解用户需求,定制针对性服务,打造个性化体验。

四、可穿戴设备

可穿戴设备,简单来说,就是可以佩戴在身体上的智能终端设备。早在20世纪50年代中期,在美国的一些赌场中,一些赌徒利用小型摄像机和对讲机作弊,可以认为是可穿戴设备的雏形。1975年汉密尔顿手表(Hamilton watch)正式发布了世界首款手腕计算器Pulsar,这款设备被众多学者认为是可穿戴设备的第一次正式亮相。[①] 进入21世纪,互联网技术的发展使之前关于可穿戴设备的设想成为现实,苹果、三星和谷歌等大型科技公司借自身强大的研发能力已经推出多款可穿戴设备。尽管可穿戴技术尚在初步发展阶段,但越来越多的科技公司看重可穿戴设备的广阔市场前景和应用空间,将成为未来的一大投资热点。

(一)可穿戴设备的定义及特征

对于可穿戴设备的研究,学界目前尚未有绝对权威并普遍适用的定义。国外学者Man和Steve认为可穿戴设备就是"可穿戴在身上外出进行活动的微型电子设备"。麻省理工学院媒体实验室认为智能可穿戴设备是计算机技术结合多媒体和无线传播技术,以不凸显异物感的输入或输出仪器(如首饰、眼镜或衣服)进行连接个人局域网络功能、侦测特定情境或成为私人智慧助理,进而成为使用者在行进动作中处理信息的工具。有学者提出智能可穿戴设备主要"通过佩戴方式实现元件互联、人机交互和传感检测功能于统一模块平台的微型集成终端,具有实用性、便携性、交互性、集成性、开放性和时尚型特征"。[②] 结合以上定义,本

[①] 李志军、郭同德:《智能可穿戴设备在新闻领域中应用路径探讨》,《中国出版》2016年第22期。
[②] 姜飞、黄先超:《中国新媒体发展报告.No6"2014年中国智能可穿戴设备发展报告"》,社会科学文献出版社,2015年,第158页。

书认为,可穿戴设备是能够穿戴于体表,具备强大的信息搜集与分析功能的微型智能终端。

可穿戴设备具有以下特征:

智能化。可穿戴设备最重要的一点就是具有数据采集能力和一定程度上的独立计算能力。甚至可以说,可穿戴设备最大的使用价值就是它为用户收集的数据以及通过数据分析得出的结果。

便于穿戴。一款成功的可穿戴设备,不仅在于它的智能化,还在于穿戴的舒适性,与用户身体结合的同时不会增加用户的携带负担。

实时交互性。通过可穿戴设备,用户可以随时保持在线的状态,个人数据的上传也是实时的,这也就意味着用户通过设备可以保持一直在线的状态,永远在和生产者进行实时的反馈。

(二)可穿戴设备带来的融合机遇

媒体本质上是技术的产物,任何新技术的变革都会给媒体发展带来新的契机,可穿戴设备的发展对媒体生态都会产生或大或小的影响。

从新闻生产的角度来看,可穿戴设备的出现让新闻的生产过程变得更加简单、便捷。尤其是在数据新闻领域,设备传感器随时把收集的大数据上传到后台,极大地降低了记者采集数据的难度。谷歌眼镜解放了记者的双手,记者在与采访对象交流的同时,能"不动声色"地记录下采访画面,减轻采访对象的戒备感。

从信息传播的角度看,可穿戴设备具有极强的个体伴随性,当遇到突发事件时,人们不需要再拿起照相设备进行一系列复杂的操作,而是在"举手投足"间就能完成对事件的完整记录,并通过互联网即时传播出去,从而达到对新闻事件的快速反应。此外,可穿戴设备将显著降低用户获取信息的成本,做到比受众自己更了解自身需求,在此基础之上实现推送信息的高度定制化。

以谷歌眼镜为例,其两块眼镜镜片承担了增强现实屏幕的功能,只要相应新闻应用获得实时消息提醒的权限,当有重要新闻发生时,谷歌眼镜会在第一时间将信息显示在眼镜镜片上,使用者将快速获得信息。这种创新的消息实时提醒方式,让新闻信息融入生活场景,比起手机用户从感受到铃声(或震动)到拿出手机再到点亮或解锁屏幕的实时信息获取方式,谷歌眼镜极大地简化了用户获取实时信息的复杂程度、提升了用户感知信息的速度。[①]

目前来讲,大多数可穿戴设备必须依附于智能手机,从发展速度和应用范围来看,还只是相对小众的科技产品,还未真正普及开来。但我们有理由相信,可穿戴设备必将成为下一代信息产品的主流。因此传统媒体和新兴媒体都要积极拥抱智能可穿戴设备,通过树立互联网思维、产品经理人思维,加强创新报道策划,整合现有信息传播渠道,扩充自媒体平台,积极嫁接媒介新科技,再造传统媒体新生力和新媒体矩阵强效传播力。[②]

[①] 李志军、郭同德:《智能可穿戴设备在新闻领域中应用路径探讨》,《中国出版》2016年第22期。
[②] 郝香:《新闻传媒应对可穿戴设备的四大关键》,《视听》2016年第11期。

将来,随着物联网技术的发展,我们身边的一切设备都接入互联网,可穿戴设备将使每个人都成为一个媒体,无时无刻不在生产信息,我们将迎来一个万物皆媒、人人皆媒的泛媒时代。

第四节 新媒体互动性融合

报刊、广播和电视等传统媒体并不是完全不具备交互性的,而是其交互程度较弱、交互影响较小、交互方式单一,且交互方式未成为最主要的传播手段。与此相反,新媒体通过融合多种互动形式,大大增强了其交互程度和交互影响。对许多新媒体形态来说,互动成了用户使用媒体最主要甚至全部过程。当前,典型的新媒体互动性融合形式包括H5页面和互动影视。

一、H5页面

H5是HTML5的简称,HTML(Hyper Text Markup Language)即超文本标记语言,它不是一种编程语言,而是一种标记语言、一种规范、一种标准,它通过标记符号来标记要显示的网页中的各个部分。而作为新媒体形态的H5则不再只是一种技术概念,而是具有信息传播和用户交互功能的H5页面。本书为了阐述方便,部分内容也将采用省略"页面"一词的表述,如"H5新闻页面"表述为"H5新闻"。

实际上,只有在中国大陆才用"H5"这种表述,而在西方甚至我国港台地区,都找不到这样的表述或概念。H5页面源于迅猛发展的互联网技术,特别是基于这种技术而蓬勃发展的中国互联网创新实践。自2014年最新的HTML5技术标准发布之后,各种具有丰富交互性和视听效果的基于H5技术体系的内容产品通过各类移动平台得到强有力的传播。伴随着移动互联网技术和现代通讯技术(特别是4G、5G技术)的发展,各种H5产品呈现出愈发强劲的发展势头。不仅越来越多的广告公司把H5作为一种重要的传播形式和营销手段纳入其业务体系中,新闻媒体也开始利用这种新技术体系进行新闻信息的创新传播。[①]

(一)H5页面的类型

按照H5页面承载的内容和使用方式,我们可以将H5页面分为以下几种类型:

1. H5新闻

H5新闻是将各类新闻内容整合到H5页面当中进行传播的新闻形态。在H5新闻中,传统新闻中的文字、数据等内容可以实现动态呈现,图片、动画和短视频等内容也能实现与用户的互动。目前,传统媒体和新媒体都将H5新闻作为丰富新闻样态和融合创新传播的发展重点,高质量又富有创意的H5新闻不断涌现。中国新闻奖还设置了媒体融合奖项,其中的

---

① 苏涛:《H5新闻的概念起源与技术逻辑——基于技术视角的考察》,《新媒体研究》2019年第20期。

新媒体互动创意和融合创新就有许多 H5 新闻获奖。例如,第二十九届中国新闻奖一等奖获奖作品《幸福照相馆》H5,由央视财经制作,并发布到相关网络平台上。这一作品创新使用互联网"多人脸融合"技术,从春节拍摄全家福照片的传统习俗切入,在 2018 年春节之际推出,将改革开放 40 年来不断改善的人民生活融入各个年代的全家福照片模板中,主打"团圆"这一春节期间全网传播的核心要素,取得了较好的社会传播效果。

此外,部分媒体还成立了 H5 新闻制作的相关工作室,专门生产 H5 新闻及其他创意作品。网易哒哒工作室便是网易旗下一个专注生产有趣、好玩内容的策划团队,内容产出包括互动 H5 和创意漫画等。这一工作室生产的《睡姿大比拼》《她挣扎 48 小时死去,无人知晓》《你的哲学气质》《我的新年 Flag》等 H5 作品成为连续刷屏的案例。

2. H5 微杂志

H5 微杂志是将杂志形式的内容整合到 H5 页面当中进行传播的融合形态,由于 H5 不适宜传播大量、复杂的内容,因而在 H5 页面上的杂志都是较为精简的,被称作微杂志。景宁新闻网是景宁畲族自治县县委、县政府打造的综合性新闻门户网站,其推出的 H5 微杂志《新畲乡》,重点展示了该地区的热点事件和民生问题,包括"时政要闻""人文畲乡""美丽畲乡"等版块。由于 H5 页面承载内容不宜过多,这一系列微杂志还可点击其中的链接跳转到全文进行进一步阅读,实现 H5 微杂志与公众号的连通。

3. H5 营销与广告

H5 页面主要在移动端传播,又能够跨平台分享,点击即可阅读,H5 页面自然也成为广告与营销传播的重要工具。利用 H5 页面进行营销传播活动的主体也不限于媒体,各类企事业单位都可能参与其中。《穿越故宫来看你》是由腾讯 NEXT IDEA 和故宫联手推出的 H5 广告,在社交媒体引起广泛传播。这一 H5 以动画的形式展现了"明朝永乐皇帝朱棣从故宫的画中穿越到现在,戴上太阳镜、唱着 rap、跳着骑马舞、玩自拍、发朋友圈"等场景,但实质是腾讯创新大赛的报名广告,最后会弹出相关信息。

4. H5 游戏

H5 游戏类似于网页游戏的变体,但玩法一般较网页游戏简单。根据 H5 游戏的开办主体,我们可以将 H5 游戏分为两种:一种是由专业游戏公司开办的 H5 游戏,这类游戏质量一般较高,与该公司主流游戏产品有着较高的关联性;另一种是由媒体单位等非游戏团队运营的 H5 游戏,这种游戏往往是专题式的,即结合某一热点话题而制作的游戏,其主要目的是为了创新舆论引导方式、科普专业知识或向媒体终端引流。由于 H5 游戏市场准入门槛较低,H5 游戏监管难度较大,H5 游戏收费不透明、停办难溯源和暴力色情内容植入等问题将对 H5 游戏的规范化发展造成冲击。

(二) H5 页面的传播特征

1. 可视化、互动式阅读

内容经由 H5 页面进行传播,首要的特点就是实现了可视化、互动式阅读。一方面,诸多

H5作品都采用可视化的方式来展示所要表达的含义,如数据图、图像、音频、视频等,这些符号具有很强的辨识性和代表性,能够快速引起用户的阅读兴趣;另一方面,用户阅读H5页面不是简单的阅读,而是要进行相关互动才可完成所有内容的阅读,这其中的互动方式既包括点击、滑动,也包括匹配、选择、排序、搜寻等,丰富了传播内容的互动性,能够提升用户趣味阅读体验。

2. 社交裂变式传播

社交裂变式传播指的是利用社交渠道引导用户分享传播的运营方式,其最终目的是以低成本和高效率的方式获取用户指标的快速增长。而H5页面之所以能够实现社交裂变式传播,不只是因为其依托社交平台,还在于H5作品内容在策划时就注意到了裂变属性的设置,如标题和封面引发用户点击、开头的引导式阅读,等等;更在于H5页面本身的跨平台性,使其可以实现跨平台传播。H5跨平台性的特点就决定了其传播渠道的多样化,如各大H5平台、微信、微博、浏览器等。由于微信平台的强互动性和便捷性,使其成为H5传播的主场。用户可以在微信平台上制作和分享H5页面进行传播,也可以通过开通微信公众号,在微信公众号内发布H5作品。H5作品可以通过直接转发、扫二维码或者链接发送,也可以通过转发分享到其他平台进行二次传播。①

3. 沉浸式叙事

对H5新闻来说,H5新闻的沉浸式叙事打破了传统新闻报道线性的叙事方式,将一些情景置于全景中加以展示,让读者产生身临其境的"代入感"和"沉浸感",提升了用户对重大时政议题的关注度,实现了多角度、立体化的传播。沉浸式叙事的逻辑是从用户的视角出发,使他们不仅不再是"局外人",甚至可能成为新闻事件的"中心",其叙事手法也不再局限于传者对世界的客观摹写,而是融合了用户身临其境的沉浸体验。一些庆祝改革开放40周年的H5作品便采取了这种崭新的报道样式,用户可以进行主动探索与自主判断,为用户带来了与记者、编辑"共享"目标场域的"虚拟化体验"。②

二、互动影视

目前在学界,互动影视还没有严格的定义,一般是指具备与观众进行交互能力的真人演绎影视,包括电影、电视剧、综艺、动漫、游戏等不同形式,主要通过分支剧情、视角切换、画面信息探索等方式增强观众的主动参与性,使观众将自身代入剧情中,当分支节点出现时,观看者进行自主选择,从而获得不同的画面叙事。③ 从上述定义可以看到:互动影视是传统影视内容与各种形式互动的融合,在融合过程中,传统影视内容也需要进行特别的编创,以适应各种互动形式的有效融入。

---

① 潘婉:《媒介情景理论视角下抗疫H5的传播效果研究》,《采与编》2020年第4期。
② 洪杰文、柴舟:《时政新闻报道的融合创新之路——以庆祝改革开放40年部分主流媒体H5作品为例》,《新闻战线》2019年第13期。
③ 王长潇、杨立奇:《使用与满足场景演变下互动影视的兴起与发展》,《当代传播》2020年第4期。

(一) 互动影视的类型[①]

按照不同的分类方式,互动影视可以分成不同的类型:

1. 按照内容表现形式

根据内容表现形式,可以分为互动剧、互动电影、互动综艺、互动动漫等。例如,互动剧有《他的微笑》,讲述以明星组合和助理为男女主角的爱情故事;互动电影有《画师》;互动综艺有腾讯视频推出的《我+》;互动动漫有腾讯推出的《总有妖怪想害朕》等多部作品。

2. 按照视频长度

根据视频长短,可以分为互动短视频、互动长视频等。因为涉及不同的互动选择,故而,难以准确地定义互动视频的时长。但可以根据视频目的、属性、大致时长等进行区分,比如,爱奇艺 2019 年 6 月初上线的《波西米亚狂想曲》电影互动预告片可以归类为互动短视频,《他的微笑》等互动剧可归类为互动长视频。

3. 按照内容来源

根据内容的来源,可以分为衍生互动影视、原创互动影视等。例如,《明星大侦探之头号嫌疑人》由芒果 TV 原生自制的明星角色扮演推理节目《明星大侦探》衍生而来。但在视频网站上线的多部互动剧,均没有依托现成的 IP,而是以原创互动影视作品的形式出现,如《他的微笑》《大唐女法医》等。

4. 按照内容题材

根据内容题材,可以分为恋爱型、悬疑型、闯关型等。例如,《拳拳四重奏》是腾讯首部偶像恋爱互动剧,讲述的是怀揣音乐梦想的拳击女孩林薄荷与四位个性美少年的青春校园恋爱故事。《明星大侦探之头号嫌疑人》则带有明显的悬疑色彩。《隐形守护者》中谍战人员的选择类似闯关游戏。

5. 按照剧情互动方式

根据剧情互动方式,可以分为构建分支剧情、视角切换、画面信息检索等。在构建分支剧情中,观众成为故事的主导者,故事的走向完全由观众的选择决定,形成个性化、差异化的故事体验。对视角切换来说,观众有权利只观看自己喜欢的角色镜头。画面信息检索则满足了观众在单一界面中获得延伸内容体验的需求。

(二) 互动影视的传播特征

1. 游戏化叙事

一般来讲,传统影视作品很难直接改造为互动影视,这主要是由于互动影视采取了与传统影视不同的叙事策略。传统的影视作品多采用线性叙述方式,有明确的时间序列和因果

[①] 本部分参考文献:香雪兰:《一文知晓中国的"互动影视"》,传媒 1 号公众号,2019 年 6 月 18 日,https://mp.weixin.qq.com/s/yfQeYRFbGuJifwbpnRPThA。

关系,观众必须按照一定的时空和逻辑顺序来了解剧情;而游戏作品多采用复杂叙事线,通过强调故事架构的场景、角色与行动让观众充分介入剧情,从而增加文本内容的丰富程度。①互动影视采取的就是与游戏类似的复杂叙事,根据观众的参与情况,剧情会沿着不同的脉络发展。这类似于部分传统影视作品从多角度展现故事发展,但传统影视作品的剧情按照既定顺序和方式播放,缺少观众的参与。需要注意的是,互动影视虽然采用的是游戏化叙事方式,但并不能将互动影视与游戏等同。与游戏相比,互动影视虽然赋予了观众一定的选择空间,但依然有着较大的限制,叙事有着清晰的发展走向,远远达不到剧情类游戏的自由度。

2. 观者参与式互动

传统影视作品对受众的要求比较简单,仅仅是观看就可完成整个传播过程。互动影视则要求观众不只是静静地观看,而是要以某种方式参与到剧情当中。例如,2019年,互动剧《古董局中局之佛头起源》上线腾讯视频,这是一项基于移动端体验设计的互动内容产品,不只是观看、选择剧情,还要通过打斗、躲避等操作参与剧情调动观众的情绪。通过参与式互动,观众能够选择观看的视角、影响剧情的走向,甚至"决定"人物的命运。于是,在这一传播过程中受众就不再是传统意义上的"旁观者",而是积极主动的参与者。

3. 媒介时空的虚拟性减弱

互动影视减弱了传统影视作品带给人们的虚拟感。首先,互动影视不只是让观众简单地进行点击选择,而是赋予了他们参与的意义,即让观众感受到:通过他们的行为可以对影视文本产生切实的影响。其次,在互动影视传播过程中,观众的身体可以被全方位调动,心理受影视内容的影响也就更强,观众的沉浸感因此加强。最后,互动影视为观众构建了一种全新的媒介时空,改变了传统影视虚拟性较强的时空感;在基于互动的媒介时空中,观众感受到他们是媒介时空的一部分,身心感官与互动影视的同步性也就变强了。不过,我们也应辩证看待互动影视对媒介时空的影响,如果处理不好互动影视的相关要素,复杂的互动形式也有可能使作品叙事混乱、破碎,观众极易跳脱出作品营造的情境。

本章思考题

1. 试论媒介融合的过程中新媒体的地位和作用。
2. 请举例分析微信的传播特点。
3. 请简要说说传统手机新闻客户端与新闻聚合客户端有哪些差异。
4. 你近期曾看过什么类型的 H5 页面?该 H5 页面的互动方式有哪些?

---

① 杨扬、孙可佳:《影游融合与参与叙事:互动剧的发展、特征及趋势》,《编辑之友》2020 年第 9 期。

第七章 媒介融合生态下的传媒发展

内容提要：

在媒介融合的背景下，旧有的媒介生态被打破，取而代之的是以新旧媒体相互融合、相互作用为主要表征的新媒介生态体系。在新的媒介生态中，无论是传统媒体还是新媒体，都需要进行正确定位，明确各自的宏观发展战略，推动各媒介实体制定具体的发展规划和运营策略，引导传媒产业向正确的方向发展。

在媒介融合环境下，传媒产业自身战略的调整和优化固然重要，但同时也应将传媒系统同整个社会系统联系起来，重视传媒规制对传媒产业健康发展的作用。从某种意义上说，传媒规制与媒介融合是一种互动互构的关系。基于这种关系，相关部门在进行传媒治理时就应充分考虑到媒介融合的大环境，使传媒规制在"放松"与"管制"之间求得平衡，实现与现实传播环境的充分互动，并更具预见性和先导性。

媒介融合所形容的状态就是一个动态变化的发展过程，因此媒介融合发展过程中也会不断形成新的发展空间，呈现新的发展态势。这要求我们认识媒介融合发展不应仅仅局限于它的过去和当下，更要敢于对未来媒介融合发展进行展望。

第一节 媒介融合生态下的传媒发展战略

在媒介融合生态下，传统媒体和新媒体产业都不能掉以轻心。传统媒体不仅要面临同产业竞争，还要面临新媒体产业带来的冲击；而新媒体也要在激烈竞争中不断扩大自身的优势，保持发展活力。总之，不论传统媒体还是新媒体，都要积极应对媒介融合生态下产业发展环境的变化，制定出正确的传媒发展战略。

一、媒介融合生态下传统媒体产业发展战略

在媒介融合的背景下，数字化新媒体和智能化新媒体飞速发展，并在与传统媒体不断融合的过程中快速挤压传统媒体的生存空间。2008年10月，"百岁高龄"的《基督教科学箴言报》宣布，从2009年4月开始放弃纸质出版，改为网络出版，成为美国第一家放弃纸媒的全国性日报。2009年2月27日，美国斯克里普斯媒体集团旗下拥有20万订户的《落基山新闻》走完了其150年的历程。3月17日，拥有146年历史的美国《西雅图邮报》也出版了最后一

期报纸,开始转向网络版运营。① 国内情况也不容乐观,仅仅在 2019 年一年就有多家报纸休刊或停刊(见表 7-1)。

表 7-1　2019 年部分休刊、停刊报纸名单

停刊/休刊日期	报纸名称
2019 年 1 月 1 日	《北京晨报》
2019 年 1 月 1 日	《法制晚报》
2019 年 1 月 1 日	《赣州晚报》
2019 年 1 月 1 日	《新商报》
2019 年 1 月 1 日	《华商晨报》
2019 年 1 月 1 日	《亳州新报》
2019 年 1 月 1 日	《新知讯报》
2019 年 1 月 1 日	《春城地铁报》
2019 年 3 月 30 日	《成都晚报》
2019 年 7 月 27 日	《三晋都市报》

不仅平面媒体,传统的广播电视媒体也面临着严峻的生存压力。市调公司 L. E. K. Consulting 自 2000 年开始对英国电视观众进行了一项长期调研,调查报告统计了最近 16 年的数据,结果显示,自千禧年开始,英国电视观众数量就出现了下滑,YouTube、亚马逊视频、Netflix 这些在线视频内容提供商的出现让电视观众有了新的选择。至 2015 年,英国境内 16—34 岁的成年人中,每周观看电视节目的时长为 10—12 小时,现在看来还有继续减少的趋势。② 面对媒介融合的大趋势,传统媒体产业必须进行调整和变革,这是事关传统媒体产业何去何从的战略性问题。

(一) 重新进行角色定位

媒介融合在很大程度上是一个传统媒体与新媒体的博弈过程。虽然新媒体在市场份额等方面对传统媒体造成很大冲击,甚至大大缩小了传统媒体的生存空间,但有一点是肯定的,那就是新媒体不会取代传统媒体,传统媒体也不会自行消亡。正如麦克卢汉所言:"新媒体并不是旧媒介的增加,它永远不会停止对旧媒介的压迫,直到它为旧媒介找到新的形态和地位。"因此,尽管传统媒体不会消亡,但面对媒介融合背景下新媒体的挑战和挤压,传统媒体仍然要尽快找到自己在新媒介生态环境中的角色定位。

从宏观上看,媒介融合带来的不仅是媒介终端的变迁和传播网络的互联互通,更有整个媒介生态环境的大变革。在传统媒体时代,报刊、广播电视等传统媒体几乎覆盖了整个媒介

---

① 陈方英、林英泽:《媒介融合与传统报业之蝶变》,《新闻战线》2010 年第 6 期。
② 数据来源:《电视观众数量减少 英国人偏爱在线》,中关村在线,2016 年 1 月 21 日,http://tech.hexun.com/2016-01-21/181923944.html。

受众市场,再加上信息来源的垄断性和内容资源的有限性,传统媒体可以轻而易举地进行"点对面"的大众传播,而不需要过多考虑受众的个性化需求。新媒体崛起之后,用户不仅可以在互联网和手机等平台免费获取传统媒体上的大多数信息资源,还可以同媒介或其他用户进行信息互动,随着新媒体的大规模普及及其向传统媒体的多维渗透,原来传统媒体所构建的媒介生态正在从根本上被新媒体所主导的媒介生态所取代。在新的媒介生态环境中,逐渐占据主导地位的新媒体拥有海量信息资源,且具备高度的交互性和灵活度;而尽管传统媒体被挤压掉了很大一部分受众市场,它还是具有许多新媒体所不具备的核心优势,这是传统媒体在与新媒体的竞合中应把握的关键。

传统媒体的核心优势之一,便是它拥有多年来积累的稳定的受众群体,这部分受众不会随着媒介融合的深入而转向其他媒介,因此可以成为传统媒体重点经营的市场。以报刊为例,门户网站以及网络报刊的发展抢走了传统报刊的很大一部分受众,但传统报刊已然保有一大批忠实读者,生活节奏日益加快的人们往往习惯于在地铁、公交等旅途中完成报纸的"移动化"阅读。传统广播在经历了20世纪中期同电视的竞争和转型之后,已经重新找到了自己的受众群,私家车、出租车等交通工具乘坐者仍然是媒介融合时代传统广播媒体的主要受众群。而传统电视媒体在经历数字化之后,依然能够从网络媒体和手机媒体用户中分得很大一部分忠实观众。实际上,这一重新定位的过程,就是传统媒体将自身从大众传播载体转向分众传播载体甚至小众传播载体的过程。因此,面对媒介融合,传统媒体应该在新的媒介生态环境中重新找到属于自己的受众,从而进行准确的角色定位和内容生产。

除了受众基础,高质量的内容资源也是传统媒体的一大优势。在媒介融合的背景下,无论是传统媒体还是新媒体都需要高质量的内容产品,"内容为王"在媒介融合时代仍不过时。传统媒体虽不像新媒体那样拥有海量信息资源,但其内容在权威性、制作水准、原创性等方面具有新媒体所不及的优势,传统媒体如果能够借助这一内容优势进行战略调整,势必有所突破。这就要求传统媒体转换定位思想,把战略重点转向内容生产和内容集成,由此出发,结合第三方的渠道运营和技术支持,重新部署产业链分工,在新的媒介生态中占得一席之地。

(二) 主动融入新媒体

一项针对2600位网络使用者进行的媒体消费行为调查显示,60.9%的受访者表示他们比起前一年花在网络上的时间更多了,而减少看报纸的人有30.3%。2004年,北京综合性报纸读者的平均年龄超过41岁,35岁以下的年轻读者已经有11.6%的人由过去的经常阅读报纸转变为现在的几乎不读报纸。在美国,1994年报纸广告的支出占全国总广告支出的22.4%,到2004年,这一比例降至17.7%,网络分食了报纸的蛋糕。[①] 同样地,传统的电视媒体也在这场媒介融合的变革中遭受重创,不断涌现的新媒体终端将大量观众从电视机屏幕

---

① 石磊:《媒介融合,报业发展新支点——从报纸消亡论说起》,《西南民族大学学报(人文社科版)》2006年第7期。

前掠走。

在媒介融合的背景下,新旧媒体的相互融合已是大势所趋,而这一过程是以新媒体为主导的。正因如此,传统媒体必须主动向新媒体渗透和融合。在报业领域,1987年,美国《圣何塞信使报》(San Jose Mercury News)成为第一家"上网"的报纸。1994年,《杭州日报》率先创办了我国首份网络报纸,从20世纪90年代末开始,我国纸媒开始快速步入门户网站时代。与此同时,手机报也成为纸媒电子化的另一种早期尝试,从2004年国内第一份手机报诞生到2008年,中国移动的手机报用户已经超过了4500万户。在广播电视领域,广播电视的数字化让传统广电业获得了新生,数字电视、IPTV成为传统电视发展的新方向。此外,传统电视也在向网络媒体和手机媒体渗透,网络电视和手机电视为传统电视提供了新的、更广阔的传播平台。

传统媒体向新媒体渗透和融合,这是媒介融合的必然要求,传统媒体也可以通过融入新媒体获得更大的发展空间。然而,传统媒体向新媒体融合的过程并非一帆风顺,也表现出诸多问题,传统媒体只有认识到并解决这些问题,才能真正实现持续发展。

首先,传统媒体在融入新媒体的过程中,必须以自身为立足点。传统媒体主动融入新媒体,并不是用新媒体取代传统媒体,而是要借助新媒体的终端平台实现传统媒体的再发展。以报纸为例,报纸媒体发展网络报纸、手机报纸、报纸新闻客户端,都是以传统的纸质报纸为基础的,没有了这一本体也就没有了内在支撑和发展动力。因此,传统媒体无论怎样数字化和网络化,都要以本体的发展为基础,否则就是舍本逐末。

其次,传统媒体融入新媒体,应该充分迎合新媒体的传播特点,而不是对传统媒体的照搬照抄。许多传统报纸"上网",就是把每期的纸质版报纸原封不动地搬到网站上,这样不仅不能对纸质报纸起到任何促动效果,反而可能会由于网络版报纸的免费性和便利性损失纸质报纸的读者。不但报纸媒体,传统的电视媒体在进行数字化过程中也出现了照搬照抄的现象,许多付费数字电视的节目内容与传统有线电视大同小异,自然不能吸引大规模用户。"问记者"功能是新华社客户端8.0版的亮点之一,可以视为传统媒体融入新媒体的典型案例。网友在读完一篇客户端稿件后,如果意犹未尽,想知道更多稿件背后的信息,或者想了解记者的采访经历,可以直接点击入口向记者提问,和记者进行一次在线互动。网友的提问会及时推送给记者,记者的回复也会及时推送给网友,在产品层面形成双向互动机制。相比于传统的"评论"与"回复"模式,"问记者"更具即时性、互动感和亲切感,"问"与"答"是用户对新闻信息的即时追问,也是记者对内容的回望,体现出了新华社鲜明的用户意识。[1]

再次,传统媒体融入新媒体,不应仅仅停留在借用终端和平台等产业表层,而应注重产业链各环节的互补和联动。比如,目前传统报纸融入新媒体,多是借助网络、手机等新媒体终端,注重的是新媒体的平台优势和渠道优势,而忽略了新媒体的海量信息资源优势。如果传统媒体充分利用新媒体的这一内容资源,加上本身强大的信息内容整合和编辑能力,必然

---

[1] 《以"问记者"破题,新华社深度融合再开新局!》,"广电业内"公众号,2021年2月21日,https://mp.weixin.qq.com/s/JpDANkJ2pd1lhtOLZbdzcg。

能为自身创造更多高质量的内容产品。另外,传统媒体与网络媒体相融合所创办的网站,除了有传统媒体自身的内容资源之外,还可以灵活开展多方面的业务应用,比如开展电子商务、无线增值等服务内容,实现盈利渠道多元化。

(三) 以内容生产为核心进行产业链重组

媒介融合改变了整个媒介生态环境,也改变了传统媒体在媒介生态中的地位和作用。从某种意义上说,在媒介融合的背景下,整个信息传播体系是一个整体、一个系统,在这一信息生产和传播系统中,只有技术提供商、服务提供商、内容提供商、网络运营商等产业链环节,而没有所谓报纸、广播、电视、互联网、手机一说。换句话说,媒介融合让各种媒介成为整个信息传播产业链前的一环,无论是传统媒体还是新媒体,都有其相应的产业链地位和角色。

对传统媒体来说,尽快找到适合自己的产业链角色并进行产业链升级重组,是其在媒介融合的大环境中持续发展的关键。前文已经提到,高品质的内容资源是传统媒体的核心竞争优势,因此,传统媒体有必要以内容生产为核心进行产业链重组,建立以内容产品为基础的业务体系。

在媒介融合时代,媒介终端此消彼长,传播平台日益丰富,渠道资源的重要性已经降低,而内容资源的重要性则日益提升,甚至成为媒体发展的核心资源。就目前来看,新媒体在内容产品的生产上远不及传统媒体,无论是在内容生产的经验、产品质量还是在内容生产的人力、人才上,传统媒体都更胜一筹。然而,现状却是新媒体挤压传统媒体、传统媒体追随甚至依附新媒体,这其中很大一部分原因就在于传统媒体没有充分利用自身的内容资源优势。

传统媒体在向新媒体渗透时,应该以内容资源的融合和渗透为核心,注重内容运营,以此带动新旧媒体的联动和整合运作。《纽约时报》(*The New York Times*)以内容为核心向新媒体进军的例子颇具代表性。数据显示,2009年,《纽约时报》网站最高单月独立用户量超过5000万人,成为美国影响力最大的报纸网站。[①]《纽约时报》在传统报业市场份额日渐减少的情况下,不断增加新媒体的贡献率,不仅直接通过新媒体增加了收入,还带动了《纽约时报》纸质版的发行量和影响力。《纽约时报》的成功与其主动融入新媒体不无关系,但最关键的还在于它最大限度地调动了传统报纸媒体的内容优势。早在20世纪末,互联网刚刚兴起不久,《纽约时报》就拒绝了当时的门户网站巨头雅虎对其新闻信息的无偿使用,转而建立《纽约时报》网站,将部分内容资源呈现到自己的网站上。这一做法虽然在初期失去了利用雅虎这一网站巨头进行市场宣传推广的机会,却牢牢把握住了宝贵的内容资源优势,为后期《纽约时报》网站的大规模发展保留了核心竞争力。这与国内大多数门户网站都是纯商业网站而非传统媒体网站的情况形成了鲜明对比。在中国,各大商业门户网站都在几乎免费地使用传统媒体的新闻资讯,传统媒体耗费大量人力物力采集来的新闻信息却成为商业网站免费使用的资源;在为商业网站增加点击率和广告收益的同时,传统媒体及其网站却要承受

---

① 叶珺:《"内容优势"支撑传统媒体探索新媒体之路》,《第一财经日报》2010年6月21日。

被瓜分受众所带来的损失。类似地,广电媒体同样应该在内容资源的开发利用上下大功夫,美国全国广播公司(National Broadcasting Company,简称 NBC)的例子值得我们研究。早在 1995 年,NBC 就建立了自己的网站,成为最早进军互联网的美国广电集团之一。NBC 网站立足于旗下广播电视节目资源,在此基础上充分挖掘网络媒体的互动机制,建立与用户的良性互动关系。此外,在拥有丰富、高质量广电节目内容的基础之上,NBC 还与 YouTube 合作,建立起自己的视频分享网站 HuLu;与微软合作,创建了网上综合新闻报道平台 MSNBC;收购成熟的女性门户网站 Village,除了向其输送内容外,也将其纳入旗下所有女性栏目交叉推广的系统中。截至 2010 年 6 月,NBC 环球网站的单月独立浏览用户数已近 3000 万人,其中美国以外地区的用户数占比高达 20.5%,已成为 NBC 环球内容传播的重要工具。①

当然,传统媒体在进行产业链调整时,除了要以内容生产为核心,还必须注重与其他产业链环节的配合,尤其是要注重同新媒体渠道运营商和平台运营商的联动,正所谓"报网联动""台网合一"。很多传统媒体与新媒体相融合,往往出现两种极端:一种是传统媒体完全将新媒体作为本体内容的复制、传播平台,新媒体的内容全部是传统媒体的机械照搬;另一种则是传统媒体完全向新媒体转移,不仅用新媒体终端取代传统媒体终端,而且在经营理念、盈利模式等方面也"新媒体化",失去了传统媒体的固有优势和产业基础。这两种极端情况都是传统媒体在进行产业链整合时需要避免的。总而言之,在进行产业链调整时,传统媒体一方面需要以内容产业为核心,保证传统媒体的核心竞争力,另一方面也需要在此基础上充分调动新媒体的平台优势,在产业链各环节同新媒体展开联动。

二、媒介融合生态下新媒体产业发展战略

在数字化时代的媒介融合过程中,新媒体似乎占尽了天时、地利、人和,产业前景一片大好。业界和学界关注的焦点也往往是传统媒体如何应对新媒体的冲击,而忽视了新媒体在媒介融合背景下的发展策略。实际上,面对媒介融合,新媒体产业同样存在许多亟待解决的问题,同样需要慎重选择发展战略和发展方向。

(一)渠道制胜

在媒介融合的背景下,传统媒体与新媒体之间相互作用,逐渐形成新的媒介生态环境,进而催动新旧媒体重新确定自己在媒介生态中的地位和功能。各媒体需要根据自己的本体特征进行定位,传统媒体如此,新媒体同样如此。新媒体从诞生到现在,在整个信息传播产业链中主要扮演渠道运营商的角色。无论是网络媒体还是手机媒体,以至移动车载电视、户外电视,它们之所以能够在激烈的媒介竞争中脱颖而出,恐怕在很大程度上还要归功于由新媒体技术所衍生而来的渠道资源优势。而随着媒介融合的深入以及技术条件的不断成熟,新媒体以数字技术和网络技术为支撑所构建的各种数字化信息传播平台和互动载体能够将海量信息汇总分类,并为用户提供信息传播"入口",不但可以有效解决信息爆炸时代的信息

---

① 叶珺:《"内容优势"支撑传统媒体探索新媒体之路》,《第一财经日报》2010 年 6 月 21 日。

过载问题、改善信息传播效果,还能为新媒体产业带来大规模的用户和广阔的市场空间。因此,从这一角度来说,新媒体在媒介融合背景下进行角色定位时依然要牢牢抓住其与生俱来的渠道优势,才不至于失去核心竞争力。

需要指出的是,新媒体利用其渠道资源优势,并不是进行渠道垄断,而是要利用新媒体传播渠道拓展经营模式、获取更多产业资源。目前,在我国互联网和手机媒体领域,渠道资源垄断的现象十分突出,少数企业垄断了绝大多数的渠道资源,这在短期内可能会给运营商带来可观的利益,但从长远来看并不利于整个媒介生态的平衡和发展。

与传统媒体相比,新媒体的传播渠道不仅在物理介质上发生了改变,而且传播渠道对信息传播的质量和效果的提高也有很大贡献。网络媒体利用数字技术、网络技术和多媒体技术,可以实现以一个界面同时传递数据、文字、图片、音视频等多种信息,用户可以在一个平台中使用多种信息传播渠道,比如用户可以一边浏览门户网站,一边与亲朋好友通过即时通讯工具进行交流、沟通。

需要看到的是,由新技术所带来的丰富渠道资源是新媒体的优势所在,同时也是新媒体产业链甚至整个传媒产业竞相争夺的稀缺资源。比如,我国手机媒体的大多数渠道资源都把持在中国移动、中国联通、中国电信等少数几家运营商手中,而即便是这样,各家运营商之间也会为了争夺渠道资源而进行激烈的竞争。对渠道的争夺和垄断甚至可以直接影响整个产业的发展。

除了要充分利用现有的渠道优势,新媒体还应该注重从技术源头上拓展渠道资源,换句话说,新媒体需要不断进行技术创新,开发更多、更有优势的渠道资源。技术融合是媒介融合的先导,技术创新同样也是新媒体及其渠道资源的核心动力所在。数字技术、网络技术等新媒体技术本身就是极具可塑性和兼容性的技术形态,也比较容易通过技术改造和创新实现对媒介终端和平台的升级,从而产生更多新的服务和应用,拓展新媒体渠道资源。

(二) 内容为王

尽管新媒体的天然优势在于渠道而非内容,但在媒介融合的背景下,媒体边界不断消融,各种不同的媒介终端和传播平台不断涌现,渠道数量和选择也会日益增多,而"内容为王"依然是不争的事实。因此,新媒体的未来发展不但需要继续扩大"渠道"优势,更应在内容生产上寻求突破。

目前,我国新媒体产业模式包括内容产业和广告产业两个方面。其中,广告产业仍是盈利主体,内容产业虽然发展迅速,但位居其次。从长远来说,这种盈利结构是不利于新媒体产业发展的。合理的新媒体产业盈利模式应该以内容产业为主,而不是像传统媒体产业那样以广告产业为主。围绕内容产业进行盈利模式的创新和拓展就成为我国新媒体产业未来发展的必然选择。

围绕内容产业进行盈利模式创新,首先可以以新兴媒介形态为基础或出发点。麦克卢汉认为"媒介即信息",一种新的媒介形态一旦出现,无论它传递的是什么样的信息内容,这种媒介本身就会引起人类社会生活的变化、社会结构的变化。在媒介融合的背景下,新的媒介形态基于网络、手机等媒体平台而层出不穷,其本身就会带来相应的信息内容,造成媒介生态环境的改变;而我国新媒体产业运营主体要做的,就是要加强技术创新,促进新兴媒介形态不断涌现,从而为进一步发展新的内容服务模式奠定基础。

新媒体产业围绕内容产业进行盈利模式创新,也必须重视对已有媒介形态的内容服务进行改造、创新。在未来新媒体产业中,"内容为王"的趋势将更加明显,内容创意上的收入将达到整个新媒体产业链产值的一半以上。① 因此,新媒体内容产品的创意和创新无疑成为新媒体产业创新其运营模式时需要着力加强的环节。

除了对新媒体内容产业的生产环节加强创新外,新媒体产业还需要在内容产品的营销推广上下功夫。在当今信息极大丰富的时代,信息过载已成为进行有效信息传播的一大障碍,"酒香不怕巷子深"的时代已经一去不复返了。恰恰相反,无论是何种产品在被生产出来之后,都要通过积极合理的营销方式才能推销出去,实现产品价值。新媒体产业作为一种信息经济,其内容产品对营销渠道具有更强的依赖性。有鉴于此,新媒体产业运营商必须加强渠道销售和平台运营,保证和促进内容产品价值的顺利实现。

(三) 用户为本

所谓用户为本,指的是新媒体产业在媒介融合的背景下应更注重用户体验,以用户为中心进行产业链改造和升级。

新媒体与传统媒体最大的不同就在于它的交互性和草根性。交互性是新媒体生产环节与消费环节的互动和交融,是新媒体与用户的信息交互;在新媒体产业中,用户早已不再仅仅是信息内容的被动接收者,而是成为信息内容的创造者,任何新媒体用户都能够通过使用新媒体制作、发布信息,都有可能成为话题的焦点和舆论的发起者。新媒体的这种特性使得用户逐渐成为新媒体产业链的中心环节,新媒体产业链的其他环节只有围绕用户进行内容生产或广告发布,才能最终顺利实现产品的价值增值。

总体来看,我国新媒体产业链目前基本以运营商为中心,形成生产导向型的产业链结构体系。运营商在新媒体产业链中处于垄断和核心地位,用户尽管也受到重视,但地位仍不突出。因此,要想创新产业发展模式,就必须改变这种不合理的产业链结构,形成以用户为中心的消费导向型产业链体系。例如,目前我国的手机电视媒体对用户的重视不足,付费节目的产值并不高,其原因就在于处于起步阶段的手机电视产业仍然沿袭了电信业甚至传统电视媒体的产业链结构,忽视了用户对个性化和分众化内容的需求。因此,树立以用户为中心的生产观念,进一步围绕用户特征和需求进行产业链改造升级,是当前我国新媒体产业链各运营主体的当务之急。

在以用户为中心的前提下,我国新媒体产业链要进行改造升级,还必须注意产业链的竞争与融合问题。在三网融合的背景下,新媒体产业融合在所难免,而产业链融合是新媒体产业融合的核心。需要指出的是,我国新媒体产业在进行产业链融合时,内容是核心,渠道是

---

① 刘钢:《内容是核心,渠道是关键——关于我国新媒体产业链的相关问题与思考》,《中国传媒科技》2008 年第 2 期。

关键——既要重视新媒体内容服务提供商的整合并购,又要对掌管传输渠道的网络运营商进行结构调整,以适应媒介融合及产业融合的要求。

(四)分工协作

在媒介融合和产业融合的促动下,集团化是新媒体产业结构模式的发展方向。新媒体产业在未来发展中应以集团化为宏观导向,强调各组织机构的分工协作。

建设新媒体产业基地不失为推动新媒体产业机构集团化发展的好办法。新媒体产业在生产关系上具有融合性和渗透性,由此造成了新媒体产业链的集群化特征。由于目前我国的新媒体产业正处于起步阶段,产业链中投入—产出的生产联系往往不能在自然的市场竞争中表现出来,新媒体产业的集群化特征也就不能转化为资源配置优势;因此,需要通过建立新媒体产业基地,将新媒体产业链各运营主体聚集到同一地区,从而用地域集群带动产业集群,实现资源的优化配置。目前,我国业已建成数个新媒体产业基地,并起到了良好的示范效果。在以新华网、星光影视等重点文化创意产业和央广幸福购物等电子商业等现代服务产业的带领下,基地服务业迅猛发展,2014年收入总额实现19.1亿元,同比增长40.3%,在各产业中增长速度最快。①

建设新媒体产业基地,可以利用区位优势实现分散资源的有效整合,推动新媒体产业在发展初期向集团化方向运作。当新媒体产业发展到一定程度之后,产业链已趋向成熟,产业链上下游联系更为密切,产业集聚完全可以依靠市场的力量来完成。在这种情况下,新媒体产业可以利用运营商或平台商的核心优势,通过参与市场竞争,自发形成产业集群,完成新媒体产业的集团化改造。

集团化的分工协作模式也需要新媒体产业调整管理体制,以适应新型组织机构的要求。目前,我国的新媒体产业管理模式在很大程度上承袭了传统媒体产业,"一元体制,二元运作"的管理模式在新媒体产业中迹象明显。严格来说,这种管理体制只是一种在社会转型时期的过渡形式,有其合理性;但它对新媒体产业的弊端也十分明显,它使新媒体产业仍然不能摆脱政府对市场的过度操控。因此,我国新媒体产业要想顺利融入市场,就必须平衡各方利益,既要防止市场失灵,又要防止政府失灵,建立以市场为本、兼顾政府效力的管理体制。

作为产业管理的主体,政府和企业都应担负起相应的责任,实行政企分开、政事分开。面对新媒体产业的迅速发展,我国政府已转变管理职能,改变在计划经济时代的经济管理方式,代之以宏观性、政策性和导向性的调控;改变过去对经济进行直接管控的方式,代之以服务性、指导性的管理政策;同时,在对新媒体产业经营秩序的监管上,我国政府也在原则性问题(如网络安全等问题)不变的基础上,放松对新媒体产业的控制,增强产业主体的自主性和灵活性,从发展的角度为新媒体产业提供一个宽松的环境。对新媒体企业来说,则应建立现代企业制度,实行自主经营,自负盈亏,积极参与市场竞争,并加强自我管理和自我监督。

---

① 数据来源:《2014年国家新媒体产业基地产业调整见成效经济发展喜人》,北京大兴信息网,2015年2月15日,http://www.bjdx.gov.cn/qyjj/tjgb/tjxx/701336.htm。

(五) 广开财路

在媒介融合与产业融合的背景下,积极参与资本运营是新媒体产业获得良性发展的重要手段。媒介融合将整个传媒产业置于统一的资本运作系统当中,任何媒介都离不开对资本的全方位运营,新媒体也不例外。在这一背景下,新媒体产业必须创新资本运营模式,广开财路。

还是以我国为例。目前我国新媒体产业也开始重视资本运营的作用,努力开发融资渠道,积极开展资本运营,但其发展程度仍不高,新媒体产业资本运营市场仍不成熟,最主要的表现就是缺乏体制内的融资渠道。如何在体制内拓宽融资渠道,就成为我国新媒体产业资本运营模式创新的关键。

在我国,新媒体产业作为文化创意产业和传媒产业的一部分,具有显著的意识形态属性。这在很大程度上决定了我国对新媒体产业的资本构成及其运营必然做出较多的政策限制,以使其不至于偏离社会主义属性,保持意识形态控制能力。然而,除此之外,新媒体产业还具有经济属性和产业属性,资本运营对保证其产业属性和市场竞争力非常必要。如此一来,我国新媒体产业就必须在政策体制内最大限度地拓宽融资渠道,强化资本运营能力。

目前,我国新媒体产业进行资本运营的方式主要有风险投资、企业并购、上市融资、合作经营等。其中,风险投资对新媒体产业发展初期的作用相当显著,也是我国新媒体产业最得心应手的资本运营方式。企业并购即新媒体之间的兼并重组,它虽然已成为我国新媒体产业的主要融资方式,但发展并不成熟,往往局限于同一产业链环节之间的并购,跨媒体、跨行业、跨地区、跨所有制的并购并不多见。至于上市融资,目前我国新媒体产业的上市率不高,股本融资的范围通常仅限于海外市场,国内上市的新媒体企业不多。合作经营作为一种资本运营方式,也日益受到我国新媒体产业的重视,但不同企业之间的合作经营较多,不同投资者之间的合作经营则较少。

基于我国新媒体产业资本运营的现状,各运营主体应该创新体制机制,在体制内尽可能拓宽融资渠道,创新资本运营模式。政府应当鼓励业务相近、资源相通的新媒体企业跨媒体、跨行业、跨地区、跨所有制进行并购重组,同时鼓励社会资本,特别是国有大型新媒体企业进行股份制改造,并推动其上市融资。

第二节 媒介融合生态下的传媒失范与治理

大众媒介自诞生以来就具有"双重属性":一方面,大众媒介作为市场运作主体,具有市场属性和产业属性;另一方面,大众媒介属于社会上层建筑的一部分,具有意识形态属性和政治属性。媒介融合的过程同样不能脱离媒介的双重属性。对媒介融合来说,媒介的市场属性和产业属性既为其提供了发展动力,又是其发展所必须遵循的内在规律。在媒介融合的过程中,市场经济规律和产业发展规律是任何媒介都必须遵循的,唯其如此,各媒介实体才能提高市场地位、扩大产业规模。从这个意义上来看,媒介的市场属性和产业属性在媒融合的过程中扮演了主要角色,甚至可以说,媒介融合的过程就是最大限度地实现和拓展媒介市场及产业属性的过程。

对媒介融合来说,市场属性和产业属性固然重要,但我们仍不能忽视媒介的另外一个重要属性——意识形态属性或政治属性。在媒介融合过程中,媒介的政治属性至关重要,这集中地体现在国家的政策规制对媒介融合进程的影响上。法规政策的放松与管制是各媒介能否顺利融合的关键。当然,媒介融合本身对传媒政策规制的制定与发展也具有重要的作用。无论是媒介实体还是政府部门,只有正确认识和处理媒介融合与传媒规制的关系,才能在最大程度上推动媒介融合乃至整个媒介生态环境的健康发展。

一、媒介融合与传媒规制的互构

从根本上说,媒介融合的内在核心动力是"技术"和"市场","传媒规制"只是作为媒介融合发展的环境要素,决定着媒介融合能否顺利进行。当政策规制能够顺应媒介技术融合和价值链、产业链融合时,传媒规制就是媒介融合的"推力",推动媒介融合发展;相反,如果传媒政策规制滞后或背离媒介技术融合与产业融合的内在要求,那么传媒规制就成为"阻力",阻碍媒介融合的顺利发展。因此,媒介融合与传媒规制的关系,实质上就是技术、市场与政策规制的互动博弈。

(一)传媒规制促动媒介融合发展

媒介融合是技术和市场共同催生的产物,而无论是技术创新还是市场对利润最大化的追求,都需要在国家既有政策的轨道中运行。但是,国家的政策规制具有相对稳定性和持久性,媒介技术的创新和市场环境的变化有其自身的发展规律,并不能完全遵循政策规制的路线或指向。如此一来,媒介融合的发展动力与现实政策环境之间往往产生矛盾。要解决这一矛盾、推动媒介融合向前发展,国家、政府就需要首先在媒介政策规制上放松对媒介发展环境的管制。事实上,自20世纪80年代起,尤其是从数字技术及新媒体兴起、媒介融合成为发展趋势以来,世界各国对媒介产业的政策都呈现出放松管制的潮流和倾向。

在美国,尽管其传媒业一直处于市场化的竞争环境之中,但以联邦通讯委员会(FCC)为代表的政府部门为这种竞争建立了各种政策规制,在很大程度上决定着媒体的数量及所有权归属。直到1996年,美国颁布《1996年电信法案》,解除了对电信业和传媒业之间交叉所有权的限制。2002年,美国联邦通讯委员会(FCC)将《广播电视跨媒介所有权限制令》和《报纸广播电视跨媒体所有权禁令》合并,并在很大程度上放宽了原法令对跨媒介所有权的限制,比如合并后的法令规定:在拥有3个或少于3个电视台的市场内,不允许跨媒介所有权;在拥有4—8个电视台的市场内,一家报纸和一家电视台可以与该市场内一半限额的广播电台联合;在拥有9个或9个以上电视台的市场内,跨媒介所有权则不受限制。[①]

---

① 蔡雯、黄金:《规制变革:媒介融合发展的必要前提》,《国际新闻界》2007年第3期。

在欧洲,传媒运作处于公共服务体系之中,媒介市场受政府的控制或垄断。但是近年来,随着新媒体的兴起和发展,欧洲各国也在逐步放松对传媒业的管制。1999年,英国颁布新广播法案,为数字广播电视的发展制定了管理框架,放宽了对媒体所有权的限制,并同时放宽了对电视台与节目制作商之间的交叉所有权以及对报业集团、广播电视集团在全国和地方的交叉所有权的限制;2003年7月,英国议会又通过了新通信法案《英国通信法》,将原有的电信管制局、广播管制局、BSC广播标准委员会、独立电视委员会和无线通信管制局五家合并为通信管制局(OFCOM),继续放松传播业的投资限制和所有权限制,促进了广播电视业与通信产业的快速融合。

在亚洲,韩国、日本、新加坡等国的传媒发展环境都呈现出放松管制的趋势,尤其是韩国,其传媒产业的迅速崛起以及三网融合的快速实现,都在很大程度上得益于其政府的政策引领。20世纪末,韩国政府为发展本国的文化产业,出台了包括《文化产业振兴基本法》《文化产业促进法》等法律法规,在此基础上修订了《广播法》《影像振兴基本法》《著作权法》《电影振兴法》等相关法规政策,一方面放松了对文化产业重要分支之一的传媒产业的管制,另一方面加强了对传媒业的扶持,这种扶持既表现在经费、财力上的投入,又表现在政策规制上的倾斜。

在我国,党和国家一直高度重视新闻媒体在社会中的作用,出台相关政策对媒体进行规制与引导,促进了新闻媒体的规范化、有序化发展。特别是党的十八大以来,以习近平同志为核心的党中央高度重视媒介融合发展,给我国媒介融合发展带来了重大机遇。

(二) 媒介融合实践催生传媒新规制

政府主动放松对媒介发展的管制是媒介融合顺利进行的助动力,但在很多情况下,国家的政策规制并不能及时适应媒介生态环境的变化,甚至会阻碍媒介融合进程。事实上,许多对媒介融合起到推动作用的传媒规制,恰恰是由媒介融合自身促动和催生的。传媒规制作为国家上层建筑的一部分,毕竟有其固化和滞后的一面;而媒介融合的内在动力——"技术"和"市场"——却处于国家"经济基础"层面,具有较强的活力和不稳定性。

媒介融合实践对传媒规制的促动作用在中国表现得较为明显。随着互联网时代的到来,传播渠道、传播方式不断更新,信息传播速度加快、范围变广,网络成为媒介融合的主要环境,使得网络媒介责任越来越重要。2006年5月,国务院公布《信息网络传播权保护条例》,使网络信息传播活动更加规范。2013年11月,党的十八届三中全会通过《中共中央关于全面深化改革若干重大问题的决定》,提出对按规定转制的重要国有传媒企业探索实行特殊管理股制度。2016年,全国人大常务委员会发布《中华人民共和国网络安全法》,为保障网络安全,维护网络空间主权和国家安全、社会公共利益,保护公民、法人和其他组织的合法权益提供了法律支持。2017年1月,中共中央办公厅、国务院办公厅印发《关于促进移动互联网健康有序发展的意见》。2019年12月,国家互联网信息办公室发布《网络信息内容生态治理规定》,系统规定了网络信息内容生态治理的根本宗旨、责任主体、治理对象、基本目标、行为规范和法律责任。[①]

二、媒介融合带来的媒介失范问题

媒介融合一方面大大改变了媒介生态环境,另一方面也带来诸多媒介失范问题。所谓媒介失范,是指媒介价值体系的不健全甚至缺失所导致的媒介自我调节功能弱化乃至失灵,并由此导致媒介信息生产的混乱无序以及社会成员在媒介环境中违背主导社会价值规范。媒介融合促进了媒介形态和媒介信息内容的极大丰富,并由此改变了整个媒介生态环境,然而,如果没有媒介规制的适时跟进,融合后的媒介生态环境势必不能得到科学合理的规范和监督,由此所引发的媒介失范问题也必然显露出来,成为阻碍媒介融合的绊脚石。目前看来,由媒介融合所带来的媒介失范问题主要集中在信息安全问题、信息环境污染、信息失实问题等几个方面,其中以新媒体环境中的失范问题最为严重和突出。

(一)信息安全问题

以平等、互动为本体特征的新媒体在给媒介融合带来主导动力的同时,也引发了媒介信息安全问题。无论是互联网还是手机,如今都面临病毒攻击的威胁。计算机病毒问题存在已久,虽然市面上有各种各样的杀毒软件,但是病毒的传播速度仍远超人们的想象,无时无刻不在干扰着人们的媒介使用,盗取用户的个人信息,为网络犯罪提供技术支持。黑客对国家银行、金融机构的攻击,给国家信息安全带来巨大隐患,造成的损失更是无法估量。手机的智能化在为用户提供更多功能的同时,也带来了病毒感染问题。随着4G、5G业务的推广以及媒介融合的推进,病毒可以通过手机与网络跨地域互相传播,仅仅通过技术手段已经难以根除,国家之间的合作与支持显得尤为重要。

另外,在现实生活中,公民的合法财产受到法律保护,但是媒介融合使得网络和手机等虚拟空间也成为用户财产的承载者。钓鱼网站和病毒通过非法手段盗取用户的账户、密码,扰乱了电子商务的正常秩序,给用户造成不必要的经济损失,也严重阻碍了电子商务的发展。这些都带来了一系列信息安全问题。

(二)信息环境污染问题

淫秽色情、垃圾信息是新媒体久治不愈的顽疾,而媒介融合更是加剧了这些信息的传播。我国法律明令禁止传播淫秽色情的出版物,但是在网络空间中,海量的信息令审查困难重重,一些网站为了获得高点击率而成为非法信息的传播者。同样,内容提供商和手机运营商也看中了手机媒体的广大市场,利用淫秽色情信息吸引用户点击、购买,获取非法利益。垃圾信息则是伴随新媒体产生的一种营销手段,广告商未经用户许可所发送的大量垃圾邮件、垃圾信息,更有甚者利用垃圾信息实施诈骗行为,严重干扰了用户的正常生活。

[①] 包国强、舒锦予、黄诚:《我国近年来传媒治理研究综述:关键问题与框架分析》,《教育传媒研究》2021年第1期。

(三)信息失实问题

网络、手机等新媒体传播的门槛较低,每个人都可以成为信息的发布者,因此信息的质量良莠不齐,存在大量虚假信息,让人难辨真伪。媒介融合一方面加速了这些虚假信息成为谣言的进程,也加速了谣言的传播;另一方面,一些传统媒体对网络媒体中的失实信息不加辨别地采用和传播,也在很大程度上扩大了失实信息的影响力,带来负面社会效应。

(四)知识产权侵权问题

知识产权侵权问题一直是我国文化产业的一大隐忧,媒介融合的加速使得我国知识产权侵权的问题更加严峻。媒介融合带来媒介边界的消解,同时也使得各种不同媒介的内容资源能够更加顺畅便利地流通、共享和传播。在这一过程中,相关法律制度的缺位造成了媒介内容使用上的侵犯知识产权问题。媒介融合所触发的知识产权侵权问题主要可以归为三大类:一是网络、手机等新媒体对传统媒体内容资源的侵权使用,比如,门户网站、搜索引擎等不经授权便上传、发布电子书、电视新闻视频、音乐音频等;二是自媒体平台上自媒体对他人发布内容的抄袭或未经授权转载等;第三类则是传统媒体对新媒体内容资源的侵权使用,如报刊对博客内容的私自引用、电视节目对网络原创视频的非授权使用,等等。

(五)侵犯人权问题

媒介融合在一定程度上增加了媒介形态和传播途径,尤其是微博、微信等社会性传播媒介的出现,为用户提供了更加丰富多彩的个人服务,但同时也带来了一系列问题。比如:网民可以在个人空间随意发布任何言论,手机偷拍照片后可以随意上传网络,这都可能造成对公民隐私权、名誉权等人格权的侵犯;网络广告随意使用名人形象,带来良好效益的同时却侵犯了当事人的肖像权;人肉搜索更是成为近年来备受争议的焦点话题,引发了人们对网络负面影响的深层思考,被"人肉"者被赤裸裸地"晒"在网络中,无任何隐私可言,甚至日常生活也会受到极大干扰。这些由新媒体所引发的侵犯人权的问题,如果再被传统媒体传播甚至渲染,其危害性势必大大增加。

(六)信息失范问题

媒介融合是一把双刃剑,它一方面可以让信息更加迅速、便捷地流通,另一方面也会为新闻炒作等信息失范现象提供更加有利的繁殖环境。在媒介融合的环境下,各种媒介为吸引用户,往往挖空心思寻找新闻噱头,甚至不惜通过夸张、扭曲事实来进行新闻炒作,以达到吸引眼球的目的。在利益驱使下,新媒体尤其是网络媒体常常成为新闻炒作行为的始作俑者,一旦某条新闻受到关注,其他媒介必然会蜂拥而上,大量未经查实验证甚至扭曲事实的新闻便会迅速传播,严重影响了媒介的公信力和美誉度。另外,有些网络中出现的新词生动有趣、充满活力,约定俗成后可能会被大众接受,成为网络文化的重要组成部分,但并不是所有的网络语言都经得起时间的考验。如有些网络语言理解起来比较繁琐,还故意使用错别字,甚至违背基本的语法。这些对语言的不规范使用甚至误用现象,经由某些传统媒体传播,往往变得更加流行,继而对我国传统文化和汉语规范造成不良影响。

三、媒介融合生态下应坚持的传媒治理原则

(一)"放松"与"约束"并行不悖

在媒介融合的大背景下,放松管制是传媒治理发展的必然要求。在我国,原有的媒介规制建立在旧的媒介实践和传播格局的基础之上,带有计划经济的色彩和条块分割的体制特征。随着媒介融合趋势的显现和媒介融合实践的推进,原有的许多传媒规制显然已经不能适应媒介生态环境的变化,甚至整个传媒治理体系都显得过于陈旧。这就需要国家通过修改法律法规或出台新的传媒规制,降低政府或行政力量对媒介市场力量的约束,释放更多基于市场机制的效力和能量,给媒介融合以更广阔的发展空间和更大的发展动力。

放松管制是为了放开竞争,顺应媒介融合的市场发展规律。但是,媒介融合背景下的放松管制并不是毫无区分地放宽规制,媒介融合所催生的新的媒介生态环境更需要用科学、合理、有针对性的法律法规来监督、规范和引导。放松管制是为了给媒介融合创造宽松的发展空间,但如果仅仅是放松管制,而不对媒介融合之后的媒介环境进行约束和监督,势必引发上文所述的诸种媒介失范问题。

因此,在媒介融合的背景下,放松管制与加强约束应是相互照应、并行不悖的。党和政府应该在顺应市场发展规律的方面或领域放松管制,乃至提供更多的政策支持;而对于容易出现问题的方面或领域则应加强监管,出台相应法律法规加以规范和制约。

(二) 与现实传播格局充分互动

在世界各国的媒介融合实践中,传媒规制与媒介融合是互动互构的关系,也就是说,传媒规制的放松能够促进媒介融合,媒介融合的实践也能影响传媒规制。对传媒政策的制定者来说,传媒规制需要与媒介融合实践和现实传播格局进行充分互动,以使传媒规制既能顺应媒介融合的发展趋势、推动媒介融合进程,又能在最大限度上起到监督、规范媒介融合的作用。

政策规制是一个与现实传播格局对应并经过互动而不断演化的系统,不同的传播格局需要不同的规制体系。① 在媒介融合进行之前,媒介生态环境或传播格局是各媒介实体相互独立、相互分割的,相应的媒介规制也建立在这样的传播格局之上。由技术创新和市场对利润最大化的追逐所推动的媒介融合,一方面改变了既有的传播格局,并反作用于传媒规制;另一方面,媒介融合实践本身也给传媒规制形成压力,使得规制革新势在必行。因此,传媒治理的面向需要从"独白"转向"对话":由政府管理机构的"独白"转向行政力量和传媒市场力量之间的"对话";由行业内、区域内以垄断为主导价值的"独白式"管理模式转向以行业间

---

① 朱春阳:《媒介融合规制研究的反思:中国面向与核心议题》,《国际新闻界》2009 年第 6 期。

竞争与合作为主导价值的"对话式"管理模式。①

(三) 传媒治理应具有预见性和先导性

在媒介融合的背景和趋势下,媒介环境和传媒格局瞬息万变,因而对媒介环境起规范、监督和指导作用的传媒规制也不能被固化,而是应该做到既具有现实指导功能,又具有对未来媒介发展的预见性和先导性。

传媒治理的预见性和先导性,是指传媒治理应该对媒介融合背景下的传媒发展趋势有预先的判断,并能够正确引导传媒产业的发展方向。融合后的传媒发展之所以会出现各种失范现象,在传媒规制方面,不但与政策规制滞后于现实传播格局有关,更与政策规制缺少对媒介未来发展的预见性联系密切。这就要求传媒治理者在制定政策时准确研究媒介融合所带来的传播格局的改变情况,同时对未来传媒发展方向具有相当的洞察力和判断力。

第三节 媒介融合发展新趋势

媒介融合所形容的状态就是一个动态变化的发展过程,因此媒介融合发展过程中也会不断形成新的发展空间,呈现新的发展态势。这要求我们认识媒介融合发展不应仅仅局限于它的过去和当下,更要敢于对未来媒介融合发展进行展望。不能否认的是,在快速而诡秘的未来媒介融合进程中,依然存在着特定的融合规律,这也是我们得以关注未来媒介融合的重要原因。要想把握这一规律,就要站在当下这一节点上,以未来媒介融合的发展轨迹为基础,去展望未来媒介融合的发展趋势。只有这样,才有助于我们掌握未来媒介融合发展的规律,预测未来媒介融合发展的方向,从而为行进到岔路口的各个媒介产业指明前进的道路。

在传媒科技、市场竞争、政治环境和文化发展等因素的影响和推动下,当下媒介融合发展呈现以下几种新的趋势:移动化融合、视频化融合、平台化融合、智能化融合、场景化融合和人机融合,其中智能化融合将向全智慧融合迈进,场景化融合则向全场景融合迈进。

一、移动化融合

移动传播体系的构建使信息传播的方式获得极大的革新,也产生了一批新的媒体形态,促进了媒体形态数量的快速增长。可以说,正是在移动通信技术不断推动移动传播体系变革的基础上,如今的媒介融合才获得了强劲的发展动力,拥有了更多的可能性。

移动传播体系包括三个部分:智能终端的普及、移动应用的丰富和应用平台的形成。这三者分别为移动传播体系创造了硬件、软件和运营环境的必要条件。在此基础上,在PC端已经饱和的互联网应用在移动端开启了新的发展路径。移动端不仅延伸了PC端的互联网应用,更拓宽了互联网应用的范围。移动端的互联网应用,可以将互联网服务渗透到更多社会消费活动中,还可通过大数据技术,将消费数据反馈到社会生产的各个环节,促成从生产

---

① 朱春阳:《媒介融合规制研究的反思:中国面向与核心议题》,《国际新闻界》2009年第6期。

到消费的整个社会经济过程的互联网化。①

虽然媒体移动化融合可以追溯到许久之前,如手机报便可看作移动化融合的早期形态,但移动化融合依旧是当今媒介融合的重要趋势之一。这主要有两方面的原因:一方面,移动通信技术不断进步,移动通信技术支持下的移动传播体系也将发生变革,媒体移动化融合也会形成新的发展空间。例如,4G时代移动通信速率的提升促进了短视频应用的发展,媒体得以利用短视频积极开拓融合空间;另一方面,移动化融合的本质是媒体对各类社会活动的渗透,在当下看来,这一渗透还远远没有实现全方位、深层次的效果,媒体的移动化发展将是媒介融合长久的命题。

二、视频化融合

在媒体移动化融合向纵深发展时,视频化融合也成为媒介融合重要的发展趋势。最近几年,媒介融合发展进入深化阶段,随着基础网络服务的提速降价,信息获取形式的视频化将是未来网络内容发展的主流趋势,因而,视频类信息产品生产的热度将继续保持。在此背景下,不论是人民日报社、新华社、中央广播电视总台等中央级主流媒体还是地市级媒体,都纷纷试水视频化领域,推出各类视频化项目或产品等。② 当然,媒体的视频化转向,即除电视之外的媒体制作视频内容和各类传统媒体在网络上开办视频栏目,只是视频化融合的初级阶段。

真正意义上的视频化融合则是用户与媒体双重意义上的视频化生存。从用户角度来看,视频成为一种粘连生活与媒介的界面,同时影响着人们的现实生存与媒介表达,现实生活和视频化生活也在相互影响、相向流动,它们之间的界限不断模糊。③ 从主流媒体角度来看,全面视频化是其必然的发展方向,主流媒体要在建设视频化生产与传播平台的基础上持续打造视频化精品内容、推出视频化产品,将视频化真正赋能于媒体转型与发展。用户视频化生存和媒体视频化生存是互相推动的两个方面,只有同时推进,才能实现媒体视频化深度融合。

随着5G技术的发展,VR、5G超高清视频、5G+直播和视频智能化生产等技术进一步推广和应用,媒体视频化融合的形式将更为丰富,视频化融合的深度也会极大提升。例如,封面新闻App5.0迭代,就是以"技术+视频"的视野,全力转型视频传播平台,除了在新闻生产机制上要求所有内容生产人员必须实现视频化生产之外,封面新闻还推出了青蕉拍客社区,内容生产进而实现去中心化,更多的内容将来自用户和机构生产。封面新闻通过这一社区建设了统一的用户管理系统,打通了各类用户数据,实现年轻态社交,重塑用户间沟通纽带。④

---

① 宋建武、黄淼:《移动化:主流媒体深度融合的数据引擎》,《传媒》2018年第3期。
② 周瑞:《视频化转向:媒介融合背景下〈新京报〉的转型研究》,中央民族大学2019年硕士学位论文。
③ 彭兰:《视频化生存:移动时代日常生活的媒介化》,《中国编辑》2020年第4期。
④ 方堃:《媒体融合迈向纵深:视频化与智媒化》,《传媒》2019年第15期。

三、平台化融合

平台化是推动媒体深度融合必然且可行的路径。有学者提出,"平台化"指的是以顺应互联网作为社会基础连接的整体形势为前提,采用符合互联网传播规律的组织方式和技术手段重构主流媒体的制度体系和技术设施,通过"互联网+"实现媒体产品和服务的多样化扩展。平台化发展的核心目标是推动主流媒体快速有效地建立与社会公众及商业机构基于互联网的全面连接,从而使主流媒体机构在网络传播环境下,仍然能有效地履行社会功能,优化运营模式,升级生产方式。① 而平台型媒体是指既拥有媒体的专业编辑权威性,又拥有面向用户平台所特有开放性的数字内容实体。简言之,这种平台性的媒介不是单靠自己的力量做内容生产和传播,而是打造一个良性的平台,平台上有各种规则、服务和平衡的力量,并且向所有的内容提供者、服务提供者开放,无论是大机构还是个人,其各自的独到价值都能够在上面尽情地体现。"平台型媒体"既是一个平台,也是一个有"把关人"的媒体。②

综合上述两种概念,我们认为:媒体平台化融合应是由主流媒体或互联网公司发起或主导并有多方参与的,以构建平台型媒体为基本目标的媒介融合发展趋势。从建设主体上看,未来平台化融合的主体未必是主流媒体,互联网公司主导型或互联网公司与主流媒体联合建设都有可能成为平台化融合的发展思路。从参与主体上看,各种类型的参与主体都能够入驻到平台中成为生产者、消费者和流通者,如传统媒体、商业媒体、政务机构、专业用户及个人用户等,他们可以在平台自由实现身份的转换;这同时意味着用户在传播节点占据更重要的位置,用户地位大幅度提升。从发展目标上看,构建平台型媒体是平台化融合的基本目标,但不是最终目标。因为平台融合的本质是要实现开放自由地连接,所以平台化融合的终止点不是建成平台型媒体,而是要不断提升媒体的开放连接程度。

例如,Facebook 作为平台型媒体,本身并不生产新闻产品,而是将产品生产外包给专业的内容生产商,通过合作实现价值。结合新的技术环境和用户需要,Facebook 一直在探寻新路,2014 年 2 月创建了内容聚合平台 Paper,接着又在 2014 年 12 月宣布与 ABC 合作制作一档 60 秒的新闻视频节目 Facecast。技术变革所引发的整个新闻业的变革是一个大趋势,需要着力思考如何以用户需求为核心来主导这场变革,以及通过更多的合作来共同赢取未来发展机遇。③

四、从智能化融合到全智慧融合

人工智能技术的发展,特别是相关技术在媒体领域的应用,促进了媒体智能化发展,为媒介融合发展注入新的动能。媒体智能技术虽然以人工智能技术为核心,但并不等同于人

---

① 宋建武、黄淼、陈璐颖:《平台化:主流媒体深度融合的基石》,《新闻与写作》2017 年第 10 期。
② 喻国明、焦建、张鑫:《"平台型媒体"的缘起、理论与操作关键》,《中国人民大学学报》2015 年第 6 期。
③ 喻国明、焦建、张鑫:《"平台型媒体"的缘起、理论与操作关键》,《中国人民大学学报》2015 年第 6 期。

工智能技术,它是一个技术群落,①还包括机器学习、算法推荐、识别交互等技术,同时需要数字技术、网络技术、移动通信技术等技术的配合。智能技术的发展冲击了不同介质媒体的自循环体系,让各种媒体向智能化融合方向发展。媒介融合不再是简单的迁移或相加,也不仅仅是全方位的融合,而是在融合的各个环节上表现出智能化融合的特点。智能技术对传播的深刻影响在于赋能,力图不断提升内容生产力,建立供给与需求的精准连接,加快信息流动从量大到质优的转变。② 智能化融合是指基于智能技术发展之下,人体、物体、内容、数据、终端以高效率的方式无缝连接,包含但不限于渠道、终端、机制、机构、内容等领域和要素的整体融合,呈现生态型融合的状态。新闻聚合客户端便是媒体智能化融合较为成熟的形态之一,其不再采用传统新闻客户端由编辑主导的内容编排模式,而是利用算法推荐技术基于用户画像进行内容的智能化分发,大大提高了内容与用户的连接效率。

全智慧融合则是在智能化融合的基础上不断提升媒体智能化的水平,建设智慧全媒体生态。所谓智慧全媒体生态,就是以更高级的智慧社会的视角来看待媒介融合,即以智慧全媒体思维为媒介融合实践指引方向。未来的智慧全媒体生态系统应当是以用户数据为核心、多元产品为基础、深度服务为延伸、多个终端为平台、业态创新为重点的全新的开放、共享、智能的生态系统。③ 由新华智云自主研发,新华社和阿里巴巴合资打造的"媒体大脑",致力于向媒体机构提供"大数据+人工智能"的新闻生产、分发和监测能力。"媒体大脑"扮演着智能时代新闻生产基础设施的角色,可以看作媒体向全智慧融合发展的产物,其融合云计算、物联网、大数据、人工智能等多项技术,为各类媒体机构提供线索发现、素材采集、编辑生产、分发传播、反馈监测等服务,助力其实现智能化新闻报道。可以说,这是一个人工智能技术、媒体机器人技术首次在媒体领域集成化、产品化、商业化的应用。④

五、从场景化融合到全场景融合

人类传播活动的终极目标不是同质信息的大众传播,而是个性化信息和服务的适配。场景传播就是要努力做到在特定的时空环境下为用户提供个性化的、贴心的信息和服务。⑤在媒介形态较为有限的时代,媒介对应的使用场景也较为有限。于是,我们对媒介的认识路径往往是"媒介—场景",即先从媒介形态入手分析,而场景只是解析媒介要素的一部分。随着媒介技术的发展和媒介形态的丰富,媒介与场景常规对应的格局被打破,媒介得以在不同场景实现覆盖。在这样的背景下,"场景—媒介"路径成为认识媒介的重要方式,即以场景为关键维度考量媒介。

"场景—媒介"认识路径也与媒介场景化融合趋势相吻合。场景化融合即媒介与所处场

---

① 阿里研究院:《从互联网+到智能+——智能技术群落的聚变与赋能》,http://www.aliresearch.com/Blog/Article/detail/id/21774.html。
② 卢维林、宫承波:《赋能视角下媒体组织智能化思考》,《青年记者》2019年第27期。
③ 胡正荣、李荃:《深化融合变革,迎接智慧全媒体生态》,《传媒》2020年第3期。
④ 商艳青、张瑜、骆蓓娟:《5G时代媒体融合的AI路径——以新华社"媒体大脑"为例》,《传媒》2019年第22期。
⑤ 梁旭艳:《场景传播:移动互联网时代的传播新变革》,《出版发行研究》2015年第7期。

景深度融合,成为场景的有机构成要素,服务于广泛意义上的用户。而媒介与所处场景的深度融合既包括媒介与场景中其他媒介的融合,也包括媒介与环境的融合,还包括媒介与人的融合。例如,在智能家居场景中,不同的智能家居产品相互连接构成了基础的智能家居场景,智能家居也成为家庭生活环境中自然的组成部分,人通过智能手机和智能音箱等设备推动了各种具体场景(如娱乐、学习和居家办公)的建立和转换。

在万物皆媒时代,更大范围的场景化融合正在来临,从而实现全场景融合。从场景化融合视角来看,当前的媒介融合虽然出现了单一场景中不同媒介的融合,建立起局部的融合场景,但远远未实现全场景融合。由于技术、制度、接口、运营商等的限制,未能实现全场景融合的诸多场景类似于一个个"孤岛",形成了"媒介场景区隔",不利于更大范围场景化融合的实现。不过,随着相关技术的成熟与应用、接入标准的统一和更新,媒介全场景融合生态也将逐步构建起来。

六、人机融合

自各种机械设备、电子设备出现以来,人机关系成为极为重要的社会关系维度之一。因这一对关系影响着人与人、人与社会、人与环境的关系,对社会信息传播模式乃至社会发展都有着巨大的影响。大体来看,人机关系主要经历了人机结合和人机融合两个发展阶段。在人机结合阶段,人机关系逐渐由人机的相对分离转向人机的初级结合,即人类已经通过机器实现信息的采集、编辑、复制和传播,但在人机关系上看,人占据绝对的主导地位。而在人机融合阶段,随着数字技术、智能技术等技术的发展,机器的智能化程度和生产能力都显著提升,机器在生产流程上的自主性和地位因此提高。在这一背景下,人的主导性地位被撼动,人机关系呈现信息生产上的融合。

正在发展中的"AI合成主播"便是人机融合的重要产品。2018年11月,新华社联合搜狗公司在第五届世界互联网大会上发布全球首个合成新闻主播——"AI合成主播"首次主持的画面视频。"AI合成主播"是通过提取真人主播新闻播报视频中的声音、唇形、表情动作等特征,运用语音、唇形、表情合成以及深度学习等技术联合建模训练而成。该项技术能够将所输入的文本自动生成相应内容的视频,并确保视频中音频和表情、唇动保持自然一致,展现与真人主播无异的信息传达效果。①

在未来,人类社会有可能进入"超人机融合"阶段。超人机融合是指未来具有自主思维、自我提升能力的超级智能传播主体,这将使人机关系从人机结合重新走向人机分离,由智能机器人独立承担相当部分或绝大部分新闻采编与信息传播任务,实现对人的功能部分替代。甚至有部分科学家预言,超级人工智能的出现,将对人类生存和发展带来潜在的重要影响。②与此同时,人机可能出现实体性的深度融合,即机器深度嵌入人体内成为普遍现象,人体成为真正意义上实体媒介的一部分,从而实现更为复杂的人机交互与传播行为。

---

① 何强:《人工智能在新闻领域应用的新突破——从全球首个"AI合成主播"谈起》,《新闻与写作》2019年第5期。
② 赵渊:《人机关系与信息传播变革》,《现代传播》2019年第6期。

本章思考题

1. 在媒介融合生态下,传统媒体产业与新媒体产业应如何实现价值链整合与重构?
2. 媒介融合怎样影响政府对传媒产业的管制?请简述之。
3. 除了本书提到的媒介融合发展趋势,请你畅想一下媒介融合还将朝着什么方向发展?

主要参考文献

一、著作

1. 尼古拉斯·尼葛洛庞帝．数字化生存[M]．胡永译．海口：海南出版社，1997.
2. 保罗·莱文森．手机——挡不住的呼唤[M]．何道宽译．北京：中国人民大学出版社，2004.
3. 罗杰·菲德勒．媒介形态变化：认识新媒体[M]．明安香译．北京：华夏出版社，2000.
4. 埃弗雷特．M．罗杰斯．创新的扩散[M]．辛欣译．北京：中央编译出版社，2002.
5. 延森著．媒介融合：网络传播、大众传播和人际传播的三重维度[M]．刘群译．上海：复旦大学出版社，2012年．
6. Mc Luhan：Understanding Medias，McGraw Hill，USA 1964.
7. 人民日报社．深度融合——中国媒体融合发展年度报告（2017-2018）[M]．北京：人民日报出版社，2018.
8. 蔡敏，韦文杰．媒介融合胜出策略[M]．北京：中国书籍出版社，2012.
9. 邓瑜．媒介融合与表达自由[M]．北京：中国传媒大学出版社，2011.
10. 杜志红．电视的命运：媒介融合与电视传播范式变革[M]．北京：中国书籍出版社，2014.
11. 鲍立泉．技术视野下媒介融合的历史与未来[M]．武汉：华中科技大学出版社，2013.
12. 郜书锴．数字未来：媒介融合与报业发展[M]．北京：人民日报出版社，2013年．
13. 官承波．新媒体概论：第八版[M]．北京：中国广播影视出版社，2020.
14. 官承波．广播电视概论：第四版[M]．北京：中国广播影视出版社，2018.
15. 官承波．现代报刊概论[M]．北京：中国广播电视出版社，2010.
16. 官承波，翁立伟．新媒体产业论[M]．北京：中国广播电视出版社，2010.
17. 官承波，刘姝，李文贤．新媒体失范与规制论[M]．北京：中国广播电视出版社，2010.
18. 官承波．新媒体的多维审视[M]．北京：中国广播电视出版社，2008.
19. 黄金．媒介融合的动因模式[M]．北京：中国书籍出版社，2011.
20. 黄升民，周艳，宋红梅．数字电视产业经营与商业模式[M]．北京：中国物价出版社，2002.
21. 黄楚新．媒介融合背景下的传媒创新[M]．杭州：浙江大学出版社，2011.
22. 姜平．媒介融合教程[M]．武汉：武汉大学出版社，2015.

23. 刘婧一.应对媒介融合——新环境下的电视节目营销[M].北京:中国传媒大学出版社,2008.
24. 马胜荣,唐润华.新闻媒介的融合与管理——一种业界视角[M].重庆:重庆大学出版社,2010.
25. 戚鸣.媒介融合背景下的新闻报道[M].杭州:浙江大学出版社,2010.
26. 覃信刚.媒介融合、台网互动解析[M].昆明:云南人民出版社,2013.
27. 秦艳华,路英勇.全媒体时代的手机媒介研究[M].北京:北京大学出版社,2013.
28. 邵鹏.媒介融合语境下的新闻生产[M].杭州:浙江工商大学出版社,2013.
29. 王诚.通信文化浪潮[M].北京:电子工业出版社,2005.
30. 王菲.媒介大融合[M].广州:南方日报出版社,2007.
31. 王润珏.媒介融合的制度安排与政策选择[M].北京:科学文献出版社,2014.
32. 肖锋 等.媒介融合与叙事修辞[M].北京:中国传媒大学出版社,2012年.
33. 徐沁.媒介融合论:信息化时代的存续之道[M].北京:中国传媒大学出版社,2009.
34. 徐轶瑛.规制变革:中国媒介融合发展的路径选择研究[M].北京:首都经济贸易大学出版社,2016.
35. 徐颖.媒介融合的轨迹[M].北京:中国人民大学出版社,2011.
36. 杨溟.媒介融合导论[M].北京:北京大学出版社,2013.
37. 赵靳秋,郝晓鸣.新加坡大众传媒研究——媒介融合背景下传媒监管的制度创新[M].北京:中国传媒大学出版社,2012.

二、期刊及学位论文

1. 习近平.加快推动媒体融合发展 构建全媒体传播格局[J].求是,2019(6).
2. 丁柏铨.媒介融合:概念、动因及利弊[J].南京社会科学,2011(11).
3. 韦路.媒体融合的定义、层面与研究议题[J].新闻记者,2019(3).
4. 林如鹏,汤景泰.政治逻辑、技术逻辑与市场逻辑:论习近平的媒体融合发展思想[J].新闻与传播研究,2016(11).
5. 廖祥忠.从媒体融合到融合媒体:电视人的抉择与进路[J].现代传播,2020(1).
6. 叶俊.媒体融合的战略逻辑、基本路径与关键要素[J].采写编,2017(1).
7. 王维佳."党管媒体"理念的历史生成与现实挑战[J].经济导刊,2016(4).
8. 陈欢,张昆.1978—2013:中国新闻体制的规制与发展[J].编辑之友,2015(6).
9. 朱春阳,刘心怡,杨海.如何塑造媒体融合时代的新型主流媒体与现代传播体系?[J].新闻大学 2014(6).
10. 沈正赋."四全媒体"框架下新闻生产与传播机制的重构[J].现代传播,2019(3).
11. 胡正荣.构建全媒体传播体系:内涵与层次[J].新闻与写作,2019(8).
12. 官承波,孙宇.习近平总书记关于媒体融合重要论述的演进脉络及目标指向[J].中国出版,2021(3).

13. 刘涛．融合新闻策划:从形态创新到渠道对话[J]．教育传媒研究,2019(5)．
14. 曾润喜,张军兴．媒体融合发展与我国社会治理的关系[J]．青年记者,2020(1)．
15. 张路曦．我国媒体融合的新模式、新问题与新趋势[J]．上海大学学报(社会科学版),2020(3)．
16. 何煜．美国"三网融合"的竞争模式及策略[J]．中国记者,2011(5)．
17. 王君超,张焱．中央厨房的创新模式与传播生态重构[J]．中国报业,2019(15)．
18. 刘滢．配合、竞合与融合——国外媒体融合的探索和尝试[J]．对外传播,2014(12)．
19. 崔士鑫．重塑传播力:澳大利亚媒体融合发展的探索和启示[J]．中国出版,2020(9)．
20. 仲心．欧洲三国媒体融合策略对比研究——以英国BBC、挪威NRK、比利时VRT为例[J]．中国广播电视学刊,2019(1)．
21. 尹凤先．日本媒体融合的发展及其经验启示[J]．新闻战线,2018(22)．
22. 康秋洁,顾月冰．韩国广播公司的媒体融合实践[J]．中国广播,2018(1)．
23. 杨状振．欧美广播电视的媒体融合趋势观察[J]．对外传播,2016(5)．
24. 魏然,黄冠雄．美英媒体融合现状与评析[J]．华中师范大学学报(人文社会科学版),2015(6)．
25. 周密．中日两国媒体融合发展现状思考[J]．声屏世界,2020(6)．
26. 于正凯．技术、资本、市场、政策——理解中国媒体融合发展的进路[J]．新闻大学,2015(5)．
27. 陈国权．中国媒体"中央厨房"发展报告[J]．新闻记者,2018(1)．
28. 朱江丽,蒋旭峰．从"主流媒体"到"新型主流媒体"[J]．中国特色社会主义新闻观的嬗变与突破．新闻界,2017(8)．
29. 喻国明,赵睿．媒体可供性视角下"四全媒体"产业格局与增长空间[J]．学术界,2019(7)．
30. 彭兰．移动互联网时代的"现场"与"在场"[J]．湖南师范大学社会科学学报,2017(3)．
31. 吕克．移动直播在新闻报道中的应用[J]．新闻与写作,2017(1)．
32. 牛沛媛．传统广播向移动音频客户端的转化——以阿基米德FM和iHeartRadio为例[J]．传媒,2018(19)．
33. 杜杏兰,杨彦格．移动搜索业务研究[J]．信息通信技术,2009(2)．
34. 朱春阳．媒介融合规制研究的反思:中国面向与核心议题[J]．国际新闻界,2009(6)．
35. 喻国明,焦建,张鑫．"平台型媒体"的缘起、理论与操作关键[J]．中国人民大学学报,2015(6)．
36. 卢维林,官承波．赋能视角下媒体组织智能化思考[J]．青年记者,2019(27)．
37. 官承波,郝丽丽．间性思维视野下的中国媒介融合发展路径分析[J]．当代传播,2017(5)．
38. 官承波,王凡．无人机新闻:新闻航拍新纪元[J]．新闻论坛,2017(2)．
39. 官承波,田园,张文娟．从公益传播到建设性传播——《谢谢你为湖北拼单》之《小朱配琦》专场直播的突破与启示[J].中国广播,2020(5).
40. 许志晖.媒体融合的经济学分析——探寻媒体融合的动因、路径及其效应[D].北京师范大学2011年博士学位论文.
41. 马凯文.弹幕:视频互动的新形式[D].南京师范大学2015年硕士学位论文。

图书在版编目（CIP）数据

媒介融合概论 / 宫承波主编. -- 3版. -- 北京：中国广播影视出版社，2021.6（2024.4重印）
ISBN 978-7-5043-8643-4

Ⅰ．①媒… Ⅱ．①宫… Ⅲ．①传播媒介－概论 Ⅳ．①G206.2

中国版本图书馆CIP数据核字(2021)第071666号

媒介融合概论（第三版）
宫承波　主编

策划编辑	王丽丹
责任编辑	王丽丹
封面设计	盈丰飞雪
责任校对	张哲

出版发行	中国广播影视出版社
电　　话	010-86093580　010-86093583
社　　址	北京市西城区真武庙二条9号
邮　　编	100045
网　　址	www.crtp.com.cn
电子信箱	crtp8@sina.com

经　　销	全国各地新华书店
印　　刷	涿州市京南印刷厂

开　　本	787毫米×1092毫米　1/16
字　　数	350（千）字
印　　张	16
版　　次	2021年6月第3版　2024年4月第3次印刷
书　　号	ISBN 978-7-5043-8643-4
定　　价	45.00元

（版权所有　翻印必究·印装有误　负责调换）